内容简介

立足于当代中国与世界丰富的道德生活实践、人类伦理文明发展的趋势和要求，在坚持以马克思主义中国化最新成果为指导的基础上，将伦理学的研究对象界定为伦理道德生活、伦理道德现象和伦理道德问题，结合伦理道德现象和问题集中探讨了伦理道德生活的一系列理论和现实问题，在对规范伦理学一般理论做出阐述评析的基础上深究道德生活的本质特征和道德律，对社会主义社会道德原则、规范和范畴予以重点观照并试图做出既继承前人又与时偕行的新的阐释和论述，对个体道德生活的组成要素和结构，社会道德生活的重要内容和问题展开深度思考，从历史和文明等角度探讨了至善、终极关怀、精神家园、命运共同体诸问题，试图建构一个涵容理论伦理学、规范伦理学、德性伦理学、价值伦理学的教材体系和教学体系，揭示出中国特色伦理学对人类伦理文明发展的重大意义。

作者简介

王泽应　男，1956年11月生，湖南衡阳人，哲学博士，现为湖南师范大学道德文化研究中心教授，博士研究生导师，中国伦理学会会刊《伦理学研究》副主编，马克思主义理论研究和建设工程《伦理学》首席专家，国家精品课程《伦理学》领衔专家，中国伦理学会副会长兼任中国教育伦理学专业委员会副主任、中国经济伦理学专业委员会副主任，主持国家社会科学基金重点项目1项和一般项目4项，教育部哲学社会科学重大攻关项目1项，文科基地重大项目2项，出版学术专著22部，主编和编著教材8部，外文翻译和中国古典经典译注4部，在《哲学研究》《马克思主义研究》《北京大学学报》等发表学术论文320余篇，获省部级科学研究奖20余项和国家级教学成果奖1项、省级奖5项，系湖南省首届优秀青年社会科学专家、第五届优秀社会科学专家、首届智库领军人才，湖南省为改革献策智囊团专家和湖南省学习党史宣讲团成员。

国家精品资源共享课程建设项目

新编21世纪哲学系列教材

伦理学原理

王泽应 著

Ethical Principles

中国人民大学出版社
·北京·

目录

第五章　道德原则

第六章　道德规范

第七章 道德范畴

第八章 个体道德生活

第一章

伦理学的研究对象、性质和任务

伦理学是一门以探寻人自身如何做人、如何安身立命、如何实现人自身的发展完善进而追求好生活建构好社会为主旨的哲学学科，在人文学科中占有极其重要的地位。古希腊的斯多亚学派和伊壁鸠鲁学派把哲学分为三个部分即物理学、论理学和伦理学，认为论理学和物理学对于伦理学的关系，如同医药、卫生对于健康的关系一样，只有伦理学才是人类追求的目的。斯多亚学派的芝诺认为，整个哲学就好比一个果树园，"逻辑学是环绕四周的篱笆，伦理学是果实，而自然哲学是土壤或果树"①。文德尔班在《哲学史教程》中把"希腊化时期"称为"伦理学时期"，认为"雅典哲学大师们的两大派别，学园派和逍遥学派追逐当时潮流，将科学分成两大支：伦理哲学和学术研究"②。斯多亚学派和伊壁鸠鲁学派"以片面的鲜明性和透彻性表现了实践的处世哲学的时代潮流"。处世哲学实质是伦理学的核心和宗旨。希腊化时期的诸学派"在纪元前第三、第二世纪，以一种极生动活泼的方式彼此争论；特别是在伦理学问题上他们力争战胜别人夺取胜利；至于形而上学、物理学和逻辑学上的问题只要与伦理问题有关，他们也力争取得胜利"③。在希腊人的认识中，伦理问题是他们思考的核心，"不经省察的人生是不值得过的人生"，因此"认识你自己"成为哲学思考的重心，其他的哲学问题只有与伦理问题相关时才值得去探讨与研究。

在中国，虽然作为学科体系的伦理学相对晚出④，但其伦理思考和伦理智慧却源远流长，精深厚重。先秦时期儒墨道法诸家均在伦理思考上用力很深，留下了许多精湛深

---

① ［古希腊］拉尔修．名哲言行录．徐开来，溥林，译．桂林：广西师范大学出版社，2010：323.

② ［德］文德尔班．哲学史教程：上卷．罗达仁，译．北京：商务印书馆，1987：214.

③ 同②.

④ 中国是一个伦理智慧十分丰富的古老国度，其文化以伦理为核心，故梁漱溟在比较中西印哲学特质时将西方文化称为科学型的文化，将印度文化称为宗教型的文化，将中国文化称为伦理型的文化。但是作为学科化、体系化的伦理学则是近代以来适应新式教育的产物，1906 年刘师培编著的《伦理教科书》可谓中国伦理学的奠基之作。

幽、迄今还受用不尽的伦理智慧和伦理思想成果。蔡元培在《中国伦理学史》中写道："我国以儒家为伦理学之大宗。而儒家，则一切精神界科学，悉以伦理为范围。哲学、心理学，本与伦理有密切之关系。我国学者仅以是为伦理学之前提。其他曰为政以德，曰孝治天下，是政治学范围于伦理也；曰国民修其孝悌忠信，可使制挺以达坚甲利兵，是军学范围于伦理也……我国伦理学之范围，其广如此，则伦理学宜若为我国唯一发达之学术矣。"①

中国先秦产生的伦理思想，古希腊亚里士多德留下的《尼各马科伦理学》(*Ethica Nicomachea*，也译《尼各马可伦理学》)、《欧台谟伦理学》(*Ethica Eudemia*) 和《大伦理学》(*Magana Moralia*) 等著述，足以说明伦理学十分古老，在人类人文学科和哲学思想发展史上占有着独特的重要地位。同时，伦理学作为人认识自我并旨在为人寻求安身立命之道的大学问又是永远年轻并充满勃勃生机的。现代以来，伴随着高科技革命、全球化、信息化以及人之生存发展环境的空前变化，伦理学的新问题、新学科、新领域竞相出现，基因伦理学、计算机伦理学、空间开发伦理学、气象预警伦理学、辅助医疗伦理学、人工智能伦理学等新学科不断诞生，这些新兴伦理学的出现使得传统伦理学也在发生着深刻的变化。"芭蕉心尽展新枝，新卷新心暗已随。愿学新心养新德，旋随新叶起新知。"② 张载的这首诗运用了七个"新"字，表达了张载"养新德""起新知"的学术人生追求。依凭这种学术人生信念，张载在伦理思想方面提出了一系列颇具创新性的时代和学术命题，为"关学"的崛起做出了彪炳史册的理论贡献。时代和学术发展到今天，伦理学在呈现悠久历史的同时亦展现出春潮涌动、新风扑面的特点，需要探究和认识的伦理道德问题呈现井喷或"黄河之水天上来"的状况，不断唤起人们新的探寻欲望和致思渴求。经过两千多年漫长发展历程的伦理学，既底蕴深厚、神韵十足、魅力四射，同时又因与当代社会特别是未来发展愿景的密切联系而呈现出诱人的发展玄机，"不识庐山真面目"和"只缘身在此山中"的种种诱惑与困惑接踵而至，挑战着人们的伦理思维和把控道德问题的能力。伦理学既古老又年轻的发展特质赋予其蓬勃的发展生机与活力，对人类社会生活的影响日益扩大，对人类文明精神的建构也发挥着越来越重要的作用。

第一节　伦理学的研究对象与类型

伦理学研究的伦和理、道和德以及复合意义上的伦理道德，无论是伦理道德问题、伦理道德现象抑或是伦理道德生活，都决定了它是一门永远与人有着最为密切的关系的学科，担纲着究人之伦和探伦之理、求人之道和育人之德以及建构人安身立命之精神家园的神圣使命，有着十分突出的为人求生存生活之理、因人论待人接物之道和为人立所以为人之德的属人性、为人性和始终着眼于人的人学性质与特性。伦理学这种属人性、为人性和永远为人的生存生活与发展完善服务的价值机理和独特功能，决定了它与人

① 蔡元培．中国伦理学史//蔡元培全集：第2卷．北京：中华书局，1984：7.

② 张载．芭蕉//张载集．北京：中华书局，1978：369.

（个体和类）之间生成并在实践中不断发展强化的一种生死与共、祸福相依、休戚相关、荣辱相连的关系。人自身如何做人、如何安身立命、如何实现人自身的发展完善进而建构好社会等内在机理的探寻及其行为实践形成伦理学这一学科并不断促进伦理学的发展、深化和完善。就此而论，我们可以将伦理学界定为一门研究人的个体与类所形成并不断发展的伦理道德生活及与伦理道德生活密切相关的伦理道德问题和现象及其发展规律的学问，一门研究伦理道德生活及其所需要的道德原则规范和道德品质或德性的学问，一门通过伦理道德问题、伦理道德现象、伦理道德生活等的研究更好地使人成为人和实现人的价值的学问。由于对伦理道德问题、现象的研究方式和解释方式不同，产生了不同的伦理学类型，主要有描述伦理学、元伦理学和规范伦理学等。但是迄今为止的伦理学主要是规范伦理学。

一、伦理道德释义

在人们的日常理解和使用上，往往将伦理与道德视为同义词，有时更被连用为“伦理道德”一词。美国伦理学家艾伦·格沃斯认为：“这种同义词具有十分清楚的词源根据：‘伦理’源自希腊文的‘ethos’一词，‘道德’源自拉丁文的‘mores’一词，两个词所表示的都是习惯或风俗的意思。”① 但是也有一些学者对伦理与道德的内涵做出了区分，譬如德国古典哲学家黑格尔在《法哲学原理》一书中就把道德视为一种主观的法或个人主观内心的规定，把伦理视为道德与法、主观与客观的辩证结合。研究伦理学，首先需要对伦理与道德这两个最为基础又最为本原的概念做出辨析和理解。

1. 伦理释义

“世事洞明皆学问，人情练达即文章”。注重人伦物理是中国文化的传统。“伦”，从人从仑，本义指人的血缘辈分关系。许慎《说文解字·人部》曰：“伦，辈也。从人仑声。”段玉裁《说文解字注》曰：“军发车百两为辈。引申之同类之次曰辈。”后从“辈”中引申出群、类、比、序等含义。黄建中在《比较伦理学》一书中写道：“曰类、曰比、曰序、曰等，皆由辈之一义直接引申而得；人群类而相比，等而相序，其相待相倚之生活关系已可概见。”② 据此，他将“伦”界定为“人群相待相倚之生活关系”③。我们也可以沿着这一认识将“伦”界定为人类由辈分关系扩展而成的各种人伦关系。一般来说，最基本、最核心的人伦关系主要指人与人之间的关系。随着人们活动范围及人生实践的拓展，后世学者也把人与群体或社会的关系，甚至还有人与天地万物的关系也纳入到人伦关系来思考。当然，人与自我的关系在一定意义上也可以归并到人伦关系来认识。在先秦时代，《孟子》《荀子》二书多处论及“人伦”，有所谓“教以人伦”，“察于人伦”，“明人伦”之说。所谓“人伦”，指人与人之间的不同辈分和职分的关系，主要指“五伦”，即君臣、父子、兄弟、夫妇、朋友五种伦常关系。

“理”，本义为“治玉”。《说文解字》指出：“理：治玉也。从玉里声。”段玉裁《说

---

① ［美］格沃斯，等. 伦理学要义. 戴杨毅，等译. 北京：中国社会科学出版社，1991：2.

② 黄建中. 比较伦理学. 济南：山东人民出版社，1998：21-22.

③ 同②21.

文解字注》曰："理，治玉也。《战国策》郑人谓玉之未理者为璞，是理为剖析也。玉虽至坚，而治之得其鳃理以成器不难，谓之理。凡天下一事一物，必推其情至于无憾而后即安，是之谓天理，是之谓善治，此引申之义也。""理"原指玉石上的纹理，含有依据玉本身的纹路来雕凿锻打玉器的意思，后引申出条理、文理、分理、道理等含义。条理具有整齐、统贯性。文理是指贯穿在文章中的逻辑和精神统系。戴震《孟子字义疏证》曰："粲然昭著曰文，循而分之，端绪不乱曰理。"① 论及分理，戴震说："故理又训分，而言治亦通曰理。理字偏旁从玉，玉之文理也。盖气初生物，顺而融之以成质，莫不具有分理，得其分则有条理而不紊，是以谓之条理。"② 道理是理之为理的最经常、最突出意义。"古人言道恒赅理，言理必要于中正不失。而道理二字对举……道，谓用其心知之明，行之乎人伦日用而不失；理，谓虽不见诸行事，湛然存其心而不放。"③ 道理是道中之理和理中之道的集中体现，常常指事物发展变化的规律以及人们对必然性和事物本质规律的把握。"举凡天地、人物、事为，不闻无可言之理也，《诗》曰'有物有则'是也。就天地、人物、事为求其不易之则是谓理。"此处理是指天地、人物、事为的不易之则，即相对恒常的规律、法则或道理。"理也者，天下之民无日不秉持为经常者也，是以云'民之秉彝'。凡言与行得理之谓懿德，得理非他，言之而是、行之而当为得理，言之而非、行之而不当为失理。好其得理，恶其失理，于此见理者，'人心之同然'也。"④ "天下之民无日不秉持为经常者也"，说明理已经成为人们安身立命、律己做人的基本准则和道理。

伦理二字合用，在中国最早见于秦汉之际成书的《礼记·乐记》，其中有"凡音者，生于人心者也。乐者，通伦理者也"⑤ 的断语，认为音乐是通于伦理的，二者的本质在于和谐有序。大约西汉初年，人们开始广泛使用"伦理"一词，借以表述处理人伦关系的道理。伦理合起来是指人伦之间相互对待的普遍性的道理或"应该"的状态，表征的是人类生活的秩序以及秩序之间的关系，含有人们在处理人伦关系时所应该遵循的准则、规范等意思。黄建中《比较伦理学》将伦理界说为"群道"，指出："伦理者，群道也。人生而有群，有群斯有伦，而人与人相待相倚之间，必有其道以为之基，是为'伦基'(Fundamentum Relationis)。伦基为'关系者'两方共具之事，两名共涵之义。"⑥ 在他看来，群道即伦理之别名，伦理即是人群生活关系中规范行为的道德法则。黄建中的这一观点发展了荀子"群道当，则万物皆得其宜，群生皆得其命"⑦ 的思想，揭橥的是本源意义上的伦理含义。

在西方，"伦理学"（ethics）一词出于希腊文"ethos"，其原意为"家"、"住所"和"场地"，引申为"风俗"、"习惯"、"气质"和"性格"等意义。家是人类居住的处所，是身体和灵魂栖息的地方，也是我们最习惯的生活场所，因此"ethos"在希腊文的日常

---

① 戴震．孟子字义疏证：卷上．北京：中华书局，1982：136.

② 同①135-136.

③ 同①134.

④ 同①137.

⑤ 礼记：乐记.

⑥ 黄建中．比较伦理学．济南：山东人民出版社，1998：25.

⑦ 荀子：王制.

语义中就是风俗习惯的意思[①]。据海德格尔考证，“ethos”一词，最早出现在赫拉克利特著作里，其本来的含义是“居留”和“住所”，即人居其中的敞开的“场所”。海德格尔指出：“这个词指示着人居住于其中的那个敞开的区域。人之居留的敞开的东西让那种向人的本质走近并且在到来之际居留于其切近处的东西显现出来。人之居留包含并且保存着人在其本质中所从属的那个东西的到达。”[②] 这个“场所”，让人成为他所在的“是”，即让人来到“其中”，使人的“在”得到澄明，因而成了“在场的”。古希腊哲学家亚里士多德从气质、性格的意义上，首先使它成为一个形容词“ethical”，赋予其“伦理的”、“德行的”意义。他在《尼各马科伦理学》一书中写道：“伦理德性则是由风俗习惯熏陶出来的，因此把‘习惯’（ethos）一词的拼写方法略加改变，就形成了‘伦理’（ethike）这个名称。”[③] 韦森在《道德、伦理、市场与诗》一文中指出：“把‘ethos’这个词的‘居留’和‘场所’的含义运用到人们的行为之中，就应该是‘习俗’。所谓‘习俗’，不就是人行为的某种‘居留’和人在其中活动的‘场景’（秩序）么？由此看来，英国当代哈耶克主义经济学家萨金（Robert Sugden）所认为的道德信念与人的习俗（惯例）是同一自发社会演化过程的产物，正好与古希腊语中伦理一词原来的含义不谋而合。”[④] 伦理源于住所、栖息地和家园，大多指人类生活的风俗习惯，但在后来的发展中不断延展推扩，包含了人的精神气质、德性、人格和社会关系以及为人之道诸方面的内容。

现代意义上的伦理指人与人之间、人与社会之间、人与自然之间以道德手段调节的种种关系，以及处理人伦关系应当遵循的道理和规范。现代社会，伦理关系不断扩大，大体可以划分为人与人、人与社会、人与自然、人与自我几大类。伦理关系涉及主体与客体的关系，既讲双方之间的平等、对应性，也讲主体主动作为、先行一步，特别是在矛盾的处理上讲求先人后己、先公后私。宽人严己，与人为善，助人为乐，自古以来都是中华伦理智慧的重要内容。这种既讲各种关系之间的对等性、相互性和公正性，又讲从主体出发的先人后己、先公后私的伦理内在地具有规范伦理和美德伦理双重因素，可以从多角度予以研究和探讨。

2. 道德释义

“道德”这个概念，在中国古代典籍中含义比较广泛，使用也较早。西周时就有了“道”和“德”的概念，春秋时《道德经·第五十一章》提出“道生之，德畜之……万物莫不尊道而贵德”，《论语·述而》亦有“志于道，据于德”的用法。在春秋战国时代，道德常常是被当作两个概念来使用的。

“道”，其原始含义指所行之路，从辵从首。首，谓面之所向，行之所达。长行于面之所向与行之所达之涂（途），此涂（途）即道。《说文解字》曰：“道，所行道也。”《说文解字注》曰：“道，所行道也。毛传每云行道也。道者人所行，故亦谓之行。道之引伸为道理，亦为引道。从辵首。首者，行所达也。”道其本义作“所行道也”解，从道的原

① 邓安庆. 导读：从尼各马可伦理学找回对德性力量的确认//尼各马可伦理学注释导读本. 北京：人民出版社，2010：3.

② ［德］海德格尔. 路标. 孙周兴，译. 北京：商务印书馆，2000：417-418.

③ ［古希腊］亚里士多德. 尼各马科伦理学. 苗力田，译. 北京：中国社会科学出版社，1990：25.

④ 韦森. 道德、伦理、市场与诗. 云南大学学报，2002（3）.

始含义引申出道理、道体、道统等含义。在先秦时代，道的含义有宇宙论、本体论、人生论、方法论、历史论等多方面，所谓“天道”，泛指宇宙、天地、自然的起源和法则，而“人道”则是关于人类社会和人自身的道理。《易·贲》曰：“观乎天文，以察时变；观乎人文，以化成天下。”“人道”从何而来？是人效法天地之道而来，“天行健”是“天道”，“自强不息”即是人效法天道所形成的“人道”；“地势坤”是“地道”，“厚德载物”即是人效法地道所形成的“人道”。朱熹《四书章句集注》训“道”为“人伦日用之间所当行者是也”和“事物当然之理”[①]。他所谓的道既包含人道亦包含事道、物道。现代中国哲学家金岳霖写有《论道》一书，比较系统地揭示和论说了“道”的各种含义及其本质特征。

“德”，最初指内心的情感或信念，后来引申为遵行、体认价值目标和原则规范而有所得。故有“德得相通”之说。“得”字在商代卜辞中就已经出现，写作从彳从横目之形，其所表示的意思是张望路途，人们看清了路而有所得。甲骨卜辞中的“得”有两个特点：其一，甲骨文“得”字没有“心”旁，这说明“德”的观念那时候还没有深入到人的心灵这个层次，和古人关于“内得于心为德”的定义是不一致的。其二，从甲骨卜辞的记载看，殷人所谓的“德”更多的是“得”之意。在殷人看来，有所“得”则来源于神意，是神意指点迷津而获“得”。卜辞中“德”的这种含义与《释名·释言语》所说“德，得也，得事宜也”正相吻合[②]。后来的“德”字，从“彳”从“悳”，从“彳”谓行动之意，从“悳”，即“十目一心”，又“十目”即古“相”字的写法。故，“德”其本义为：心中生相而得（德）之于心，外现于行。《释名·释言语》称：“德，得也，得事宜也。”《说文解字》认为“德”可训为“外得于人，内得于己”，段玉裁注曰：“内得于己，谓身心所自得也。外得于人，谓惠泽使人得之也。”“德”就是一个人在处理人和人之间的关系时，一方面能够“以善念存诸心中，使身心互得其益”，这就是“内得于己”；另一方面又能够“以善德施之他人，使众人各得其益”，也就是“外得于人”。“德”从“彳”，即“行”之意，就是要实践才能体会，才能得到。“德”从“悳”，即“十目一心”之意，即“得”之意，就是要我们一心一意顺道而行，不偏不倚走人生该行的道路。又提示我们，凡起心动念、言语造作，皆在“十目所视、十手所指”的警示中，随时警策自己要谨慎地沿正道而行，方可迈向正确的人生目标。

在中国文化史上，人们或把“德”当作人们沟通天道外部世界、审视内心和为人处世不可或离的行为依据，或把“德”当作治国安邦的施政标准和基础，或把“德”看作万事万物拥有“道”的一种状态。《左传·襄公二十四年》引子产的话说：“德，国家之基也。有基无坏，无亦是务乎！有德则乐，乐则能久。”《易·乾卦·文言》指出“与天地合其德”，“飞龙在天，乃位乎天德”，“用九，天德不可为首也”。《大戴礼记·四代》指出：“有天德，有地德，有人德，此谓三德。三德率行，乃有阴阳，阳曰德，阴曰刑……阳德出礼，礼出刑，刑出虑，虑则节事于近，而扬声于远。”卢辩注：“《四代》曰‘有天德，有地德’。夫学天地之德者，皆以无私为能也，动而乐施者，天德也；安而待

---

① 朱熹．四书章句集注．北京：中华书局，1983：94，71.

② 晁福林．先秦时期“德”观念的起源及其发展．中国社会科学，2005（4）.

化者，地德也。故天之德有广狭矣。自余礼义忠信已下，皆为人德。”① 将天地万物都看作是有道和有德的，这是中国伦理学“天人性命”相贯通和“人与天地比德”的一种证明。

总体上看，“道”是指外在的客观要求或行为应该遵循的原则，“德”是指内在的精神状态或实行原则而有所得到。宋代理学家朱熹在解释《论语·述而》“志于道，据于德”一语时指出“道则人伦日用所当行者是也”，“德者，得也，得其道于心而不失之谓也”②。明代学者焦竑在《老子翼》中指出：“无乎不在之谓道，自其所得之谓德。道者，人之所共由；德者，人之所自得。”③ 意即人们在对“道”这一无往而不在的法则和规律的认识、修养之后，颇有所得，因而做起事来对人、对己都非常适宜，无愧于心。

把道和德两字合在一起作为一个概念使用，较早见于春秋战国时期的管子、庄子、荀子。《管子·君臣上》有“道也者，上之所以导民也，是故道德出于君”，“别交正分之谓理，顺理而不失之谓道，道德定而民有轨”等用法。《庄子·山木》有“士有道德不能行，惫也”，《庄子·天道》有“夫帝王之德，以天地为宗，以道德为主”，“古之明大道者先明天，而道德次之；道德已明，而仁义次之”等断语，《荀子·劝学》篇有“故学至于礼而止矣，夫是之谓道德之极”的论断。汉代“道德”一词得到普遍使用。贾谊《新书》有专门的“道德说”，其中有“性者，道德造物。物有形，而道德之神专而为一气，明其润益厚矣”，“命者，物皆得道德之施以生，则泽、润、性、气、神、明及形体之位分、数度，各有极量指奏矣。此皆所受其道德，非以奢欲取舍然也”等论述。贾谊所谈论的道德主要指支配万事万物发生、发展、变化的规律和原则，同时也含有人类行为准则的意义。在该文中，他提出“德有六美”的观点，认为“道者，德之本也；仁者，德之出也；义者，德之理也；忠者，德之厚也；信者，德之固也；密者，德之高也”④。他所谓的“密德”实质是指办事周到或思维严谨。中国历史上的道德概念，诚如张岱年所言：“虽已成为一个名词，但仍包含两层含义，一层意义是行为的准则，一层意义是这准则在实际行为上的体现。”“道德具有‘知’（认识）与‘行’（实践）两个方面。道德不仅是言谈议论的事情，必须体现于生活、行动之中，然后才可称为道德。”⑤ 林安梧在为李承贵《德性源流——中国传统道德转型研究》一书所写的序言中指出：“‘道德’这个词，在中文来说，‘道’是总体义、根源义；‘德’是本性义、内具义。老子《道德经》说‘道生之，德畜之’，孔老夫子在《论语》里面说‘志于道，据于德’，显然地，前者是从总体的根源往下说，而后者则从人的主体自觉往上说，一重在场域的生发，一重在意志的唤醒。值得注意的是，似乎两者是可以通统为一体，同源而互补。”⑥ 西方伦理学强调道德的法则义与规范义，建立了一整套道德的诫命律令体系，中国伦理学强调道德的生长义与创造义，建立的是“性命天道”相贯通的伦理精神体系。中国伦理文化对天

---

① 戴德. 大德礼记：四代. 卢辩，注. 清乾隆二十一年刻本.

② 朱熹. 四书章句集注. 北京：中华书局，1983：94.

③ 焦竑. 老子翼：卷三：附录. 上海：华东师范大学出版社，2009：195.

④ 贾谊. 道德说//贾谊集校注. 天津：天津古籍出版社，2010：256-259.

⑤ 张岱年. 中国伦理思想研究. 上海：上海人民出版社，1984：29，27.

⑥ 李承贵. 德性源流——中国传统道德转型研究. 南昌：江西教育出版社，2004：序2.

人、物我、人己采取的是“存有的连续观”，与西方伦理文化对天人、物我、人己采取的“存有的断裂观”形成鲜明的对照。林安梧的这一论说，从比较的角度揭示出了中西道德观上的一些差别，具有启发性。

在西方，“道德”一词源于拉丁文“moralis”，这个词的复数“mores”指风俗习惯，单数指个人性格、品性等意思。古希腊文“ethos”的拉丁文同义词为“mos”。古罗马哲学家西塞罗根据希腊经验，从“mos”一词创造了一个形容词“moralis”（属于风尚之列），后来从“moralis”一词又产生出“moralitas”（道德）一词①。“道德”一词源于风俗习惯，并在后来的发展中扩展为原则规范、行为品质和善恶评价等含义。古希腊罗马伦理学主要是关于合乎道德的个人学说或关于美德的学说，凸显了道德的主观方面和个人方面。作为对古希腊罗马伦理学否定的中世纪伦理学主要是关于道德的客观方面或诫命律则的学说，凸显了人对道德规则的遵循与服从。近代以来的伦理学“明显地力图克服古希腊罗马和中世纪的道德定义的片面性，把道德理解为既是人类个体的内在属性，又是超越个人的社会现象”②。如果说古希腊罗马哲学家们整体上倾向于把道德理解为个性完善的主要方式或从德性方面来理解道德，那么中世纪神学家们则倾向于把道德理解为神的诫命律则或从社会的规范方面来解说道德，而近代以来的伦理学家们则“力图把道德作为主观的个性的（要求个人发展一定水平的）现象来思考，同时又作为客观化的现实关系来思考，也即企图用统一的概念公式把古希腊罗马伦理学和中世纪伦理学孤立地加以研究的道德的某些因素和方面结合起来”③。文艺复兴时期的思想家蒙田已经意识到，道德可以划分为现实关系的领域和个人主观感受的领域。弗兰西斯·培根则将善区分为公共善与个体善，主张个人应积极投入社会生活，在谋求公共利益中求得个人道德上的完善。康德既强调道德原则规范的普遍有效性，又肯定道德自律的意义和价值，并把善良意志视为道德的化身或集中表现。由此可见，道德不仅用于调整人与人、人与社会之间的诸种关系，规范人们的行为，也指人的道德品质、德行追求以及由此所形成的精神境界和道德人格。

论及综合性、科学性的道德定义，是适应伦理学体系建设和教学需要才出现的，相对对道德含义的理解要更为晚出。当代美国著名伦理学家 J. P. 蒂洛（Jacques P. Thiroux，1928—2006）在《伦理学与生活》一书中认为，道德的一般含义就是“好”，“如果我们说某人有道德，通常就是说他是好人；如果我们说某人不道德，意思就是说他是坏人。我们说某个行为是道德的或不道德的，意思是指这个行为是对的或错的。这些解释说起来很简单，但究竟什么样的行为是对的或错的、什么样的人是好人或坏人呢？人们借以做出此判断的标准是什么呢？这些就是更为困难的问题了，它们构成道德研究的主要内容”④。他在比较了道德与非道德、超道德以及道德与礼貌、道德与法律、道德与宗教等的关系后对“道德”下了一个工作定义（working definition），认为“道德基本上是讨论人的问题的，讨论人同其他存在物（包括人和非人）的关系如何。道德讨论人

---

① ［苏］季塔连科. 马克思主义伦理学. 愚生，重耳，译. 上海：上海译文出版社，1981：6-7.

② ［苏］古谢伊诺夫，等. 西方伦理学简史. 刘献洲，等译. 北京：中国人民大学出版社，1992：5-6.

③ 同①23.

④ ［美］蒂洛，克拉斯曼. 伦理学与生活. 程立显，刘建，等译. 北京：世界图书出版公司，2008：5.

如何对待其他存在物，以促进共同体的福利、发展和创造性及价值，力求扬善抑恶、扶正祛邪”①。蒂洛的定义从范围和功能方面彰显了道德的意义，不失为一家之言。

我国当代许多伦理学教科书对道德也做出过多种界说，其中罗国杰和魏英敏的观点比较有代表性。罗国杰在主编的《马克思主义伦理学》一书中认为：“道德就是人类现实生活中所特有的，由经济关系决定的，依靠人们的内心信念和特殊社会手段维系的，并以善恶进行评价的原则规范、心理意识和行为活动的总和。”② 这一定义凸显了经济关系对道德的决定作用，并指出了道德不同于法律、宗教等其他社会意识形态的独特性，同时揭示了道德既是一种心理和意识现象，又是一种行为和活动现象。这一定义具有相当的完整性与系统性，被许多伦理学教科书所沿用。魏英敏主编的《新伦理学教程》指出：“道德，是人们在社会生活中形成的关于善与恶、公正与偏私、诚实与虚伪等观念、情感和行为习惯，并依靠社会舆论和良心指导的人格完善与调节人与人、人与自然关系的规范体系。”③ 这一定义突出了善与恶、诚实与虚伪等观念、情感和行为习惯在道德中的地位，并将人与自然的关系纳入其中，拓宽了道德的领域和范围。

总结上述关于道德定义的理性成果，结合现实生活中道德建设的实际需要，我们认为，道德是人类社会生活中所特有的，由社会经济关系所决定并反作用于社会经济关系的，旨在使人更好地成为人、实现人的生活意义的价值和行为活动现象，是以善恶、正邪、荣辱为评价标准，依靠社会舆论、传统习俗和内心信念来维系的，调整人与人、人与社会集体以及人与自然之间关系的特殊的心理意识、原则规范和行为实践的总和。道德整体上是一种价值和精神现象，涉及行为的应该和人们应当履行的责任义务，并朝向一种对个人私利的超越、对整个社会秩序和精神家园的构筑与守望。道德是以善恶、正邪、荣辱等范畴为评价标准，激励人们扬善抑恶、扶正祛邪、明荣知耻。道德起作用的方式主要是社会舆论、传统习俗和人们的内心信念，因此它是非权力规范和非强制力量，具有劝勉性、激励性和精神的谴责性等特点。道德调整的关系主要有人与人、人与社会的关系，同时，人与自身、人与自然的关系也是道德调整的重要方面。道德作为一种独特的社会意识和精神价值现象，是心理意识、原则规范和行为实践的有机统一。道德不仅仅只是一种意识和心理，更是一种行为和实践，作为道德上的“好”，其实是“好心”、“好言”、“好行”甚至还有“好的结果”等的有机统一。故此我们可以说，道德是事实与正当、现实与理想、知识与行为、理性与情感、个人与社会等的辩证结合，是一个既扎根历史又正视现在且面向未来的价值系统。

准确把握道德的内涵，还要求我们对合道德、反道德、非道德、超道德做出辨析。一般来说，合道德是指符合或契合道德的行为现象。反道德或不道德是指诋毁道德、破坏道德和有意违背道德规范的行为现象。非道德是指没有任何道德观念，或者对道德上的是非善恶缺乏认识或不能认识的行为现象，比如刚刚出生的婴儿，做了脑白质切除手术的病人，还有失去道德记忆的昏迷或昏睡状态的人的行为即属于非道德行为。超道德是一种超越道德之上或之外的行为现象。蒂洛在《伦理学与生活》一书中指出：“超道德

① ［美］蒂洛，克拉斯曼. 伦理学与生活. 程立显，刘建，等译. 北京：世界图书出版公司，2008：28.

② 罗国杰. 马克思主义伦理学. 北京：人民出版社，1982：4.

③ 魏英敏. 新伦理学教程. 北京：北京大学出版社，2003：99.

一词意味着完全超越于道德领域，比如汽车、枪炮等无生命物体，就无所谓道德不道德。使用汽车或枪炮的人可能不道德地使用它们，但这些东西本身却是超道德的。”① 蒂洛在比较不道德、非道德和超道德的关系时写道：“不道德的人是通过做错事、做坏人而故意违犯人类道德标准的人；非道德的人可能由于没有任何道德观念而违犯道德标准；超道德的东西则无所谓善恶，也谈不上行善作恶，其原因仅仅在于它们不属于道德的范畴。”② 我们认为，其实蒂洛所谓的非道德和超道德都可划归为“非道德”的范畴，而真正的超道德是超越道德之上或之外的行为现象，诚如冯友兰在《新原人》中描述的“天地境界”一样，这种天地境界是一种“超道德”的境界。在天地境界中，人和天地合而为一。冯友兰在《中国哲学史》中写道：“高于道德价值的价值，可以叫做‘超道德’的价值。爱人，是道德价值；爱上帝，是超道德价值。有人会倾向于把超道德价值叫做宗教价值。但是依我看来，这种价值并不限于宗教。”③ 超道德有超越道德之外、之上的特点，它不能简单地等同于非道德。在现实生活中，大量地存在着非道德和超道德的现象，我们应该默许或容忍它们的存在。但是对于反道德或不道德如杀人、奸淫、偷盗、抢劫、贪污等恶德现象或行为，正直的人们则应予以有效的斗争。这既是维护正常道德生活的要求，也是社会道德建设的内在呼唤。

3. 伦理与道德的关系

“伦理”与“道德”二词的英文对等词分别是“ethics”和“morality”。“ethics”除了指某种规范系统之外，亦指对于这类规范的研究；就前一意义而言，可译为“伦理”，就后一意义来说，则应译为“伦理学”。“morality”仅指某种规范系统，相关的研究即称为“道德哲学”（Philosophy of Morality 或 Moral Philosophy）。严格说来，伦理学包含的范围要比道德哲学更为宽广。“伦理”与“道德”皆指涉某种规范系统，若是严格加以区分，伦理（ethics）偏重于社会的层面，往往指社会的普遍道德及义理化的社会普遍道德准则，在英文中伦理的含义是“system of moral principles，rules of conduct”；道德（moral）偏重于个人的层面，多指个人的行为美德或个体道德，在英文中道德的含义是“standards of good behaviour，principles of right or wrong”。

德国哲学家黑格尔在《法哲学原理》一书中将伦理与道德区别开来使用，认为道德是主观意志的法，“道德的概念是意志对它本身的内部关系”，“自在地存在的意志是作为内在的东西而存在于主观意志所实现的东西中”④。而伦理则是主观意志与客观规律的有机统一，“善和主观意志的这一具体同一以及两者的真理就是伦理”⑤，“主观的善和客观的、自在自为地存在的善的统一就是伦理”⑥。在黑格尔看来，法与道德都不能自为地实存并获得自己的现实性，因为“法欠缺主观性的环节，而道德仅仅具有主观性的环节”，所以它们“必须以伦理的东西为其承担者和基础”⑦。黑格尔区分道德与伦理的观点对后

① ［美］蒂洛，克拉斯曼．伦理学与生活．程立显，刘建，等译．北京：世界图书出版公司，2008：7.
② 同①.
③ 冯友兰．中国哲学简史．涂又光，译．北京：北京大学出版社，1985：7.
④ ［德］黑格尔．法哲学原理．范扬，张企泰，译．北京：商务印书馆，2009：115.
⑤ 同④161.
⑥ 同④162.
⑦ 同④162.

世有一定影响。当代一些伦理学家还在继续发掘黑格尔的这一思想并以此为自己伦理学的建构服务。列维纳斯认为，道德是指一系列与社会行为和公民义务相关的规则，伦理是一种超然于行为规则之上、指向他人的绝对责任。如果说，道德是秩序的要求，或者说是人情世故，那么伦理就是价值的祈望，或者说是对他人的无条件回答。列维纳斯强调，伦理超然而不冷漠，是主体之间极端的敞开状态和主体之间高度的敏感能力。伦理是道德的基础，而不可简化和僵化为道德①。

成中英在为樊浩《中国伦理精神的历史建构》所写的序言中比较了伦理与道德的差异，指出："伦理是就人类社会中人际关系的内在秩序而言，道德则就个人体现伦理规范的主体与精神意义而言；伦理侧重社会秩序的规范，而道德则侧重个人意志的选择。"论及二者的联系，成中英说："伦理与道德可视为代表社会化与个体化两个不同的过程：道德可视为社会伦理的个体化与人格化，而伦理则可视为个体道德的社会化与共识化。透过社会实践，个体道德才能成为社会伦理；透过个人修养，社会伦理才能成为个体道德。伦理与道德的相互影响决定了社会与个人品质的提升与下落。若要推行一个社会向真善美的高品质发展，显然社会伦理与个体道德的双向发展必须推行。因而一个社会中的伦理规范教育与道德修养教育是维护一个社会中的内在秩序及其健全发展的枢纽。"② 这一视道德为社会伦理的个体化与人格化、视伦理为个体道德的社会化与共识化的观点，应该说比较好地揭示了伦理与道德的区别和联系。也许我们可以说，伦理多指社会化的道德原则规范及其伦理关系与风俗，而道德在狭义上往往指个体道德生活及其行为品质。诚如倪愫襄所概括的，"伦理构成的关系是道德的基础，伦理生成的道理是以道德的形式出现的。可以说，道德是伦理之网的网上纽结。因此，伦理与道德的基础是一致的。不同的只是二者的侧重点和层次。伦理更侧重'伦'的一面，即强调人伦关系，由人而构成的关系可以说都是伦理关系，而这些关系对于现实的人而言无疑是外在的、客观存在的。道德则侧重于'德'的一面，即内得于己的一面，也即要将伦理客观化的道理、原则内化为内在的规范和德性"③。伦理比之于道德更侧重于强调人伦秩序、关系与社会的和谐，而道德则侧重于个人品德的培育及人格的养成，重在个人德性的陶铸与提升④。伦理应当内化为道德（个体），道德也应当外化为伦理，如同道德原则应当内化个体的道德品质，个体的道德品质应当外化为社会的道德原则规范一样，二者是相辅相成、相互贯通的。

二、伦理学的研究对象

伦理学是以伦理道德生活及其与之相关的伦理道德现象和伦理道德问题为研究对象的学问，属于哲学人文学科的领域。伦理学早在古希腊亚里士多德时代就已经发展成为

---

① 胡继华．后现代语境中伦理文化转向——论列维纳斯、德里达和南希．北京：京华出版社，2005：8.

② 樊浩．中国伦理精神的历史建构．南京：江苏人民出版社，1992：序.

③ 倪愫襄．伦理学导论．武汉：武汉大学出版社，2002：8.

④ 关于"伦理"与"道德"关系的更多研究，请参阅邓安庆《"道德性"与"伦理性"在康德实践哲学中的张力结构：哈贝马斯〈再论道德性与伦理性的关系〉之批判》［《哲学分析》，2020（3）］和哈贝马斯《再论道德与伦理生活的关系》［《哲学分析》，2020（1）］。

一门独立的学科。亚里士多德把伦理学从无所不包的哲学中划分出来，并且撰写了专门的伦理学著作《尼各马可伦理学》、《欧台谟伦理学》和《大伦理学》，其中《尼各马可伦理学》以结构严谨、深刻系统著称，被认为是伦理学的创世之作，同时也奠定了亚里士多德在西方伦理学史上的创始地位①。亚里士多德之后，伦理学在西方获得了长足的发展，斯宾诺莎的《伦理学》、康德的《道德形而上学原理》和《实践理性批判》、费希特的《伦理学体系》、亚当·斯密的《道德情操论》、休谟的《道德原则研究》、边沁的《功利主义》、包尔生的《伦理学体系》、梯利的《伦理学概论》，直至当代美国伦理学家蒂洛的《伦理学：理论与实践》、弗兰克纳的《伦理学》、唐纳德·帕尔玛的《伦理学导论》等一系列著作，表明伦理学的发展取得了骄人的成就，学科领域不断拓宽，理论研究不断精进，对社会生活的影响也日趋扩大。

在我国，伦理学作为一门学问也具有悠久的历史。早在公元前 5 世纪到公元前 2 世纪，我国就已经出现了“人伦”、“伦理”和“道德”的概念，诸子百家在论战中讨论的主要问题亦是伦理道德问题，以孔孟为代表的儒家和以老庄为代表的道家对伦理道德的许多重要问题以及道德生活的主要范畴和德性均做了颇富创发性的研究。秦汉以后，儒家伦理日趋政治化，并同社会生活的经济、教育、思想、文化等有机地结合起来，形成了以伦理道德为轴心和核心的中国传统文化。秦汉时期问世的《孝经》、《忠经》以及宋明清时期出现的《厚德录》《忍经》《菜根谭》《传家宝》《了凡四训》《围炉夜话》等均可称为伦理道德的名作。但是作为一门独立学科的伦理学却是近代社会的产物，是随着创办新式学堂、分门别类地教学等需要而出现的。刘师培编著的《伦理教科书》（1906 年）融合近代西方伦理学说，整理中国传统的伦理学资料，较为全面地论述了伦理的意义、起源、演变及伦理学研究的基本问题，论述了个人伦理、家庭伦理、社会伦理的一系列规范和观念，初步建构了一个伦理学的理论体系。此后，蔡元培写出了《中学修身教科书》和《中国伦理学史》，谢蒙写出了《伦理学精义》，张东荪写出了《现代伦理学》和《道德哲学》，江恒源出版了《伦理学概论》，汪少伦推出了《伦理学体系》，直至罗国杰教授主编的《马克思主义伦理学》和《伦理学》，中国伦理学在一个世纪所取得的研究成就可谓精深厚重，展现出后发赶超的气魄和自己独特的风格。

回顾中西方伦理学史和伦理思想史发展的历程，伦理学的研究对象也经历了曲折的发展历程，呈现出“百舸争流”的发展特色。

在古希腊时期，苏格拉底和柏拉图都把至善作为伦理学研究的主要内容，并强调四大品德之一的“智慧”。亚里士多德认为，伦理学是研究人们的实践的善即行为及品性的科学，或者说是研究人的道德品性之科学，涉及善与德性的内涵、标准及追求等问题，它不是纯粹思辨的，也不是完全技艺性的，而是实践理性的学问。伊壁鸠鲁认为，伦理学所研究的主要问题，是人生目的和生活方式，强调伦理学是研究幸福的科学。与伊壁鸠鲁学派对立的斯多亚学派，从强调义务出发，认为伦理学是研究义务和道德规律的科学。公元前 1 世纪的罗马思想家 M. T. 西塞罗，把他的伦理学著作称为《义务论》，并将古希腊的伦理学称为道德哲学，赋予伦理学以新的意义。

---

① 宋希仁. 西方伦理思想史. 北京：中国人民大学出版社，2004：46-47.

在近代，人们对伦理学的对象更有不同的理解。弗朗西斯·培根认为，伦理学就是关于善的本质范式和心灵培育的学说。他说："道德学科的主要基本分类似乎为（1）善行的模范或楷式，和（2）心灵的调训或培育：一则描写善行的本质，一则定出调服人类意志，使之契合那个楷范的规则。"① 霍布斯在《利维坦》中将道德哲学界定为"研究人类相互谈论与交往中的善与恶的科学"，并认为"由于研究美德与恶行的科学是道德哲学，所以有关自然法的真正学说便是真正的道德哲学"②。基于此种认识，他建立了一个以人性论为基础，以自然法理论为中介，以主权至上为最高原则的伦理思想体系。剑桥柏拉图学派的代表人物亨利·莫尔在《伦理学提要》一书中将伦理学界定为"良好而幸福的生活之艺术"③，认为伦理学就是关于幸福及获得幸福的知识的学问，它包括两个组成部分：一是关于幸福的知识，一是如何使生活幸福的技艺。因此如何认识幸福及如何达到幸福就构成伦理学的研究对象或视域。昆布兰认为，道德哲学就是研究仁爱的学问，道德哲学指导的一切行为皆可"归纳在仁爱这个概括名称之下"，"除了仁爱一名所可包括的一个概括观念以外，对于那些行为就不能形成更为概括的观念了。因为仁爱观念包含着对于一切种类善事的欲望，因而也包含着对于一切种类的祸患的避免"④。18 世纪法国唯物主义哲学家爱尔维修和霍尔巴赫坚持认为，伦理学是关于人特别是人的本性及人与人之间关系的学问，"道德学如果不建立在必然要影响人类的意志、决定他们的行动的种种动因的认识上，那么它就会是一种幻影，就会丝毫没有确定可靠的原则"⑤。他们从人的肉体感受性出发，把趋乐避苦和自爱视为人的本性，并在伦理学中强调自爱和利己主义的重要性。康德在伦理学上哥白尼式革命则在于批判了感觉主义和经验主义的伦理学理论，认为以往的伦理学都是他律论的伦理学，都没有找到道德价值的真正根据，他强调伦理学是关于实践理性的学问，是关于善良意志和道德义务的学问。费希特的《伦理学体系》致力于研究伦理原则的演绎，伦理原则实在性与适用性的推论以及伦理原则的系统应用，并认为"伦理原则是一种关于理智力量的必然的思想，即理智力量应该毫无例外地按照独立性概念规定自己的自由"⑥。真正的伦理原则应该兼顾精神冲动和自然冲动，或者说以自然冲动为基础，以精神冲动为指导。他把自然冲动称为低级欲求能力，把精神冲动称为高级欲求能力，主张将高级欲求能力与低级欲求能力结合起来："只着眼于高级欲求能力，就会单纯得到道德形而上学，它是形式的和空洞的。只有把高级欲求能力与低级欲求能力综合统一起来，才得到一门伦理学，它必须是实在的。"⑦ 费希特的伦理学既继承了康德又超越了康德，具有综合感性欲望和理性追求的特点。

20 世纪以来，人们对伦理学研究对象的认识不断深化，并有了元伦理学和规范伦理学的分化。元伦理学家石里克指出："伦理学问题涉及道德或道德上有价值的东西，涉及作为人类行为的标准或规范的东西，涉及要求于我们的东西。或者用最古老、最简单的

---

① 周辅成. 西方伦理学名著选辑：上卷. 北京：商务印书馆，1964：550.
② ［英］霍布斯. 利维坦. 黎思复，黎廷弼，译. 北京：商务印书馆，1985：121-122.
③ 同①685-686.
④ 同①700.
⑤ ［法］霍尔巴赫. 自然的体系：上卷. 管士滨，译. 北京：商务印书馆，1999：175.
⑥ ［德］费希特. 伦理学体系. 梁志学，李理，译. 北京：商务印书馆，2007：65.
⑦ 同⑥142.

字眼来称呼它，伦理学问题是关于善的问题。”[①] 艾伦·格沃斯认为，伦理学是哲学的一个分支学科，“它探讨什么是道德上的善与恶、正当与错误，因此又被称为道德哲学”[②]。当代美国哲学家布鲁克·诺埃尔·穆尔和肯尼斯·布鲁德认为：“伦理学，或道德哲学，就是关于道德判断的哲学研究。道德判断涉及价值：何为美德，何为根本，什么是正义或非正义，还有什么是道德上的正确和错误、好和坏、恰当和不恰当。”[③] 所有这些关于伦理学研究对象的看法，都是围绕着伦理道德问题提出的。除了把伦理学看作是纯理论抽象的道德哲学的观点外，大多数伦理学家都承认伦理学研究的对象是人的德性、幸福、道德原则规范和道德价值，总体上是围绕伦理道德问题和伦理道德现象展开的，涉及人的道德意识的培育和道德人格的追求，社会道德规范的制定和贯彻等问题。

我们认为，伦理学作为以伦理道德为研究对象的学科，其研究对象涵盖了伦理道德生活、伦理道德问题和伦理道德现象等方面。伦理道德生活是一种属人的或人类所特有的社会生活，是建立在物质生活基础之上并渗透在物质生活之中引导和规范物质生活的精神生活，是一种有意义和价值并能予以价值评价的生活，是一种主体自由意志自觉自为并能进行选择的生活。伦理道德生活包含了许多伦理道德问题，诸如义利问题、理欲问题、善恶问题、德福问题、苦乐问题等等，它们亦可作为伦理道德现象来认识，但毕竟不同于伦理道德现象。伦理道德现象是伦理道德所呈现或表现出来的诸种现象，包括道德意识现象、道德活动现象以及与这两方面有密切关系的道德规范现象。真正的伦理学不能只研究道德现象的某一部分或某一方面，也不是只陈述某些“道德事实”和“行为表现”，更不是单纯分析某些道德语言的逻辑结构，它应该全面研究伦理生活、道德问题和道德现象，揭示伦理生活的本质、作用和发展规律，揭示道德问题的真谛并探索解决问题的途径，揭示道德现象的根由、类型以及发展变化的动因。伦理学既不是一种纯粹的理论科学，也不是一种单纯的应用科学，而是一种立根于伦理生活、关注于道德问题和道德现象并以引导人类朝向幸福美好新生活的人文价值学科。只有注目于伦理道德生活、伦理道德问题和伦理道德现象的伦理学才是真正有根、有性、有魂的伦理学，才能撑起伦理学实践理性和人文关怀的精神大厦。

三、伦理学的研究类型

美国当代著名伦理学家拉夫莱特在《伦理学理论》一书中将伦理学划分为元伦理学、规范伦理学和实践伦理学三种类型，认为元伦理学研究的主要问题是：道德主张的地位是什么？道德主张仅是社会标准或个人选择的陈述吗？在某种意义上，它们是客观的吗？如果它们是客观的，什么使得它们如此？等等。规范伦理学研究的主要问题是：什么是生活的最好方式？有什么一般原则、规则是我们应该遵循的或我们应该培育的德性，从而帮助我们把正当与错误、善与恶区别开来？等等。实践伦理学研究的主要问题是：我们在特殊处境中应该怎样行动？什么是组织化的社会的最好方式？我们应该怎样把环境

---

① ［德］石里克．伦理学问题．张国珍，赵又春，译．北京：商务印书馆，1997：12.

② ［美］格沃斯，等．伦理学要义．戴杨毅，等译．北京：中国社会科学出版社，1991：1.

③ ［美］穆尔，布鲁德．思想的力量：哲学导论．李宏昀，倪佳，译．上海社会科学院出版社，2009：276.

与动物联系起来？等等[①]。

我们认为，伦理学依不同的研究进路可以分为三种：描述伦理学（Descriptive Ethics）、元伦理学（Meta Ethics）和规范伦理学（Normative Ethics）。

描述伦理学（Descriptive Ethics），是一门对于某一社会或某一文化中实际存在的道德现象、实际运作的道德规范进行实然陈述和客观再现的伦理学。它的“主要内容是研究和描述人类、文化或社会道德。将不同道德体系、准则、现象、信仰、原理以及价值理念进行比较与对照”。描述伦理学“与人类学、社会学以及心理学研究联系紧密，依赖程度很高”，它“提供了规范性伦理学研究所必须涉及的基础性资料，为规范性伦理学研究必须结合的人类或社会道德理想状态提供了可靠的经验标准”[②]。描述伦理学根据具体的历史和现实生活素材，描述和研究各种社会、民族、阶级、社会集团中实际存在的道德关系和道德现象，再现道德生活的具体情景，并进行综合性的分析。诸凡伦理史学、道德现象学、道德案例学以及致力于研究“道德是什么”的经验伦理学，都可归于描述伦理学的门下。西方实证主义把描述伦理学作为伦理学的唯一内容和任务，认为伦理学应当只限于记述和说明道德事实，以此排斥理论分析和规范阐述。

元伦理学（Meta Ethics），亦称分析伦理学或批判伦理学，是指以逻辑和语言学的方法来分析道德概念和伦理术语的意义，研究伦理语词的功能、用法和道德判断是否成立的伦理学理论类型。元伦理学一词的词头“元”（meta）出自拉丁文，本义是“在……之后”或“超……之外”，故元伦理学也可以理解为超传统规范伦理学的伦理学或者说位于规范伦理学之后的伦理学。“元伦理学并不探讨实质性的伦理学理论或判断，而是探讨这种理论和判断的性质。20 世纪的英语国家中，绝大多数捍卫伦理判断的客观性的哲学家都是直觉主义者或自然主义者，与这些哲学家观点相左的是情感主义者和规定主义者。”[③] 1903 年摩尔发表《伦理学原理》，宣告了元伦理学的诞生，尔后半个多世纪，元伦理学在西方一直居于主导地位。元伦理学试图将规范伦理学改造成为一门如同数学和实证科学一样严谨的学问，主张排斥一切规范价值体系，注目于道德语言和对道德语词、道德判断的逻辑分析，探讨道德判断能否证明以及怎样证明的内在逻辑理路。由于对道德语词、道德概念和道德判断的分析、论证不同，元伦理学形成了直觉主义（摩尔、罗斯、普里查德）、情感主义（艾耶尔、史蒂文森、罗素）和规定主义或语言分析主义（黑尔、图尔明、厄姆森）等派别。元伦理学侧重于分析道德语言中的逻辑，解释道德术语及判断的意义，将道德语言与道德语言所表达的内容分开，主张对任何道德信念和原则体系都要保持“中立”，并在此基础上研究问题。元伦理学试图把规范伦理学改造成为一门如同数学、逻辑学一样严谨的科学，最终未能成功，但是其对道德概念的分析、道德判断的证明对于建构系统、深刻的规范伦理学理论还是有不少的理论贡献。

规范伦理学（Normative Ethics），是关于义务和价值合理性问题的一种哲学研究。规范伦理学探讨的是“对道德中的正确与错误、善与恶的道德标准的证明和应用问题。

① ［美］拉夫莱特．伦理学理论．龚群，译．北京：中国人民大学出版社，2008：1-2.

② ［美］乔治．经济伦理学．李布，译．北京：北京大学出版社，2002：28.

③ ［澳］辛格．伦理学最新发展//格沃斯，等．伦理学要义．戴杨毅，等译．北京：中国社会科学出版社，1991：124-125.

规范伦理学的这些活动导致了规范道德规则及判断的产生，而这些规则和判断又直接具有人类的行为、品性、社会制度和生活方式应该成为什么样子的含义”①。直至元伦理学在20世纪出现以前，规范伦理学一直都是西方伦理学的基本理论形式。规范伦理学的核心任务是弄清“什么是决定行为道德上正确和错误的标准”②。这一问题与下面三个问题密切相关，第一个问题是关于美德和恶德的，即“人们的什么品性在道德上是善的，什么品性在道德上是恶的”。第二个问题是关于社会制度和风俗惯例的，即“社会应该如何组织？其各种机构应力求实现什么样的具体政策？这个问题对于社会的伦理学来说是最基本的问题”。第三个问题是关于内在价值的，即“什么事物或经验因其本身的缘故就是值得具有或欲望的？这一问题构成了价值论伦理学的整个题材，并且是目的论伦理学的基本问题”③。规范伦理学的任务，在于说明我们人本身应遵从何种道德标准，才能使我们的行为做到道德上的善。

基于对伦理学研究类型的考察，我们认为，真正的伦理学应该将描述伦理学、分析伦理学或理论伦理学与规范伦理学有机地整合起来，以描述伦理学为前提，以分析伦理学或理论伦理学为基础，致力于规范伦理学的构建及其应用。它应当克服准则主义和科学主义的片面性，使准则性与科学性有机地统一起来。“它是准则性的，但它的准则性立足于客观的科学分析。它是科学性的，但它的科学性导致对一定的道德理想进行论证。”④ 停留在描述伦理学和元伦理学的层面上不去面对规范伦理学问题，无疑不是真正意义上的伦理学；仅仅只关注规范伦理学问题而不去做现象的描述和理论的分析，也很难使规范伦理学发挥应有的作用。当代的规范伦理学应当超越传统规范伦理学的局限或层次，主动地吸纳描述伦理学的成就，运用元伦理学的方法，推动规范伦理学的转型和现代发展，使其更好地发挥自己的功能效用，成为新型伦理生活的引领者，现实道德问题的解答者与道德现象的思索者。这样才不愧为“第一哲学”（列维纳斯用语）的美誉。

第二节　伦理学的性质和基本问题

伦理学是人类知识园地中一门以对伦理道德生活、伦理道德现象和伦理道德问题的研究而彪炳于世的人文价值学科，它有自己独特的研究对象和领域，有自己独特的研究问题和方法，有自己不可替代的特质和基本问题。正是这些特质和基本问题决定伦理学是伦理学而不是其他的学问。了解伦理学的学科性质和基本问题，有助于整体把握伦理学的本质特征和精神取向，推动与促进伦理学的繁荣和发展。

一、伦理学的学科性质

维特根斯坦在论及元伦理学和规范伦理学的关系时有一段话颇值得思索：“就伦理学

① ［美］格沃斯．伦理学要义．戴杨毅，等译．北京：中国社会科学出版社，1991：80.
② 同①.
③ 同①80-81.
④ ［苏］季塔连科．马克思主义伦理学．愚生，重耳，译．上海：上海译文出版社，1981：11.

渊源于谈论某种关于生活之终极意义、绝对善、绝对价值的欲望这一范围来看，它不能成为科学。它所谈论的在任何意义上都于我们的知识无所补益。但它是人类精神中一种倾向的纪实，对此，我个人不得不对它深表敬重，而且我也不会因为我的生活而对它妄加奚落。"① 作为元伦理学情感主义代表人物的维特根斯坦致力于将规范伦理学改造成为一门科学，可是在实际的研究中却发现伦理学是一种价值研究，其命题是超验的，处于我们语言表达的极限之外，"即使一切可能的科学问题都获得解答，我们的人生问题也仍然没有触及到"②。中国20世纪20年代爆发的科玄论战（科学与人生观论战）也大量地涉及人生哲学和伦理学的独特性问题，张君劢等人在自己的文章和演讲中反对科学主义的哲学伦理观，主张为科学与人生哲学划界，认为人生哲学和伦理学是人类追求意志自由与精神解放的产物，表达着人们的目的性追求与价值渴盼。元伦理学家和现代新儒家以自己的研究告诉我们，想把规范伦理学改造成为科学的努力是徒劳的，成为科学的伦理学尽管是科学但已经不是伦理学，不能成为科学的伦理学才是真正的伦理学。诚然元伦理学是科学，但它"脱离人，离开人们的需要和对人的关心太远，因此，不是伦理学，而成为一种形式逻辑"③。我们认为，伦理学是不能完全科学化的，也不能按照其他学科的模式来改造伦理学，那种科学化或改造注定是伦理学的不幸，也是其他学科的不幸。

把握伦理学的性质和特点，需要我们对伦理学与相邻学科的关系做比较性的考察，其中涉及伦理学与哲学、美学、社会学、心理学等学科的关系。

伦理学是从哲学中分化出来的，是哲学的一个分支学科，是人类对伦理道德这个特定现象进行哲学思考的产物。伦理学与哲学有密切的联系。哲学是爱智慧的学问，是对知识和智慧的热爱与追求，这种热爱与追求包括了沉思、批判、探索和创造。由于知识和智慧的广延性，哲学的对象"一度几乎涵盖了人类知识中的一切事物"④。伦理道德问题和现象无疑是哲学认识的重要方面和领域，穆尔和布鲁德《思想的力量：哲学导论》将哲学划分为形而上学、认识论、价值论和逻辑学四大类，其中价值论部分包括伦理学、社会哲学、政治哲学、美学等。他们在自己的哲学教材第二部分专门探讨了道德哲学问题。伦理学或道德哲学在哲学中有不可取代的地位，一直被人们视为哲学王冠上的明珠，有哲学的灵魂或第一哲学之称谓。一般来说，哲学遵循理论理性，伦理学遵循价值理性，是人们对善与正当的认识与把握，表征着人们认识自我和内心道德法则的智慧成果。因此，不应将伦理学消融于哲学之中，以哲学取代伦理学。

伦理学与美学是两门关系最切近的兄弟学科。任何具有伦理学意义的现象都同时具有美学意义，一方面可以对其进行善恶评价；另一方面又可以对其进行美丑评价。反过来，具有美学意义的现象很多也同时具有伦理学意义，既可以对之进行美丑评价，又可以对之进行善恶评价。伦理学与美学有着各自不同的研究对象，并不能相互替代。善与

---

① ［奥］维特根斯坦. 伦理学演讲//万俊人. 20世纪西方伦理学经典：伦理学基础：原理与论理. 北京：中国人民大学出版社，2004：126.

② ［奥］维特根斯坦. 逻辑哲学导论. 郭英，译. 北京：商务印书馆，1985：97.

③ ［苏］科诺瓦洛娃. 道德与认识. 杨远，石毓彬，译. 北京：中国社会科学出版社，1983：22.

④ ［美］穆尔，布鲁德. 思想的力量：哲学导论. 李宏昀，倪佳，译. 上海：上海社会科学院出版社，2009：2.

美在现实生活中并不总是统一的，美而不善或善而不美的现象随处可见。

伦理学与社会学的关系也非常密切。社会学的任务是描绘出社会生存活动的真实图景，为决策者提供制定政策的依据，社会学研究的个体与群体关系以及文化规范、社会风俗等问题在很大程度上同时也是道德问题。社会学对社会有机体的研究更可为伦理学研究社会伦理问题提供社会背景或数据支撑。而且伦理学所研究的伦理道德问题本质上也是一个社会问题。但社会学与伦理学毕竟有差别，社会学的研究对象不同于伦理学的研究对象。就人的活动而言，社会学只研究成为习惯的群众活动在某种社会制度范围内的规律和影响，以及对当时群众行为产生重大影响的个人特殊活动，而不注重于从这些活动的历史意义方面着眼，也不研究对群众行为并不产生重大影响的个人特殊活动。伦理学则除了研究成为习惯的群众活动外，还研究个人的特殊行为和动机，并做出道德评价。

伦理学与心理学是在研究人的行为和动机方面有着密切关系的两门学科。伦理学研究道德意识、道德情感和行为动机本身也属于心理现象的一部分；心理学也要说明人的道德意识在不同年龄时期的发展规律，揭示人的道德意识、道德情感和道德行为的形成过程。二者具有知识方面的互补性。二者的区别在于，伦理学研究道德心理活动是把它作为社会道德现象的一部分来加以研究的，而且要对之做出价值判断和评价；而心理学研究人们的道德意识等只是把它作为心理现象来研究，并且常常是客观的描述性的研究。此外，心理学除了研究人们的道德意识外还要研究感觉、思维、意志、性格等其他心理现象；伦理学除了研究道德心理、道德情感外更要研究道德关系和道德活动等内容。

伦理学与人类学也存在非常密切的关系。人类学是研究人类的生活、习俗、风尚、文物、宗教、文化的科学，而伦理学同样要研究人类的风俗习惯、生活方式。人类学的研究成果可以为伦理学提供有益的启示，同时，伦理学的研究成果也可以为人类学的深入研究提供借鉴意义。人类学与伦理学的区别在于，人类学是一种事实知识的科学，它重在揭示人类生活现象，究竟为何和是什么，而不对之做善恶评价。伦理学与之相反，它要探求人类行为中的应当与否，说明伦理的原则，指出人们行为的标准，并对行为进行善恶评价。

另外，伦理学与政治学、经济学、法律学、宗教学等也有一定的联系与区别。

从伦理学与其他相邻学科的比较中，我们可以看到，伦理学既是一门哲学理论科学，又是一门特殊的价值科学，是一门特殊的规范科学，还是一门特殊的实践科学。

伦理学作为一门哲学理论科学，它以探讨人类伦理生活的基本规律和总结其基本经验为己任，不仅要沉思道德生活的哲理，论述“人为什么要有道德”以及“人应该讲什么样的道德”等理论问题，还应当揭橥道德生活的矛盾，予以理论的思考与批评，从而使伦理学之学理更加精深厚重。黄建中谈道，道德术先于伦理学之学问，伦理学是对道德术的理性思考，“道德生活之始，本能而已，本能演为习惯，习惯演为风俗，初民于世俗相传之善恶概念，冥然据为判断标准，日用而不知；于是有‘不知而行’之道德术”①。然而

① 黄建中. 比较伦理学. 济南：山东人民出版社，1998：11.

人是有理性能思考的社会动物，“必不安于不知；环境之变迁，准则之矛盾，使之行有所困，不得不进而求知其理；于是有‘行而后知’之伦理学”①。伦理学是哲学的分支学科，有着从道德形上学角度探寻人如何才能生活得更好、更幸福的本体论思考和对人类伦理文明发展趋势、目标的理性致思与价值前瞻，它对好人、好生活和好社会等的深度研究及其所彰显出来的伦理智慧，都是哲学之思和哲学智慧的集中表现和证成。伦理学对伦理关系建构之理的探求在哲学发展史上占有着重要的地位，伦理智慧在对人本身思维力、创造力、人格力的形成方面凸显出哲学智慧的独特功用和内在价值。

伦理学作为一门特殊的价值科学，是人类心灵与行为价值的集中体现，以探讨善与正当为己任，注重从应该的视域来把握人们的道德生活。道德判断涉及价值问题，它要区分何为美德、何为恶德，何为正义、何为不正义，何为荣誉、何为耻辱等，并在这种区分中去追寻美德、避免恶德，追求正义、抛弃不正义，崇尚荣誉、远离耻辱，进而使人成为不断发展和日趋完善的人，使社会成为一个良序的社会。在西方，马克斯·舍勒（1874—1928）可谓价值伦理学的创立者。他的价值伦理学以批判康德形式主义伦理学为出发点，以胡塞尔现象学方法为认识论基础，系统地论证了价值、情感、人格及其关系在人类道德生活中的地位，力图形成一种符合客观主义、绝对主义精神要求的现代伦理学，为消除德国及至欧洲文明的危机，重建合理和稳定的社会秩序提供了重要的思想指导。价值伦理学的基石是对价值特性及层次的理解，价值是一种独立于载体之外的先天的质，可以分为感性价值、生命价值、精神价值和宗教价值等。道德价值是一种实在的善，其主体就是道德人格。同时，价值论伦理学指出价值与情感不可分离，并给定了价值理解在道德生活中的特殊作用，由此成为构建道德生活秩序的前提。

伦理学是一门特殊的规范科学，亦即是一门探讨道德法则和道德规范为主旨的学科。诚如黄建中所言，“伦理学盖以行为为对象，立道德之准则以判善恶者也。伦理学为判断行为善恶之‘规范科学’，斯则所以异于‘注释科学’，而又别于名学美学者也”②。康德在《道德形而上学奠基》的前言中，对伦理学是一门规范科学做出了论证，他肯定古希腊以来人们把理性知识分为逻辑学、物理学和伦理学这三门学科的正确性，指出：“所有的理性知识要么是质料的，即考察某一个客体（Objekt）；要么是形式的，即仅仅探究知性和理性自身的形式，以及一般思维的普遍规则，而不涉及各种客体的区别。形式的哲学就叫做逻辑学，而处理确定的对象和这些对象所遵守的规律［法则］的质料的哲学，又有两方面。因为这些规律［法则］要么是自然的规律（Gesetze der Natur），要么是自由的法则（Gesetze der Freiheit）。关于第一种规律的科学称为物理学，关于第二种规律的科学是伦理学；前者也称为自然学说，后者称为道德学说。”③ 在康德看来，属于形式科学的是逻辑学，属于质料科学的是物理学和伦理学。作为形式学科的逻辑学仅仅探究知性和理性自身的形式，以及一般思维的普遍规则，而不区别各种客体。而作为质料的科学，则要考察某一客体或对象。康德对同属质料科学的物理学和伦理学依其考察对象所遵守的规律的不同进一步做出区分，物理学考察的是“自然的规律”，而伦理学考察的

① 黄建中．比较伦理学．济南：山东人民出版社，1998：11．

② 同①9．

③ ［德］康德．道德形而上学奠基．杨云飞，译．北京：人民出版社，2013：1-2．

是“自由的法则”。亦即伦理学的规范是人自身依据善良意志而订立的普遍律则，人既是这种道德规范的制定者，又是其遵循者和践行者。道德规范既反映和表征着人的主体意志，又确证着人的义务观念和价值遵循。人在道德规范面前既是主体又是客体，服从道德规范其实就是在服从自己的内在良心和人格，使自己成为一个真正的占有自己社会本质的文明人和道德人。

伦理学作为一门特殊的实践科学，在于伦理学所形成的理论知识应当致用于人们的道德生活和道德行为，推动道德生活的变迁和向更高水平迈进，使人们的道德行为更加坚定自觉，借以培养人们的道德情操，锻铸人们的道德品质，形成高尚的道德人格。正因为如此，古往今来许多伦理学家都十分强调伦理学的目的“不在知而在行；徒恃理论，未足以使人为善”①。黄建中在论述伦理学是一门实践科学时指出：“伦理学始终不离乎人生行为；人生乃实践之经验，行为乃实践之活动；而人生有其意义，行为有其标鹄，则实践中未始绝无理论。纯粹之理论无论如何深远，仍为人生之理想；而理想必期诸实行，则理论亦终以实践为蕲向。”② 德国伦理学家包尔生在《伦理学体系》中写道：“伦理学属于实践的科学，它的职能就是展示人生必须以何种方式渡过，以实现它的目标或目的。因此，它是处在实践科学之首，在某种意义上囊括了它们。因为所有的技艺根本上都服务于一个共同的目的——人生的完善。”③ 应该说，包尔生的这一观点无疑揭示了伦理学不同于其他学科的本质特点，有相当的合理性。

当然，伦理学的上述四种性质，实质上是统一的，我们不能将其孤立地割裂开来予以思考。无论是哲学理论，还是价值科学、规范科学，抑或是行为实践，它们都是密不可分地联系在一起的。美国伦理学家梯利在《伦理学概论》中指出，伦理学“既是推理的，又是实践的，既是门科学，又是门技术。就它分析、归类、解释它的现象，或寻求其原则、规律而言，它是推理的或理论的；就它采纳这些原则或规律，或把它们应用于实践而言，它是实践的”④。因此，伦理学既是理论科学，又是实践科学。“前者发现规律，后者应用规律；前者告诉我们已作的是什么，后者告诉我们应当作什么，实践伦理学是理论伦理学的应用。”⑤ 黄建中亦有类似的认识，他说：“求知一贯之道德原理，用以周行而不殆；是为伦理学‘知而后行’之实践方面。更进而求知道德原理之所以然，极深研几而不遽斤斤于致用：是为伦理学‘知而后行’之理论方面。”⑥ 这两个方面是不能断然分割的，就像理论源于实践，实践需要理论的指导一样。季塔连科主编的《马克思主义伦理学》指出，如果伦理学仅仅局限于制定和表述行为准则，那么它就不能成为一门科学。如果伦理学仅仅局限于说明一些事实，那么它就会成为形式主义的东西而失去其真实性。“不能帮助人们成为更善良、更纯洁的人的伦理学，正如不能治好病的医学一样，是毫无用处的。”⑦ 总之，伦理学就其性质或特质而言，既是一门哲学理论科学，

① 黄建中．比较伦理学．济南：山东人民出版社，1998：11.
② 同①11-12.
③ ［德］包尔生．伦理学体系．何怀宏，廖申白，译．北京：中国社会科学出版社，1989：7.
④ ［美］梯利．伦理学概论．何意，译．北京：中国人民大学出版社，1987：4.
⑤ 同④15.
⑥ 同①.
⑦ ［苏］季塔连科．马克思主义伦理学．愚生，重耳，译．上海：上海译文出版社，1981：11.

同时又是一门特殊的价值科学、一门特殊的规范科学，还是一门特殊的实践科学，是哲学理论科学、特殊的价值科学、特殊的规范科学和特殊的实践科学的辩证统一。

二、伦理学的基本问题

一门学科之所以得以建立，不仅在于有其客观的研究对象，而且也有其基本问题，如果没有其基本问题，那么这门学科的合法性和科学性就会受到怀疑。伦理学基本问题，是伦理学诸理论中的核心问题，是人们的实际道德生活要面临和选择的根本问题，是以往和当今伦理思想家们争论最集中的或不可回避、不能不回答的重大问题。

1. 关于伦理学基本问题的不同看法[①]

关于伦理学基本问题的讨论，涉及伦理学的身份认同和学科体系的建立。尽管 20 世纪 80 年代我国伦理学界对这一问题的讨论深化了人们对伦理学的认识，但由于伦理学是一门随着人类道德生活的发展而不断发展的学科，因而伦理学的基本问题将永远是一个开放性问题。只要伦理学还在发展，人们对伦理学基本问题的看法就会不断有所探讨并且会有新的认识和发展。

我国伦理学界对伦理学基本问题的探讨与论争，就其对基本问题的界说而言，大体有一个问题说和多个问题说两大类。一个问题说认为伦理学基本问题是一个问题，诸如道德与利益的关系问题说，善与恶矛盾关系说，道德与社会物质生活条件的关系问题说，现有与应有的关系问题说等等。多个问题说认为伦理学基本问题不是一个而是多个，而对多个是什么的认识也有不同的说法，有学者认为，伦理学的基本问题有两个，即“作为人我们应当做什么”和“对于人什么是有价值的”问题；也有学者认为，伦理学的基本问题实际为三个，即道与德、义与利、群与己的关系问题。

一个问题说主要有以下四种观点：

第一种观点将伦理学的基本问题概括为利益与道德的关系问题，这是我国伦理学占主导地位的一种看法[②]。罗国杰教授主编的《马克思主义伦理学》和《伦理学》认为，伦理学的基本问题就是利益与道德的关系问题。这一伦理学基本问题包含两方面的内容：其一，经济利益与道德的关系问题，即是经济关系决定道德，还是道德决定经济关系，以及道德对经济关系有无反作用的问题。其二，个人利益与社会整体利益的关系问题，即是个人利益服从社会整体利益，还是社会整体利益从属于个人利益的问题。为什么利益与道德的关系问题是伦理学的基本问题？首先，物质利益是道德的基础。任何道德都是一定经济关系的产物，是一定社会物质生活条件的反映，这是道德的本质。对于物质利益与道德的关系的不同回答，形成了各种不同的伦理学说。其次，如何调整个人利益与社会整体利益的关系，构成了阶级社会或有阶级斗争存在的社会里的道德的基本内容。历史上的各派思想家，因为他们在生产体系中的地位不同、阶级立场不同，在回答和解决个人利益与社会整体利益这一矛盾时，他们所坚持的道德原则也是不同的。

---

① 本小节是以著者《论义利问题之为伦理学的基本问题》［华中科技大学学报（社会科学版），2011（4）］的文章为主体写成的。

② 罗国杰主编．马克思主义伦理学．北京：人民出版社，1982：7.

第二种观点认为，伦理学的基本问题是道德与社会历史条件的关系问题。所谓社会历史条件，主要是指社会生产方式。道德与社会历史条件的关系有两个方面：一方面，社会历史条件是道德的根源并决定道德，一定的社会历史条件决定一定的道德；另一方面，道德对社会历史条件又具有反作用，这种反作用表现为或者起积极的促进作用，或者起消极的破坏作用。把道德与社会历史条件的关系问题作为伦理学基本问题的主要理由是：其一，这一问题是哲学基本问题在伦理学中的集中表现。其二，对于这一问题的不同回答，是区分伦理学中唯物主义和唯心主义两种不同观点、两条不同路线的主要依据。其三，对这一问题的回答是解决伦理学其他一系列问题的基础和前提，决定着如何认识道德的形成、实质、社会作用和发展规律等一系列问题。其四，如何解决这一问题，制约着道德评价标准的制定。

第三种观点认为，伦理学的基本问题是善恶问题。伦理学就是善恶之学，是关于善与恶的性质、起源及其发展规律的科学。把善恶问题作为伦理学基本问题的主要理由是：其一，善与恶是道德中的特有矛盾，是道德之为道德的根本原因，而道德又是伦理学的研究对象。伦理学研究对象的这种根本特征，就决定了善与恶的问题是伦理学的基本问题。其二，善与恶的问题是古今中外一切伦理学家、伦理派别普遍关注和研究的重大课题。其三，善与恶的矛盾是道德发展的动力，人类社会的道德发展史就是善与恶的斗争史。其四，善与恶的矛盾贯穿于人类道德活动的一切领域，并且贯穿道德活动的始终。其五，善与恶是伦理学的核心范畴①。

第四种观点认为，伦理学的基本问题是人的道德责任问题。人对国家、对社会、对他人、对自己四个方面应该承担什么样的道德责任是伦理学的基本问题。其一，道德责任反映了伦理学最重要的特点。伦理学的特点是研究人类行为背后的价值。我们以善和恶、正确和错误为标准来评价人类行为的道德价值。符合善的标准的行为就是有价值的道德行为，否则就是没有价值的反道德行为。人类的道德责任是人类行为价值的载体，评价人类的行为有无道德价值，就要评价人类的道德责任。一般说来，负责任的行为就是有道德的、有价值的行为，不负责任的行为就是低道德或者低价值的、无道德或者无价值的行为。伦理学里常常强调的自尊（不要说谎）、诚实（遵守诺言）、公平（共同分享）等道德原则，其实就是强调人的道德责任。其二，道德责任反映了道德的最重要的特点。道德最重要的特点就是“应该”或者“不应该”。进一步来说，按照道德原则做应该做的事情、不做不应该做的事情是人类道德行为区别于人类其他行为的标准。“应该”或者“不应该”都要通过人类的道德责任反映。应该反映在道德责任里是积极的道德责任，不应该反映在道德责任里是消极的道德责任。人类的积极道德责任体现了人类的理性、和谐和真善美的正面价值，人类的消极道德责任则反映了人类自私、利己和文明堕落的负面价值。在社会中的所有人，都处于一定的位置，扮演一定的角色，与人的位置和角色相关的责任是衡量一个人对社会贡献大小的标准，尽职尽责的人对社会贡献大，失职失责的人对社会没有贡献。其三，从伦理学研究的对象看，伦理学研究的四种道德现象：道德理论、道德规范、道德行为、道德心理，都可以被人的道德责任所覆盖。道

---

① 魏英敏．当代中国伦理与道德．北京：昆仑出版社，2001：78-85.

德理论研究道德责任的善恶问题，道德规范研究道德责任的准则问题，道德行为研究道德责任的对错问题，道德心理研究道德责任的心理发生机制问题。

多个问题说主要有以下两种观点：

第一种观点认为，伦理学的基本问题就是道德观的根本问题即道与德、义与利、群与己的关系问题，合在一起简单地说就是，伦理学的基本问题就是道德义利群己关系问题。伦理学的核心对象是道德，道德观的根本问题就是如何看待道与德、义与利、群与己的价值优先性问题，从而做出价值选择。这三个问题可以说第一方面是道德观的形式性问题，是道即规范优先还是德即品德优先，这会影响不同的伦理学家的思考方式，形成规范伦理学与美德伦理学的不同理论类型。而后两个问题则不仅是伦理学家要思考的道德观的实质价值问题，也是每一个道德主体在人生道德实践中必须要面临和选择的问题。当然这两个问题也有层次的不同。道德观的根本问题，首先是在利益与道德之间进行选择。或者说道德不是一种本体性存在（当然在历史上也有绝对主义的道德本体论），它的存在本身就是为了调节利益关系的。因此就使它与利益的关系问题成为第一层次的选择问题，在此基础上才会有整体利益与个人利益、整体价值与个体价值的选择问题。这三个问题从形式和内容的统一上回答了道德观的根本问题，无论是对人们的伦理思考和道德选择来说，还是对伦理学的理论类型、学术流派划分、道德原则确立、科学体系的建立都具有根本性的意义，因此成为伦理学的基本问题①。

第二种观点认为，伦理学的基本问题是“作为人我们应当做什么”和“对于人什么是有价值的”两个问题的有机统一。伦理学的实践品格与人的存在、人的本质具有根本的一致性。伦理学首要的基本问题是“作为人我们应当做什么”，其中的“什么”，如N.哈特曼所言，是一个未出场的、先验的价值领域。这是伦理实践具有真正创造性、创新性的深刻原因。“对于人什么是有价值的”是伦理学的第二个基本问题，这一问题有助于解决“作为人我们应当做什么”的问题，并最终解决“做人”的问题。“作为人我们应当做什么”所确定的伦理法则就是要根据这个评价标准来阐明，这是一个伦理学的基础问题。如果说“对于人什么是有意义的、什么是有价值的”是伦理学的第二个基本问题，那么，“什么是价值”则又是这个问题的根本，价值及其结构与秩序是这个根本问题的具体展开。“应当”是如何发生的？“应当”产生于人自身存在的深处。人作为一种类存在，在宇宙中的地位和尊严，一方面使我承继并拥有了这种地位和尊严，另一方面又迫使我去保持这种地位和尊严，这就是人的终极使命。我生而为人就必须按照人的方式来生存，既已为人就必须维护人的地位和尊严，做人的法则对于我是给定的，此即必须意义上的“应当”。同时，此应当法则又是人自身的存在法则，是生命意志本身运行的法则，也是我必须时时去保持并从适应转化为体认意义上的“应当”。对于伦理学，根本性的问题是“作为人我们应当做什么”。伦理学之所以必须先从存在出发阐明其实践品格，然后再从存在出发论证其第一个基本问题的确是“作为人我们应当做什么”，是因为伦理学本身的特质确实比后者具有优先性。

上述观点各有自己的创见，但又未必是不可探讨和争鸣的。这体现了伦理学问题的

① 肖群忠．伦理学基本问题新论．道德与文明，2007（1）．

丰富性和开放性，也说明伦理学基本问题的确定并非易事，伦理学基本问题的讨论还在深入。21世纪以来，一些学者对伦理学基本问题又提出了自己的看法，这些看法为推进伦理学基本问题的讨论、促进伦理学的发展创造了条件。

2. 道义与功利的关系是伦理学的基本问题

从伦理思想史和现实道德生活的实际出发，正视道德生活的矛盾和问题，我们更倾向于把道德与利益的关系问题确定为伦理学的基本问题，并将这一观点调整为“功利与道义的关系问题”。这一矛盾和问题即是传统伦理学所讨论的义利问题或义利之辨，它在现实生活中亦有大量的表现，也是任何伦理学家或伦理学流派不能不予以思考、回答的重大理论和现实问题。

义利之辨，是中国传统伦理学最基本也是最重要的问题。中国历史上许多思想家不管学术立场有何差异，均强调和推崇义利之辨。南宋时期朱熹和陆九渊在为学之方上有严重分歧，但都认为“义利之说，乃儒者第一义”①，“学无浅深，并要辨义利”②。中国历史上的义利之辨，是诸多伦理论辩的原点和核心，贯通和牵扯着理欲之辨、公私之辨、志功之辨和本末之辨，也是君子小人之辨和夷夏之辨的分水岭。或者可以说，中国伦理思想史上最重要的伦理论辩如君子小人之辨、夷夏之辨、理欲之辨、公私之辨、志功之辨以及仁富之辨、德财之辨等都是紧密围绕义利之辨而展开，是以义利之辨为核心和枢纽的，它们既是义利之辨的重要表现形式，又是义利之辨的具体展开和生动实现。诚如明清之际的王夫之所说，“尽人道以正人伦，其尤重者莫大于义利之分”③。天下之大防二，君子小人也，华夏夷狄也，而其根底可归于义利之辨。义利之辨蕴涵着公私之别、利害之分，所以是人伦之枢机或价值之原点。在西方近现代，伦理思维也是紧密围绕道德与幸福、个人利益与他人利益、个人利益与社会公共利益等关系而展开，而其所谓的功利论与道义论、快乐主义与德性主义、动机论与效果论、利己主义与利他主义等派别也莫不是在对道义与功利这一伦理学基本问题的回答中所形成和发展起来的。

从内容上考察义利关系，大体有四种实质性的关系指称或关系范式。

（1）物质利益与伦理道德的关系。这一关系是义利问题的第一个重要层面，对此层面的不同认识和回答产生出伦理思想史上的道义论、功利论及统一论或并重论。对这一关系的认识，涉及对二者关系何者为本、何者为末，何者当先、何者当后等价值次第和价值认定等问题。如果把物质利益看得比伦理道德更为根本，坚持物质利益决定伦理道德的立场而不是相反，大体可以归到功利论的名下。如果把伦理道德看得更为根本，认为伦理道德决定或支配物质利益，那就是主张一种道义论。马克思主义坚持以唯物史观来认识这一关系，一方面认为道德是由经济关系决定的，利益是道德的基础、表现并构成道德的主要内容，人们总是从社会的利益关系中吸取自己的道德观念，总是把那些对自己有利的事物或现象称之为道德的，而把那些无利于自己的事物或现象称之为不道德的。另一方面又强调伦理道德对利益的反作用和能动作用。认为先进的道德能够促进利益的正当实现并使利益关系最优化和健康发展，落后的道德只会导致利益关系的紧张和

① 黎靖德，编. 朱子语类：卷十三. 北京：中华书局，1986：227.

② 同①.

③ 王夫之. 宋论：卷十四//船山全书：第11册. 长沙：岳麓书社，2011：312.

冲突，甚至使正当的利益也无从表达和实现。

（2）个人利益与社会公共利益的关系。这一关系是义利关系的又一重要层面，中国历史上的公私之辨即是对这一关系的探讨与辨析，对此一层面关系的不同认识和回答产生出伦理思想史上的利己主义与利群主义（个人主义与整体主义），以及调和这两种主义的己群两利主义等。这一关系涉及人我、群己之间利益的对待与处理，是检测有无道德和道德高低的试金石。马克思主义认为，道德从来就不是超越利益关系的抽象存在，而是在利益关系的处理中表现出来的。一般来说，人们总是赋予公共利益以道义的价值，而把个人利益视为利益的代表，是个人利益服从社会公共利益，还是社会公共利益从属于个人利益，就成为义利之辨的重要内容。二程明确地把义利关系界定为公私关系，指出："义与利，只是个公与私也。"[①] 凡是主张个人利益优先于社会公共利益的大多是持利己主义的立场，凡是主张社会公共利益优先于个人利益的大多是持利群主义的立场。利己主义有不同的类型，如极端的利己主义、温和的利己主义和合理的利己主义等。利群主义亦有不同的类型，如整体主义、国家主义、民族主义、集体主义和世界主义等。此外，还有调和此一关系的己群两利主义。个人利益与他人利益的关系，也可在这一关系的视域中来观照，一般来说，利群主义常常在人我关系上持利他主义的立场。区别在于，利他主义的道德合理性并不总是能够与利群主义相匹配。个人利益与他人利益的关系在道德合理性上并不总是以利他主义为尚，要看其中利益与社会公共利益的相关性。马克思主义在个人利益与社会公共利益的关系上持集体主义的立场，这是一种既反对资产阶级的利己主义又超越封建的整体主义和资本主义的国家主义的无产阶级个人利益与无产阶级集体利益有机结合的集体主义，是一种既肯定集体利益的优先性和重要性，又重视个人利益的正当性与合理性且主张二者辩证结合的集体主义，本质上是对个人利益与社会公共利益辩证思考与理性认识的产物。

（3）物质生活需要与精神生活需要之间的关系。这一关系也是义利关系的重要呈现，中国历史上的理欲之辨[②]即是着眼于这一关系的探讨。天理与人欲涉及人如何认识自己肉体与灵魂的需要及其关系的处理问题。凡是把肉体的欲望或物质生活需要看得更为重要的，大体可以归结为肉欲主义或物质主义，凡是主张把灵魂的需要或精神生活需要看得更为重要、更为根本的，则可以归结为灵魂主义或精神主义。伦理学史上的自然主义与超越主义从某种意义上说则可以看作是物质主义与精神主义的具体表现。一般来说，自然主义从人的自然需要和自然欲望或肉体感受性出发，坚持认为凡是能够满足人的自然需要和欲望的就是善的、正当的，故理直气壮地为人的自然需要和欲望辩护。超越主义往往立足于精神生活的需求，主张超越自然需要的藩篱，向着一种神性和不朽的精神价值奋进，故每每对人的自然需要和欲望持批判或不屑一顾的态度。也有主张将二者结合起来的观点，如王夫之提出的"理欲合一"说，王夫之指出："天以其阴阳五行之气生人，理即寓焉而凝之为性。故有声色臭味以厚其生，有仁义礼智以正其德，莫非理之所

---

① 程颢，程颐．河南程氏遗书：伊川先生语三//二程集：上．北京：中华书局，2004：176.

② 理欲之辨是中国古代义利之辨的重要表现，宋明时期的义利之辨是紧密结合理欲之辨而展开的。朱熹指出："凡事不可先有利心，才说着利，必害于义。圣人做处，只向义边做。"（《朱子语类》卷五十一）所以革尽人欲是复尽天理亦即合乎道义的必然要求。

宜。声色臭味，顺其道则与仁义礼智不相悖害，合两者而互为体也。”① 马克思主义是物质生活需要与精神生活需要的统一论者。坚持认为人是人的形体与灵魂、物质与精神的有机统一体，人既有物质生活的需求，又有精神生活的需求，物质生活决定精神生活并构成精神生活的基础，精神生活是物质生活的提升和发展并对物质生活具有能动的反作用。物质生活需要是精神生活需要的基础和前提，并渗透于精神生活需要之中。精神生活需要是物质生活需要的补充和发展，它集中体现了人的需要与动物需要的区别。

（4）志向动机与功利效果的关系。这一关系涉及道德评价、道德判断的依据和方法，在中国历史上是以志功之辨表现出来的。志，指人的志向或信念，也指人的行为的动机或目的。功，指行为的功效或效果，也指为达到目的所做出的努力。在中外伦理思想史上，义利之辨总是与志功之辨紧密地结合在一起，事实上志功之辨恰恰是义利之辨的展开和升华，或者说义利之辨必须通过并借助于志功之辨来表现。我国南宋时期朱熹与陈亮的义利之争，其中一个十分重要的内容就是志功之争。朱熹从“不论利害，惟看义当为与不当为”的思想认识出发，持动机论的道德评价观。而陈亮则持效果论的立场，主张以实事、实功作为道德评价的标准，他的朋友陈傅良将他的观点概括为“功到成处，便是有德；事到济处，便是有理”②。叶适更是对董仲舒“正其谊（义）不谋其利，明其道不计其功”的观点予以批判，指出：“此语初看极好，细看全疏阔。古人以利与人，而不自居其功，故道义光明。后世儒者，行仲舒之论，既无功利，则道义乃无用之虚语耳。”③ 在西方近代伦理思想史上，康德与英法唯物主义的义利之争也莫不紧紧围绕动机与效果问题而展开。康德是纯动机论的代表，他在《道德形而上学原理》中指出：“善良意志，并不因它所促成的事物而善，并不因它期望的事物而善，也不因它善于达到预定的目标而善，而仅仅是由于意愿而善，它是自在的善。并且，就它自身来看，它自为地就是无比高贵。”如果有人或者由于生不逢时，或者由于无情自然的苛待，即便“竭尽自己最大的力量，仍然还是一无所得，所剩下的只是善良意志，它仍然如一颗宝石一样，自身就发射着耀目的光芒，自身之内就具有价值”④。而边沁、约翰·穆勒（John Stuart Mill，一译密尔）等人则是纯效果论的倡导者和拥护者。穆勒在《功利主义》一书中指出：“把功利或最大幸福原理当作道德基础的信条主张，行为的对错，与它们增进幸福或造成不幸的倾向成正比。”又说：“能够证明一个对象可以看到的唯一证据，是人们实际上看见了它。能够证明一种声音可以听见的唯一证据，是人们听到了它；关于其他经验来源的证明，也是如此。”⑤ 因此，评价人们行为善恶的标准只能是行为的效果。墨子崇尚义利合一，提出了“志功合一”的命题。马克思主义伦理学坚持动机与效果的辩证统一论，它既反对动机论，又反对效果论，主张把动机与效果结合起来，通过效果去察动机，通过动机去看效果。

上述四个方面或四大关系范式彰显了道义与功利关系的深刻内涵，在一定意义上，

---

① 王夫之．张子正蒙注：卷三//船山全书：第12册．长沙：岳麓书社，2011：121.

② 陈傅良．致陈同甫书//陈亮集（增订本）．北京：中华书局，1987：393.

③ 叶适．习学记言序目：卷二十三．北京：中华书局，1977：324.

④ ［德］康德．道德形而上学原理．苗力田，译．上海：上海人民出版社，1986：43.

⑤ ［英］穆勒．功利主义．徐大建，译．北京：商务印书馆，2014：8，42.

公私、理欲、志功，甚至还有仁富、德财以及君子小人关系，从不同层面支撑起义利关系的精神架构并拓展出义利关系的生长空间，表达了义利关系的认知及其价值诉求。正是义利关系的深刻内涵及其价值诉求，作用、制约并引领着人类的道德生活及其发展，从而使这一关系问题最有资格也最有能力成为伦理学的基本问题。

3. *为什么说道义与功利的关系问题是伦理学的基本问题*

道义与功利的关系问题之所以是伦理学的基本问题，是由人的存在的两重性所决定的。一方面，人是一种肉体感性存在，这决定了人必然有物质需要和物质利益，否则，人就不能生存。另一方面，人又是一个理性的社会性存在，人的存在与生活都是社会性的，人的利益谋求和获得必须遵循一定的原则，否则就会导致弱肉强食的自然状态。因此，不仅需要契约、法律等规范原则来调节人的利益关系，而且要用道德、道义这种软规范来调节人的利益关系。汉代董仲舒说："天之生人也，使人生义与利。利以养其体，义以养其心。心不得义不能乐，体不得利不能安。义者心之养也，利者体之养也。"① 物质利益是维系身体健康所需要的，道义精神是维系心灵健康所需要的，二者不可缺一，同为人类生活所必需。在论及二者何为优先和重要的问题上，董仲舒受儒家道德观的影响，提出："体莫贵于心，故养莫重于义。义之养生人大于利。……夫人有义者，虽贫能自乐也；而大无义者，虽富莫能自存。吾以此实义之养生人，大于利而厚于财也。"② 据此走向了道义论。而法国唯物主义者和英国功利主义者则强调利益对道德的优先性，成为功利论伦理学的代表。

道义与功利的关系问题之所以是伦理学的基本问题，是因为这一问题是伦理学家不能不回答的问题，是中外伦理思想史的焦点和各派分歧所在，同时也是划分伦理学不同流派的主要依据。如神学伦理学、理念论、天理论、善良意志说、义务论均是在二者关系中更加强调道义的重要性，而快乐主义、幸福主义、功利主义、目的论都是强调利益的重要性。对这一问题的不同价值取向，使伦理学家们在历史上也形成了利己主义与利他主义、个人主义与集体主义等不同的伦理学说和伦理原则。利己主义、个人主义以及自由主义都是强调个人或个体的利益与价值的优先性，而利他主义、社群主义、集体主义等都是强调他人、整体、社会的利益与价值的优先性。

道义与功利的关系问题之所以是伦理学的基本问题，关键还在于这一问题反映了人类道德生活领域中最普遍、最根本的事实，规定着伦理学的基本内容，制约着伦理学对一系列问题的解决。人与人之间的道德关系究竟是一种功利关系，还是一种道义关系？道德的目的仅仅是对各种利益关系的协调处理呢，还是为了追求一种符合人类价值理想的合理生活？道德是为了更好的生活，还是生活中要追求一种更为高尚的道德？道德是为了快乐和幸福呢，还是快乐和幸福离不开道德？这些问题都是人们的人生实践和道德生活不得不首先思考的重大问题，而对这些问题的回答从根本上都是对道义与功利关系问题的思考和回答。人与人的利益关系是一种客观存在的自然现象，人与人的利益关系不能像动物那样以生存竞争、弱肉强食的自然法则来处理，人作为有理性、有道德的社

---

① 董仲舒. 身之养莫重于义//苏舆. 春秋繁露义证：卷九. 北京：中华书局，1992：263.

② 同①.

会性动物，要以道德这种应然的精神原则和规范力量对人的利益关系进行调节。那么，怎样调节？道德面临的前提问题是功利优先于道义还是道义优先于功利？对此的不同选择就形成了功利论与道义论两个基本的伦理学流派。道义与功利何者为先？哪个更根本？对这个问题的不同回答就决定了两条不同的伦理路线：道义论与功利论。凡认为道德义务与道德法则的价值高于利益、功效价值的就是道义论，其特点是维护了道德自身的至上性、自足性价值；凡认为道德行为的价值总是决定于一种非道德的目的与功效的就是功利论，其特点是认为道德只是一种谋取主体幸福或功利的手段，一种行为之所以是道德的，就在于它是实现主体目的与功利的“善”和“好”。

日本伦理学家柳田谦十郎指出：“道德只要是道德，就必须在某种意义上、某种方法上对人类的自然本性进行反省和批判，并且必须站在克服利己主义的具有高度自觉的立场上。不言而喻，在单纯自然必然的立场上和单纯事实必须的立场上，都不会形成任何义务的自觉。在没有义务自觉和价值自觉的地方，也不会有我们称之为道德行为的东西。”① 古今中外伦理学家们对道义与功利关系的深刻探讨构成其伦理致思的价值基元，也制约着他们对其他伦理学问题的认识和探讨。而现实的道德生活也是在处理和解决此一关系中进行并呈现出自己具体而真实的精神风貌的。像善与恶、事实与价值、现有与应有，以及责任与正当等问题，莫不都是义利问题的某种表现或扩展。所以，道义与功利的关系问题简单地说义利问题就是伦理学的基本问题。

第三节　伦理学的使命和任务

伦理学是一门哲学理论科学、一门特殊的价值科学、一门特殊的规范科学和一门特殊的实践科学，这种学科性质决定了伦理学的使命和任务。伦理学探寻的是人们在天地之间的安身立命之道，建构的是人们价值有所归属、灵魂有所栖息的精神家园和意义世界，追求的是社会的和谐秩序和一切与好的东西相关联的价值体系。正因为如此，它在哲学体系、人文学科中是一门同核心价值体系和价值观密切相关的铸魂（铸造国魂和民魂）的学科，积淀着人们对生活、社会和文明的最深刻的价值思考以及对生命、意义和精神生活上下求索的智慧。由此可以说，它既是一门使人类光荣的学科，更是一门使生命富有意义、使人生具有内在价值和尊严的学科，同时也是一门追求好生活、建设好社会的规范学科和实践学科。

一、伦理学的使命与作用

使命原指使者所接受的命令和承担的职责，后引申为神圣的责任与光荣的任务。使命与天职概念联系密切。什么是“天职”？马克斯·韦伯在解释基督教新教的天职概念

① ［日］柳田谦十郎．利己心与道德//中国社会科学院哲学研究所伦理学研究室．现代世界伦理学．贵阳：贵州人民出版社，1981：17.

时，曾这样写道："天职"一词的含义，具有一种终身使命，一个特定的劳动领域的意义。这种天职概念为全部新教教派提供了核心教义，这种教义认为上帝所接受的唯一生活方式，"不是要人们以苦修的禁欲主义超越世俗道德，而是要人完成个人在现世里所处地位赋予他的责任和义务，这是他的天职"①。费希特在《论学者的使命》的演讲中指出："人应当仅仅被视为理性生物，就此而言，绝对存在的这种特性，为他自己而存在的这种特性，就是他的特性或他的使命。"② 人应当是有理性的社会存在物，发挥人的主体能动性是人的内在使命，他把这个能动的自我描绘成为勇敢地反抗威严的自然力量的英雄，借以表现其向一切邪恶的封建势力挑战的无畏精神。费希特用寓情于景的方法写道："面对威严的峭壁丛山和汹涌瀑布，眼观猛烈翻腾的火海风云，我昂首挺胸，无所畏惧，我说：我永生不死，我藐视你们的威力！来吧，你们都冲击我来吧！你，大地，你，苍天，任你们混成一团，放肆胡闹！你们，自然界的暴力，任你们奔腾怒吼，疯狂争斗，把物体——我称之为我的身体——的最后一粒太阳尘埃都彻底毁掉！但唯独我的意志与其坚定的计划一起会英勇地、冷静地飘扬在宇宙废墟之上；因为我领受了我的使命，这使命比你们更加持久；它是永恒的，我和它一样，也是永恒的。"③ 伦理学的使命是学者的使命和人的使命的精神化与价值化的集中体现，是人希望伦理学能有所作为的精神担当和实现自身价值的内在品性，表达着人们对伦理学的信任、要求和希望，也是伦理学之为伦理学的内在确证和学术品格之所在。

伦理学的使命与作用涉及伦理学的功能效用、伦理学的价值诸问题。不同的伦理学对伦理学的使命与作用的认识也是不一样的。

元伦理学家或分析伦理学家大多强调伦理学的知识性和理论研究任务，他们以使伦理学成为一门严谨的科学为伦理学的重要使命和职能。石里克在《伦理学问题》一书中指出，伦理学是一个知识系统，"它唯一的目标是追求真理……伦理学本身除了追求真理之外，决没有任何其他目标。"伦理学在本质上是理论或知识，"它的任务就不能是产生道德，或者建立道德，或者用道德去指导生活"④。伦理学的任务是力求去理解善，"即获得关于它的知识，此外在任何情况下它都不会也不能做任何别的事情"⑤。诺埃尔·斯密指出："道德哲学家的任务现在被看做，不是那种对实践智慧起指导的理论探讨，但是研究问题、判断、怀疑和信念本身是理论性的。道德哲学家不仅作出关于他的主观问题的理论陈述，他的主观问题构成了理论陈述。"⑥ 石里克和诺埃尔·斯密这种关于伦理学使命的界定，完全是科学性的。它不但取消了伦理学作为一种学问形态的独立性，而且使伦理学从属于科学。其实，任何个别学问形态的成立，都不能从单一的学问形态得到普遍的规定，即使它们是内在相关的，但其差别性更为重要。

俄国伦理学家别尔嘉耶夫在《论人的使命》一书中强调，伦理学不能也不应该仅仅

---

① ［德］韦伯．新教伦理与资本主义精神．于晓，陈维刚，译．北京：三联书店，1987：59.
② ［德］费希特．论学者的使命　人的使命．梁志学，沈真，译．北京：商务印书馆，1984：7.
③ 同②35.
④ ［德］石里克．伦理学问题．张国珍，赵又春，译．北京：商务印书馆，1997：11-12.
⑤ 同④12.
⑥ ［美］拉福莱特．伦理学理论．龚群，译．北京：中国人民大学出版社，2008：2.

只是一门“有认识功能的哲学学科”，它还应该是“一种道德精神的行为”，“是关于创造价值和人的创造能力的学说”。“伦理学不仅应该是理论的，而且还应该是实践的，就是说应该号召对生命进行道德上的改变，不仅要求掌握价值，而且还要求对价值的重新评估。……伦理学所教导的不仅是价值，它不仅是价值论，它还应该教导作为力量的价值，教导作为力量和一切力量之根源的最高善，所以它也是本体论。伦理学不与无力的、空洞的规范和法律相关联，而是与现实的道德力量，与拥有力量的品质相关联。”① 别尔嘉耶夫认为，伦理学所研究的道德行为关联着人的完满的精神生命，因而伦理学是对精神特别是道德精神的认识，涉及善恶、价值的评估与创造诸问题。伦理学巨大而艰难的使命“就是在道德生活里对精神和社会因素进行区分……道德生活植根于精神世界，它只是投射在社会生活里”，因此应该从伦理现象出发来理解和研究社会现象，而不是相反。“伦理学不仅应该为道德作论证，而且还应该对道德上的谎言进行揭露。”② 别尔嘉耶夫十分崇尚创造伦理学，认为创造伦理学是对法律伦理学、救赎伦理学的超越和升华，创造伦理学不是消灭意志和欲望的伦理学，而是使意志和欲望获得光明、走向崇高的伦理学，“不是消灭人、使人外在地服从上帝的伦理学，而是使人创造性地实现生命中神圣的东西，实现真实、真理、美和价值的伦理学”。“对创造伦理学而言，人是价值自身，这不依赖于他所拥有的观念，人生的任务就在于向生命释放创造的能量，这能量具有照耀功能、巩固功能和改变功能。所以创造伦理学不审判生命，而是赋予生命，获得生命，提高生命内容的质量和价值。”③ 应该说，伦理学的使命不仅在于揭示道德知识，培育道德智慧，而且在于追求道德精神，成就人的道德人格，进而使人更有意义地生活，建设一个符合人的生活理想的好的社会或世界。

二、伦理学的研究任务

使命彰显为任务，任务是使命的客观化呈现。德国伦理学家包尔生在《伦理学体系》中认为伦理学的研究任务有二：一是决定人生的目的或至善；一是指出实现这一目的的方式或手段，即“通过什么样的内在品质和行为类型，我们可以达到或实现至善或完善的生活”。“确立最终目的或至善是善论的事情”。如何实现至善则“要在德性论和义务论中解决”④。

现象学大师胡塞尔认为，伦理学应实现客观有效性与情感基础的有机结合。“道德的神圣和尊严”存在于它的普遍有效性和对所有理性生物的约束力之中。伦理生活是反思的生活、第二性的生活，这是一种新的真正的生活，“人类的改造，个体和共同体的改造是伦理学的主题。伦理生活本质上是由改造的观念有意识地激发的，这是一种被这一观念自愿地引导和形成的生活”⑤。伦理生活是一种处于彻底和绝对的自我负责的无条件命

① ［俄］别尔嘉耶夫．论人的使命．张百春，译．上海：学林出版社，2000：22.
② 同①24.
③ 同①183－190.
④ ［德］包尔生．伦理学体系．何怀宏，廖申白，译．北京：中国社会科学出版社，1988：10.
⑤ 倪梁康．现象学伦理学的基本问题．世界哲学，2017（2）.

令之下的生活。理想的生活是一种每个“立场”都在自己的理性明见基础上得到完全明确的辩护和说明的生活，这便建立起一个不再受到篡改、歪曲、威胁的信念。伦理学以推动和促进人类的伦理生活为己任，应当“把自己转变为崭新的、精神的人类的专心(concentration)，这便是持续地、自由自主地创造自身的理想主义者的专心”①。伦理学应当以自己特有的方式去观察、去审视、去评价人的伦理生活，使人完成和曾经完成的所有决定都能在意愿中得到持续的肯定。

苏联的季塔连科在《马克思主义伦理学》一书中提出伦理学的任务主要体现在三个方面：第一，论述道德的重要界限，在统一的人类活动中区分出名副其实的道德方面。一般地说，道德并不是一种具有外部轮廓和具体可感的社会领域，它渗透、贯穿在人们形形色色的意识和行为之中。因此从现实繁复驳杂的意识和行为现象中划分出伦理道德来，是一项极为复杂的任务，在直观的层面上是无法完成这一任务的，必须借助于理性思维才能完成。第二，在思想上再现道德，科学地论证它的必然性、起源、本质、特点、社会作用、发展规律。伦理学要跟上社会向它提出的要求水平，就必须洞察道德的奥秘，直探其对象的深处和认识基础，才能对道德生活领域起指导作用。第三，论述风尚并对其进行批判性的评介和有理性的分析。“伦理学作为一门科学，同时也是认识社会存在的方法，它作为高级层面而包含在道德意识本身之中。甚至当伦理学理论自以为对各种激情采取不偏不倚的态度，自以为超然于善与恶之上的时候，它事实上也反映着一定的阶级利益，并有机地包含在社会意识之中。由此可见，伦理学的不可重复的特殊性就在于，它既是一门关于道德的科学，同时也是道德本身的财富。”② 伦理学承担着描述道德、解释道德和教导道德的使命，其宗旨在于帮助人们成为更善良、更纯洁和更优秀的人，促进社会更健康、更和谐地发展。

以上观点都强调伦理学的任务在于对人们的行为本质及其规律的探求与指引，突出了伦理学作为一门行为科学或实践科学的性质，既强调它的理论任务，又突出了其实践任务，并试图把二者结合起来，无疑具有合理因素，值得我们借鉴。

伦理学既是哲学的一种分支学科，具有哲学理论的诸多特质和究元决疑、极深研几、阐幽探微的功能，更是一种道德的实践科学，即在实践中应用理论、总结理论和发展理论，要求实现理论与实践的有机结合和辩证统一。真正的伦理学不仅要阐释、揭示道德生活的本质和现象，探讨道德生活的诸多疑难和悬而未决的问题，寻找解决这些疑难和悬而未决的问题的路径、方法、措施，而且要批判审视既往和现实的道德生活及其经验教训，提出关于人类生活的价值目标和道德理想，创新和革新人类的道德生活品质、境界、追求，使其不断超越现有的局限，向着人类理想和应有的道德生活目标迈进。作为关于人和社会道德关系的学问，作为人类道德生活理论指导和实践总结的学问，作为人类道德生活问题的理论探求和实践总结并使人活得更美好的学问，伦理学的使命在于继承历史上一切优良的道德生活准则、品质和精神谱系，根据已经变化了的道德生活现实和人类理想的道德生活价值追求，不断创新道德生活的传统及其引领和指导道德生活的

---

① 倪梁康．现象学伦理学的基本问题．世界哲学，2017 (2).

② ［苏］季塔连科．马克思主义伦理学．愚生，重耳，译．上海：上海译文出版社，1981：9-11.

伦理法则，并激励人们创新伦理生活。它虽然也研究伦理生活中“已出场的”一切和既往、现实正在展开的道德生活，但更把目光投向“未出场的”一切，研究人类应当要过的真正理想的道德生活，使人更好地成为他应该成为的自己，这种研究时时挑战着人性的弱点，拷问着人们的良知，这对现实的人来说是真正的困难与挑战。伦理学的使命在于塑造人，对结果的关注和伦理制裁是为了下一次行动。它主要不在乎我做了什么，而在乎我还准备做什么；不在乎我过去是什么，而在乎我还能成为什么。伦理学实质上是指向未来的，是自由的、宽容的、爱人的，它真正关心的是“作为人我们应当做什么”。伦理学既是关于道德的规范科学，还是展示人的生命情感的学问形态。伦理学不只是要认识道德上的善与正当，更要展示爱与责任的普遍逻辑图式，提出关于人类追求和理想的价值目标。故此，培根说：“伦理之学使人庄重。”① 使人庄重亦即使人有尊严，使人获得一种生命的荣光和精神的力量，使人成为不断超越自身的局限，走向伟大、崇高的社会动物和精神文化的动物。

就我国当代道德生活的实际和发展需要来说，伦理学的研究任务主要体现在以下几个方面：

第一，从理论伦理学来说，应当科学地揭示和论证道德的根源、本质及其发展的历程。阐释人类伦理文明发展的趋势和规律，回答“人为什么要讲道德”的问题，使人心仪道德并自觉地遵循道德和发展道德。“伦理学作为人学是要人通过自身的卓越活动实现自身身上所体现的人之为人的固有使命，人具有‘再造第二个自我’的使命，这种‘再造’就是把生之于父母的自然天赋发展至完善，其途径是把自身之中的那些真正属人的禀赋作为主宰。”② 道德是人成为人、之所以为人的内在禀赋和基质。讲道德、遵循道德乃至创造道德是人的主体性、目的性的表征和确证。对人为什么要讲道德的思考与追问，是理论伦理学和道德哲学或道德形而上学的重要使命。理论伦理学和道德哲学关注人与道德的关系，注重人们的道德思维能力即做道德判断和道德推理的能力，只有这样，人们才能获得道德选择的能力，这是一个人道德成熟的标志，要使人们能够形成一种依照道德原则而行动的欲望，就应当而且必须让人们认为这种原则是能够经得起其道德推理的追问的，这种原则能够在道德哲学的层面上得到合理辩护。

第二，从规范伦理学来说，应当科学地概括和阐述与市场经济相适应的社会主义道德规范体系。社会主义道德规范体系的建构是中国特色社会主义伦理学的核心内容，不仅确证着社会主义规范伦理学的性质、特点和功能，也是使社会主义规范伦理学发挥作用的重要路径和通道。社会主义道德规范体系包含了道德的核心、原则、规范、范畴等，同时也体现在社会主义社会公德、职业道德、家庭美德和个人品德诸方面。社会主义道德规范体系应当既扎根于社会主义市场经济又引导社会主义市场经济，因此应当坚持功利性与超越性、广泛性与先进性的有机统一，在尊重差异、包容多样的基础上弘扬主旋律，建设社会主义核心价值体系和核心价值观。

第三，从伦理思想史来说，应当批判地继承人类历史上一切有价值的道德文明成果。

---

① ［英］培根．论学问//培根论说文集．水天同，译．北京：商务印书馆，1986：180.

② 邓安庆．导读：从尼各马可伦理学找回对德性力量的确认//尼各马可伦理学注释导读本．北京：人民出版社，2010：12.

积极汲取当代世界各国道德建设的有益经验，全面发掘和总结中华伦理文明的优秀成果并予以创造性转化、创新性发展，更好地贯彻“古为今用、洋为中用”的方针，推陈出新、传承发展。

第四，从实践伦理学来说，应当积极探索和研究社会生活提出的新的道德课题。社会实践的发展，特别是当代世界经济和科技的飞速发展，对伦理学提出了一系列新的道德课题。当代中国伦理学不应停留在“书斋”中，而应积极回应时代的挑战，在回答时代挑战中开拓新的领域，提升新的境界，实现自身的繁荣和发展。

第五，从美德伦理学来说，应当总结社会主义新人的道德成长规律。伦理学研究的最高目的，是培养合乎时代需要，具有时代精神气质的社会主义新人。伦理学应当通过深入的学理论证和现实考察，来说明人们何以要从“实然”走向“应然”，培养高尚的道德品质和情操，以使人们成为有理想、有道德、有文化、有纪律的社会主义新人，成为能够担当民族复兴大任的时代新人。同时还应当深入探求当代社会主义新人成长的规律和修养路径，揭示社会道德教育和个体精神境界提升的相互作用、相互转化的关系，以及社会道德规范和个体道德内化等的关系，为新人成长创造良好的环境又不断砥砺新人理想道德品质的锻铸和道德人格的养成。

三、伦理学的发展与繁荣

毛泽东在《〈伦理学原理〉批注》中写道：“道德哲学在开放之时代尤要。”[①] 社会越发展，人际关系越复杂，道德问题就越多，人们对道德哲学的需要就会越发强烈，繁荣发展伦理学的意义就会越加重大。

伦理学在着眼于改善纯化整个社会道德风尚的同时更注目于个人道德品质的锻铸与培育。它既关注一般道德的生成与实现，更关注伦理美德的养成与引导。激励人们从常德走向美德最后朝着圣德的方向迈进，是伦理学应有的关怀与担当。“不能帮助人们成为更善良、更纯洁的人的伦理学，正如不能治好病的医学一样，是毫无用处的。”[②] 伦理学不能一味地为人的自然属性或自私利己的行为辩护，它应当在对人的需求和欲望持某种善意、尊重的基础上矗起超越的灯塔，彰显高远的目标，以使人有发展的动力、追求的价值，进而使人更好地成为人并使人性发扬光大，人格得以挺立，人品不断完善。因此，在世俗生活中更好地扬善抑恶，肯定公道与正义，使人追求崇高、向往伟大、仰慕神圣，应当是伦理学不可推卸的使命。

发展与繁荣伦理学是当今时代和社会的深刻需要，也是身处价值多元化和精神生活多样化时代的人们一种内在而深沉的价值呼唤。“仓廪实而知礼节，衣食足而知荣辱”，人们在告别饥寒、贫穷的人生窘境以后，自然也应当会有对丰富而高尚的精神生活的深刻需求，其人生的思考亦会朝着对真善美圣的目标聚焦，这种需求和聚焦势必导致对伦理学智慧的尽情吸纳以及与之相关的批判与反思，这种吸纳、批判与反思将为伦理学的

---

① 毛泽东.《伦理学原理》批注//毛泽东早期文稿. 长沙：湖南出版社，1990：133.

② ［苏］季塔连科. 马克思主义伦理学. 愚生，重耳，译. 上海：上海译文出版社，1981：11.

发展提供需求和源泉。从某种意义上说，生活和时代呼唤伦理学的发展与繁荣，而发展与繁荣伦理学又会反过来活化、优化、善化和美化人们的生活，进而实现需要和理论创新的良性互动。道德作为一种民族、国家的价值精神、规范力量，是一种重要的文化力即软实力。道德力（简称为德力）是一种能够从整体上提升国家和民族的思想道德素质的综合实力，也是一个走向复兴、崛起的伟大国家和民族的行为指南、价值支撑。不仅如此，民族和社会成员道德素质的提高，不仅会使我们的社会更加科学而和谐地发展，而且更是一个文明社会的终极目标。国民道德素质的提高本身就是建设和谐社会的需要，也是中国作为一个文明大国重新崛起的应有之义。20 世纪 40 年代，贺麟指出，“民族复兴本质上应该是民族文化的复兴”，“为思想道德的努力所建设的经济实业，方是真正的经济实业。不然，未经过思想的计划、道德的努力而产生的物质文明，就是贵族的奢侈，贪污的赃品，剥夺的利润，经济生活的病态”。“离开思想道德的现代化，而单谈物质工具的现代化，便是舍本逐末。”① 经过近代以来 100 多年的不屈抗争和不懈奋斗，中华民族终于实现了“站起来”的伟大目标，经过中华人民共和国 70 多年的社会主义建设特别是改革开放 40 多年的开拓创新，中华民族实现了“富起来”的社会目标并开始了“迎接伟大复兴”的发展历程。作为一个古老东方大国的现代复兴，一定会有伦理精神等文化软实力的价值支撑和动力牵引，也一定会更加需要伦理文化的滋润和陶养，需要德性的力量和人格的尊严，需要民族整体思想道德素质的全面提升。因此，与社会主义文化大发展大繁荣相映衬的是当代中国的伦理学和社会主义伦理文化的大发展大繁荣。

伦理学在推进国家现代化建设中肩负神圣的使命，具有崇高的地位。中华民族的伟大复兴和社会主义现代化建设事业不仅要求搞好物质文明建设、发展先进的科学技术并提高整个社会的富裕程度，而且要求发展具有中国特色的社会主义政治文明和精神文明，推进社会的公平正义，促进人的全面和自由的发展。对于一个信奉“公平正义比太阳还要有光辉”的民族，她一定会正确处理硬实力与软实力的辩证关系，在致力于物质文明建设的同时致力于精神文明建设，全面提升民族文化的软实力，建设具有民族意识、世界视野和未来关怀的伦理文明，为中华民族的伟大复兴提供永续发展的精神动能和价值支撑！

推荐阅读书目

毛泽东．毛泽东早期文稿．长沙：湖南出版社，1990.

罗国杰．伦理学．北京：人民出版社，1989.

魏英敏．新伦理学教程．北京：北京大学出版社，1993.

唐凯麟．伦理学．北京：高等教育出版社，2001.

［德］泡尔生．伦理学原理．蔡元培，译//蔡元培全集：第 1 卷．北京：中华书局，1984.

［美］梯利．伦理学概论．何怀宏，译．北京：中国人民大学出版社，1985.

① 贺麟．文化与人生．北京：商务印书馆，1988：4，43，39.

[古希腊] 亚里士多德. 尼各马科伦理学. 苗力田，译. 北京：中国社会科学出版社，1990.

[苏] 季塔连科. 马克思主义伦理学. 愚生，重耳，译. 上海：上海译文出版社，1981.

思考题

1. 什么是伦理学？如何理解伦理学的研究对象？

2. 试述伦理学的研究类型。

3. 伦理学的基本问题是什么？为什么说道义与功利的关系问题是伦理学的基本问题？

4. 谈谈你对伦理学的使命和任务的看法。

第二章

规范伦理学的基本理论

规范伦理学在20世纪以前一直是伦理学的传统和伦理学理论的重心，尽管在20世纪规范伦理学受到了元伦理学的批判，但仍是主流伦理学和一般伦理学所最为关心、最为注重的领域，它代表了伦理学的理论主旨、价值追求、发展方向和学术特质。规范伦理学不同于描述伦理学和分析伦理学的地方在于它重视道德价值的确立并做出道德判断，重视理想生活的追求和道德人格的塑造，重视好生活、好品质和怎样做一个好人等意义的寻求。规范伦理学是一种用来解决生活意义、人的使命、善与恶的本质、人的道德义务的内容等问题，论证一定的道德原则和规范的伦理学。

规范伦理学有广义与狭义两种含义，广义的规范伦理学是相对于非规范伦理学即描述伦理学和元伦理学而言的，它包括一般的规范伦理学原理和实践的规范伦理学等内容。狭义的规范伦理学也有两种含义，一种是将美德伦理学纳入其中的规范伦理学，还有一种是相对于美德伦理学而言的规范伦理学。规范伦理学因对“什么是决定行为道德上正确和错误的标准”这一核心问题的不同回答而产生了目的论和义务论两种派别及理论。“目的论理论在回答这一核心问题时，诉诸价值方面的考虑，而义务论理论却不诉诸这种考虑。义务论理论在回答上述核心问题时所使用的全部规范道德概念，是那些其本身即是义务性的概念，而目的论理论却坚决主张，上述问题的答案必须围绕价值概念展开。”① 我们持狭义的规范伦理学立场，但在狭义的规范伦理学立场中又主张把美德伦理学纳入其中，原因不仅仅在于规范伦理学就其实质而言是对价值与合理性的一种哲学研究，而且更在于规范伦理学的主旨在于追求好的生活，成为一个好人。穆尔和布鲁德合著的《思想的力量：哲学导论》在论及规范伦理学的意义时指出：“作出道德判断，为道德判断作辩护或批判，这就是规范伦理学（Normative Ethics）的任务。它被称为规范的，这是因为当你在作道德判断或在为道德判断作辩护或批判时，你所诉诸的就是某个

---

① ［美］格沃斯．伦理学要义．戴杨毅，等译．北京：中国社会科学出版社，1991：80-83.

道德标准，或规范。”① 规范伦理学把研究的对象指向现实的道德生活，强调通过探讨善与恶、正当与不正当、应该与不应该之间的界限与标准，论证伦理生活的本质，探讨道德行为和伦理生活的价值，确立道德的原则规范，以指导和约束人们的生活实践。规范伦理学关注和探讨的道德规范，既有对人的行为的规范和普遍性要求，也有以此来培养人们的伦理美德，锻铸其道德人格的功能效用。规范伦理学自问世以来，由于时代和人们道德生活的需求及思想家对之关注的不同，形成了多种理论，可从多角度、多层面予以探求。

第一节　目的论伦理学

包尔生在《伦理学体系》中指出：“有两个问题构成伦理思考的最初出发点，总是把思想家们重新带回到伦理学的也同样是这两个问题。第一个问题出自道德判断的职能：即从道德上区别善恶的根本基础是什么？第二个问题源自人的意志和活动的本性：即什么是意志和行动的根本目的。”② 对第一个问题的不同回答有目的论和形式论③之分，对第二个问题的不同回答则产生了快乐主义和自我实现论。依据包尔生的观点，目的论和形式论就是在对第一个问题的不同回答中形成并发展的。他所谓的形式论其实就是指的以康德为主要代表的道义论。我们认为，目的论和道义论是规范伦理学两种基本的理论形态或类型。目的论关注道德生活中善或价值的实现，道义论关注道德生活中正当与义务。二者各有自己的价值理念和评价标准，并在历史上和现实生活中进行了长期的辩难与论争。它们之间的辩难与论争构成伦理思想史上的一道独特景观，也深刻地影响着现实的道德生活及其发展走向。

一、目的论伦理学概说

目的论（Teleology）伦理学是一种以道德行为的目的性意义和可能产生的或已经产生的实质性价值（效果）作为道德评价标准的伦理学理论。它强调善是判断事物正当与否的根本标准，认为善独立于并优先于正当或义务。“在道德正当性问题上，目的论理论强调义务论理论中所缺乏的一个重要部分，即善性或价值。这类理论可以用下述方式予以初步的定义：与义务论理论截然不同，它们不把道德上的正当性建立在行为本身及其背景的非评价性特点的基础之上，也不依据于任何形式上的关系原则来得出这些正当性，而是把对行为结果的非道德意义上的好坏评价作为行为正当性的依据。”④ 目的论强调行为结果的善性或价值，把对行为结果的非道德意义上的好坏评价作为道德正当性的依据。“目的论认为：判断道德意义上的正当、不正当或尽义务等等的基本或最终标准，是非道

① ［美］穆尔，布鲁德．思想的力量：哲学导论．李宏昀，等译．上海：上海社会科学院出版社，2009：398．

② ［德］包尔生．伦理学体系．何怀宏，廖申白，译．北京：中国社会科学出版社，1988：190．

③ 形式论也即道义论，或蔡元培翻译的本务论．

④ ［美］格沃斯，等．伦理学要义．戴杨毅，等译．北京：中国社会科学出版社，1991：104．

德价值，这种非道德价值是作为行为的结果而存在的。最终的直接或间接的要求必须是产生大量的善，更确切地说，是产生的善超过恶。”① 目的论将非道德价值作为判断道德行为善恶的标准，使正当、尽义务或道德的善依赖于非道德的善，亦即把快乐、功利、效用、权力、知识等非道德价值赋予道德的意义并作为判断道德价值的标准。目的论者内部对于什么是非道德价值或非道德意义上的善存在着不同的认识，如有的人认为善就是人生所应追求的快乐或幸福，有的人认为善就是爱情、美的感受或权力等等。

除了对好的或坏的行为结果予以特别关注之外，目的论伦理学强调善的总量的增加，而不关注善的分配。“目的论理论之间的区别可以根据它们各自对下列问题的回答作出：即（1）什么是要予以最大实现的善或价值的性质？（2）什么是所主张的善的所在地（the locus of the goods），也就是说，其理论所探讨的是什么人或集团的善，所主张最大地加以实现的善是为了谁的利益。在一定程度上说，对问题（1）的回答有助于确定对问题（2）的回答，因为有时人们认为，只有某些特定的人才能达到某些特定的善。”② 在对究竟什么是善以及如何评价善的问题上，产生了利己主义和功利主义两种目的论派别。利己主义认为，决定人们行为在道德上正当与否的标准仅是行为者自身的善，所有人的义务都是最大程度地实现某一个人的善即他自己的善，功利主义则将这种个体的善与最大多数人的善联系起来，要求实现最大多数人的最大幸福。

二、目的论伦理学的两种理论

在应该争取谁的最大好处，实现谁的最大利益上，各种持目的论观点的伦理学说也做出了不同的回答。目的论大体有利己主义和功利主义两大理论派别或主张。

1. 利己主义

利己主义是与利他主义（Altruism）直接对立的伦理学理论。所谓利他主义是一种以利他为目的性价值追求和行为原则的思想学说。它不是以个人利益为确定善的标准，而是强调他人利益，颂扬为他人做出牺牲的精神，认为凡是有利于他人的行为即是道德的，反之则是不道德的。利他主义一词，源于拉丁语“alter”，意为“他人的”。19 世纪法国哲学家、社会学家 A. 孔德明确把它作为一种道德原则引进伦理学体系。后来又为英国的斯宾塞等所采用。孔德认为，人类既有利己的冲动，又有利他的冲动。所谓道德，就是使前者从属于后者。

利己主义反对利他主义的观点，坚持认为利己是人们行为必须而且应该遵循的基本原则，追求个人利益、实现个人利益是人们行为的出发点和最终目的。利己主义是一个历史的范畴，本质上是私有制经济的产物和反映。在古希腊和中国古代都有一些思想家宣传过人性自私利己问题，包含利己主义的思想端绪或萌芽。利己主义作为一种伦理理论是资本主义社会的产物。资产阶级在早期反封建斗争中，竭力鼓吹个人利益、个人幸福、个人快乐的天然合理性，并使利己主义成为其人生观和道德观的核心。资产阶级为

① ［美］弗兰克纳. 伦理学. 关键，译. 北京：三联书店，1987：28.

② ［美］格沃斯，等. 伦理学要义. 戴杨毅，等译. 北京：中国社会科学出版社，1991：107.

了实现资本的原始积累，以野蛮的、残忍的、卑鄙的手段巧取豪夺、聚敛财富、贪得无厌、损人利己，把个人私利凌驾于他人利益、社会利益之上，暴露出赤裸裸的利己主义面目。在资产阶级初步取得统治地位以后，为了防止极端利己主义所造成的社会分裂、仇杀、憎恨、动乱现象，爱尔维修、费尔巴哈等人对早期赤裸裸的、公开的利己主义理论做出了修正、补充和发展，提出了“合理利己主义”。所谓“合理利己主义”是指人有追求享受的天性，但酗酒头痛、纵欲伤身、过度享乐会给人造成不幸和悲剧，所以，应当以是否对自己身体健康有利为限度，对享乐应进行合理的自我节制，同时为了自己的幸福也必须关心别人的幸福。合理利己主义在强调个人利益的必然性、合理性和至上性的同时，提倡人们注意处理个人与他人、个人与社会的利益关系，这无疑蕴涵着一定程度的合理因素。但从本质上看，它是为资产者的利己活动做“合理”论证。资本主义发展到现代，不少思想家从新的角度论证利己主义的本质，以新的理论体系宣扬利己主义价值观念。

利己主义有不同的形态或类型。极端的利己主义是利己主义诸形式中最粗鄙的一种表现形式，它把个人利益的基础建筑在损人之上，信奉损人利己，并以损人利己为最大的善。一般的利己主义，也就是托克维尔说的“温和的利己主义”。这种利己主义在一般情况下除了只注重个人或属于个人小集团范围内的利益之外，并不以损人为实现自己利益的手段和目的。理性的利己主义，或称为“合理的利己主义”。这种利己主义在强调利己的同时，也强调利他，认为只有在利己的同时也照顾到他人和社会的利益，自己的利益才不致淹没在个人间相互搏斗的惊涛骇浪之中。仁慈的利己主义，或者说明智的利己主义，则是允许人从长远、从理性的价值判断中做出利己的行为，同时使利己不要损害他人利益。这种利己主义还从效率出发提出与人合作的问题。人为什么与人合作？为什么与人竞争？不是无因的，而是为了实现利己。仁慈的利己主义还带有一种宗教的意蕴，它强调了一种道德的义务在里面，就是不要严重地损害他人的利益。

从事实与价值的关系来说，利己主义可分为心理利己主义和伦理利己主义。心理利己主义是对利己主义的事实描述，它揭示出人类天生具有利己主义的心理倾向和本能冲动。蒂洛在《伦理学与生活》一书中考察了心理利己主义和伦理利己主义的差异，认为：“心理利己主义是对利己主义的科学的描述方法，而伦理利己主义则是哲学——规范（规定）的方法。”① 也就是说，心理利己主义只是向人们陈述了这样一件事实：每个人的行为都是有利己动机的。伦理利己主义陈述的不是事实，而是价值，即每个人都应当去做符合他们自己利益的事情。

心理利己主义是一种对人之利己的心理描述和对利己事实的揭示，它是一种非规范的观点，因为它关注的是人之心理的利己趋向或动机，而不是对人应当利己的价值论证和倡扬。费因伯格（Joel Feinberg）在《心理利己主义》一文中对心理利己主义做了这样的描述：“任何人最终所能欲求或寻求的（作为目的自身的）东西只能是他自己的个人利益。”② 换言之，任何人自愿行动的动机最终都只能是对他自己个人利益的欲求。心理

① ［美］蒂洛，克拉斯曼．伦理学与生活．程立显，刘建，等译．北京：世界图书出版公司，2008：33.

② FEINBERG J. Psychological Egoism//Reason and Responsibility. 11th ed. CA：Wadsworth，2001.

利己主义有强式和弱式两种类型。“强式心理利己主义主张人们永远为其自身利益而行动（心理上引导他们这样做），而弱式心理利己主义主张人们经常但非永远为其自身利益而行动。”① 心理利己主义只是关于人的利己倾向或心理的描述性理论，而不是规范性的理论。它的正确与否、真或假，取决于它所描述的东西是不是事实。蒂洛认为，人们只要举出一个例子，说明其没有为自身利益而行动，就否定了心理利己主义所描述的事实。因此心理利己主义是经不起推敲的，显得非常武断。“强式心理利己主义会破坏一切道德，既缺乏证据又缺乏逻辑。无论强式还是弱式心理利己主义，都不能为伦理利己主义提供理性基础。”② 应该说，蒂洛的这一判断是比较深刻而又有其合理性的。

伦理利己主义是一种赋予利己以合理性并试图加以推崇的利己主义，它坚持认为，正是行动者的个人利益使其行为成为道德的行为。一个行动，当且仅当它最大限度地符合行动者的个人利益时才是合乎道德的。换言之，按照这一理论，每个人道德上都应该根据自己的个人利益行事。伦理利己主义可以分为唯我型、个人型和普遍型三种类型。唯我型伦理利己主义主张，每个人都应该为我自己的最大的自身利益而行动。个人型伦理利己主义主张，我应该为我自己的自身利益而行动，至于别人应该怎么办，那不关我的事，我可以存而不论或不予理睬。普遍型伦理利己主义认为，每个人都应该永远为他自己的最大的自身利益而行动，不关心其他人的自身利益，除非其他人的自身利益符合他个人的自身利益。

无论是唯我型伦理利己主义还是个人型伦理利己主义都存在明显的不合理性。“因为它们仅仅适用于某一单个人，不能普遍地应用于全人类。”③ 另外，如果持唯我型伦理利己主义或个人型伦理利己主义立场的人一旦说出自己的理论，可能完全违背自己的利益，“因为他们可能激怒别人，因而阻扰自身利益的实现。因此，这样的利己主义者就必须扮出假相来，或隐瞒真实的信念”④。假使这两种伦理利己主义不能公诸世人，那它又怎能是合乎伦理的呢？由此可见，这两种伦理利己主义明显地存在既不合理也不可能的弊端，缺少作为规范伦理学理论所应具有的对人们行为的普遍指导性。

普遍型伦理利己主义，也称“道德利己主义”，是利己主义者普遍认同的类型。“这种理论并非仅仅说明我应当做什么，而是关心一切人如果要有道德应当做什么：他们应当永远为其自身利益而行动。”⑤ 普遍型伦理利己主义是一种理性利己主义，认为每个人满足自己的某种欲望应是自己行动的必要而又充分的条件，道德行为人应当去做符合他们自己利益的事情。由于伦理利己主义将道德要求和个人利益联系起来，又由于它能解释大部分的日常道德要求，故能较好说服人们按照道德要求办事，这是它之所以能得到认同的一个原因。尽管这一伦理利己主义对道德的解释可以和我们大部分的日常道德要求一致，但它仍然和我们一部分日常道德中无法反驳、无可怀疑的道德要求相违背，如不能损人利己。由于每个人彼此的利益不可能一致，经常发生冲突，故行动者不加限制

① ［美］蒂洛，克拉斯曼．伦理学与生活．程立显，刘建，等译．北京：世界图书出版公司，2008：33.
② 同①34.
③ 同①34.
④ 同①35.
⑤ 同①35.

地追求自己的个人利益（这是伦理学利己主义所必然主张的）的“利己”行为必然导致损人利己的“自私”行为，而这在道德上是无法被人们广泛接受的。

伦理利己主义之所以和我们日常道德中无可怀疑的道德要求相冲突，还因为道德所代表的价值，如共同利益，不可能完全还原为行动者的个人利益。所以伦理利己主义和日常道德中无可怀疑的部分道德要求的冲突是无法避免的。此外，伦理利己主义也不能解释和评价道德行为的动机特别是非利己主义行为的动机。

2. 功利主义

功利主义（Utilitarianism），又译为乐利主义、最大幸福主义，是一种以行为的后果或遵循行为规则的后果有助于所有当事人功利（快乐、安康、利益、益处、效用、偏好与幸福）总量的最大化为行为的最终标准的理论或原则。功利主义把善当作最高目的来追求，并主张善优先于正当。什么是善？在功利主义者看来，善是理性欲望的满足。如果善是理性欲望的满足，那么就会像斯宾诺莎所说的那样，“那贪婪的人，认为金钱富足为最善……那虚荣心重的人，所欲求的东西，无过于荣誉”[①]。也就是说，善作为目的是各种各样的，因人而异的，这意味着有些善是非常重要的，有些则并非十分重要，不能一概而论。善作为目的是因人而异的，意味着人们关于善的看法是不一致的，甚至是冲突的。如果有些善是微不足道的，那么就没有理由认为它优先于正当。如果人们关于善的看法是冲突的，那么就没有共同的善。功利主义就需要一种最高的善来统一各种各样、因人而异的善，需要一种支配性的目的来统领形形色色、五花八门的特殊目的。弗兰克纳在《伦理学》中指出：“功利主义是这样一种观点，它认为判断正当、不正当和尽义务的唯一基本标准就是功利原则；它还严格地规定，我们的全部行为所追求的道德目的，对全人类来说，就是使善最大限度地超过恶（或者尽可能减少恶超过善的可能性）。这里的‘善’、‘恶’是非道德意义上的善恶。”[②] 非道德意义上的善恶不涉及人们行为的动机和内在精神方面的内容，而是指行为产生的实际效果，如利害、好坏等。功利主义不同于利己主义和个人主义，它是一种“伦理普遍主义”，坚持行为的最根本的目的是最普遍的善。“这种观点认为，在可能的选择中，一个行为或其准则是正当的，当且仅当对整个人类来说，它所促成的善至少超过恶；反之则是不正当的。一个行为或其准则是尽义务的，那么对整个人类来说，它是或可能是使善最大限度地超过恶。所谓功利主义，例如边沁和穆勒，他们总是用享乐主义的观点看待什么是善的问题，认为道德的目的就是快乐最大限度地超过痛苦。但另一些功利主义者并非享乐主义者，例如：摩尔（G. E. Moore）、腊什达尔（H. Rashdall），他们被称为‘理想’功利主义者。”[③] 功利主义认为人应该做出能“达到最大善”的行为，所谓最大善的计算则必须依靠此行为所涉及的每个个体之苦乐感觉的总和，其中每个个体都被视为具相同分量，且快乐与痛苦是能够换算的，痛苦仅是“负的快乐”。不同于一般的伦理学说，功利主义不考虑一个人行为的动机与手段，仅考虑一个行为的结果对最大快乐值的影响。能增加最大快乐值的即是善；反之即为恶。功利主义，由于它将快乐、安康、福利看成是唯一的善，所以同享

① ［荷］斯宾诺莎．伦理学．贺麟，译．北京：商务印书馆，1983：130.

② ［美］弗兰克纳．伦理学．关键，译．北京：三联书店，1987：70-71.

③ 同②31.

乐主义密切相关；由于它在研判某一行为或规则的道德性时，不是依据其自身的性质，而是基于其所导致的预期或事实上出现的后果（即对普遍福利的贡献度），故又被称为后果论；由于它将益处最大化作为行为后果的最高目标，故可被归属于目的论。功利主义的总体目标在于，使人们行为朝着最大多数人的最大幸福目标前进，使尽可能最大多数人的尽可能最大的幸福在一个尽可能长的时间内得到实现①。功利主义所强调的功利，不仅仅是指行为者个体的功利，更是指所有当事人的幸福与基本利益、所有人的福利与好处都要得到同等的顾及，这种顾及不应受到时空关系、族群归属、社会关系、个体能力上差异的影响。

早在功利主义正式成为哲学理论之前，就有功利主义思想雏形的出现。公元前5世纪的亚里斯提卜（Aristippus）、前4世纪的伊壁鸠鲁、中国古代的墨子及其追随者的伦理思想中都存在如何促成最大快乐的论述，他们是古人中的功利主义先驱。近代英国哲学家与伦理学家如坎伯兰（Richard Cumberland）、法兰西斯·哈奇森（Francis Hutcheson）与休谟都有功利主义的倾向。边沁指出，他在英国化学家约瑟夫·普利斯特里、法国哲学家爱尔维修（Claude-Adrien Helvetius）、意大利法学家贝卡里亚（Cesare Beccaria）以及休谟等的著作中都发现了功利原则。苏格兰思想家哈奇森提出的"最好的行为在于实现最大多数人的尽可能最大幸福"的论点可谓功利主义的基本理念。

功利主义成为伦理思想体系和道德原则是在18世纪末至19世纪初期，由英国哲学家兼经济学家边沁和穆勒提出。边沁在其《道德与立法原理导论》一书中，首先使用了功利原则（Principle of Utility）这一概念。在边沁看来，所谓功利，就是指外物给当事者求福避祸的那种特性，即给当事者产生福泽、利益、快乐、善或幸福，或防止给当事者带来痛苦、恶或不幸。所谓功利原则，"它按照看来势必增大或减小利益有关者之幸福的倾向，亦即促进或妨碍此种幸福的倾向，来赞成或非难任何一项行动"②。继边沁之后，穆勒在功利原则的基础上，第一个使用功利主义（Utilitarianism）这一概念，并写成《功利主义》（又译《功用主义》）一书。穆勒对功利主义做了这样的界说："承认功用为道德基础的信条，换言之，最大的幸福主义，主张行为的是与它增进幸福的倾向成比例，行为的非与它产生不幸福的倾向成比例。"③ 可见穆勒与边沁在总原则上是一致的，他们都把功利主义理解为最大幸福主义。按照穆勒的解释，最大幸福原理主张："行为按照其有助于促进幸福的程度而是正确的，按照其有助于产生不幸福的程度而是错误的。"④ 功利主义在解释个人行为方面符合人们的直觉，因为人们确实倾向于追求自己的幸福，并尽力达到幸福的最大化。功利主义原则大都把个人利益看成人类行为的基础，主张为了实现个人利益，必须兼顾他人利益，至少不损害他人利益，行为以增进大多数人的幸福为准则。

虽然在中国历史上功利主义始终不占主流或主导地位，但是先秦时期墨家"兴天下

---

① 甘绍平．功利主义的当代价值．中国社会科学院研究生院学报，2010（5）．
② ［英］边沁．道德与立法原理导论．时殷弘，译．北京：商务印书馆，2000：58．
③ MILL J S. On Liberty and Other Essays. Oxford：Oxford University Press，1991：137．
④ 同③．

之利，除天下之害”[①] 和“观其中国家百姓人民之利”[②] 的思想其实是一种普遍功利主义，以商韩为代表的法家从趋利避害的人性论出发告诫统治阶级不要追求什么道义而应该把如何维护和实现自己的利益当作自己的价值追求。可以认为这种思想具有行为功利主义的倾向。南宋时期以陈亮、叶适为代表的事功学派直接批判了董仲舒等人“正其谊不谋其利，明其道不计其功”的思想，特别强调利益追求的合理性，带有比较明显的功利主义特色。明清之际，也有一批思想家在批判宋明理学“不论利害，惟看义当为与不当为”[③] 的过程中系统阐发了谋利计功的合理性及其伦理价值，如李贽所说：“天下曷尝有不计功谋利之人哉！若不是真实知其有利益于我，可以成吾之大功，则乌用正谊明道为耶？”[④] 颜元直接提出“正其谊以谋其利，明其道而计其功”[⑤] 的价值命题，认为谋利计功正是正谊明道的目的，最大的功利即是“富天下”、“强天下”和“安天下”，富国强兵对于国家对于庶民都是最为重要的。近代梁启超、严复积极宣传英法功利主义思想，以求乐免苦的幸福主义、快乐主义的某些观点批判宋明时代一些理学家“存理灭欲”的理欲观，主张开明的利己主义和“崇奢黜俭”的功利主义。梁启超专门写了《乐利主义泰斗边沁之学说》一文，肯定边沁功利主义学说的合理性，并认为“此主义放诸四海而皆准，俟诸百世而不惑，无论为专属于各人之行谊与关系于政府之行谊，皆当以此鉴定之”[⑥]。严复极力为功利正名，指出：“民智既开之后，则知非明道则无以计功，非正谊则无以谋利。功利何足病，问所以致之之道何如耳，故西人谓此为开明自营。开明自营，于道义必不背也。复所以谓理财计学，为近世最有功生民之学者，以其明两利为利，独利必不利故耳。”[⑦] 对功利的追求是人们生活下去的必然要求，社会生产发展的基本动力来自人们对利益的追求。离开了功利，人们的行为就失去了内在的动力，此即是“舍自营无以为存”，亦即离开了功利人们就没有办法生存。新文化运动时期，陈独秀等人也极力宣传功利主义，主张青年树立“实利的而非虚文的”人生价值观，“崇实际而薄虚玄”，并认为“物之不切于实用者，虽金玉圭璋，不如布粟粪土。若事之无利于个人或社会现实生活者，皆虚文也，诳人之事也”[⑧]。整体而言，中国近代史上提出的功利主义既有对中国传统功利主义思想的继承和发展，又富含对西方功利主义的引进、传播和推崇，同时还带有很强的救国救民色彩，同民族独立、富国强兵等密切联系在一起，故显得特别理直气壮。而这一点同中国古代的功利主义不可同日而语。中国古代的功利主义基本上都是在一定历史时期对儒家重义轻利的道义论的某种纠正或批判，显得比较隐晦或总是不离道义而言功利，且大多注目于群体层面的社会功利。

---

① 墨子：尚同中.

② 墨子：非命上.

③ 程颢，程颐．河南程氏遗书：卷十七//二程集．北京：中华书局，2004：176.

④ 李贽．焚书：贾谊//焚书·续焚书校释．长沙：岳麓书社，2011：328.

⑤ 颜元．四书正误：卷一//颜元集：上．北京：中华书局，1987：163.

⑥ 梁启超．乐利主义泰斗边沁之学说//梁启超哲学思想论文选．北京：北京大学出版社，1984：122.

⑦ 严复．天演论：卷下：论十六按语//严复集．北京：中华书局，1986：1395.

⑧ 陈独秀．敬告青年//陈独秀文选．上海：上海远东出版社，1994：6.

三、目的论伦理学的当代发展

19 世纪末期的功利主义代表人物亨利·西季威克（Henry Sidgwick）认为功利主义来自对“常识”的道德系统的反省。功利主义能解决常识学说的模糊、前后矛盾而产生的困难和困惑之处，并对“多数的常识道德被要求建立在功利主义基础上”做出了自己的论证。进入 20 世纪以后，在元伦理学的强烈冲击下，功利主义逐渐走向衰落。进至 20 世纪中后期，在英、美和澳大利亚等国家，形成了一股与元伦理学相抗衡的新规范伦理学思潮，其潮头便是“新功利主义”或“现代功利主义”，图尔明（Stephen Edelston Toulmin）、诺埃尔·史密斯（Patrick Nowell-Smith）、厄姆森（James O. Urmson）以及澳大利亚的斯马特（John C. Smart）等人结合新的时代情势对功利主义做出了新的解释和论证，并发展出行为功利主义和准则功利主义等新的理论形态以区别于古典功利主义。

1. 行为功利主义

行为功利主义（Act-Utilitarianism），或称行动功利主义，主张从行动的直接后果来评价其善恶，因此又被称为直接后果主义。认为一个带来或增加整体快乐和福利的行为就是道德的行为。它关注的是特定时空内的个别行为而不是一般行为。行为功利主义认定，任何行为只要其后果能够促成普遍幸福的最大化，便是道德上正确的①。古典功利主义创始者边沁、穆勒就是行为功利主义的代表，澳大利亚阿德莱德大学哲学教授斯马特则承袭了他们对行为的重视，是行为功利主义在现代的主要代表。他在《一种功利主义伦理学体系概述》中指出：“行动功利主义是这样的观点，它仅根据行动所产生的好或坏的整个效果，即根据该行动对全人类（或一切有知觉的存在者）的福利产生的效果，来判断行动的正确或错误。”② 在他看来，要最大限度地增进总体幸福，必须抛弃准则并以与行动相关的功利来决定行动，在每个具体境遇里选择最佳行动。“行为功利主义者主张，一般说来，或至少在适当的情况下，人们将直接使用功利原则来说明什么是正当的、尽义务的；换言之，就是通过了解哪种行为将促使，或可能促使世界上的善最大限度地超过恶来说明什么是正当的、尽义务的。”③ 行为功利主义不赞成以“准则”来校正人们的行为，而是强调人们行动境遇的“此时此地”性，即强调行为的正当与否，在根本上取决于行为者当时所碰到的是什么样的具体情况。弗莱彻的《境遇伦理学》坚持认为，“境遇伦理学旨在达到一定背景下的适当——不是‘善’和‘正当’，而是合适”，因此境遇伦理学特别看重具体的境遇及其行为的适当，即便是最受尊崇的伦理原则如果同境遇所要求的适当不相符合，“也可以被扔到一边去”，或者“随时准备在任何境遇中放弃这些准则”④。行为功利主义强调特殊情境下如何选择行为，注重道德发展的复杂性，包含有一定的合理因素。但是行为功利主义使人的行为选择只根据个人在某具体情境下的利益或者后果，从而使道德选择失去了客观标准，故受到来自准则功利主义的多重批判和

---

① 甘绍平. 功利主义的当代价值. 中国社会科学院研究生院学报，2010（5）.

② ［澳］斯马特，［英］威廉斯. 功利主义：赞成与反对. 牟斌，译. 北京：中国社会科学出版社，1992：4.

③ ［美］弗兰克纳. 伦理学. 关键，译. 北京：三联书店，1987：72.

④ ［美］弗莱彻. 境遇伦理学. 程立显，译. 北京：中国社会科学出版社，1989：17-23.

来自道义论的深刻批判。

2. 准则功利主义

准则功利主义（Rule-Utilitarianism），亦称规则功利主义，是一种认为遵循普遍性的道德规范或准则有助于增进功利、取得最好效果的理论，强调对行动的评价主要以履行什么规则能够给行动带来好的后果为标准，因而又被称为规则后果主义或间接后果主义。代表人物有厄姆森、莱恩斯（David Lyons）、勃兰特（Richard B. Brandt）。准则功利主义有多种表现形式，如原本准则功利主义、实际准则功利主义和理想准则功利主义等。准则功利主义反对仅从行为效果来评价行为正当性的行为功利主义，主张建立一种能够有益于人们行为的道德准则或规范体系。它并不强调什么行为能够具有最大的功利，而在于哪一种准则具有最大的功利。“至少在正常情况下，功利原则的运用不在于决定采取什么特殊行动（这一般是由准则所决定的），而在于确定遵循什么准则。”① 准则功利主义在捍卫功利原则之不可动摇的基础和核心地位的同时强调对追求功利的具体行为予以普遍性的准则的约束、宰制和引领。依据准则功利主义，“即使某一特定的自私自利的欺骗或谎言可能不会被发现，因此不会造成任何不幸，但是我仍然不应该这么做，因为一般来说，欺骗和谎言会导致更多的不幸而非幸福”②。勃兰特特别强调，功利主义如果不诉诸某些准则，将不可避免地走向相对主义甚或行为利己主义。所以功利原则必须同某些道德准则联系起来并保证其朝着普遍功利主义的方向运演。准则功利主义“强调以准则作为道德的核心；并主张，我们如果不是一直也总是经常通过诉诸讲真话这样的准则，而不是通过询问在这种情况下，哪种特定行为会产生最好的结果来断定特殊情况下应该做什么。但是与义务论不同，它强调，我们总是首先考虑对所有人来说，哪些准则会促进最普遍的善，据此作出我们的决定。也就是说，问题不在于什么行为具有最大的功利，而在于哪一种准则具有最大的功利”③。准则功利主义认为，假如每个人都永远遵守同一套道德规范，就能产生最大的快乐和最普遍的福利。

3. 行为功利主义和准则功利主义的分歧与融合

黑尔指出，行为功利主义和准则功利主义“在语词上”所进行的大部分争论，在于它们忽视了“道德思维的批判层次与直觉层次之间的差别”，也看不到这两种层次之间的联系，更看不到它们之间的统一。准则功利主义者囿于直觉的层次，强调“自明的原则”的实在意义；行为功利主义者却又止于道德思维的批判的层次，忽略了道德思维的直觉层次的部分合理性。一旦他们在两种道德思维之间能做出正确区分，头脑清楚的准则功利主义者和行为功利主义者就会发现，实际上他们是一致的。

功利主义作为规范伦理的一种类型，自近代诞生以来经历着从古典形态到各种各样变体的发展。每一种变体的出现都呈示着其试图规避功利主义的某项缺陷的努力，但同时往往又伴随着一种新的弱点的显现④。功利主义的一大贡献从某种意义上讲就是使伦

---

① ［美］弗兰克纳. 伦理学. 关键，译. 北京：三联书店，1987：81.

② ［美］帕尔玛. 为什么做个好人很难?：伦理学导论. 黄少婷，译. 北京：上海社会科学院出版社，2010：170.

③ 同①80-81.

④ 甘绍平. 功利主义的当代价值. 中国社会科学院研究生院学报，2010（5）.

理学真正成为人学，确证了个体生命意义上的人的地位。功利主义着眼于普遍的幸福和最大多数人的最大幸福，因而有别于利己主义或自我主义。功利主义也有别于义务论，因为它判定行为好坏并非依行为本身的性质，而是看行为造成的后果。功利主义以功利来概括全部人的行为动机，把快乐当作道德生活的唯一价值，把追求功利当作人生的唯一目标，忽略了人的道德生活的多样性和人们价值追求的多层次性，具有把道德生活扁平化或逼窄化的弊端，也很难把人们的道德生活引向和谐发展的轨道。功利主义原则不是人类伦理的绝对最高原则，更不是唯一原则。人类伦理的原则是随着时代的不断变化而发展的。过分地强调功利原则，只能使人类的道德行为更加势利，道德生活更加世故或低俗。正因为如此，功利主义受到了来自道义论和德性论的诸多批评。

第二节　道义论伦理学

目的论主张善优先于正义，道义论则坚持正义优先于善。道义论伦理学，亦称义务论伦理学，是相对于目的论伦理学而言的规范伦理学理论类型或派别，主张把义务、正当、应该作为伦理道德的主要内容和评判标准，强调按照道德原则规范或命令去行为，而不太关心行为的后果和主体自身的功利与幸福。

一、道义论伦理学概说

道义论（Deontology），是具有“道义”色彩理论的统称，也译作“义务论”或“非结果论”等，指人的行为必须遵照某种道德原则或某种正当性的道德理论。从西文构成上讲，该词是希腊语“deon”（应该有的东西）与“logos”（理性，规律）的结合，指一种关于“应当的东西”的学说，它考察义务问题和一般而言属于应该的东西。该理论体系侧重的是道德行为动机，诉诸一定的行为规则、规范及标准，其理论的核心是义务和责任，而不注重行为的后果。在道义论看来，一个行为的正确与否，并不由这个行为的后果来决定，而是由这个行为的动机和标准来决定的，它注重的是这个行为的动机是不是“善”的，行为的本身是否体现了预设的道德的标准和价值。

在中国，春秋战国时期的儒家伦理思想堪称道义论思想的典型代表。孔子提出了“朝闻道，夕死可矣”① 和“君子谋道不谋食”，“君子忧道不忧贫”② 以及“君子喻于义，小人喻于利”③，“君子以义为上”④，“君子之于天下也，无适也，无莫也，义之与比”⑤等命题和观点，强调了道义的价值。在孔子的心目中，君子行义以达其道，只有道义才是人生应当追求的价值目标和伦理准则。离开道义去求取个人的富贵利禄，其实是非常

① 论语：里仁.
② 论语：卫灵公.
③ 同①.
④ 论语：阳货.
⑤ 同①.

可耻的。“不义而富且贵，于我如浮云”[①]，表现了孔子伦理思想的道义论特色。孟子发展了孔子的道义论伦理思想，认为义是“良贵”“天爵”，对于人生的意义远远超过“公卿大夫”的“人爵”和物质财富的获得，甚至比生命还要贵重。他说：“生我所欲也，义亦我所欲也，二者不可得兼，舍生而取义者也。”[②] 为了义的价值的实现，牺牲生命也是值得的。二程明确提出“不论利害，惟看义当为与不当为”[③] 的观点，发展了儒家的道义论。他们主张以道义作为行为的动机和价值追求的目的，认为如果不以道义作为行为的动机和价值追求的目的，就会使行为落入非道德乃至反道德的轨道。程颐说：“不独财利之利，凡有利心，便不可。如作一事，须寻自家稳便处，皆利心也。圣人以义为利，义安处便为利。”[④] 他反对将利心作为行为的动机，认为“心存乎利，取怨之道也，盖欲利于己，必损于人”[⑤]。把利己作为行为的动机和目的，只会导致“损人”和“致仇怨”的恶果。程颢还以动机上求义还是求利作为评判王道还是霸道的标准。他说：“得天理之正，极人伦之至者，尧舜之道也；用其私心，依仁义之偏者，霸者之事也。……故诚心而王则王矣，假之而霸则霸矣，二者其道不同，在审其初而已。”[⑥] “审其初”就是考察行为者的动机，诚心于天理就是王道，从私心出发，假仁义之偏则为霸道。“故治天下者，必先立其志，正志先立，则邪说不能移，异端不能惑。”[⑦] “志”，也就是动机。“先立其志”意即先确立好的行为动机，这显然是动机论的观点，而动机论是道义论的重要构成和集中体现。

在西方，苏格拉底首开道义论的先河。他试图给道德提供具有普遍必然性的理性基础，他坚信存在着普遍的道德定义，对普遍的道德定义的理解是个人美德的保障。“他确定了伦理学中的这样一条路线，即这条路线的追随者不是从生活中引申出道德原则，而是使生活服从道德原则。”[⑧] 苏格拉底认为道德的价值高于生命的价值，他把自己的一生献给了神圣而崇高的道德启蒙和教育事业。即便是在面临被控处死的最后申辩时刻，苏格拉底还是义无反顾地坚持自己的道义原则，义正辞严、不屈不挠，体现了一种为真理和正义而献身的崇高品质。他说：“我宁愿选择死也不愿奴颜婢膝地乞求比死还坏得多的苟且偷生。”[⑨] 在法庭以多数票判处他死刑之后，他只提出一个要求，即监督他的遗孤在成人以后坚守他一直以来奉行的伦理原则，“如果你们看到他们将钱财或别的任何东西置于山之上，你们就抨击他们”[⑩]。柏拉图继承了苏格拉底的道义精神并将其发展为一种对于城邦公共理性思考的善的理念。在柏拉图看来，拯救希腊城邦除了要跟随苏格拉底唤

① 论语：述而.

② 孟子：告子上.

③ 程颢，程颐. 河南程氏遗书：卷十七//二程集：上. 北京：中华书局，2004：176.

④ 程颢，程颐. 河南程氏遗书：卷十六//二程集：上. 北京：中华书局，2004：173.

⑤ 程颢，程颐. 河南程氏经说：论语解 //二程集：下. 北京：中华书局，2004：1138.

⑥ 程颢，程颐. 河南程氏文集：卷一//二程集：上. 北京：中华书局，2004：450-451.

⑦ 同⑥451.

⑧ ［苏］古谢伊诺夫，伊尔利特茨. 西方伦理学史简史. 刘献洲，译. 北京：中国人民大学出版社，1992：73.

⑨ ［古希腊］色诺芬. 苏格拉底在法官前的申辩//回忆苏格拉底. 吴永泉，译. 北京：商务印书馆，1984：190.

⑩ 汪子嵩，等. 希腊哲学史：2. 北京：人民出版社，1993：327.

醒人们的道德良知，确立起个人道德的独立自主性之外，最紧要的是要按照道德的普遍要求改造各种伦理关系，建构良善的伦理秩序。他将善看作是理念世界中最高的理念，是真正规范性和创造性的终极本原，这种善的理念就是至善，认为人生的根本目的就是达到“至善”。中世纪基督教神学和经院哲学提出“神诫论”的道义论，视神为道义的化身，人服从神就是在服从道义和尽人的义务。在托马斯·阿奎那看来，神是道德生活的价值来源和道德标准的制定者。上帝自身以特殊的形式表现在人身上，人的自由行动的能力源于上帝的恩赐。道德生活的内容也是上帝以诫命的形式事先规定了的。近代德国伦理学家康德提出了较为纯粹的道义论或义务论。他的义务论以动机论、形式主义和善良意志、绝对命令为基本内容，要求人们净化和纯化道德动机，培育一种“为义务而义务”的义务感或责任心，将善良意志不因外物而善，不因功利而善的品格发扬光大，并充满一种对道德原则、规律的绝对遵循或服从。现代英国伦理学家罗斯试图恢复道德价值与道德义务之间的有机联系，提出了一种“温和的义务论理论”。罗斯的这种义务论主张“有益于善是形成正当的一个特性，并只是形成正当的众多特性之一，而且也不总是首要的特性”①。罗斯区分了“显见的义务”和“实际的或绝对的义务”。所谓“显见的义务”是指我们日常能够看到的普通的常识性义务。所谓“实际的或绝对的义务”则代表着我们义务的全部本性，代表着实际“趋向我们的义务的特征”。显见的义务大体有七种，即忠诚的义务、赔偿的义务、感恩的义务、公正的义务、仁慈的义务、自我完善的义务和不做坏事的义务。在罗斯看来，显见的义务是普遍的和自明的，不允许有任何例外。而实际的或绝对的义务虽然是一种只能代表部分结果属性的义务，但却是真实绝对的义务。

总体来看，道义论伦理学是一种强调人必须遵照某种道德原则或按照某种正当性去行动的伦理学理论，是一种强调道德义务和责任的神圣性、履行义务和责任的重要性的伦理学理论，是一种强调道德动机和义务心在道德评价中具有绝对优先性的伦理学理论。所以，道义论总是以道德原则的普遍必然性、道德义务的纯粹崇高性和道德动机的至善完整性为基本特征，而与功利论以及其他伦理学理论形成本质的区别。

二、道义论伦理学的两种类型

道义论大体可以分为行为道义论（Act-Deontology）和规则道义论（Rule-Deontology）两种类型。

行为道义论（Act-Deontology），亦称行为义务论，认为不可以用规则指导行动，而应该根据具体的社会环境来指引行动。它视每一个行动皆是独一无二的伦理事件，我们必须凭良心或直觉来决定行为对错。“行为义务论的要点在于，它向我们提供的不是特殊场合下确定行为正当与否的标准；而是告诉我们，特殊的判断是基本的，任何一般的准则都取自它们，而不是相反。它提出了一种用以确定什么是正当的方法：即通过弄清具体的事实来决定应该采取的行动，其根据或者是直觉主义者的某种‘直觉’，或者是存在

① ［美］弗姆．道德百科全书．戴杨毅，等译．长沙：湖南人民出版社，1988：425.

主义者所谈到的某种‘决定’。”① 行为义务论并没有向人们提供道德生活的标准或指导原则，至多提供了经验式的参考。

规则道义论（Rule-Deontology），亦称准则义务论，它接受可普遍化原则，并且主张道德判断是基于道德原则而做出的。准则义务论主张一种非目的论的标准，这些标准包括一种或一种以上的准则，尽管这些准则不一定是流行的。“准则义务论者往往认为，这个标准由一些极特殊的准则所构成，例如讲真话或信守诺言；每条准则都是针对特定情况，规定出我们总是应该采取的特定行为方式。”② 在近代道义论理论中，康德的道义论被认为是纯粹而典型的规则道义论。依据康德的认识，只有居于纯粹道德信念、出于义务感而完成的行为，才是道德的行为；行为的善，不在于其所追求的具体目标或经验成果，而在于行为本身的法则，在于这种法则的可普遍化；只有出于对道德法则最终的行为，才能获得道德性。一种行为，只有当它的动机是为义务而义务的时候才具有道德性。康德赞叹人的道德义务，认为义务是一个崇高伟大的名称：“你丝毫不取悦于人，丝毫不奉承人，而要求人们服从，但也决不以任何令人自然生厌生畏的东西来行威胁，以触动人的意志，而只是树立一条法则，这条法则自动进入心灵……在这条法则面前，一切秉好尽管暗事抵制，却也无话可说：你尊贵的渊源是什么呢?”③ 在康德看来，道德义务尊贵的渊源就是摆脱了全部自然作用的自由和独立。人必须为尽义务而尽义务，而不能考虑任何利益、快乐、成功等外在因素，遵循道德法则出于纯粹的善良意志和义务感，只有这样才能显现出道德价值的崇高。这样，康德就把道德理想与功利价值对立了起来，为道义而道义的观念使得道德成了枯燥、乏味和空洞的形而上学的理论。诚如黑格尔在《法哲学原理》中所说的那样，康德道义论“提出义务和理性应符合一致，这一点是可贵的，这里还必须指出它的缺点”④。它的缺点不仅在于缺乏层次，而且在于忽视内容，走向了形式主义。在黑格尔看来，“固执单纯的道德观点而不使之向伦理的概念过渡，就会把这种收获贬低为空虚的形式主义，把道德科学贬低为关于为义务而义务的修辞或演讲。从这种观点出发，就不可能有什么内在的义务学说”⑤。康德道义论仅仅停留于为义务而义务的形式主义层面，而不懂得向伦理的概念过渡，所以就无法展开其丰富的道德生活内容。

三、道义论伦理学的基本价值追求

道义论伦理学是一种认为人们的行为或行为准则的正当性并不由行为的功利后果或期望的功利后果决定，而由它自身固有特点和内在价值决定的伦理学理论。它强调道德义务和责任的神圣性、履行义务和责任的重要性，以及人们的道德动机和义务心在道德评价中的地位与作用；认为判断人们行为的道德与否，不必看行为的结果，只要看行为

---

① ［美］弗兰克纳. 伦理学. 关键，译. 北京：三联书店，1987：47.
② 同①53.
③ ［德］康德. 实践理性批判. 韩水法，译. 北京：商务印书馆，1999：94.
④ ［德］黑格尔. 法哲学原理. 范阳，张企泰，译. 北京：商务印书馆，1961：138.
⑤ 同④137.

是否符合道德规则、动机是否善良、是否出于义务心等等。在西方，神诫论是一种典型的道义论，认为人只要信奉上帝或神，服从上帝或神颁布的一系列道德命令，其行为就是正义的。康德的义务论伦理学是一种典型的规则义务论。他反对功利主义的义务观，认为人必须为尽义务而尽义务，而不能考虑任何利益、快乐、成功等外在因素；只有出于善良意志即义务心，对道德规则即绝对命令无条件遵守的行为，才是真正道德的行为。道义论反对目的论所肯定的东西，亦即道德行为的价值在于它的非道德价值，强调“即使一种行为或其准则不可能使善最大限度地超过恶，它仍然可能在道德上正当的，或尽义务的。正当或尽义务仅仅是因为与之相关的某些其它事实，或它自身所具有的性质”①。道义论认为，某一行为的善恶性质或对该行为正当与否的判断，不取决于该行为是否带来或可能带来怎样的实质性价值或效果，而取决于该行为是否符合某一相应的普遍道德规则，是否体现了一种绝对的义务性质，或者说，是否出自行为者纯真善良的行为动机。道义论是一种把义务视为伦理道德的核心概念，肯定义务的崇高价值而不管人本身利益如何的伦理学说。

道义论伦理学强调道德普遍原则或规范的价值，凸显了正当、应该的伦理意义及在道德生活中的地位，彰显了履行道德义务的纯粹性和崇高性，并由此出发，主张道德评价必须注重行为的动机，凡此等等，都有助于在道德生活中超越利己主义、快乐主义、功利主义等的狭隘性和偏私性，也有助于矫正目的论伦理学造成的弊端。道义论伦理思想的这些基本内容，成为当代社会中极富价值的思想方法资源之一。在不同的时期，道义论之所以能够以不同的理论形态存在下来，其根本原因就在于人类社会需要一种道义精神及其超越利害观念的价值追求。人类不仅有对利益、效果、善的价值需要，也有对义务、正当、应该的精神需要。这种需要维系着人类伦理关系的和谐和价值追求的美善与崇高。道义论存在的实践价值，其核心目的是协调社会关系以维护人类伦理关系的和谐，按照道义要求对人进行价值引导将会实现人与社会的和谐存在。

但是，道义论伦理学完全无视功利、幸福、物质生活的道德意义，主张把道义与功利截然割裂开来，并不总是适合道德生活的实际内容的。黑格尔深刻地指出：“伦理学中的道义论，如果是指一种客观学说，就不应包括在道德主观性的空洞原则中，因为这个原则不规定任何东西。”② 空泛、抽象的道德原则如果要成为能够作用于人的道德规范，那么必须将其纳入人们生活的群体性特征所构筑的文化之中，也就是纳入人的伦理生活之中。由此可见“道义”是社会伦理生活的产物，一旦脱离伦理生活和社会实践就不再具有其实践价值。

第三节　德性论伦理学

德性论伦理学（Virtue Ethics），亦称美德伦理学，不同于以道义为中心的道义论伦

① ［美］弗兰克纳．伦理学．关键，译．北京：三联书店，1987：30.

② ［德］黑格尔．法哲学原理．范阳，张企泰，译．北京：商务印书馆，1961：167.

理学和以行动为中心的目的论伦理学的地方在于，它关注的重心不是“行事”或“做事”的问题而是“做人”的问题，即如何成为一个有高尚品格和优秀人格的真正的人的问题。“美德伦理学关心的是做人（being），因此道德评价的关注点是品格（character）和品质（traits）。这样，美德伦理学不把道德标准看作是人们应该接受的、表达规则的命题，而是认为道德标准体现在一种人们置身于其中的生活方式之中”①。当代美国伦理学家罗莎琳德·赫斯特豪斯（Rosalind Hursthouse）坚持认为：“美德伦理学是当今规范伦理学中的三大探究进路之一。它最初被看作是一个强调美德或道德品格的进路，与强调义务或规则的进路（义务论）或强调行动后果的进路（后果主义）相对立。”② 当代西方德性论伦理学家认为，无论功利论伦理学还是道义论伦理学都忽视了伦理问题的根本，即人的德性品格或有德性的人。在他们看来，如果仅仅从行动出发，对道德的理解就是碎片化的，而不是完整的。美国伦理学家麦金太尔（Alasdair MacIntyre，1929— ）强调，如果脱离了对某一行动的背景和前后关联来理解行动，就不可能对行动的道德性质给予合理说明。为此，他抨击现代规范伦理学走入了歧途，主张回到亚里士多德那里去，重振美德伦理学的传统，以解决当代道德生活的问题。

一、德性论伦理学概说

德性论或品德论是一种主要研究作为人所应该具备的品德、品格等的理论。具体地说，德性论致力探讨什么是道德上的完人，即道德完人所具备的品格以及告诉人们如何成为道德上的完人。与此相关，德性论伦理学是指将德性或美德作为伦理学根本的和核心的概念并以培育美德为伦理学神圣使命的伦理学。德性论伦理学主要研究人的道德品质、美德、德性是什么，它何以才能够在人的身上形成，以及它如何指导人的行为使自己成为一个有品德、有美德、有德性的人。如果说规范伦理学（狭义）主要是研究人“应该做什么”和“不应该做什么”的问题的话，那么德性论伦理学则主要研究人“应该成为一个人”和“如何才能成为这样的人”的问题。德性论伦理学以人类个体或群体的道德品格和伦理德性为其基本研究对象，通过揭示人类个体或社会群体的卓越优异的道德品质，论说人类作为道德存在所可能或者应该达成的美德成就或道德境界。如果说目的论和道义论的判断基于行为，那么德性论的判断则基于品质。德性论伦理学以个人内在德性完成或完善为基本价值（善与恶、正当与不当）尺度或评价标准。德性论伦理学有广义和狭义两种含义。广义的德性论伦理学是在传统社会占据支配地位的、最有影响力的伦理学理论。“古希腊罗马伦理学主要是关于德性和合乎道德的个人的学说。”③ 中国历史上的儒家学说亦被认为是一种以德性为主的伦理学理论。狭义的德性论伦理学是指随着当代规范伦理学复兴而兴起的一种与功利论、道义论鼎足而三的伦理学理论。现代德性论的著名代表麦金太尔批判功利主义和道义论，提出现代伦理的任务在于告诉人们如何认识自己的生活目的，并为实现一种善的生活而培植良好德性。与目的论、道义论最

① 程炼．伦理学关键词．北京：北京师范大学出版社，2007：85.

② 同①94.

③ ［苏］古谢伊诺夫，伊尔利特茨．西方伦理学简史．刘献洲，等译．北京：中国人民大学出版社，1992：4.

大的不同之处在于，德性论伦理学不会依照单一标准去判断该行为是否合乎道德，而是从整体判断；关注的不是一时一事的道德判断问题，而是一个人长期生活形成的道德品质。

古希腊哲学家柏拉图、亚里士多德和中国的孔子都被视为德性论伦理学的代表。亚里士多德的《尼各马可伦理学》、孔子的《论语》、麦金太尔的《追寻美德》（*After Virtue*）等堪称德性论伦理学的代表作。

在古希腊时期的伦理思想中，德性是一个具有重要地位和丰富内容的概念："德性的概念，正如奥斯特沃特指出的，在所有希腊伦理学体系中都是根本性的概念。在希腊人的最初用法中，它被用来指武士的高贵行为，例如在荷马史诗中，德性的意义几乎等同于勇敢，以后它也被用来指那些卓越的公民在城邦生活中表现出来的公民的美德或品质，并逐步地用来指任何人、生命物或器物的显著具有的优点。"① 在亚里士多德的《尼各马可伦理学》中，中心问题是关于品格或德性的。亚里士多德以问"什么是人的善"这样的问题开始，并且他的回答是"灵魂的活动合乎德性"。他明确肯定德性乃是一种习惯或品性；认为"人的德性，就一定是那种既能使人成为善人，又能使人能圆满地完成其功能的品性"②。亚里士多德把人的德性区分为"理智德性"和"伦理德性（道德德性）"，理智德性是理性活动的德性，可以由教导而生成，智慧是理论理性的德性，明智是实践理性的德性；伦理德性是欲望活动的德性，必须通过习惯而养成。理智德性与伦理德性并不是截然分离或彼此不相关的，而是有其内在的联系或相互依持的，伦理德性的实现终须有理智德性的参与，而且以理智德性为依托和前提。亚里士多德还深入讨论了诸如勇气、自制、慷慨、中道这样的德性。

中世纪哲学家是在神圣律令的背景下讨论德性的。基督教的"七主德"即信、望、爱、审慎、节制、公正、刚毅，其中"信、望、爱"是神学三主德，信德（美德）是根本，在信仰德性与律法——伦理规范——的关系上，信仰高乎律法，"我们看定了：人称义是因着信，不在乎遵行律法。……这样，我们因信废了律法吗？断乎不是！更是坚固律法"（《新约全书·罗马书》）。神圣德性［如信、望、爱，当然，还包括顺从（obedience）］开始具有重要地位。托马斯·阿奎那认为，德性是人的灵魂的完善能力，体现为习惯。他在论述各类德性问题时"提出了一个折衷主义混合体系，这个体系包括柏拉图的四德、亚里士多德把德性分为道德的德性和理智的德性的公式以及基督教的主要德性"③。他在亚里士多德的理智德性和道德德性之外增加了神圣德性，即信仰、希望和仁爱。这样，他的德性论包含了三类德性，即理智德性、道德德性和神圣德性。他把理智德性划分为思辨理智德性和实践理智德性两个方面，并认为理智德性包括理解、智慧、科学、技艺、明慎五种德性，其中前三种德性属于思辨理智德性，后两种德性属于实践理智德性。道德德性属于心灵的欲求部分，是性格的德性。主要的道德德性有审慎、节制、公正、刚毅。人要行善，不仅他的理性需要受理智德性的恰当控制，而且他的欲望也需要受道德德性的恰当控制。如果它使人的思辨的或实践的理性完善，以便他的行为

① ［古希腊］亚里士多德．尼各马可伦理学：译注者序．廖申白，译．北京：商务印书馆，2003.

② 周辅成．西方伦理学名著选辑：上卷．北京：商务印书馆，1964：225.

③ ［苏］古谢伊诺夫，伊尔利特茨．西方伦理学简史．刘献洲，等译．北京：中国人民大学出版社，1992：275.

成为善的，那它就会是理智德性；而如果它使人的欲望完善，那它就会是道德德性。道德德性通过引导欲望走向理性所规定的善而使它完善。神圣德性，亦称基督教三主德，即信仰、希望和仁爱，其中最根本、最主要的德性就是仁爱。神圣德性的对象是上帝本身，他是所有事物的最后目的，并且超越了我们的理性的知识。神圣德性引导人到超本性的幸福，所以，在托马斯·阿奎那的德性论系统中，神圣德性是最高的德性。

英国学者勒基（1838—1903）将德性分为严肃的德性、壮烈的德性、温和的德性和实用的德性四大类，并认为：严肃的德性凸显了人性中庄严肃穆的品性或品质，如虔诚、庄敬、刚正等；壮烈的德性是人在特别困难和悲壮情形下所形成和表现出来的德性，如贞烈、忠贞、大义、坚毅、视死如归等；温和的德性是人在日常生活和情感生活中所表现出来的德性，如仁慈、谦虚、礼貌、与人为善等；实用的德性是人在日常劳作和事业生活中所表现出来的德性，如敬业、勤劳、艰苦、节俭、奋斗、自强等。

近代伦理学家力图克服古希腊罗马伦理学和中世纪基督教或神学伦理学对道德理解的片面性，“把道德理解为既是人类个体的内在属性，又是超越个人的社会现象。近代思想家们不能接受把人看作是微不足道的生物的中世纪的观点，但也不赞成古希腊罗马时期天真地相信个人的道德的万能”①。比较而言，近代伦理学出于建构可普遍化的规范伦理学体系的目的而注目于“什么是要做的正当的事”这样的问题，而不是“什么品格特征使一个人成为好人”，这将它们引向了不同的方向。以边沁、穆勒等人为代表的功利论和以康德为代表的道义论被视为西方近现代伦理学的主要流派，功利论和道义论成为规范伦理学的两种代表形式，它们“都是‘徒见规，不见人’。……只是简单地为行为建立规则”②。功利论和道义论都侧重对行为的规范层面而非道德人格的品质层面的阐释与论证，侧重对行为的规范诉求而非德性品质的培养。它们疏于关注个体的德性，重点关注社会生活究竟如何才能达致正当和义务，从而极大地发展了规范伦理学（狭义）理论，而不是德性论伦理学理论。

二、当代德性论伦理学的复兴

当代德性论伦理学的复兴出于对仅仅只从道德义务和道德善来发展规范伦理学的不满，它要求伦理学将关注的重心从社会化的道德原则规范转向道德主体自身的伦理美德以及作为整体的道德生活，这种复兴也不是简单地回归古希腊伦理学或传统的德性伦理学，而是有其深刻的学术背景和时代发展诉求的。

当代德性论伦理学复兴的标志性人物为英国伦理学家安斯康姆（G. E. M. Anscombe）。她在1958年推出的《现代道德哲学》一文中对功利主义和义务论提出了批评，认为现代道德哲学已经被误导，因为它依赖于不融贯的、没有立法者的“法”的观念。正是义务、责任和正当的概念——现代道德哲学将注意力集中在这些概念上——与这个无意义的“法”的观念难解难分地联系在一起，所以导致了现代道德哲学的危机。并说：

① ［苏］古谢伊诺夫，伊尔利特茨．西方伦理学简史．刘献洲，等译．北京：中国人民大学出版社，1992：6.
② 高国希．当代西方的德性伦理学运动．哲学动态，2004（5）.

"责任和义务概念——亦即道德责任和道德义务——以及什么是道德上正确的和错误的概念、道德意义上的'应当'概念都应被抛弃。"① 因此，她认为，我们应该停止对义务、责任和正当的思考，重新开始思考人类行为的美德，并主张回到亚里士多德的进路，思考如何去做一个有道德的人。安斯康姆主张用德性概念取代责任和义务概念来进行伦理学研究，由此开启了当代德性论伦理学的发展方向。之后，讨论德性或美德的文章和专著不断涌现，德性理论成为当代道德哲学的一个重要选择。

麦金太尔是继安斯康姆之后德性论伦理学的又一代表性人物。他于 1981 年出版《追寻美德》一书，对自启蒙运动以来以功利和正当概念为中心的西方近现代规范伦理学予以批判地审视，主张回归到以亚里士多德为代表的传统德性伦理学，试图重建德性伦理在伦理学理论和社会道德生活中的主导地位。在《追寻美德》一书的结尾，麦金太尔指出："现阶段最要紧的是建构文明、理智与道德生活能够在其中历经已经降临的新的黑暗时代而继续维持下去的各种地方性的共同体形式。而且，既然美德传统能够在从前的黑暗时代的恐怖中幸存下来，那么，我们也不是完全没有根据地怀抱这种希望。"② 后来他又出版了《谁之正义，何种合理性》(1988) 以及《三种对立的道德探究观》(1990)，在对西方现代性的根源的追溯中，促进了亚里士多德的德性伦理学在当代的复兴。从麦金太尔对于其"追寻美德谋划"的介绍中，我们发现，麦金太尔所关注的主要的问题是在道德哲学中普遍存在的分歧和冲突的问题，他尝试着从理论上解决这些分歧和冲突，最后的结果是回到亚里士多德的美德伦理学和托马斯·阿奎那的道德探究方式。

紧随麦金太尔之后，德性论伦理学进入一个真正复兴并建构理论体系的阶段，迈克尔·斯洛特 (Michael Slote) 的《从道德到美德》(1992)、克里斯廷·斯旺顿的《美德伦理学：一种多元论的观点》(1992)、罗莎琳德·赫斯特豪斯的《美德伦理学研究》(1997)、茱莉亚·安娜斯 (Julia Annas) 的《幸福的道德理论》(1993) 等著作立足于解决现实道德生活的困境，从古代德性论伦理学中吸取营养和智慧，建构出颇具现代意识和创新思维的德性论伦理学理论体系。可以说，"美德伦理学与日俱增的魅力不仅要归于其自身初露锋芒的积极特征，同时还要归于人们对现代道德哲学的某些核心特征的日益不满。当代伦理学的美德伦理学转向反映了人们对美德伦理学的一个期望，期望它能为现代伦理学理论所面临的困境找到到一条出路"③。斯洛特等人坚持认为，无论是康德的道义论伦理学抑或是边沁、穆勒的功利主义伦理学都存在着"自我-他人不对称"的问题，因而贬损了行动者的价值，导致了伦理学理论的精神分裂。治愈这种精神分裂的唯一疗法在于复兴美德伦理学。只有美德伦理学才能真正造就人与人之间以及人与自身之间的关系和谐。

三、德性论伦理学的优点和不足

当代德性论伦理学是试图克服西方近代以来盛行的规范伦理学特别是功利论和道义

① ANSCOMBE G E M. Modern Moral Philosophy//Philosophy，1958，33 (124)：1.

② ［美］麦金太尔. 追寻美德：伦理理论研究. 宋继杰，译. 南京：译林出版社，2003：335.

③ STATMAN D. Introduction to Virtue Ethics//Virtue Ethics. Edinburgh：Edinburgh University Press，1997：2.

论弊端的产物。德性论伦理学认为，对品性和美德的思考提供了有关道德经验的更充分、更全面的认识，凸显了伦理学对培养健康人格和优秀品质的效能，强调一个人必须培养内在的善良情感和完美德性才能真正成为一个有道德的人，而不应该仅仅强调合乎道德的行动。德性论伦理学的优点主要体现在三个方面：第一，把造就善良的人作为伦理学的主要目标，而不仅仅着眼于善良的行为或规则。如果说，功利论和道义论凸显了人对效果的注重和规则的遵循，那么美德伦理学则强调了人本身的道德完善或品性优秀的价值。第二，德性论伦理学试图将人的情感与理性统一起来，并坚持认为只有情感与理性的统一才能造就完美的德性。而功利论和道义论则有割裂理性与情感的倾向。第三，德性论伦理学强调中道与适度之德性，推崇和谐健康与美满的人生品质。而功利论和道义论则有过度或极端的要求，并有某种绝对主义的价值基质。当然，德性论伦理学也有自己的理论短板或缺陷，它没有提供正义行为的明确指令，没有帮助人们分析道德问题和有效地进行道德推理，没有给人们提供如何公正地合乎道德地行动的标准与建议。而这些则是功利论和道义论所擅长的。因此必须把德性论伦理学与规范伦理学（狭义）有机地结合起来，才能真正建构既重视做事又重视做人、把做人与做事辩证统一起来的伦理道德体系。

第四节 马克思主义伦理学是一种新规范伦理学

马克思主义伦理学，就是在扬弃西方（包括东方）功利论和道义论规范伦理学的基础上形成、发展起来的，是对传统规范伦理学的综合创新，是一种代表并反映无产阶级和广大劳动人民整体利益、根本利益，并以实现人的解放和自由全面发展为价值目标的新规范伦理学。

一、马克思主义伦理学概说

马克思主义伦理学是一门以马克思主义基本原理、立场和方法研究人类的伦理道德生活及其发展规律的伦理之学，是一门以无产阶级道德、社会主义道德和共产主义道德为主要研究对象的道德之学，是一门注目于人的解放并以人的自由全面发展为宗旨性追求的价值之学。马克思主义伦理学是时代道德精神的精华，是无产阶级和广大劳动人民争取自身解放，追求进步、光明的社会与人生的道德观和价值观的总汇，是科学性与革命性、功利性与道义性、理论性与实践性、理想性与现实性的有机统一。马克思主义伦理学是在马克思主义经典作家伦理思想基础上形成和发展起来的，马克思、恩格斯、列宁、斯大林，中国马克思主义者李大钊、瞿秋白、恽代英、毛泽东、刘少奇、周恩来、邓小平、江泽民、胡锦涛、习近平等人均为马克思主义伦理学的形成和发展做出了历史性的巨大贡献，一大批自觉坚持用马克思主义基本观点和方法来建构马克思主义伦理学学科体系和教材体系的学者也做出了重要贡献。100 多年来，马克思主义伦理学在各种挑战和考验中不断向前发展，展示了蓬勃发展的理论活力及对道德生活的影响力。

马克思主义伦理学的形成与创立是人类伦理思想史上伟大的革命变革，比康德在伦理学领域的“哥白尼式革命”或近代伦理学革命都要更为深刻、更为宏大、更为高远。

第一，马克思主义伦理学是一门以唯物史观和唯物辩证法研究伦理道德的严谨的科学。它将人类道德奠基于唯物史观的基础之上，从社会存在决定社会意识、社会意识反作用于社会存在的既唯物又辩证的角度肯定利益对道德的决定性和道德对利益的能动性，并自始至终将道德视为协调利益、促进个人利益与社会集体利益和谐发展的方式和力量，理性而科学地确立了道德在个人生活和社会发展中的地位，使研究道德的伦理学真正成为一门科学。马克思认为作为实践理性的自由意志的内容绝非不可捉摸的神秘存在物，它就是人的感性欲望，是现实的经济利益和现实的社会关系。思想一旦离开利益，就一定是毫无价值的玄想。马克思主义伦理思想不仅结束了关于道德具有超自然的根源和关于道德规范道德评价具有纯主观性质的、仿佛是从自由意志而来的一切神话，而且结束了想靠自由、平等、博爱的符咒来推翻世界，以所谓爱的力量来战胜一切的幻想和神话，为真正科学意义上的伦理学的创立奠定了理论基础，指明了发展方向。

第二，马克思主义伦理学是一门志在为无产阶级和广大劳动人民谋解放、求幸福的科学。它全面系统地阐述了无产阶级道德及共产主义道德的本质和内容，揭示了人类道德发展的规律和大方向，以人的自由全面的发展作为共产主义道德的核心价值，强调超越人对人的依赖、人对物的依赖而走向人的全面发展、建立新型人际关系的历史合理性和价值合理性。马克思主义伦理思想直接来源于无产阶级的革命实践，是对无产阶级在反对封建地主阶级、资产阶级的伟大历史运动中所表现出来的崇高道德精神和崭新道德品质的理论概括。马克思主义伦理思想形成之后又成为指导无产阶级和广大劳动人民消灭私有制、解放全人类的思想武器，促使无产阶级道德不断进步和完善。无产阶级道德与马克思主义伦理思想存在一种水乳交融的关系，或者可以说，无产阶级道德是马克思主义伦理思想得以形成和发展的物质武器、现实形态，马克思主义伦理思想是无产阶级道德得以发展和完善的思想武器、精神灵魂。

第三，马克思主义伦理学是一门注重道德实践和改造世界特别是改造人自身的科学。它将道德实践和现实的道德生活作为伦理学研究的出发点，强调道德必须立根于实践的基础之上并为现实的道德生活服务。马克思主义伦理学的全部理论和全部规范，归根到底是为了指导人们的道德实践活动，特别是指导人们进行共产主义道德的实践活动。因此，它必须研究、阐述人类历史上进行道德实践活动的经验和理论，特别要总结无产阶级在革命斗争中进行道德实践活动的经验，从而提出进行共产主义道德评价、道德教育、道德修养的标准、依据、途径和方法。马克思、恩格斯对前人道德思想的批判与解构，首要的一步是把道德建立在现实社会生活的基础之上，把道德从一个抽象的理性存在物还原为一种人们以精神—实践方式对世界的特殊把握方式。马克思主义正是从现实而不是从经验之外的意识、逻辑出发，开启了伦理学研究的新视界，这样，一切现成的结论、先天的绝对命令都消失了，包括道德在内的各种意识形态，其外观、形式上的独立性被彻底解构，摆脱了超验的面目。被重新置于现实生活之上的道德也和其他所有意识形态一样，只不过是由社会存在所决定的、人们现实生活的抽象反映罢了。这样，道德观念、道德意识才在整个伦理学逻辑链条中找到自己的合适位置，从先验的理性预设，从人们进行社会批判的出发点变成了现实生活的反映。马克思主义因此为自己的全新的道德观和伦理思想找到了新的科学的起点与依据。

马克思主义伦理学实现了科学性、人民性和实践性的有机统一，因此彰显了真理与价值、合规律性与合目的性以及道德生活中现有与应有的辩证统一。“马克思主义伦理学克服了准则主义和科学主义的片面性。它是准则性的，但它的准则性立足于客观的科学分析。它是科学的，但它的科学性导致对一定的道德理想进行论证。”① 马克思主义伦理学在对伦理关系的把握上也显示出了超越以往伦理学的合理性，它把“人人为我，我为人人”以及个人利益与集体利益有机结合视为新型道德生活的伦理原则，提倡通过社会的最高价值和目的来全面地、和谐地发展个人，并把个人自由全面发展视为共产主义道德的重要内容。“马克思主义伦理学乃是新的、更崇高的道德关系的创造性伦理学。它不仅提出爱人、尊重人、保持人的尊严的原则，而且也开辟实际实现这一原则的现实途径——通过人们的相互活动，通过革命地、实践地改造生活环境。”② 马克思主义伦理学提出的伦理价值观向人类展示了前所未有的、崭新的道德天地，同时也揭示了达到这一理想境界的现实路径和依靠力量。

二、对功利论、道义论的批判与超越③

近代西方的规范伦理学主要表现为英法功利主义伦理学和德国义务论伦理学，它们力求对道德的客观性和普遍性问题给予新的解决，二者之间的相互批判及其斗争构成近代西方伦理思想史的重头戏。马克思主义创始人对这两种伦理学理论都给予了深刻的揭露和批判，从而在一定意义上表现了超越二者对立的价值趋向和价值特点：

第一，对法国感觉主义和合理利己主义的批判。马克思、恩格斯对法国爱尔维修、霍尔巴赫等为代表的合理利己主义者运用唯物主义感觉论去说明人的本性，把人的一切精神活动包括道德意识都还原为人的肉体感受性，进而把道德建立在个人自爱自保的功利基础之上的思想进行了批判，指出法国唯物主义把道德建立在个人利益的基础之上的观点毕竟只是代表了资产阶级的利益和愿望，尽管他们“关于享乐的合理性等等唯物主义学说，同共产主义和社会主义之间有着必然的联系”，但同无产阶级的道德理论还是有着本质的区别。在马克思主义看来，爱尔维修等人把他们的机械唯物主义运用到社会生活和道德生活方面，使其道德理论建立在机械唯物主义和抽象人性论的基础之上，得出了一切人的本性都是利己自私的结论，带有浓厚的永恒道德论的色彩，不利于对道德做历史的、阶级的分析。有没有永恒普遍的人性？或者说利己自私是不是人的不可变更的天性？以爱尔维修、霍尔巴赫为代表的法国唯物主义对此问题的回答是肯定的，而马克思主义则是否定的。法国唯物主义认为，道德科学应该像自然科学那样，从客观事实本身及其关系出发，建立在确定的、自然的原则上，必然符合人的自然本性，科学地探讨人类行为的动因。霍尔巴赫指出：“道德学如果不建立在必然要影响人类的意志、决定他

---

① ［苏］季塔连科．马克思主义伦理学．愚生，重耳，译．上海：上海译文出版社，1981：11.

② 同①50.

③ 本节在参考著者《论马克思恩格斯义利学说的性质和基本特征》［《社会主义研究》，2008（4）］的基础上写成。

们的行动的种种动因的认识上，那么它就会是一种幻影，就会丝毫没有确定的原则。”① 爱尔维修给自己提出的最重要的任务就是“像建立一种实验物理学一样来建立一种道德学”②，并且坚信人们一旦认识了自己的自然本性，就一定能够建立起一门真正的伦理科学。爱尔维修把人看作自然界的一部分，认为人是一架由感官感觉所发动的机器，人的欲望、情感、意志、思想和行为都是由肉体的感受性决定的，因此趋乐避苦、趋利避害、自爱自保即是人的永恒不变的天性。快乐和痛苦永远是支配人的行动的唯一原则，道德的善恶完全是由利益决定的。“自然从我们幼年起就铭刻在我们心里的唯一情感，是对我们自己的爱。这种以肉体的感受性为基础的爱，是人人共有的。不管人们的教育有多么不同，这种情感在他们身上永远一样：在任何时代，任何国家，人们过去、现在和未来都是爱自己甚于爱别人的。”③ 在爱尔维修看来，利益原则源于人的本性，由自爱自私所派生出的对个人利益的追求构成人的一切行为的动因。“如果说自然界是服从运动的规律的，那么精神界就是不折不扣地服从利益的规律的。”④ “个人利益是人们行为价值的唯一而且普遍的鉴定者。因此，与一个个人相联系的正直，按照我的定义来说，无非就是对这个个人有利的行为的习惯。”⑤ 法国唯物主义把自私自爱作为人的本质，强调个人利益的合理性，否定中世纪基督教禁欲主义的说教，具有一定的历史进步性。但是他们所说的人性是自然的、抽象的人性，他们把资产阶级自私自利的阶级本性当作普遍的、永恒的人性，表现出资产阶级唯心主义历史观和道德观的严重缺陷。

马克思主义认为，人性是具体的而不是抽象的，人的本质属性是社会属性而不是自然属性。人在社会中生活，社会关系制约着人的需要，决定着人的现实本性。人生下来无所谓自私利己，其思想品德是在后天各种社会关系的制约和影响下形成的。因此“人的本质不是单个人所固有的抽象物，在其现实性上，它是一切社会关系的总和”⑥。人作为社会动物，就不能完全按照自然倾向来行为，他在追求自己个人利益的行为中，必须考虑到他人的需要及其他社会因素。马克思主义认为，利益是道德的基础，无疑是正确的，但作为道德的基础的利益绝不可仅仅归结为个人欲望或个人利益。马克思和恩格斯在批判爱尔维修等人的功利主义伦理观时指出：“既然正确理解的利益是全部道德的原则，那就必须使人们的私人利益符合于人类的利益……既然人天生就是社会的，那他就只能在社会中发展自己的真正的天性；不应当根据单个个人的力量，而应当根据社会的力量来衡量人的天性的力量。”⑦ 也就是说，道德的基础并不是对个人利益的追求，而是对社会公共利益的追求。只有使个别人的私人利益符合于全人类的利益，亦即将个人利益与社会共同利益有机地统一起来，才能真正导向道德或产生道德。应该说，马克思主义经典作家对法国功利主义的批判是一语中的、富有战斗力的。

第二，对英国功利主义的批判。马克思、恩格斯对边沁、穆勒等英国思想家所宣扬

---

① ［法］霍尔巴赫．自然的体系：上卷．管士滨，译．北京：商务印书馆，1964：184.
② 北京大学哲学系外国哲学史教研室．十八世纪法国哲学．北京：商务印书馆，1963：501.
③ 同②.
④ 同②460.
⑤ 同②460.
⑥ 马克思．关于费尔巴哈的提纲//马克思恩格斯文集：第1卷．北京：人民出版社，2009：501.
⑦ 马克思，恩格斯．神圣家族//马克思恩格斯文集：第1卷．北京：人民出版社，2009：335.

的功利主义也进行了深刻的批判。如果说爱尔维修、霍尔巴赫等法国思想家对个人利益的推崇与强调本质上是为法国大革命制造舆论，带有强烈的反封建反宗教禁欲主义的革命意义，那么边沁、穆勒等英国思想家则是在英国资产阶级已经夺取政权、工业革命已经发生、劳资矛盾日益紧张的情况下，挺身而出为资产阶级的利益进行辩护，并通过“最大多数人的最大幸福”的倡扬来消解无产阶级的斗志。边沁公开承认法国唯物主义者是他的思想先驱，他从爱尔维修那里直接接过快乐主义，并将趋乐避苦作为论证功利主义原理的根据，认为功利主义原则指的就是，当我们对任何一种行为予以赞成或不赞成的时候，我们是看该行为是增多还是减少当事者的幸福。如果一种行为带来的快乐的成分占优势，它就是道德的、善的行为；如果一种行为带来的完全是快乐而没有痛苦，就是最大幸福；如果一种行为使最大多数人都得到了最大幸福，那就达到了功利主义的最高原则。值得注意的是，边沁宣扬“最大多数人的最大幸福”，并不是想得出与利己主义相对立的道德结论。由于他把社会看作一种虚构的团体，把社会利益看作组成社会之所有单个成员的利益之总和，因而他所宣称的功利主义恰恰是建立在利己主义的基础之上并以利己主义为归宿的。恩格斯在批评边沁功利主义时深刻地指出，“边沁在自己的经验中犯了黑格尔在理论上犯过的同样错误；他没有认真地克服二者的对立，他使主语从属于谓语，使整体从属于部分，因此把一切都颠倒了”，他“不是把类的权利赋予自由的、意识到自身和创造自身的人，而是赋予粗野的、盲目的、陷于矛盾的人”①。边沁功利主义由于把个人利益视为唯一现实的利益，因而本质上是一种利己主义，而不是什么整体主义，或什么公益论。边沁等人的功利主义只不过是法国唯物主义者们公共利益的一个非常无力的、剥去了革命色彩的摹本而已。如果说爱尔维修、霍尔巴赫的法国唯物主义对个人利益的强调还是一种伦理的启蒙和道德的进步，那么到了边沁、穆勒那里公开为英国资产阶级利益辩护的功利主义，不但不是一种伦理的进步，而且是从法国功利主义那里的倒退。因为边沁、穆勒的功利主义把利己主义视为天经地义的，在他们眼里，每个人都只顾自己，使人们连在一起并发生关系的唯一力量，“是他们的特殊利益，是他们的私人利益”。因此，边沁等人所提出的最大多数人的最大幸福原则，已经变成为资本主义金钱盘剥关系辩护的虚伪理论。基于对英国功利主义的批判，马克思主义认为，那种把一切关系都归结为功利关系的功利主义理论其实是很愚蠢的，是一种形而上学式的抽象。

第三，对德国道义论的批判。马克思主义经典作家深入揭露和批判了康德等人为义务而义务的义务论。康德不赞同英法唯物主义的功利主义或合理利己主义的伦理学说，认为把快乐、幸福作为道德根据的经验主义伦理学说，其原则是没有客观的普遍必然性的。道德的根源不仅不能到人的趋乐避苦的自然本性中去寻找，而且恰恰是对趋乐避苦的自然本性的征服、控制与超越。一个行为之所以是道德的，不是因为他得到利益，而是因为他牺牲了自己的利益。康德主张从完全超感性经验和功利幸福的纯粹理性、善良意志中去寻找道德的根源，并坚持认为无论是在这个世界之中还是在这个世界之外，除了善良意志，不可能设想一个无条件善的东西。善良意志不仅是一切高贵品质的道德价

---

① 恩格斯．英国状况：十八世纪//马克思恩格斯全集：第3卷．北京：人民出版社，2002：545.

值不可缺少的条件，而且它本身自为地就是无比善的。即使它没有产生任何结果，它仍然如一颗宝石一样，自身即会放射耀目的光芒。善良意志落实到人们的道德生活领域必然要求“为义务而义务”。善良意志之善的最高表现就是遵从绝对命令，凡是出于绝对命令的行为都是义务的行为，义务就是绝对命令对行为提出的要求，就是按照这种要求做应该做的事。

马克思主义经典作家分析批判了康德的善良意志理论，指出康德只谈善良意志，哪怕这个善良意志毫无效果他也心安理得，康德的这种善良意志、为义务而义务理论完全符合 18 世纪德国资产阶级的软弱和受压迫的状况。康德的义务论抽掉了德国资产阶级革命的物质动机和实践要求，使法国启蒙主义和唯物主义理论在德国“完全失去了直接实践意义”，变成了纯粹著作界的一个流派，表现为一种“关于实现人性的无谓冥想”。法国资产阶级革命的要求以及对个人利益的肯定和强调，在康德那里变成了实践理性和善良意志的要求。康德批判法国唯物主义主张自私是人的本性、个人利益是道德的基础等观点，强调道德的要求就在于自我牺牲，其伦理思想无疑包含着一定的合理性。但是康德在批判英法功利主义个人利益是道德的基础的观点时，把道德与利益完全割裂开来，陷入了道德与利益的二律背反之中，没有看到道德与利益之间的内在联系，从而把道德的“应该”或“正当”变成了毫无实际内容的、空洞的道德设想，使其义务论成为基督教“摩西十诫”的道德诫命。

通过对英法功利主义和康德等人抽象义务论伦理学的批判，马克思、恩格斯已经意识到真正科学的规范伦理学应该既超越功利论和道义论的对立，又批判继承这两种伦理学说合理因素，进而对道德与利益关系予以辩证的认识和把握。在马克思主义看来，道德与利益是一对既有联系又有区别、既对立又统一的矛盾关系。认识和解决这一矛盾关系，既不能遵循机械唯物主义的思维路径，也不能重蹈思辨唯心主义的覆辙，应当在辩证唯物主义、历史唯物主义的理论基础上来认识和解决这一伦理学的基本问题。

三、道义论、功利论、德性论的综合创新

马克思主义新规范伦理学本质上是在扬弃传统道义论与功利论的基础上对其改造、整合即综合创新的产物。它既有着超越道义论与功利论的对立的鲜明特点，同时又吸收了道义论与功利论的积极因素，就此而言，它既是道义论，又是功利论，然而它又不同于以往的任何一种道义论或功利论。它是道义论与功利论合理因素的辩证统一。它是革命道义论与人民大众的功利论的统一，是对历史上的道义论与功利论的积极超越。人民大众的功利论包含革命道义论的因素，而革命道义论又包含人民大众功利论的成分①。发展到当代，即是社会主义道义论与社会主义功利主义的有机结合。社会主义义利观是一种把国家人民利益放在首位而又尊重公民个人合法利益的伦理价值观，是一种既重视物质利益和个人正当利益，又重视远大理想和至善价值追求的义利统一观。

首先，马克思主义伦理学批判了道义论空谈道德的弊端，深刻论述利益是道德的基

① 魏英敏. 功利论、道义论与马克思主义伦理学. 东南学术，2002 (1).

础和集中表现，对道德与利益的关系做出了全新的界说。马克思主义认为，道德作为一种社会意识和社会活动，反映了人们在一定经济基础上的利益关系，归根结底是由社会经济关系决定的，这就是道德的本质。利益是社会经济关系的集中表现，社会经济关系决定道德的体系及其性质，由一定社会的经济基础所产生的人们之间的利益关系构成全部社会道德生活的本质。一定社会的经济关系集中表现为人们之间的利益关系，而社会道德生活则正是人们在处理这些利益关系中发生的，因此，利益问题即成为全部道德生活的主题。在马克思主义看来，道德作为独特的社会意识现象，本质上是由社会经济关系及利益关系所决定的，反映了在一定经济基础之上的人们的利益关系。“财产的任何一种社会形式都有各自的‘道德’与之相适应。”① 在历史上，与不同经济基础的社会形态相适应，道德具有不同的类型并反映着不同时代、不同范围内的人们的利益。在道德与利益的关系问题上，马克思主义始终坚持利益决定道德而不是相反的观点，认为人们奋斗所争取的一切都同他们的利益有关，道德一旦离开利益，就一定会使自己出丑。“这种利益是如此强大有力，以至胜利地征服了马拉的笔、恐怖主义者的断头台、拿破仑的剑，以及钉在十字架上的耶稣受难像和波旁王朝的纯血统。”② 恩格斯看到，现代社会的三个阶级即封建贵族、资产阶级和无产阶级都各有自己的特殊的道德，而每一种道德又总是为特定的阶级利益辩护，由此只能得出这样的结论：“人们自觉地或不自觉地，归根到底总是从他们阶级地位所依据的实际关系中——从他们进行生产和交换的经济关系中，获得自己的伦理观念。”③ 道德是经济关系的反映和表现，经济关系及其集中表现的利益决定道德的本质、基础和基本内容。没有脱离经济关系及其利益的抽象道德。

其次，马克思主义伦理学批判了功利论把道德立足于个人利益的偏狭性，指出道德成立的利益基础，是阶级的群体利益，或人类的共同利益。马克思和恩格斯在《神圣家族》一书中说：“既然正确理解的利益是全部道德的原则，那就必须使人们的私人利益符合于人类的利益。”④ 如何对待个人利益和社会集体利益的关系问题，依据什么样的原则、规范解决个人利益和社会集体利益的关系问题，这是一切道德体系都必须解决的最为关键也是最为基本的问题。马克思主义主张超越利己主义的狭隘视域，主张为人类的整体福利而献身。在马克思主义看来，“人只有为同时代人的完美、为他们的幸福而工作，自己才能达到完美。如果一个人只为自己劳动，他也许能够成为著名的学者、伟大的哲人、卓越的诗人，然而他永远不能成为完美的、真正伟大的人物。历史把那些为共同目标工作因而自己变得高尚的人称为最伟大的人物；经验赞美那些为大多数人带来幸福的人是最幸福的人”⑤。马克思的这段发自肺腑的伦理价值表述远远超越了资产阶级利己主义和功利主义伦理学的局限，具有把为人民大众谋利益或为无产阶级集体利益服务视为道德的根源和主要内容的鲜明特点，也因此与近代资产阶级伦理学区别开来。

再次，马克思主义批判了道义论与功利论割裂道德与利益关系的严重错谬，主张把

---

① 马克思．法兰西内战//马克思恩格斯文集：第3卷．北京：人民出版社，2009：214-215.

② 马克思，恩格斯．神圣家族//马克思恩格斯文集：第1卷．北京：人民出版社，2009：287.

③ 恩格斯．反杜林论//马克思恩格斯文集：第9卷．北京：人民出版社，2009：99.

④ 同②335.

⑤ 马克思．青年在选择职业时的考虑//马克思恩格斯全集：第1卷．北京：人民出版社，1995：459.

道义与功利有机地结合起来，在新的基础上实现义利统一和义利并重。共产主义者“既不拿利己主义来反对自我牺牲，也不拿自我牺牲来反对利己主义，理论上既不是从那情感的形式，也不是从那夸张的思想形式去领会这个对立，而是在于揭示这个对立的物质根源”①。在马克思主义看来，“无论利己主义还是自我牺牲，都是一定条件下个人自我实现的一种必要形式”②。我们不要陷入这种非此即彼的价值对立，而是应当从这种非此即彼的价值对立中走出来，亦即从义利对抗中走出来，走向义利统一，义利并重。马克思主义伦理学，克服了历史上道义论和功利论的缺点，同时又吸取了内含于道义论和功利论中的合理因素。在马克思主义看来，道义论不关心行为的效果，不计功利是片面的、错误的；而功利论不注意行为的动机，不考虑行为原则同样是片面的、错误的。马克思主义伦理学，吸取道义论注重行为动机、功利论注重行为效果的优点，提出评价行为善恶与否，既要看动机，又要看效果，主张把动机和效果有机统一起来。诚如毛泽东所说：“唯心论者是强调动机否认效果的，机械唯物论者是强调效果否认动机的，我们和这两者相反，我们是辩证唯物主义的动机和效果的统一论者。”③ 辩证唯物主义的动机和效果的统一论大大丰富了规范伦理学的评价理论，并远远地超过了道义论和功利论。

马克思主义新规范伦理学不只是道义论与功利论的辩证统一，而且也在这种统一的基础上有着融德性论伦理学于一体的价值诉求。德性论，不是别的恰恰是道义论与功利论中的规范、原则、或准则的内化，成为人的一种秉性、品质（德性）、情操或习惯④。须知，人们的秉性、品质、情操或习惯，都是外在的道德规范、原则、准则对人长期熏陶、习染、教育、灌输的结果。“对每一条原则来说，都有一种道德的善品质，它通常与原则同名，它是由根据原则而行动的习惯或趋向所组成；而对于每种道德意义上的善品质来说，都有一条限定该品质体现于其中的行为的原则。借用康德的一句名言，即没有品质的原则是软弱的，没有原则的品质是盲目的。”⑤ 马克思主义的伦理学是道义论、功利论、德性论的有机统一。而且是无产阶级革命道义论、革命功利论和革命品德论的有机统一，在社会主义现阶段则是社会主义道义论、功利论和品德论的有机统一。

马克思主义新规范伦理学的形成和发展，开辟了人类伦理思想的新纪元。它不仅打破了道义论伦理学的本质主义思维，把被神学鄙弃、被理性贬斥的真正对象（包括感性欲望和利益）捧回到人们面前，揭破了理性的实质不过是现实生活的要求而已，进而肯定旧唯物主义把感性引入哲学圣殿，以感性取代理性在哲学中的地位的做法，承认伦理学应当向感性、向人的所谓“情欲”开放，感性欲望成了伦理学的重要内容。同时引入关系概念，打破功利主义伦理学的实体性思维，代之以道德实践概念和共同利益，实现了个人利益与社会公共利益的有机结合，并且将新型伦理学的建构同人自身的解放和自由全面发展联系起来，凸显了人自身成长和全面发展的意义。它昭示出道义论、功利论、德性论结合的意义和价值。

---

① 马克思，恩格斯．德意志意识形态//马克思恩格斯全集：第3卷．北京：人民出版社，1960：275.

② 同①.

③ 毛泽东．在延安文艺座谈会上的讲话//毛泽东选集：第3卷．北京：人民出版社，1991：868.

④ 魏英敏．功利论、道义论与马克思主义伦理学．东南学术，2002（1）.

⑤ ［美］弗兰克纳．伦理学．关键，译．北京：三联书店，1987：136.

推荐阅读书目

万俊人，焦国成，王泽应，等．伦理学．北京：高等教育出版社，2012.
龚群．现代伦理学．北京：中国人民大学出版社，2010.
宋希仁．马克思恩格斯道德哲学研究．北京：中国社会科学出版社，2012.
王泽应．20世纪中国马克思主义伦理思想研究．北京：人民出版社，2008.
王海明．新伦理学．北京：商务印书馆，2001.
[美] 弗兰克纳．伦理学．关键，译．北京：三联书店，1988.
[美] 拉福莱特．伦理学理论．龚群，译．北京：中国人民大学出版社，2008.
[德] 康德．道德形而上学原理．苗力田，译．上海：上海人民出版社，2001.
[英] 穆勒．功利主义．徐大建，译．北京：商务印书馆，2014.

思考题

1. 什么是规范伦理学？试述规范伦理学的本质特征。
2. 试述目的论伦理学的基本理论。
3. 什么是道义论伦理学？谈谈你对康德道义论伦理学的看法。
4. 为什么说马克思主义伦理学是一种新规范伦理学？谈谈你对马克思主义伦理学的性质的看法。

第三章

人为什么要有道德

人为什么需要道德？人需要道德的理由是什么？人与道德的关系究竟如何？道德的本质是什么？道德具有何种功能，又有哪些作用？这是伦理学首先应当正视、思考和力求做出回答的本原性和基础性问题。蒂洛在《伦理学与生活》一书中，对“人为什么要有道德”这一问题的另一种提法即是“道德有没有明确的根据或基础”，“能找到理由说明人应该善良、做公正的事而不做坏人坏事吗”？蒂洛探寻了“人为什么要有道德”的理由，并从“自觉的自身利益”、“基于传统和法律的理论”、“人的共同需要”，以及“伦理道德的重大价值和社会意义”等方面加以论述。弗兰克纳在《伦理学》中也探讨了“人为什么要有道德”这一命题，认为这一命题涉及两个问题，即“为什么社会应该采取道德这样一种秩序”和“个人在生活中采取道德方式的理由”。亦即这一命题涉及从社会角度看人为什么要有道德和从个人角度看人为什么要有道德。我们认为，人为什么要有道德既源于人存在的二重性，人存在的二重性决定了人有对道德的需要，又源于道德的内在本质，即道德是人类实践精神把握世界的独特方式，同时也体现在道德之于人的意义和价值之中。因此，人讲道德就不是一种外在的责任或义务，而是一种内在的秉性和活得有意义有价值的需求。道德既是人类一种活得有尊严和荣光的目的性确证，也是实现人类幸福及发展完善的重要手段，兼具目的和手段的双重职能或效应。

第一节　人存在的二重性与人的道德需要

伦理学本质上是一门人学，与人对自己的认识密切相关。德国哲学家卡西尔在《人论》中写道：“认识自我乃是哲学探究的最高目标——这看来是众所公认的。在各种不同哲学流派的一切争论中，这个目标未被改变和动摇过：它已被证明是阿基米德点，是一切思潮的牢固而不可动摇的中心。即使连最极端的怀疑论思想家也从不否认认识自我的可能性和必要性。”[①] 文艺复兴时期的著名思想家蒙田认为，世界上最重要的事情就是认识自我。尽管人类历史上许多思想家在认识自我问题上做出了艰辛的努力，并取得了不少成果，但与人类认识外部世界所取得的成就相比而言则是相形见绌的。这就难怪有人发出这样的感叹：人类征服太空的速度令人吃惊，然而，为什么唯独对于内心世界和自我的认识却少有进展？我们惊叹人类能轻而易举地解开宇宙的奥秘，却不能解开使我们变得邪恶而深具破坏力的内心幽暗的秘密。人类可以登上月球，却不能驱逐一个从自我生出的小小麻烦。原因当然是多方面的，自我的复杂性、易变性和不可捉摸性决定了人类在此一领域认识的有限性。而“不识庐山真面目，只缘身在此山中”的在场尴尬也使人类既需要认识自我又难于认识自我。帕斯卡尔说，认识自我是多么重要又是多么困难的事情啊！印度著名哲学家、诗人泰戈尔曾把自我认识称为人的第二次诞生，即继肉体自我诞生之后，精神自我的诞生。

一、人存在的二重性

人类刚刚脱离动物界的时候，就已经开始了有关自身的奥秘与意义的思考。古希腊德尔斐神庙石柱上镌刻着一行大字：认识你自己。古希腊传说中，有一头怪物名叫斯芬克斯，它拥有狮身双翼和美女的头部，伏于底比斯城门路边悬石上。它向来往的人询问智慧女神缪斯所授的隐谜，假使过路人猜不中它的谜底，那么等待他/她的将是被撕成碎片并吞吃掉。它问道：什么东西早晨用四条腿走路，中午用两条腿走路，晚上用三条腿走路，——在一切生物中唯此物用不同数目的腿走路，而且在它用腿最多的时候，正是速度力量最小的时候[②]。斯芬克斯认为这是一个人类永远难以回答的谜。然而远道而来的俄狄浦斯毫不迟疑地道出了谜底：看一看人自身，答案一目了然。人在生命的早晨时力量最弱，他不得不用两手辅助两腿爬行，因而速度最慢；在生命的中午，正值人生的壮年，力量最大速度最快，用两条腿走路；到了生命的黄昏，他进入人生的迟暮之年，又需要扶持，这就有了拐杖这第三条腿。俄狄浦斯猜出了斯芬克斯之谜，斯芬克斯羞愧难当，它猛然绝望地从山崖上跳下去，当场气绝身亡。俄狄浦斯因此而当上底比斯人的国王。斯芬克斯之谜，吞噬了许许多多人的生命，答案却是人自身。斯芬克斯之谜，是对人类的一种警示：认识你自己，否则你就会被毁掉。

人存在的二重性是伦理学史上一个十分古老而又不断翻新的问题，一般而言，它指的是人的自然性与社会性、个体性与群体性，同时包含了人的肉体性与灵魂性或生理性与心理性。早在古希腊时代，亚里士多德就认识到，人既是个体的动物，又是城邦的动物。人既具有与一般动物相似的自然本能和感性欲望，又具有区别于动物的思辨理性和社会功能。中世纪的基督教神学直言“人一半是天使，一半是魔鬼”，并认为讲道德即是天使降服魔鬼的过程。法国思想家帕斯卡尔在《思想录》中认为人是一根“能思考的”苇草，指出作为一根苇草人其实是非常脆弱的，“用不着整个宇宙都拿起武器来才能毁灭

① ［德］卡西尔．人论．甘阳，译．上海：上海译文出版社，1985：3.

② ［德］施瓦布．希腊古典神话．曹乃云，译．南京：译林出版社，2010：233-234.

他；一口气、一滴水就足以致他死命了”。但是人的思考或思想却又使人高出于万物，“纵使宇宙毁灭了他，人却仍然要比致他于死命的东西更高贵得多；因为他知道自己要死亡，以及宇宙对他所具有的优势，而宇宙对此却是一无所知”①。人的自然生命也许是十分渺小而又极为脆弱的，但是人的精神生命和思想却又使人高出于其他一切动物，使人成为万物之灵。由此可见，人是脆弱性与崇高性、渺小性与伟大性矛盾统一的存在物。康德说：“人属于感觉世界；人的理性当然有一个无可否定的感觉层面的使命，即照顾感性的关切，并且为今生的幸福起见，制定实践的准则，在这两点而言，他乃是一个有需求的存在者。但是，人毕竟不是那种彻头彻尾的动物，以致对于理性向自身所说的一切也都漠不关心。”② 人属于感性世界，受制于并服从于外在的因果必然性，与其他动物没什么区别；但是人毕竟不只是动物，他有理性，可以凭借自由意志而成为自己命运的主人，从而达到自由的境地，与其他动物区别开来。理性当然负有关照感性层面的责任，然而理性又不能只为满足感性需要而存在，它有自己的价值目的和追求，而“使人升华到纯粹的动物性之上”③ 则是理性内在的命令和要求。费希特对人存在的二重性描述与康德类似。在费希特看来，人既是理性的生物，又是有限的生物；既是感性的生物，又是自由的生物。理性与感性、有限与自由成为人存在的二重性。人的这种二重性决定了人存在的状况和人的独特命运。人既不是上帝，也不是一般动物，人既有自然生活，又有精神生活。使一切非理性的东西服从于自己，自由地按照自己固有的规律去驾驭一切非理性的东西，这就是人的最终目的。“在人的概念里包含着这样一个意思：人的最终目标必定是不能达到的，达到最终目标的道路必定是无限的。因此，人的使命并不是要达到这个目标。但是，人能够而且应该日益接近这个目标；因此，无限地接近这个目标，就是他作为人的真正使命，……如果把完全的自相一致称为最高意义上的完善，就像人们能够理所当然地称呼的那样，那么完善就是人不能达到的最高目标；但无限完善是人的使命。人的生存目的，就在于道德的日益自我完善，就在于把自己周围的一切弄得合乎感性；如果从社会方面来看人，人的生存目的还在于把人周围的一切弄得更合乎道德，从而使人本身日益幸福。”④ 俄国克鲁泡特金在《伦理学的起源和发展》中得出结论：“人们从自然及人类自身的历史二者之研究中所得来的教训乃是一个二重的倾向之恒久的存在——一方面是趋向着社会性之更大的发展；另一方面，则是由此而产生的对于生活的强度之增进的愿望，因此也就是对于个人的幸福之增进以及他的物质的，智慧的，道德的急速进步的愿望。”⑤ 克鲁泡特金坦言，人存在的这种二重性“是生命之显著的特征。不管生命在地球上或在其他地方取如何面目，此种倾向总是常在的，属于生命的，而且构成生命的诸属性之一”⑥。

马克思主义产生以前的中外古代先哲，近代资产阶级的思想家，抑或是马克思主义

① [法] 帕斯卡尔. 思想录. 何兆武，译. 北京：商务印书馆，1986：157-158.
② [德] 康德. 实践理性批判. 韩水法，译. 北京：商务印书馆，1999：66.
③ 同②.
④ [德] 费希特. 论学者的使命 人的使命. 梁志学，沈真，译. 北京：商务印书馆，1984：11-12.
⑤ 周辅成. 西方伦理学名著选辑：下卷. 北京：商务印书馆，1987：562.
⑥ 同⑤.

产生之后的现当代西方哲学家，他们对人的本质的研究尽管有许多可取之处，但都未能达到真正科学的水平。他们离开人的实践，抽象地考察人的所谓不变本质，因此难以克服人的自然属性和精神属性、社会性和个性、能动性和受动性之间的矛盾。只有马克思主义才对人存在的二重性及其关系做出了辩证唯物主义的认识和解答。马克思主义认为，人的自然属性和精神属性、社会性和个性、能动性和受动性植根于社会历史实践之中，本质上是辩证统一的。

在马克思主义看来，人是自然属性和社会属性兼具的高等动物。人的自然属性表现的是人作为动物而存在的自然本性或动物性，人的社会属性表现的是人作为社会的存在物的内在本质或社会性。人性的二重性是永恒存在而不可分割的。如果人性中不包含人的自然属性，那么人就丧失了其存在的生物基础；但是如果人性中不包含人存在的社会本质，那么人就成了与其他动物没有实质性区别的存在，因而也就不再成其为“人”的存在。人作为自然存在物，既意味着人本身直接地是有生命、有肉体组织的感性的自然的存在物，又意味着人在自身之外有自己所需要的自然界的存在（没有外部的自然界的存在，人也不可能是自然存在物）。这就决定了人本身对存在于自身之外的自然界有一种必然的对象性关系。人与其他动物一样靠自然界生活。人必须参与自然界的物质的、能量的、信息的交换才能生活。无论是人的肉体生活，还是人的精神生活，都是同自然界相联系的。这种联系等于说自然界同自身相联系，因为人也是一种自然存在物，是自然界的一部分。人的自然属性决定了人必须与其他动物和植物一样，“人在肉体上只有靠这些自然产品才能生活，不管这些产品是以食物、燃料、衣着的形式还是以住房等等的形式表现出来”①。人的自然属性的最基本表现，就是以人的生理结构为物质前提的食欲、性欲和自我保存这三种基本机能。如果没有这些机能，人类就不能维持生命存在和繁衍后代。因此，自然属性是全部人性存在和发展的物质前提。但是，食欲、性欲和自我保存这些自然属性对于人来说并非是本质的属性。

人的社会性存在、人类社会是由人自己有意识的活动所生产和创造的。人类社会是人的世界，是正常状态的人即“作为人的人”的生存条件。正是这种生存条件使人能够摆脱纯粹的自然动物状态而获得“作为人的人”的存在的正常状态。人类社会由于是由人自己有意识的活动所生产和创造的，因而具有扬弃自然状态的文化的性质和内涵。在社会中，人既要使外部自然界的自然存在“人化”，又要使自己的自然存在成为人的，即成为具有文化的性质和内涵的人的存在。人是在社会中作为社会的文化存在物，按人的方式同外部自然界发生关系的，而这种关系的展开又具有扬弃纯自然状态、创造文化与道德的意义。人的社会属性决定了“人在实践上和理论上都把类——他自身的类以及其他物的类——当做自己的对象；而且因为——这只是同一事物的另一种说法——人把自身当做现有的、有生命的类来对待，因为人把自身当做普遍的因而也是自由的存在物来对待”②。人的社会属性是人区别于动物的本质属性。“动物不把自己同自己的生命活动区别开来。它就是自己的生命活动。人则使自己的生命活动本身变成自己意志的和自己

① 马克思. 1844年经济学哲学手稿//马克思恩格斯文集：第1卷. 北京：人民出版社，2009：161.

② 同①.

意识的对象。”“有意识的生命活动把人同动物的生命活动直接区别开来。”[①] 在马克思看来，人是最名副其实的社会动物，是一种只有在社会中才能独立的动物。“人的本质不是单个人所固有的抽象物，在其现实性上，它是一切社会关系的总和。”人的本质不存在于孤立的个人之中，而是存在于人与人的社会关系中。因此，人是什么样的，他们具有什么样的本质，既和他们生产什么相一致，又和他们怎样生产相一致，人的本质不应当到人的天性中去寻找，而应当从他们在生产活动中结成的一切社会关系中去寻找。“个人是什么样的，这取决于他们进行生产的物质条件。”[②] 总之，人性是人的自然属性与社会属性的辩证统一，社会属性是人的本质属性，人对自然属性有改造、超越和提升的一面，但是不可能完全取代或根治自然属性。恩格斯认定人之本质属性既包含人性，自然也包含兽性：“人来源于动物界这一事实已经决定人永远不能完全摆脱兽性，所以问题永远只能在于摆脱得多些或少些，在于兽性或人性的程度上的差异。”[③] 强调这一点，其意义在于为人性的产生和发展找到了其进化的源头，而不至于把人类说成是某种可以脱离自然而存在的超自然的东西，或说成是上帝或神的创造物。人性的二重性告诉我们：人性的弱点就在于人性中的自然属性，使得人性中天然地包含了人作为动物性存在的某些“兽性”。这一点深刻地说明了我们每个人的“人性”都是不完善的，所以，我们必须对我们的自我人性进行改造和提升，只有这样我们才能够不断地克服因人的自然属性所赋予人的人性的弱点，使自己更具有和占有做“人”的本质。

二、人存在的二重性决定了人有对道德和道德生活的需要

个人与社会的关系是伦理学的逻辑起点。人性的二重性告诉我们，人既具有动物性，又具有超越动物性的社会性。人的自然属性反映的就是所有动物所具有的生物本能。但人又毕竟是“人”而不是动物，其原因就在于人除了具有其自然属性所反映出来的“动物本性”以外，还具有其社会属性所体现出来的人的“本质”。人的本质的形成取决于后天的进化和教化，是人们在社会生活中通过自我认知和环境教化而赋予自己的作为“人”的存在的内在规定性。这种规定性使得人们懂得了“人伦之理”和“为人之道”，拥有了作为人的存在的“为人之德”。而正是这种“德性”的赋予最终帮助人类超越了动物，使人的存在不再完全受制于动物本性的支配。

从哲学人类学的角度看，人是未完成的或者说待发展的一种灵性动物，人是其所不是，不是其所是。人与其他动物最根本的区别在于人在生物学上的“非专门化”及“匮乏性”的特点。动物的生理结构和功能是“专门化”的，其生理上的机能要比人类专门化或特定化得多，它们的每一种器官只适应于每一种特定的生理需要。正如古希腊哲学家赫拉克利特所说“驴子宁愿需要草料而不要黄金”。而人的生理结构和功能是非专门化的，他并没有因为要适应某种特定的环境而形成某种特定的生理结构和功能，其天生的适应能力更差。由此而言，人之降生是有种种缺陷的，显示出生物学上的诸多匮乏性。

---

① 马克思．1844年经济学哲学手稿//马克思恩格斯文集：第1卷．北京：人民出版社，2009：162.

② 马克思，恩格斯．德意志意识形态//马克思恩格斯文集：第1卷．北京：人民出版社，2009：520.

③ 恩格斯．反杜林论//马克思恩格斯文集：第9卷．北京：人民出版社，2009：106.

也正是由于这一点，人对人的需要（包括道德需要）不仅是可能的，又是十分必要的。不借助道德，作为一个自然的人，是不能在环境中生存下去的。道德的使命首先是立足于人的先天的生物自然属性云弥补人的生物上的匮乏性的缺陷，使人能适应环境从而得以更好地生存。如同康德所说，“人既没有公牛的角，又没有狮子的爪，也没有恶狗的牙”①，那么人靠什么来赢得自己在自然界的发展且能比较好地实现自己的内在目的呢？靠的是人类的创造性活动及其伦理道德。他需要“有一个主人来打破他那自己所固有的意志，并迫使他去服从一种可以使人人都得以自由的普遍有效的意志”②。这种“使人人都得以自由的普遍有效的意志”就是人类的道德准则。我国先秦时期的荀子指出，人就其自然属性而言“力不若牛，走不若马”③，有许多缺陷或不足，但是人又能使“牛马为用”，人的这种超越于牛马之上的独特性在于“人能群”，并使人的群体性又有分合统一的调谐功能。

正因为人存在着二重性，既是动物又不是动物，既有自然性又有社会性，既有感性又有理性，所以人才既需要道德，又可能拥有道德。如果人仅仅是动物，那么道德就是多余的，他不会感觉到需要道德；如果人完全是神，那么道德也是多余的，他不会感觉到有对道德的需要。人只有处在这二者之间的一个自由空间状态，道德才显得必要。显然，人不可能完全是动物，也不可能完全是神。绝对的动物习惯和绝对的神性都是外在于人的。人的生存离不开物质世界和自然人性，但更离不开精神世界和自由本性。人不是孤立地生活于这个社会，而是处于各种社会关系之中，社会的协调发展要求每个人必须有一定的自我约束，道德就是自我约束的一种体现，或者说道德是人与人、人与社会集体关系的体现。如果没有道德的维系，社会中人与人、人与社会集体之间的相互伤害就是不可避免的，就会在相互之间产生愤恨和敌意，这时，社会纽带就会被扯断，人的生活就会面临中断或毁灭的危险。

如果每个人都绝对自由地行动，最后的结果是整个社会处于混乱之中。当人完全与他人隔绝时，道德自然也就失去了意义，一个生活在孤岛上的鲁滨逊就无须道德。生活的意义不能离开主体的生存和创造，也不能离开与他人、群体和类进行交往的社会活动。“意义只能产生于自我与他人、自我与人类的关系之中，而对他人和人类的同情或者说爱又是意义得以产生的对话共同体存在的前提。”④ 列维纳斯认为，道德产生于与他人、群体和类的交往性关系活动之中，这要求我们认识到这种关系并以维护和发展这种关系为责任，因此从某种意义上说“道德先于本体”。“道德先于本体”表达的意义实质是“（关系性的）道德优于自我”。道德的开端是对他人的关怀，他人成为我“萦绕在心、难以摆脱的责任心”⑤。对他人的责任心直接决定我之为我的规定性，没有对他人的关怀和责任，我的自在和自为都成了问题。有意义的生活和道德均不能脱离社会关系，正是在与他人、群体和类的关系中，人们发现了意义的联系，也认识到人的道德性的独特之处。

---

① ［德］康德．历史理性批判文集．何兆武，译．北京：商务印书馆，1990：5.

② 同①10.

③ 荀子：王制.

④ 孙利天．死亡意识．长春：吉林教育出版社，2001：153.

⑤ ［法］勒维纳斯．上帝、死亡和时间．余中先，译．北京：三联书店，1997：159．勒维纳斯，即列维纳斯。

三、人的道德需要是人的内在需要

人之所以有对道德的需要，是因为人类既要满足自然性的需要，又要满足社会性的需要，并且要协调这两种需要。作为自然性的存在，人需要有维持自己生存和发展的行为，表现为个人利益；作为社会性的存在，人需要有维护社会稳定和发展的行为，表现为社会共同利益。人的需要或者利益总是呈现为个体性与整体性的二重特点决定了人有对道德秩序和道德价值的要求，决定了任何人都有一个如何处理他的需要或者利益的个体性与整体性的相互关系问题，这就决定了道德需要是人的最本质的需要之一。因为道德是适应合理地处理个人利益与社会共同利益之间关系的必然要求而产生的。个人利益的实现，必然需要在有着道德规范的社会共同体中进行，这样人的自然性使人的道德具有了现实可能性，人的社会性使道德具有了存在的必要性。在历史的发展中，人类意识到了以"道德"为主导内容的道德规范不仅是保障他人行为实现的社会意识存在，而且是保障自我权利实现的道德范导体现。正是出于这些缘由，人类在不同的时期从事不同的社会实践的时候，总是要寻求符合当时社会总体价值导向的"道德"。

帕斯卡尔强调人是一根"有思想的"苇草。作为苇草，人能被宇宙所吞没，是自然界最脆弱的东西，一口气、一滴水就足以致他死命了；作为思想，人能囊括整个宇宙。"纵使宇宙毁灭了他，人却仍然要比致他于死命的东西更高贵得多；因为他知道自己要死亡，以及宇宙对他所具有的优势，而宇宙对此却是一无所知。"① 人的存在是自然的，但人又不是绝对的自然物，因为人时时刻刻都想摆脱这种根本摆脱不掉的固有的自然性。对觉醒了的人来讲，肉体是他的卑微和低贱的明证。人的存在是精神的，但人又不具有绝对的精神，因为他不能彻底地拒绝物质世界的诱惑。狄德罗指出："说人是一种力量与软弱、光明与盲目、渺小与伟大的复合物，这并不是责难人，而是为人下定义。"② "人是其所不是，不是其所是"的不确定性带给人很多麻烦，但也带给人开放的未来和前景，带给人无限的创造可能和自由空间。

人之所以要有道德，最根本的原因在于人类社会生活的共同需要以及人性二重性所引发的调适需求。道德是人类在长期的社会生活中形成的一种共同行为的价值观念、行为准则和行为实践的总和，它对个体既有约束又有激励，既主张精神的自律又主张意志的自由，集事实与价值、现有与应有于一身，于是使得人既要脚踏实地又要仰望星空，在现实中不断地追求理想，在理想中不断地改造现实，从而实现着从事实到价值、从现有到应有的相互转化，创造并发展着人类的伦理文明。人对道德的需要永远不会过分，也永远不会过时，所以，对道德的需要是人类生活的一种永恒性的需要。

第二节　道德是人类实践精神把握世界的独特方式

道德需要促使人类结成相互满足的价值关系，调节人与人的交往、协作，完善人的

① ［法］帕斯卡尔．思想录．何兆武，译．北京：商务印书馆，1985：157-158．
② ［法］狄德罗．狄德罗哲学选集．江天骥，等译．北京：商务印书馆，1983：44．

人格，形成人类特有的实践精神。道德是人类的实践精神，是人类把握世界的一种价值体系，是人类完善发展自身的活动，是一种以指导行为为目的的、以形成人们正确的行为方式为内容的精神。

一、道德是一种实践理性或实践精神

道德作为人类把握世界的一种方式，不是纯粹通过主体的思维把握客体的内在规律，也不是通过主体创造的形象反映主体对美的向往，而是一种立根于实践精神而对人们行为和目的理性的把握。实践精神或实践理性是一种不同于理论理性或纯粹理性的精神或理性，意即它不是一种以求真或求得真理性认识为主要目的的精神或理性，而是一种要在实践中生成和检测的目的合理性，是一种同人的实践活动密切相关并能够指导实践活动达到应该达到的目的的精神或理性。这种精神或理性必须贯穿于实践并通过实践表现出来，成为人们行为的法则或准绳。

古希腊哲学家亚里士多德比较早地将理性分为理论理性和实践理性，他所谓的理论理性是指主要以求知和求真为目的的思辨理性或认识理性，而其实践理性则是与人的生活和功能相关的行为理性或实践智慧。亚里士多德认为，伦理学的目的“不是知识，而是实践”，“对那些想使欲望服从理性的人，道德科学是有助益的”。伦理学研究的理性不是理论理性或纯粹理性，而是实践理性。他说：“理性部分有双重含义，我们应该就它作为现实能力来把握它，因为这是它的主要意义。人的功能就是理性的现实活动，至少不能离开理性”①。实践理性导向对德性的认同、培育与践行，本质上是对灵魂中非理性部分即欲望的约束、管理与引导，而这就是德性的生成、养育与拥有。“德性也按照对灵魂的区分来规定，一是理智德性，如智慧和理解，一是伦理德性，如大度与节制。德性是一种可称赞的，或可贵的品质。”② 实践理性凸显理性对行为的指导与引领和行为对理性命令的遵循，它是人将理性应用于人自身并对人的欲望予以调节和使其行为按照理性的命令或要求而展开的生命过程。

康德著有《纯粹理性批判》和《实践理性批判》二部著作，分别对纯粹理性和实践理性做出了分析论证及批判。他的《纯粹理性批判》主要是讲认识论，其所谓纯粹理性实质是理论理性，强调的是认识不能脱离经验；《实践理性批判》主要研究伦理学的问题，强调道德律令必须脱离经验。在论述时，理论理性是由感性到知性再到理性，实践理性则是由原理到善恶概念再到感情情感。康德指出，理论理性“关注的是纯然认识能力的对象”，“涉及的只是纯粹的认识能力”，在这里“我们必须从感觉开始并在原理那里结束”。但是，实践理性则是另外一种情况，“理性关注的是意志的规定根据，意志是一种要么产生出与表象相符合的对象、要么规定自己本身去造成对象亦即规定自己的因果性的能力。因为在这里，理性至少能够达到对意志的规定，并且就事情仅仅取决于意愿

---

① ［古希腊］亚里士多德．尼各马科伦理学．苗力田，译．北京：中国社会科学出版社，1990：3，12.

② 同①22.

而言，总是具有客观的实在性”①。所以实践理性以探讨意志为主，“而且必须不是在与对象的关系中、而且在与这种意志及其因果性的关系中来考虑理性”，研究实践理性必须从“经验性上无条件的因果性的原理来开头，然后才能去尝试确立我们关于这样一种意志的规定根据、关于上述原理在对象上的应用、最后关于它们在主体及其感性上的应用的概念”②。理论理性以寻求知识的普遍必然的客观有效性为基准，要求与主观的经验习惯或“知觉判断”区分开来。实践理性同样追求具有普遍必然的客观的道德律令，要求与任何种类的“主观准则”区分开来。康德又指出：“所谓实践理性的对象概念，我理解为一种作为通过自由而可能的结果的客体之表象。于是成为实践认识的这样一种对象，也只意指意志对于行为的关联，通过这个关联对象或其对立面得以现实地造成，并且判断某种东西是否纯粹实践理性的对象，也仅仅是区分我们愿望如下一种行为的可能性或不可能性：倘若我们具备相关的能力（这必须由经验来判断），通过这种行为一个客体就会成为现实。”③ 实践理性唯一的客体就是善和恶的客体，涉及理性处理意志的能力，或者说实践理性是一种处理主体自身欲求的能力，蕴涵着在生活中以绝对命令的方式来实现自身的道德精神建构。英国新黑格尔主义哲学家格林认为，“实践理性是人把他的本性设想为一种靠行动来获得完善的能力”，“一种在意识主体中或靠意识主体来实践的一种完善的可能性意识”④。通过主体的意识和行为得以证明和实现的一种完善的可能性观念，在格林看来，就是实践理性。实践理性表现出人类主体行为的现实性和目的性特征。

道德作为人们实践理性把握世界的独特方式意味着人们对世界的把握要结合人类自身的行为实践及其需要来实现，而人类自身的行为实践涉及认识与处理主客体之间的利益关系和把握主体在世界中的地位、价值等问题。这也就是说，道德对世界的把握是包含了精神活动与实践活动这两种要素在其中的。道德认识、道德情感、道德信念、道德意志、道德理想等都是人的精神现象，是精神活动。而仅有这种道德精神活动，不把它付诸行动，不用它指导自己正确处理人际关系，也不能称之为有道德。所以道德又是一种实践，是按照一定的准则处理主体与客体之间的利益关系、价值关系的实践活动。道德所追求的是善，这种把握世界的方式的基本矛盾是善恶之间的矛盾。道德对世界的这种把握方式虽然不是科学手段，不是科学论证的手段，但是它具有科学手段所不具有的优点。道德使人在日常生活的经验中理解、把握自己与世界的关系，寻找社会发展和人类完善的理想境界。这种理解、把握、寻找都不是通过逻辑论证，而是凭借从自身生活特别是各种道德关系中得出的道德智慧、道德法则和道德行为能力来认识并把握世界。诚如康德所说，“道德法则连同其原则不仅在本质上有别于其余一切包含着任何经验性的东西的知识，而且所有的道德哲学都完全依据其纯粹的部分，并且在运用于人的时候，它并不从关于人的知识（人类学）借取丝毫东西，而是把人当作理性的存在者，赋予他

① ［德］康德．实践理性批判//康德道德哲学文集：上卷．李秋零，等译．北京：中国人民大学出版社，2016：102.

② 同①102-103.

③ ［德］康德．实践理性批判．韩水法，译．北京：商务印书馆，1999：61-62.

④ GREEN T H. Lectures on the Principles of Political Obligation. London：Oxford University Press，1948：31，20.

先天的法则。当然，这些法则还需要由经验磨砺的判断力，以便一方面分辨它们在什么场合可以应用，另一方面使它们具有进入人的意志的通道和实施的坚定性，因为本身为如此众多的偏好所侵袭的人，虽然能有一种实践的纯粹理性的理念，但却并非如此轻易地就能够使其在自己的生活方式中具体地发挥作用”①。人们对普遍性道德法则的理解、认同与应用本身是在弘扬人作为一个理性存在者的主体性和自为性，需要同自己的经验感受性乃至物质利益追求进行必要的斗争。

道德作为实践理性以评价命令的方式把握世界，并借助善恶矛盾运动来展开。一方面通过评价的方式为人们确立应当寻求的善的理想，为人性的丰富发展提供多元的价值追求；另一方面通过评价命令判定正义与非正义、善与恶，使人们趋善避恶，维护良好的社会秩序，为人的自我肯定、自我实现创造良好的社会条件。道德作为实践理性对世界的把握，主要通过道德评价把世界分为善的与恶的、正义的与非正义的、应该的与不应该的，同时又用这种评价来指导自己的行为，把“应该”与“不应该”变成一种道德命令去执行。道德需要促使人类结成相互满足的价值关系的体现，调节人与人的交往、协作，完善人的人格，形成人类特有的实践精神。道德是人类的实践精神，是人类把握世界的一种价值体系，是人类完善发展自身的活动。道德作为实践精神是一种价值，是道德主体的需要同满足这种需要的对象之间的价值关系的体现。恩格斯曾指出，如果群众的道德意识把社会现实的这种或那种现象、这种或那种经济事实评价为不公正，那“就证明这一经济事实本身已经过时”②。

道德源于现实，又超越现实。道德作为实践精神，以其理想性、目的性指引人们的行为，将理想不断地转化为现实，又从现实中不断地生成和发展起理想。道德作为实践精神把握世界的方式，本质上是对世界的价值性把握，而非事实性把握，它的目的不在于客观地反映世界，而是为人们确定善恶之间的界限，探索个人完善和社会发展的途径。道德作为社会价值形态，常常在立足于“是什么”的基础上进行“应该是什么”的价值探讨与价值追求，促使人们实现从现有到应有的转换。休谟在《人性论》第三卷第一章第一节“道德的区别不是从理性得来的”的结尾附论说：“在我所遇到的每一个道德学体系中，……我所遇到的不再是通常的‘是’与‘不是’等连系词，而是没有一个命题不是由一个‘应该’或一个‘不应该’联系起来的。……这个应该或不应该既然表示一种新的关系或肯定，所以就必须加以论述和说明。”③ 从“是什么”到“应该是什么”的转换过程，是道德由真理观到价值论的转换过程。客观反映社会和个体的利益需求的意识属于“道德是什么”的真理观范畴，依据“道德是什么”来维护和调整社会和个体的利益需要时道德就成为“应该是什么”的社会价值形态了。这一转换过程得益于人类的价值理性。道德与其说是存在或事实的法则，倒不如说是应该的或价值的法则。“应该”集聚着人的价值理念和道德追求，使人在日常生活的经验中，理解、把握自己与世界的关系，寻找社会发展和人类完善的理想境界。“应该”渗透在道德评价、道德教育和道德修养的系列活动中又整固强化和提升着道德评价、道德教育和道德修养，同时发展为社会

---

① ［德］康德．道德形而上学的奠基//康德道德哲学文集：上卷．北京：中国人民大学出版社，2016：12-13.
② 恩格斯．马克思和洛贝尔图斯//马克思恩格斯全集：第21卷．北京：人民出版社，1965：209.
③ ［英］休谟．人性论：下册．关文运，译．北京：商务印书馆，1997：509.

的道德原则规范和个体的品德精神体系，从形式和内容诸方面支撑起道德生活的大厦，不特为人们确立应该寻求的善的理想和价值目标，使人们趋善避恶，维护良好的社会秩序，而且为人们的自我肯定、自我实现和自我完善创造良好的社会条件，促使社会关系朝着道德化的方向运演。

二、以理导欲是实践理性的本质要求

道德作为一种实践理性为人类培育和倡导一种理性精神，通过这种理性精神，帮助人类克服自身的动物性，改进人性中的兽性和弱点，不断促使人成为一个真正意义上的人。实践理性的展开和落实具体表现在以下两个方面：其一，通过理性对欲望的管控和提升而形成人格和人的内在本质，使人的社会性、精神性和理想性得到较为充分的体现，凸显人作为社会动物不同于草木禽兽的内在价值和社会价值。因为道德可以减少或抑制人身上的兽性或自然性，使兽性或自然性有了属人化的改造或进化，从而彰显人性的社会性和道德性，形成并培育着人的人格，使人成为天地万物之灵。其二，通过理性对人之利益和需求的调节、引领，使人的利益和需求有了合理正当的满足方式。一是以德畅欲，即用道德来激发并畅通欲望，形成合乎德性的欲望，即道德欲望和欲望道德；二是以德导欲和以德抑欲，即引导那些非道德的欲望，抑制那些非理性的欲望，使其能够朝着合理合度的方向发展和运演。诚如斯宾诺莎在《伦理学》一书中所指出的，“人们唯有遵循理性的指导而生活，才可以做出有益于人性并有益于别人的事情来，换言之才可以做出符合每人本性的事情来。所以唯有遵循理性的指导而生活，人们的本性才可必然地永远相符合”①。如果不能以德畅欲和以德导欲，人们就只会受自然欲望和情欲的控制，这样“他们的本性便会乖离，并且他们便会互相反对”②，爆发一切人反对一切人的战争，使人际关系和社会关系日趋紧张。新柏拉图主义者尤迪厄斯坚持认为，道德生活就是要把自己从世俗事物的烦扰中解放出来，使自己能与神圣的智慧和德性相结合。他说：“从世俗事物的困扰中逃脱吧，人啊，以你所有的力量，从身体那污秽的牢笼中逃脱，从困扰你的肉欲中逃脱……如果你的欲望要让你恢复已经放弃的自我，并把你的财产保存在你周围，而不让其中的任何一部分离开你，不让其中的任何一部分落到别人手里，你其实就应该去追求一个真正幸福的生活，在永恒中享受那些属于你自身的，而不是身外的，福利和快乐。”③ 虽然尤迪厄斯的这一论述有心身、灵肉二元对立的嫌疑，但是他所主张的道德生活应当超越世俗欲望纠缠的观点还是有一定合理性的，它也提醒我们不能单单服从于欲望的驱使而使灵魂沉沦。当然，道德生活是不能完全超越欲望而单独自存的，也不能够把身体及其欲望视为污秽的牢笼，而应当改造欲望、发展欲望和提升欲望，使其与他人的欲望能够和谐共存，形成正当而合理的欲望。

道德生活的一个重要的内容就是如何对待和实现自身的欲望。整体上看，道德对欲望并不是一味压抑和拒斥，而是使欲望合理化，合乎人的德性，实现道德化发展。道德

① 周辅成．西方伦理学名著选辑：上卷．北京：商务印书馆，1964：634．
② 同①．
③ ［美］布尔克．西方伦理学史．黄慰愿，译．上海：华东师范大学出版社，2015：43．

化发展是相对于人与人之间的关系、人与社会集体之间的关系、也包括人与自然之间的关系而言的，它要求兼顾彼此之间的关系，由此也蕴涵着对他者和客体欲望的尊重与满足。犹如孟子在见齐宣王并回答他“寡人好色”时所说：“昔者大王好色，爱厥妃。当是时也，内无怨女，外无旷夫。王如好色，与百姓同之，于王何有?”[①] 在孟子看来，爱好女色并非什么过错，以往周文王的祖父古公亶父就很好色，十分宠爱其后妃。但他非常勤政，那个时候，男女都能适时婚配，内无大龄未嫁的怨女，外无大龄未婚的旷夫，老百姓都能过上正常的夫妻生活。你齐宣王在自己好色的同时，只要能够认真考虑并满足老百姓的色欲需要，又有谁会指责你呢？孟子的话其实就是要求齐宣王由自己好色的欲望推己及人，将心比心，能够使大家的欲望都能得到满足。对于欲望，儒家十分强调兼顾性的满足，强调“人欲之各得，即天理之大同”[②]。道德就是欲望的合理化实现与满足，这是人类需要道德的一个重要原因。“道德即是好人我之共生，乐人我之同乐”[③]。此即是道德的本质，又是道德发生作用的重要方式。在儒家看来，“乐民之乐者，民亦乐其乐；忧民之忧者，民亦忧其忧。乐以天下，忧以天下，然而不王者，未之有也”[④]，凸显了伦理的王道是建立在与民同忧乐的基础之上的主张。道德所反对的是“吃独食”而不管他人死活。一个人如果能把自己欲望的满足同他人乃至众人欲望的满足统一协调起来，那么这种欲望的满足就有了道德意义。

三、实践理性建构道德规范调节体系

道德作为实践理性凝结成一种特殊的规范调节体系。张岱年指出：“道德就是人们的行为的规矩或准则，也就是人们对于家庭，对于本阶级以及其他阶级，对于本民族以及其他民族，所采取的行为的一定的标准。道德在本质上是为了某一范围内的人们的利益而提出的对于人们行为的约束或裁制。”[⑤] 总体上看，道德是利益关系的反映，是人们为了实现自己的最大利益服务的，没有什么超利益的道德。但道德作为一种行为规范，所要维护、实现的利益是共利和群体的利益。道德作为合理的行为或对合理行为的追求，其合理之处在于它是顺应人类社会生活的需要而产生的，是保证群体生活的行为原则和规范。“道德即所以维持群体之存在，令其延续而不绝者也。”为群体之存在与发展，个人之行为必须遵守一定之规律，个人自觉遵守此规律，即是道德。人类社会生活各种利益矛盾需要有一调解矛盾的社会形式。道德的行为即是能够有利于他人和社会群体的行为。张岱年说：“求自己饮食男女之满足，此为生之必然；求众人饮食男女之满足，此乃德之基本。然而道德不仅在于求众人饮食男女之满足而已，乃更在于求众人之所以贵于禽兽者之扩充，亦即不惟求人人身体需要之满足，而更求人人精神需要之满足。”[⑥] 因

---

① 孟子：梁惠王上.

② 王夫之．读四书大全说：卷四//船山全书：第6册．长沙：岳麓书社，2011：639.

③ 张岱年．真与善的探索．济南：齐鲁书社，1998：361.

④ 孟子：梁惠王下.

⑤ 张岱年．中国伦理思想发展规律的初步研究//张岱年全集：第3卷．石家庄：河北人民出版社，2007：452.

⑥ 同③354.

此，道德的真义在于利他利群。对社会他人之有利的行为即是道德的行为，对自己有利而对社会他人有害的行为即是不道德的行为。道德要求人们视人如己、以群为己，即不以小我为我，而以大我为我。真正的道德能够将小我融入大我之中。所以道德的基本原则曰为公或社会整体主义。“道德之端，以己推人；道德之至，与群为一。以己之所欲推人之所欲，道德之始；兼善天下，而以人群为一体，道德之极。”① 道德本质上是人类社会生活的产物和确证，道德的基本特点在于使个人融入社会群体之中，维护群体的生存与发展。

道德以其实践理性而成为人类把握世界、自我实现的特殊方式。道德对世界的把握是通过实践理性所特有的价值把握（包括评价命令、教育激励等方式）实现的。通过评价命令、教育激励，一方面形成一定的价值目标和理想体系引导人，另一方面形成一定的原则规范体系约束人，所以道德既是人自我实现、自我完善的方式，也是调节社会关系的手段。道德是人为了实现自己在自我需要、欲望和社会客观现实之间确立的一种平衡机制，一种价值追求和一种生活理想。做好人、行好事，追求好的生活、建构好的社会，就是道德这一实践理性对人所提出的价值指令和原则要求。而这种价值指令和原则要求是深深根植于人内在的需要，成为人并拥有人的真正本质的人性渴望和人生目标。这种既根源于人内在的精神需要又从客观上体现人的目的性的实践理性就是道德的深层本质和独特效用。

第三节　道德之于人的意义与价值

道德既是人所内具的二重性的价值呈现，又服务于人的整体生存和发展目标，兼有目的与手段（工具）、主体与规范、自我实现与社会和谐诸种功能。一些思想家从不同层面提出的理论深化了人类对道德意义与功能的认识。整体上看，人类是需要道德而且已经拥有自己道德生活的存在物，作为人的道德，道德在促成人的进化发展和精神完善方面都发挥了重要作用。当然，道德作为实践理性或人类渴望更好地成为人的精神价值和伦理准则，本身都是在具有相对恒定性的过程中不断发展变化的，有一种“可大可久”和“日新之为盛德”的机理妙用，这就决定了道德既有自己的现实性、工具性和不完善性，也有自己的理想性、目的性和完善性，从而在目的与手段、神圣与世俗、理想与现实诸方面作用于人类，既成就着现实的人性又改变和发展着现实的人性，书写着人类道德生活递嬗发展的厚重篇章。

一、道德目的论与道德工具论

道德目的论是一种以道德为目的，认为道德本身即具有内在价值和目的善的道德理论；道德工具论是一种以道德为达成某种更高目的的手段，认为道德只具有外在价值和

---

① 张岱年．真与善的探索．济南：齐鲁书社，1998：217.

手段善的道德理论。中国传统的道德目的论主要表现为道德本体论。道德本体论把道德视为一种原初性的本体和母体，将人视为道德的载体和工具，赋予道德原则和规范极高的绝对价值和目的价值。道德本体论有外倾性道德本体论和内源性道德本体论两种理论类型。外倾性道德本体论由早期宗教观念演变而来，至汉代董仲舒得以正式确立，此即"道之大原出于天"，"天不变道亦不变"。内源性道德本体论发端于孟子，至陆王心学得以确立。西方的宗教神学认为，道德是上帝、神的意志的表现。道德工具论将人视为主体和中心，视道德为实现人之目的和价值的工具或手段。

道德不仅是"人猿相揖别"的重要表征或人之为人的人性规定，而且是理想人格境界的存在状态。人也不仅是与自然或动物性相对应的、个体意义上的存在，而且始终存在于难以摆脱的群体或社会关系境遇之中。因此，如何妥当处理和安顿人与人之间的关系——现实生活的生产与再生产所形成的诸种关系，具体表现为由生命的生产与再生产所形成的亲属关系以及与之相关的朋友、邻里等关系，由物质资料的生产与再生产所形成的与劳动分工直接相关的交换、利益等关系，以及二者所孕育的政治、经济、社会等联系——就成为人在达致理想人格的过程中必须解决的问题。因为作为关系境遇中的存在，有且只有奠基于两重生产的诸种关系获得较为适当的定位时，人的存在才是可能的。此时，作为人的内在规定的道德就构成了妥善处理上述关系，整合个体，借以实现社会秩序的必要担保。

道德目的论与道德工具论作为两种不同的道德观和伦理学说，各有自己的理论特质和价值取向。第一，道德目的论肯定道德自身即具有无上的和至高的价值，是人必须孜孜不倦地追求、信守并躬行践履的，人是道德的动物，道德是人之所以为人的内在规定性，人的价值和人生的意义就在于遵循并讲求道德。道德工具论并不认为道德自身具有最高的或终极的价值，它认为人生最高的或终极的价值在道德之外或道德之上，道德是人达到某种更高或至高目的的工具或手段，人生并不是为道德而活着的，道德只具有工具或手段的价值。第二，道德目的论肯定道德的内在价值和目的价值，往往主张为道德而道德，要求纯化道德动机，端正道德意向，彰显出一种绝对主义和严肃主义的伦理精神。道德工具论只承认道德的外在价值和手段价值，主张"为某个更高或至高的目的而讲道德"，蕴涵"实现某个更高或至高目的不需要讲道德时，则可以不讲道德"的因素，彰显出一种实用主义和相对主义的伦理精神。第三，道德目的论主张从人的内在道德理性去寻找道德行为的价值判断标准，看重人对道德本身的态度和意向，在道德评价上往往与动机论合一或持动机论的立场。道德工具论主张以外在的非道德价值作为判断道德行为的价值，故而特别看重行为的效果或功用，在道德评价上持效果论的立场。第四，道德目的论只承认道德自身的内在价值和至上价值，而其他一切价值相对道德价值来说都是从属的、派生的，本质上是道德价值的产物和表现，因此道德目的论可以说是一种价值一元论。道德工具论眼中的价值无疑是多元的，道德在多元的价值结构体系中不仅不具有最高的或终极的意义，相反还是从属于其他目的的价值的。

二、道德主体论与道德规范论

道德主体论认为，道德从本质上说是人自我肯定、自我实现和自我发展的一种特殊方式。具体来说，其一，从道德的历史发展来看，是人的需要孕育了道德，并且推动道德的不断进步和发展。道德起源于主体的需要，而不是社会经济关系或客观的社会物质生活条件。其二，道德是人类社会进步过程中发展起来的一种把握世界的方式。人对世界的把握是人对世界的各种本质、力量和特征的实在的占有，是人的本质的丰富和发展。道德不是规范的总和，道德体现着人的追求。道德对于人不仅仅是约束，更重要的是激励。道德不是社会对付个人的工具，而是在个人和社会之间形成的一种适当的关系，它使社会求得和谐和进步，保证个人获得肯定和发展自己的条件。其三，人的道德的主体性相应表现为两个方面：一方面，人是道德的接受者，但人会把接受过程变为主动探索和认识自己、社会、人与人之间、个人与社会之间应有关系的过程，人不是消极地被道德规范左右，而是主动地选择道德规范，理解和内化道德规范；另一方面，人是道德的创造者和体现者。在社会生活中，人们接受道德规范的约束，但也要勇敢地突破陈腐的传统和规范，为新道德的确定开辟道路，用新的道德理想引导人的规范生活。

道德规范论认为，道德的真正本质是道德的规范性与约束性，而不在于抽象的个人的主体性，道德的本质也不在于人的需要，而在于它是一种社会意识形态，归根结底是人们社会关系的产物，绝不是人自身的创造物。与其他意识形态相比较，道德有着区别于其他意识形态的特殊本质。这种特殊本质表现为一种调节规范体系，道德的本质在人类历史上借助道德规范得以表现。道德规范的具体表现形式有图腾、禁忌、礼仪、风俗、箴言、准则、义务和责任等。在原始社会，道德是调节社会关系的主要手段，并以图腾崇拜、禁忌约束和礼仪遵循等形式发挥作用。图腾是原始人认作祖先加以崇拜的某种神物，原始人把跟本氏族有血缘关系的某种动物或其他自然物视为图腾，并用作本氏族的标志。图腾是原始人最早的神灵、神力的表征，是道德规范的最初形式和人们赖以进行各种活动的基本行为准则。禁忌是指普通人必须避讳的人、物或事，比图腾具有更直接的道德规范的含义。礼仪即礼节和仪式，是原始社会和文明社会约束人们行为的一种方式。礼仪作为社会约束人们行为的一种方式，最经常地表现在人们要越过禁忌的约束，达到某种目的的活动中。风俗是社会上长期形成的风尚、礼节、习惯等的总和，也就是由个别的习惯或一时性的礼仪，经过无数代人的延续而形成的具有社会意义的风气，并成为对某一社会群体中的所有成员产生影响的行为规范。礼仪在本质上是一种习俗，不过这种习俗由于人们经常重复，天长日久就成为社会风俗。箴言是对人劝诫的富于哲理的格言警句。在人类道德文明的进程中，首先发展起来的是以箴言形式出现的道德规范。箴言用富于哲理的格言警句，向人们展示世界、社会和人生的图景，并以劝诱的方式约制人们的行为。箴言深刻表达着人类的生命感受和生活体验，因而在约制人们的行为时，已不再是单纯外在的祸福与奖惩，而转向人们的心灵，转向人们的道德觉悟。准则是指人们言论、行动所依据的原则。准则作为道德规范，其对待行为善恶的倾向性更加明确。准则由于包含着道德理性的成分，从而同图腾、禁忌、礼仪、风俗等区别开来；准则又由于包含着道德命令的成分，从而又同箴言区别开来。准则已完全成为文明人最一般的道德规范形式。箴言、准则、义务和责任是比较高级、比较成熟的道德规范，它们包含着更多的道德理性、道德智慧和道德信念的成分。道德规范具体表现形式的演进顺序表明，它的形成和发展有一个从简单到复杂、从低级到高级、从外在约束或道德他律到内在约束或道德自律的过程。

道德规范论认为，道德是特殊的规范调节方式。其一，道德是一种非制度化规范，它与政治规范、法律规范这些国家或政治团体制定的制度化的规范不同；其二，道德规范不使用强制性手段来贯彻，主要借助于传统习俗、社会舆论和人们的内心信念来实现；其三，道德规范是一种内化规范，道德必须内化为良心才能够真正发挥社会作用。道德规范对人们行为的调节是借助传统习俗、社会舆论和人们的内心信念来起作用的，是一种非制度性、非强制性和内化的规范，是一种柔性的软约束。“动之以情，晓之以理，持之以恒，拳拳服膺”是道德规范产生作用的主要方式。

道德的主体性与约束性的关系是道德自身目的与手段之间的关系。道德规范论与道德主体论只强调了道德自身固有的两个方面中的一个方面，即道德规范论强调了道德的规范性、社会性、约束性而忽略了道德的主体性，道德主体论强调了道德的主体性、个人性、理想性而忽略了道德的规范性、社会性。事实上，道德的真正本质应该是道德的规范性与主体性、道德的社会性与个人性的辩证统一。道德是人类为了寻求自我发展，在个人欲望的满足与社会和谐之间确立的一种平衡机制，一种协调义理，一种兼顾要求。道德既肯定个人的自我发展与自我完善，也肯定社会的和谐运行与稳定秩序。道德既肯定二者的一致，这是道德追求的总的方向、根本的目的和最终的理想，也正视二者之间的矛盾，这是道德必须面对、必须处理的生活现实，在现实社会中协调个人利益和社会利益的矛盾是道德的主要任务，这种协调大多是以限制个人的自由、解放，节制个人的欲望和要求来实现的。协调社会关系的目的在于给人创造良好的自我实现的环境．当然这种协调又总是以约束个人、抑制个人欲望为主要手段的。但是约束和规范个人行为并不是道德生活的全部或唯一，肯定个人的积极性和主体能动性在道德生活中始终有其重要地位与功能。

三、自我实现论与社会和谐论

自我实现伦理学（Self-Realization Ethics）主张从自我的发展来说明道德价值，从人的自然潜能的趋善发展来理解自我实现。从哲学思想发展史看，“自我实现”的命题是19世纪下半叶英国哲学家、新黑格尔主义者格林提出的。他所认为的自我是人类共同主体精神的自我，自我实现便是人类主体精神在其社会关系中的道德价值实现。在格林看来，人是一种具有持续的自我更新的潜在性和可能性的社会动物，这种自我更新的潜在性和可能性使得人不断地追求并实现更好的存在，进而使人达到“自我成熟”。这种自我更新和自我改善“带有把他自己置于更佳状态的热望，这种状态是尚未获得的，意识携带着这种热望，在一种特别的意义上使他成为他所是的存在，并创造了他自己过去的历史”[①]。由此可见，人是他自己命运特别是道德生活的主人。人生是一种自我发展和自我实现的过程，是一种不断超越自在之物进而走向自我成熟的过程，一种社会互动和社会承认的过程。这样，人就能够超越内在的我，建立起一种与外部生活的关系。对格林来

① GREEN T H. Prolegonmena to Ethics. Oxford University Press，1883：116.

说，只有在一种精神的共同体中，人才能达到真正的自由与和谐。人与其他动物的根本区别在于人有追求善的能力，人是有意志和理性的，人的生存目的绝不仅仅局限于追求快乐，人所追求的是个人的自我实现，个人心灵的自我完善。这种自我完善感驱使人们去追求崇高，从而决定了人的自我完善必须是道德的。针对功利主义所导致的道德个人主义，格林鲜明地提出，道德是普遍的，个人之善必须与他人共享。对于某个人是善的东西，对于他人也必须是善的。"共同之善是人们设想与他人共存的东西，与其他人共享的善，而不管这种善是否适合他们的嗜好。"① 共同之善要求个人牺牲或放弃某些个人的偏好、利益，以确保不会造成对他人实现个人之善的阻碍。一个人意识到自己有自由的要求，同时别人也有同样的要求。一个人实现本身之善是从与他人的关系的角度去实现的，这种与他人的关系构成社会之善。

在《伦理学研究》中，布拉德莱（Francis Herbert Bradley，1846—1924）认为，道德以自身为目的，但又不是纯粹形式的，而必须实现于特定的内容之中，一言以蔽之，即"自我实现"。"因为道德目的意味着行动，而行动则意味着自我实现。"② 自我实现，不是实现自我一时一地的状态，而是实现自我为一体，实现自身为一无限的全体。"我们努力实现的自我是作为一个整体的自我，它不只是一种状态的纯粹集合。"③ 作为个人的自我虽欲实现自身为无限的全体，却并不就是那无限的全体。它乃同时具有有限性与无限性，只有使自己成为全体中的一分子，使私我成为一有机整体的某种功能性的部件，自我方能实现自身为全体。"我们所实现的自我与整体是同一的，或者说，我们所实现的自我状态的观念与代表着整体的观念是相联系的。"④ 说到底，自我实现不是实现一种小我，而是实现一种大我，一种与整体相联系或相一致的大我。

马斯洛是自我实现伦理学的代表人物之一，是一位充满人类自豪感和完美人性理想的心理学家、伦理学家。他为我们提供了一种虽然不尽完善，但却洋溢着理想精神的乐观主义人性化伦理学。自我实现的动力来自人性中与生俱来的、满足需要的内在潜能，这种需要的最高层次是自我实现，而自我实现的人格是人类共同的价值和道德标准。他说："一个人能够成为什么，他就必须成为什么，他必须忠实于他自己的本性。这一需要我们就可以称之为自我实现的需要。"⑤ 又说："这个术语强调'完美人性'，强调发展人的生物学上的基础本性，因而，这个术语对于整个人类是标准的（在经验上），而不只是对于特定时间和地点的人是标准的。"⑥ 随着人们的需要满足层次的递进或提升，人们对道德的自觉追求会更迫切，人们的道德水准会得到极大的提升。自我实现通过高峰体验得到实现和内在奖赏，高峰体验能将人带入人性能达的高贵境界。高峰体验是自我实现者共有的感受，自我实现者把高峰体验看作生活和生命中最宝贵、最重要的东西。对人生意义、人生终极价值的追求，就是对自我实现的追求，在这种追求中，一次次的高峰

① GREEN T H. Prolegomena to Ethics. Oxford University Press，1883：206.
② 同①65-66.
③ 同①68.
④ 同①69.
⑤ ［美］马斯洛. 动机与人格. 北京：华夏出版社，1981：53.
⑥ ［美］马斯洛. 第一版前言//存在心理学探索. 昆明：云南人民出版社，1987：9.

体验使人成长并丰富起来。马斯洛对人的自我实现的研究实际上表达了他对于人“应该”怎样生活的一种看法，他认为这是人有可能实现的建设性生活的图景。马斯洛把人性潜能比作种子，合理社会和健康文化比作阳光和水分，其主要功能在于促进人固有的先天潜能普遍地自我实现。他相信，通过创造良好的环境，可使人的道德朝着善的方向发展。

青年毛泽东主张的是一种人自己为自己确立行为原则的自律道德，即主体化、内在化的道德，他以自我为道德律令的主体，强调自由选择和自我实现。在青年毛泽东看来，道德律必须建立在个体自我的基础之上，不能建立在任何客观外在的事物之上。道德是人们自我完善或自我实现的必要形式和内在要求，因此它同人们的主动精神、主体意识和自主自为的行为品格有密切关系，它要求主体有一种明确的精神意向和行为目的，如果人们缺乏精神意向和行为目的，即使他们做了一些“如修桥补路之类”的好事，充其量也只是一种盲目的道德，“若盲目之道德，固毫无价值也”[①]。他指出：“人类之目的在实现自我而已。实现自我者，即充分发达吾人身体及精神之能力至于最高之谓。”[②] 自我实现包含了“自尽其性，自完其心”等内容，本质上是主观之道德律。“道德非必待人而有，待人而有者客观之道德律，独立所有者主观之道德律也。吾人欲自尽其性，自完其心，自有最可宝贵之道德律。世界固有人有物，然皆因我而有”[③]。充分发掘自己的潜能和完善自己的身心就是自我实现。自我实现既是在个体自我的实现中求得整体自我的完善，同时也是实现社会中的主体自我。因此，自我实现含有把他人和社会置于自己义务中来考虑的问题。自我实现是人的价值的确证和人类生活的目的，所以人人都应该奉行自我实现的伦理价值目标和生活准则。

社会和谐论认为道德的目的和价值就在于促进社会和谐并实现社会和谐。现世间存在着诸种矛盾着的社会关系，道德通过协调人我、群己间的利益关系而使这些关系达致和谐。如果说自我实现论主要是主体潜能和自我价值的追求并实现，反映出主体论伦理学的宗旨和目的，那么社会和谐论则是关系论伦理学的集中表达，确证着社会关系和谐之于人生幸福和意义之所在。儒家有“和为贵”的伦理价值设定和预制，认为社会关系和谐是天底下最珍贵的价值，是人世间最美好的状态。孔子把不同的人能和谐相处看作做人的原则，是事物所应该具有的本质。孔子认为“君子和而不同，小人同而不和”[④]，强调君子能够与人和谐相处而不完全一致。在古希腊，哲学家毕达哥拉斯最早把“和谐”当作一个哲学范畴。从苏格拉底开始，“和谐”就被引入政治和社会领域，柏拉图在“理想国”里阐述了“公正即和谐”的观点，提出统治者、军人和劳动者三个等级应各司其职、互不干扰、和谐有序。德国空想社会主义者魏特林在《和谐与自由的保证》[⑤] 一书中把社会主义社会称为“和谐与自由”的社会，并指出新社会的“和谐”是“全体和谐”。和谐发展的基础是和谐伦理，和谐伦理就是调节自我、人我、物我之间的道德规范。

---

① 毛泽东.《伦理学原理》批注//毛泽东早期文稿. 长沙：湖南出版社，1990：156.

② 同①246-247.

③ 同①147-148.

④ 论语：子路.

⑤ ［德］魏特林. 和谐与自由的保证. 北京：商务印书馆，1960.

人之所以要有道德，既是因为人性内涵对道德的需要，又是因为道德服务于现实人生及提升人自己的功能效用。人者仁也，人而不仁，如人何？德可养生、可润心、可怡情、可延寿，构成人幸福生活最为核心和本始的要素。儒家认为，道德是人区别于动物的本质规定性。荀子有言："水火有气而无生，草木有生而无知，禽兽有知而无义，人有气、有生、有知，亦且有义，故最为天下贵也。"① 这种本质规定性也是人高于并优越于动物的内在基质。孟子说"人之所以异于禽兽者几希"，道德即是这个"几希"的最主要内容。所以人不仅需要道德，而且也在历史的发展进化中不断地创新和推进道德，并通过道德既形成和改造着自己的人性、人品、人格、人道，又发展起属于人并服务于人的伦理文化。道德是人类把握世界、自我实现的特殊方式，道德对世界的把握是通过实践精神或实践理性的方式来实现的。道德精神注目于人自身的改造与完善，道德实践彰显并挺立着人们内在的理想与精神，所以道德既是人自我实现、自我完善的方式，也是调节社会关系、促进社会文明的手段。道德集认识人自身、改造人自身乃至改造人类社会于一体，既昭示出道德生活的伟大与荣光，同时也标揭出道德生活的艰难与繁复。讲道德是人之为人、成为人以及实现人自身价值和幸福生活的内在要求，也是人追求好生活、建设好社会、创造人类文明所不可或缺的重要元素和动力源泉。

推荐阅读书目

唐凯麟．伦理学．北京：高等教育出版社，2002.

何怀宏．伦理学是什么．北京：北京大学出版社，2002.

夏伟东．道德本质论．北京：中国人民大学出版社，1991.

周辅成．论人和人的解放．上海：华东师范大学出版社，1997.

[苏] 季塔连科．马克思主义伦理学．愚生，重耳，译．上海：上海译文出版社，1981.

[英] 休谟．人性论．关文运，译．北京：商务印书馆，1980.

[德] 费希特．伦理学体系．梁志学，等译．北京：中国社会科学出版社，1995.

[美] 帕尔玛．为什么做个好人很难?：伦理学导论．黄少婷，译．上海：上海社会科学院出版社，2010.

复习思考题

1. 为什么说人存在的二重性决定了人有道德需要?
2. 试述道德需要的可能性与现实性。
3. 为什么说道德是人类实践精神把握世界的独特方式?
4. 试评道德目的论与道德工具论。
5. 请结合你自身的感受谈谈人为什么要有道德。

---

① 荀子：王制.

第四章

道德生活与道德律

人是通过道德生活来彰显属人的生活的意义和价值的，人是注定要过也必须过道德生活的存在物。通过道德生活，人建立了自己安身立命的精神家园，赋予世俗人生一种内在的精神意义和价值，从而不仅开掘和提升了自己的精神生活，也不断促使着人本身的发展和进步。道德生活有其自身的规律性或道德律令。人类的道德律令不同于自然律令，它是人类精神的自我确立或自己为自己立法，确证着意志自律和自由的价值。道德律令广泛地涉及人自己与他人、与社会共同体的关系及其对待，道德生活的金律、银律、铜律和铁律就是作为个体的自我处理与对待他人、社会共同体的关系的准则的具体化和现实化。我们要过有质量和有品位的道德生活，还是应该尽量抑制铁律、提升铜律、倡扬银律、崇尚金律，建构一种人自己和他人以及社会共同体的共生共赢共发展的伦理关系。

第一节　道德生活及其本质特征

道德生活是人类将道德纳入生活之中并以道德来指导和引领生活的生活，是立根于生活之中同时又赋予生活一种意义和价值且能够予以自由选择的生活，是既渗透在物质生活和精神生活之中同时又对物质生活和精神生活做一协调统合且要求和谐发展的生活，故而道德生活是一种既在现实生活中展开的生活又是一种在现实生活中追求和向往可能生活的生活，这种即现实即可能的生活，是人的生活的重要体现、拓展与提升，是人的生活区别于动物的生存的本质和内在方面。

一、生活与道德的辩证关系

就生活与道德的关系而言，可以说生活需要道德、包含了道德但并不等于道德，生活涉及的内容比道德要更为宽广和复杂，道德只是生活的一个方面，尽管是必须而应该的方面但却不是一切方面。人类需要道德、呼唤道德并渴望按道德的方式来生活，但生活的内容并不只是道德，人类的生活包含着比道德更为丰富和更为广阔的领域，只有那些被生活所需要和所呼唤的道德才能进入人类的生活并作用于人类的生活。因此，“道德规范并不涉及所有行为。人生及其理想要比道德及道德的目标更为宽广和丰富。没有道德人类不可能达到它的目的，道德是一个绝对必要的条件，但仅仅道德的满足并不能实现人类的希望。……我作为一个人的目的比作为一个道德自我的目的也更为宽广，这个目的包含了道德，却不仅仅是道德”[①]。生活需要道德，是因为道德能够使生活更加富于秩序和理性，道德能够强化人的社会性和德性，使人更好地成为人。“道德规范的目的在于使个人和社会的生活成为可能，道德行为具有促进个人和社会利益的倾向。可以说，道德划了个圆圈，人们在圈内可以安全地追求各自的目的而不会相互损害。偷窃、说谎、谋杀对行为者及周围的人都是一个损害，因此道德命令我们不要偷窃、说谎和谋杀。正直、诚实、自制则促进具有这些德性的人及周围人的利益，因此道德命令我们要正直、诚实和自制。”[②] 没有道德规范和引导的生活是不完善、不和谐的生活，也是一种无意义、无价值的生活。生活不能没有道德，没有道德的生活是一种不值得过的生活。

道德源于生活并充实和提升生活。道德始终存在于人的整体生活之中，没有脱离生活的道德。人们是为了生活而培养个体的品德，改善、提升社会的道德的，并不是为了道德而道德。同样，个体品德和社会道德的提高与发展也只有通过人们自己的生活才能实现和达到既定的目标。脱离生活的道德和品德必将导致道德和品德的抽象化、客体化，脱离了生活去培养人的品德也必将使这种培养因为失去了生活的依托和生活的确证而流于虚空、形式、无效。道德是人的“生活规则”和实践结果，人的道德素质所体现的是对生活规则的运用能力。社会实践不断丰富着道德生活的条件和环境，使道德生活的领域不断扩大，水平和境界逐渐提高。

道德一方面来源于生活的沃土和实践，脱离生活的道德是没有生命力和希望的，也注定要被生活所抛弃；同时道德又有对现实生活的某种超越、批判、反思以及对理想生活的追求与向往，一味地追随或适应现实生活而不做任何超越性反思和追求的道德是人类所不需要的，它也注定要为生活所鄙视和拒斥。人类生活之所以需要道德就在于它既是来源于生活的实践理性，又是引领生活前行、使生活不断更新和富有意义的价值动能。真正的道德既尊重人的自然属性和现实生活的各种要求，又主张把人同他人、社会乃至天地万物联系起来，有一种对同类生命的敬重以及对天地万物的关怀。道德生活常常向人们提出这样一些问题：我们应当做什么？我们不应当做什么？我们应当怎样对待他人和社会？我们自己应当如何生活？什么是值得为之奋斗的生活[③]？这些问题的提出将人们引导到价值的领域，不断强化着人的理想性追求，从而不仅使生活获得某种超越现实的力量，而且使生活变得富有意义，在生存的基础上活出人的风采和韵味，进而告别蒙昧、野蛮而向着文明、秩序、理性、和谐、美满、优雅、崇高、伟大的目标奋力前行。

---

① ［美］梯利．伦理学概论．何意，译．北京：中国人民大学出版社，1987：183-184.
② 同①184.
③ ［美］所罗门．大问题——简明哲学导论．张卜天，译．桂林：广西师范大学出版社，2004：264.

二、道德生活的基本内涵

时下人们理解的道德生活大致有狭义和广义两种不同的含义。狭义的道德生活是专指道德的即善和正当的生活，是符合道德要求并受到肯定评价的生活，一切不道德的现象和行为都被排斥在此一含义之外。广义的道德生活是指具有道德意义，表现为善恶对立，可以进行善恶评价的生活，既包含了狭义的道德生活，又包含了在历史和现实生活中被评价为恶甚或说反道德的行为、现象，某些非道德和超道德的现象在一定意义上也可以纳入到这一含义来思考。借用冯友兰《新原人》中关于人的精神境界的描述，也许可以说，狭义的道德生活对应的是其中的“道德境界”，而广义的道德生活则涵盖了“自然境界”、“功利境界”、“道德境界”和“天地境界”诸境界。我们认为，道德生活，兼含有狭义和广义两种含义，或者说是以广义的道德生活现象作为论述的基础而导向狭义的道德生活发展方向或目标。

道德生活是一种属人的或人类所特有的社会生活，是建立在物质生活基础之上的并渗透在物质生活之中引导和规范物质生活的精神生活，是物质生活和精神生活的统一与中介并渗透在物质生活和精神生活之中的既现实又可能的生活，是一种有意义和价值并能予以价值评价的生活，是一种主体自由意志自觉自为并能进行道德选择的生活。道德生活是人的生活的重要体现、拓展与提升，是人的生活区别于动物的生存的本质和内在方面。

道德生活是一种立根于物质生活基础之上的精神生活。人性中有生物性和精神性或自然性和社会性的二重性，人的生活亦可二分为物质生活和精神生活。物质生活是人类起码的、必然的、本原性的生活，是道德生活的基础。但人的生活的本质并不在于物质生活，人的物质生活永远服从于一定的生活目的或意义，生活的本质并非人的肉体的存活，而在于活着的肉体实现自身认可的价值目标。因而人的生活是从物质生活走向精神生活的。人性中自然性是基础但只是人的工具性，生活中物质生活层面是前提但也只是生活的出发点；而精神性是人性的目的性，精神生活是生活的归宿。精神性依赖于生物性而存活，而存活了的精神性又绝对走向对这一基础的无限超越。修养德性实质上是这一超越性的实现过程。人为活着而生活，同时人更为有质量或更有价值的生存而活着，这一点正反映了人类及其生活的本质。物质生活和精神生活在不同人的生活中含量不同地实存着，彼此内在地对立统一，形成一定的张力并表现为统一的个体生活，即“道德生活”。道德生活是从道德维度对生活的观照，或者说过一种有道德的生活，并不等于人的生活只有道德属性。

道德生活建构的是人的价值世界。人必须是并且应该是道德生活的主体。道德生活作为人的世界一定不能是自然人的世界。它应该既超越外在自然，又超越内在自然。道德世界不同于自然世界，自然生命无法为人的存在提供价值尺度。道德状态本身就意味着人对自身的自然状态的超越。无论是在外在自然还是内在自然那里，都不可能建立起真正的伦理学。或者说，只有在内在自然、外在自然之外、之上，才能找到道德生活的领空。

三、道德生活的本质特征

道德生活既要求我们反对一味地为人的自然欲望辩护，把人“当成机器”的自然主义立场，又要求我们反对一味地强调人与其他动物的区别，进而将人的自然欲望赶出道德生活领域的超验主义立场。自然主义立场每每以低于现实道德生活的立场来谈论道德生活，或者把自然生活等同于现实道德生活，完全否认了现实道德生活所包括的超越性和理想性，否认了应有、价值以及道德精神对现实道德生活的引领与规范，从而消解了道德生活进步与发展的机制和动因。很显然，以此种立场来理解道德生活，必然导致对道德生活静态化的处理，也必然使道德生活成为无追求和无目的的自然生活，使人沉溺于自然功利生活而难以实现生存境界的提升与跃迁。超验主义立场每每以高于现实道德生活的立场来谈论道德生活，一味地强调超越人的局限性和惰性，取消了“历史性”和“自然性”的维度，甚至把人的自然性当作非道德乃至反道德的东西来对待，往往把人拖入自我难堪的境地，要求人同自己的自然欲望进行不调和的斗争，以牺牲自我的现实利益来成全超越性的追求。自然主义把人当成“非人”，否定了人之所以为人的内在规定性，因而是一种“不尚修养”“拒绝崇高”的立场，很难真正进入道德生活的堂奥。超验主义把人“看成罪人”，否定了人来源于动物这一事实，要求人对自己的欲望做不调和的斗争，因而是一种“压迫生活”的立场或超越了道德生活的属神的立场。超验主义所理解的道德生活固然是崇高的、神圣的、伟大的，但由于它割断了其与现实生活的联系，以至于否定人的自然属性及其在生活上的表现，每每走上了消解道德生活乃至使道德生活令人嫌憎的悲剧性道路。就此而论，无论是自然主义立场还是超验主义立场，都没有也不可能达致对道德生活规律性的了解和把握。它们的立场只能导致对道德生活本质的割裂和真实形象的肢解。

从对道德生活的辩证觉解出发，自觉的伦理学立场既不像自然主义立场那样把现实道德生活贬低为自然生活，也不是如超验主义立场那样把现实道德生活抽象为虚幻的神圣生活，而是体现为经验立场与超验立场的辩证统一。它要求在经验与超验、历史性与超越性、自然性与超自然的理想性等之间实现辩证的和解与良性的互动，从而使道德生活处于各种矛盾关系的巨大张力之间，“但同时又能够把二者和谐有序地融合成一种存在方式与行动”①。只有这样理解的道德生活，才是真正的人的道德生活，才有可能展示它矛盾而又丰富、深刻而又高远的内在蕴涵。

如果说动物产生于自然、顺应于自然因而也“生活”于自然的话，那么人则以自然生活为条件，同时又超越自然生活去创造自己“属人”的生活。自然生活构成人的道德生活的基础或前提性环节，超自然生活体现着人的道德生活的目的和方向。对理想生活的追求，表明人虽然来源于自然，但又具有超越自然限制的性质，“超自然性”是道德生活的根本规定之一。人的“道德生活”既是自然的又是属人的，既富有感性的内容又具有理性的筹划和选择，既是因果性的又是目的性的。在“道德生活”中，那些彼此矛盾

---

① ［德］豪克．绝望与信心．李永平，译．北京：中国社会科学出版社，1992：212.

的维度与力量都集结在一起，从而使道德生活成为一个丰富、复杂的辩证统一体。

社会道德生活不能被简单地归结为同质性的层次提升，应该主要是一个异质性的结构协调问题。因此，我们既要坚持维系社会生存的基础道德，又要避免权威主义独断论道德给人们带来的无自主选择的困境；既要有利于人们在一个国家甚至全球范围内共同面对有关整体的生存和发展的复杂问题，又不对个人的终极关怀提出强制性要求；既要使道德生活能宽容不同的生活方式和理想信仰，又能够实现个人自由和社会统一的相互协调。

道德生活包含社会道德生活和个人道德生活两个方面的要求。社会道德生活是以社会为主体的道德生活，其基本要求应当是伦理关系的和谐与健康发展。个人道德生活是以个人为主体的道德生活，其基本要求应当是个人身心健康和品质纯良。二者的关系也可以在规范伦理学和美德伦理学或德性伦理学的视域下来考察。在现代社会，个人道德生活更多地呈现为私德或私生活道德，社会道德生活则更多地呈现为社会公共生活道德。私生活道德具有私密性、隐私性和特殊性，因个体的价值观、审美偏好和生活追求的各异而有万紫千红般的呈现。社会公共道德生活具有社会性、公共性和普遍性，是大家或每一个人都应该遵循或身体力行的。当然，社会道德生活和个人道德生活也是相互贯通、相互依赖、相互转化的。没有纯而又纯的私生活道德或纯个体性的道德生活，社会公共生活也是与每一个人的道德生活密切联系在一起的。所以，我们应当辩证理解社会道德生活和个人道德生活的关系。

第二节 道德生活发展的趋势与评价

道德生活与人们对它的感受、评价及价值追求密切相关。人既在道德生活中生活，又时常对道德生活做出自己的评价以引领和建构合乎理想的道德生活。古往今来，道德生活是一个备受关注同时也遭遇最多道德评价的领域，唯其如此，才使得道德生活成为一个各种思潮竞相迭出的一种生活领域，反映了人们对道德生活的深刻思考和深度把握，也寄托着人们对好生活、好社会、好公民的无尽期望。

一、道德乐观主义、悲观主义与达观主义

关于道德生活是否与社会文明同步前进，或者说道德生活是否会越来越好的探讨，在伦理学史上形成了乐观主义、悲观主义与达观主义三种理论。

乐观主义，源于拉丁文“optimus”（意为最好的），泛指对宇宙、社会、人生充满信心、希望并持肯定评价的态度、观点和理论。伦理学中的乐观主义一般指对人类道德生活、道德发展前景持肯定评价和怀抱希望的态度、观点。在西方，道德乐观主义与科学乐观主义、历史乐观主义相互激荡。随着科学的兴起和兴旺发达，西方的思想主流对人类进化采取乐观主义态度，认为随着理性占据统治地位，凭借科学的武器，没有人类不能解决的问题。在道德方面也是如此，人类将很快进入理想社会。在 17 世纪初，培根显

示了一种理智的乐观主义，他指出航海与发现方面的进展，“也可以给科学的更加精通和增长带来巨大的希望”[①]。吉尔伯特、伽利略、坎培纳拉（Campanella）、布鲁诺、帕斯卡尔等人都传播了同样的学说。通过知识和技术器械的积累，我们已经取得进步并且很可能还将继续进步，远远超过过去所达到的水平。整个18—19世纪，乐观主义、进步主义得到进一步发展与传播。当时的哲学家如孔多塞（Condorcet）、斯宾塞（Spencer）与孔德（Comte）等人，均对社会历史发展和道德发展持乐观主义。孔多塞以为人类之枷锁一旦去掉之后，就可以有无尽的进步。斯宾塞相信人类适应环境的能力会不断地增进，以至于到最后可以完全地适应。德国的哲学家莱布尼茨（Leibniz）先假定世界是上帝造的，上帝造世界是本于善的意志，它本此善的意志必然在许多可能的世界中选择最好的一个来加以创造。世界上一切坏的东西，都是为烘托出好的；苦痛的存在，是为反衬出快乐的可爱；罪恶的存在，也是为反衬出善的可贵。所以对这个世界，我们应抱乐观主义的态度。根据斯蒂芬·茨威格在《昨日的世界》中的回忆，19世纪末的一代人“是被理想主义所迷惑的一代人，他们抱着乐观主义的幻想，以为人类的技术进步必然会使人类的道德得到同样的提高”，19世纪末的欧洲人认为自己生活的时代“是一个太平的黄金时代”。“十九世纪怀着自由派的理想主义真诚地相信自己正沿着一条万无一失的平坦大道走向‘最美好的世界’。”[②] 20世纪美国出现了进步主义思潮。所谓进步主义，是指美国人相信社会不断进步、人能促使社会进步的一种乐观主义的基本价值理念。进步主义不同于19世纪自由放任的美国农业社会老中产阶级的价值观。它认为工业化和城市化体现了社会的进步，其弊端完全可以通过改革来克服。它相信可以在资本主义的制度框架内完善资本主义，通过自上而下的改革重新实现个人自由、机会均等的“美国梦”。现代进步主义宣称，“使尘世上的人类生活更趋完善是人类力所能及的事情”[③]。乐观主义的道德观和价值观，不但为民族主义的崛起提供了令人向往的前景，而且普遍地导向社会向善论和人类向善论。

在中国，如果说道家和佛家持道德悲观主义的立场，那么儒家整体上持道德乐观主义的立场。儒家的道德乐观主义既表现在对人性的善端及其向善的可能性的肯定方面，也表现在对人们道德修养和社会道德教育的肯定方面，相信只要整个社会加大道德教育的力度，个体持之以恒地坚持道德修养，就有可能在道德生活上不断进步、不断发展和不断完善。宋代程颢有诗云：“闲来无事不从容，睡觉东窗日已红。万物静观皆自得，四时佳兴与人同。道通天地有形外，思入风云变态中。富贵不淫贫贱乐，男儿到此是豪雄。”[④] 形象地展示了道德修养给人带来的精神振奋和乐观气象。王阳明从“致良知”的理念出发，强调人只要时时刻刻去体认并弘扬良知，就能成为圣人，并得出了“满街都是圣人”的结论。

道德乐观主义是乐观主义在道德认识、道德感受和道德生活评价及道德生活发展趋

---

① BACON. De dignitate et augmentis scientiarum//The Philosophical Works of Francis Bacon: Book II, Chap. X. London: George Routledge & Sons, 1905: 437.

② ［奥］斯蒂芬·茨威格. 昨日的世界. 舒昌善，译. 北京：三联书店，1991：233.

③ ［美］希尔斯. 论传统. 傅铿，吕乐，译. 上海：上海人民出版社，2009：2-3.

④ 程颢. 秋日偶成//二程集：上. 北京：中华书局，2004：482.

势等方面的集中表现，它以肯定人的生命价值和道德追求为始基，相信人们经过自己的努力能够创造富有意义的道德生活，并且依凭自己的正确而不动摇的道德行为、道德修养能够促进道德生活的进步、发展和完善，将人性的不道德行为以及邪恶欲念控制在未发状态，使人性的光明面不断扩大，人自身不断向前发展，进而实现自己的价值，抒写有价值的人生，在促进人自身发展进步的同时促进社会的道德进步，推动人类社会生活和文明的不断发展。因此，人类道德生活和伦理文明的前景是光明而美好的，人们应当为自己修养的道德、践行的道德以及所追求的道德价值充满高度自信并持乐观主义的态度。

悲观主义，源于拉丁文“pessimus”（意为最坏的），常常用来指谓一种对宇宙、社会、人生不抱希望或绝望的观点、态度和理论。伦理学中的悲观主义，每每对人生意义和对道德生活前景持否定态度，认为人生没有什么意义，道德生活只会越来越坏。道德悲观主义刻画了一幅人类道德不断堕落的图谱，表现了对人类道德前景的无比忧虑乃至绝望。卢梭是近代悲观主义的著名代表。在卢梭看来，人类社会看似一步步地朝着个体进化的方向前进，而实际上却是一步步地朝着衰败和退化的方向演变。财产的私有导致竞争与剥削现象的加重，贪婪与自私演绎出一幕幕道德生活的悲剧。在《论科学与艺术的复兴是否有助于使风俗日趋淳朴》一书中，卢梭直截了当地指出，科学与艺术日益进步，可是人类变得越来越坏了，“今天，人们的衣着越来越考究，说话愈来愈文雅，以致使取悦的艺术有了一套一定之规。在我们的风尚中流行着一种邪恶而虚伪的一致性，好像人人都是从同一个模子中铸造出来的：处处都要讲究礼貌，举止要循规蹈矩，做事要合乎习惯，而不能按自己的天性行事，谁也不敢表现真实的自己……人心难测，怎能不随之产生一系列坏事呢？真诚的友谊没有了，对人的真心敬爱没有了，深厚的信任感没有了……人与人之间却彼此猜疑，互存戒心，彼此冷漠，互相仇恨和背信弃义”[①]。在卢梭看来，灵魂正是随着我们的科学和我们的艺术之臻于完美而越发腐败的，我们虚荣的好奇心所造成的恶果是和这个世界同样的古老了。就连海水每日的潮汐经常要受那些夜晚照临着我们的星球的运行所支配，也还比不上风尚与节操的命运之受科学与艺术进步的支配呢。我们可以看到，“随着科学的光辉升起在地平线上，我们的道德便黯然失色了。这种现象，在各个时代和各个地方都可看到”[②]。科学和艺术的进步带来的却是道德的退步，卢梭陷入了深深的悲观之中。《漫步遐想录》从心灵深处揭示了卢梭的绝望与悲观，他是那么渴望过自然恬静的生活，可是社会加给他的却是一连串的不幸和痛苦，人心的丑陋与残暴，败德与恶行，叫卢梭伤心至极，欲哭无泪。叔本华（Schopenhauer）拉开了遮蔽真实世界的“摩耶之幕”。在他看来，过去人们长期在幻梦中生活，不知道为何而生，也不知道为何而死，不知道生之意义，也不知道死之意义，只有他才挣扎着要清醒过来。不仅要活着，而且要知道怎样活着，更要知道为什么活着。叔本华反对莱布尼茨的思想，认为这个世界在根本上是罪恶的，人是生活在痛苦与无聊之间的一个钟摆，不是痛苦即是无聊。尼采指出，“基督教在人间寻找丑恶与不道德的努力恰恰给人间带来

① ［法］卢梭．论科学与艺术的复兴是否有助于使风俗日趋淳朴．李平沤，译．北京：商务印书馆，2011：12.

② 同①14.

了丑恶与不道德……结果是英雄难产和庸人泛滥。在这种所谓的文明进程中，社会逐渐失去了勇武与尊严”①。在尼采看来，道德销蚀生命，道德是一个不断走向衰微和虚空的过程。“今天，我们已见不到任何走向伟大的努力，每一事物都将不断地向下、再向下，人们变得越来越瘦弱，越来越和善，越来越谨小慎微，越来越轻松自在，越来越平庸和冷漠。”② 20世纪的思想家大多数抛弃了经济决定论的信仰，不再把技术进步和道德完善联系在一起。许多人变成了道德悲观论者。海德格尔对迷信技术进步的人提出了警告，指出要把技术作为“最高的危险”来认识，第二次世界大战后疯狂的核军备竞赛为此做了最好的注释。海德格尔要求人们沉思：在技术化的千篇一律的世界文明时代中，是否和如何还能有家园？“无家可归状态变成一种世界命运。”③ 在这里，人性成为地狱，而且这地狱根本不是通向天堂的必由之路，而是一个永远不可跨越的荒原，一场永远的劫难。过去在理性的预设下，西方处处从明确无疑的价值规范出发，现在却必须每天都去默默忍受生命本身的混乱、晦涩、不可理解，借用西方的一个著名比方，我们翻阅的是世界这部书的第零卷，第负一页。所谓被抛于此，既有且无，既如此又不能如此。生命的自我开放、自我揭露，生命的绝望、生命的荒谬、生命的悲剧，就是这样严峻、冷酷地展现在我们面前。

在中国，法家、道家和佛家均具有某种不同意义上的悲观主义色彩。法家韩非子指出，“上古竞于道德，中世逐于智谋，当今争于力气”④，上古时期文王行仁义可以实现王天下，但是到了后来徐偃王处汉东，地方五百里，只因行仁义而亡其国，这就说明了当时的时代已经不是讲道德的时代，只有拼命去发展自己的势力才能获取更好的生存条件。谁能工于人生算计、善于利益的争夺，谁就将处于有利的地位。道家老子有“为学日益，为道日损”的断语，揭示出人类道德是不断退步或沉沦的，随着社会物质文明的进化，道德文明面临着空前的退化或灾难。庄子认为至德之世是一个“同与禽兽居，族与万物并……同乎无知，其德不离；同乎无欲，是谓素朴”⑤ 的理想社会，而随着后来人们机巧功利之心的不断发展，道德生活就出现了一个“以人灭天”的恶性竞争，人与人之间淳朴的关系被打破或浇灭。庄子指出，“今世殊死者相枕也，桁杨者相推也，刑戮者相望也”⑥，这是一个“喜怒相疑，愚知相欺，善否相非，诞信相讥”的天下衰世，“故贤者伏处大山嵁岩之下，而万乘之君忧栗乎庙堂之上”⑦。生逢这样的衰朽之世，作为一个有思维能力和判断标准的士人，庄子感觉到极度的悲观绝望，产生了深重的悲观主义和虚无主义意识。

道德悲观主义是悲观主义在道德认识、道德感受、道德生活发展趋势和道德生活评

---

① ［德］尼采．偶像的黄昏：第58//［美］赫尔曼．文明衰落论——西方文化悲观主义的形成与演变．张爱平，等译．上海：上海人民出版社，2007：107．

② ［美］赫尔曼．文明衰落论——西方文化悲观主义的形成与演变．张爱平，等译．上海：上海人民出版社，2007：107．

③ ［德］海德格尔．关于人道主义的书信//路标，孙周兴，译．北京：商务印书馆，2000：400．

④ 韩非子：五蠹．

⑤ 庄子：马蹄．

⑥ 庄子：在宥．

⑦ 同⑥．

价等方面的集中表现，它对人的生命价值和道德追求持否定态度，认为人和人类社会不可能走向真正的进步，只会越来越差，因为人的本性是自私利己的，人的欲望是既不可遏制又充满邪恶的，人和人的相互伤害永不停息，亦如霍布斯所言“人对人像狼一样”，或如萨特所言“他人就是地狱”，严重的悲观主义常常导致人生观上的虚无主义和厌世主义以及道德观上的退步主义。

弗兰克·梯利在《伦理学概论》中辟专章论述乐观主义与悲观主义，指出：“我们说人生的目的，也即至善，是人的各种机能的发挥。这自然意味着人赋予事物以价值，他们把某些目的看作对他们有绝对价值的东西，他们珍视自己和他人的生命，珍视各种进步和发展。换句话说，他们把人生看作有意义、有价值的，看作善，看作对他们是最好的东西。我们可以称这种观点为乐观主义。”“一些思想家反对这个观点，宣称生命没有意义，不是一个善而是一个恶，不是最好的东西而是最坏的东西。我们可以称这种理论为悲观主义。”① 在该书中，梯利将悲观主义区分为主观的悲观主义、客观的悲观主义、理性的悲观主义、感性的悲观主义、意志的悲观主义。包尔生在《伦理学体系》中将悲观主义区分为感官享受的悲观主义、道德的悲观主义和历史哲学的悲观主义，认为感官享受的悲观主义是指那种“努力展示生命带来的痛苦比快乐要多，因而断定生命是毫无价值的”观点，道德的悲观主义“则是从客观上和道德上考虑，补充说生命毫无价值可言，因而生命不仅确实是不幸的，而且只配是不幸的”。历史哲学的悲观主义“试图展示随着生命的发展，尤其是文明的进步，痛苦和不道德也增加了”②。

介乎乐观主义与悲观主义之间的达观主义既不盲目乐观，也不一味悲观，常常于进步的同时意识到退步，于黑暗的同时看到光明。王夫之指出：“善用其情者，不敛天物之荣凋，以益己之悲愉而已矣。夫天物其何定哉！当吾之悲，有迎吾以悲者焉；当吾之愉，有迎吾以愉者焉……当吾之悲，有未尝不可愉者焉；当吾之愉，有未尝不可悲者焉”③，欢愉中包含悲伤的因子，悲伤中亦有欢愉的因子，不可一概而论。“言悲则悴以激，言愉则华以慆”，所以我们应当看到，“其悲也，不失物之可愉者焉，虽然，不失悲也；其愉也，不失物之可悲者焉，虽然，不失愉也”，进而“导天下以广心，而不奔注于一情之发，是以其思不困，其言不穷，而天下之人心和平矣”④。“人心和平”包含着凡事看得开、想得通，于悲观时能想到欢愉的地方，于欢愉时能意识到悲伤的因素，这就是不局限于“一情之发”。

道德达观主义是达观主义世界观、人生观、价值观在道德生活领域中的集中表现，它以对道德乐观主义与道德悲观主义的双重超越为基本的道德态度和价值立场，既有对道德乐观主义的某种清醒的批判性反思，亦有对道德悲观主义的某种自觉的理性抵制或拒斥，在看到道德生活困难、曲折和痛苦的时候能够意识到光明、进步和快乐，在体会到道德生活退步、失利乃至混乱的同时又能发现其中充满希望性的发展动力、进步趋势，进而能够产生一种“得失安之若命”的豁达通泰之道德态度。道德达观主义认为，道德生活毕竟是属人的生活，人既不是神也不是兽，而是兼具神性与兽性的现实生活的人。

---

① ［美］梯利．伦理学概论．何意，译．北京：中国人民大学出版社，1987：187．

② ［德］包尔生．伦理学体系．何怀宏，廖申白，译．北京：中国社会科学出版社，1988：247．

③ 王夫之．诗广传·小雅//船山全书：第3册．长沙：岳麓书社，2011：392．

④ 同③．

人具有的二重性决定了人既不可能完全走向崇高和伟大，也不可能彻底陷入万劫不复的境地，而是矛盾生活的统一体，在进步的同时包含着退步的因素，在退步的同时又有着前行的动力。庄子笔下的“不知悦生，不知恶死，其出不忻，其入不距”的“真人”即具有某种道德达观主义的态度。庄子还认为，“悲乐者，德之邪；喜怒者，道之过；好恶者，德之失。故心不忧乐，德之至也”①。范仲淹《岳阳楼记》中的“不以物喜，不以己悲”其实就是一种达观的人生态度。达观主义还体现在对善恶关系的看待上，于善中能意识到恶，于恶中能想到善。“善恶并行论”，“善恶俱分进化论”即是达观主义对于道德进步所持的立场和观点。这种观点认为善在发展，恶也在发展，它们总是相比较而存在，相斗争而发展的。章太炎从《周易》阴阳对待、共生循环的发展观中悟出“俱分进化”，即“善也进化，恶也进化”，批判了当时的进化论对进化采取的乐观主义态度。他指出：“进化之所以为进化者，非由一方直进，而必由双方并进，专举一方，惟言知识进化可尔。若以道德言，则善亦进化，恶亦进化；若以生计言，则乐亦进化，苦亦进化。双方并进，如影之随行，如罔两之逐影，非有他也。”② 而且社会在发展阶段上也不是一直进化，没有退化。达观主义主张超越乐观主义与悲观主义的对立，强调在认识到进步的同时看到退步，在看到成绩的同时意识到缺点，同时也认为不要过分地悲观，人性总有向善和向上的一面，错误和挫折会教训人们，使人们的道德觉悟不断提高，因此不能失去信心。所以道德生活就是在一种进步与退步、乐观与悲观的矛盾进程中展开的生活。

二、道德绝对主义与道德相对主义

如何看待道德生活，如何评价道德生活，还产生了道德绝对主义与道德相对主义的观点。

道德绝对主义，是一种用绝对主义解释道德现象、揭示道德本质、阐说道德原则规范的伦理学理论或观点。它相信存在着判断道德伦理问题的绝对标准，而且并不受社会或者其他场合的影响。依据道德绝对主义，道德内存于普遍规律、人类天性和其他基础来源之内。中国古代所说的“道冠古今，德配天地”，董仲舒“天不变，道亦不变”，从某种意义上说就是一种道德绝对主义的观点。在西方，柏拉图的“善的理念”，康德的“绝对命令”，黑格尔的“绝对精神”，也含有道德绝对主义的因素，或者可以将其归为道德绝对主义。道德绝对主义有时被拿来与道德相对主义相对应，并且经常被简单地类型化为类似的语句：“对的就是对的，错的就是错的。”道德绝对主义把道德生活和道德价值绝对化，认为古往今来的道德都是从来如此，永远如此，不承认一切过程都有始有终，一个过程可以转化为另一个过程。它割裂道德生活和人的道德认识的绝对与相对的关系，只承认其绝对性，否认其相对性。道德绝对主义把道德生活的基础归结为永恒不变的神性、理性与人的自然性，否定道德生活与社会物质生活条件的联系，否认道德生活由低级向高级发展的进步性，主张建立一种适合于一切时代、一切民族和一切国家的绝对的道德真理体系。很多宗教持有道德绝对主义立场，相信道德体系是由一神或者众神所设

① 庄子：刻意.

② 章太炎. 俱分进化论//章太炎全集：太炎文录初编. 上海：上海人民出版社，2014：405.

定的，并相信这样的一个道德系统是绝对的，通常是完美的和不可更改的。各种道德绝对主义观点，如道德“天意”说、“神喻”说、“绝对实质”说、“绝对命令”说等认为，真正的道德本身是一套终极的实质、境界、目标和标准，它是超现实的、先验的、不变的，人们只是在什么时候、以什么方式达到它，而不是自己在选择和造就它，改变和发展它。所以，道德绝对主义者把人的道德认识、道德价值绝对化，否认人的道德认识是一个不断完善、不断深化、永无止境的发展过程。宣扬有一成不变的事物，有永恒不变的真理，以为自己的认识具有绝对可靠性。柏拉图的善的理念和黑格尔的绝对精神都是道德绝对主义的体现。杜林在《哲学教程》(1875) 中提出了道德绝对主义的观点，指出“道德的世界，‘和一般知识的世界一样……有其恒久的原则和单纯的要素’，道德的原则凌驾于‘历史之上和现今的民族特性的差别之上……在发展过程中构成比较完全的道德意识和所谓良心的那些特殊真理，只要它们的最终的基础都已经被认识，就可以要求具有同数学的认识和运用相似的适用性和有效范围。真正的真理是根本不变的’”①。对于杜林所宣称的这种永恒道德论观点，恩格斯做了尖锐而深刻的批判。他指出：“一切以往的道德论归根到底都是当时的社会经济状况的产物。而社会直到现在是在阶级对立中运动的，所以道德始终是阶级的道德；它或者为统治阶级的统治和利益辩护，或者当被压迫阶级变得足够强大时，代表被压迫者对这个统治的反抗和他们的未来利益。”② 恩格斯还以“切勿偷盗”这样的道德戒律为例来批驳杜林的永恒道德论，指出：“这个戒律是否因此而成为永恒的道德戒律呢？绝对不会。在偷盗动机已被消除的社会里，就是说随着时间的推移顶多只有精神病患者才会偷盗的社会里，如果一个道德说教者想庄严地宣布一条永恒真理：切勿偷盗，那他将会遭到什么样的嘲笑啊！”③ 应该说，恩格斯的批评触及了杜林永恒道德论的痛处和软肋，可谓一针见血，力透纸背。需要指出，温和的道德绝对主义每每将其与道德生活的常理、常规甚至共同之处联系起来，力图在变动不居的道德生活中为其找到可依托的价值真理和人生信仰。而对于这一点，恩格斯也是默许和承认的。他说：“对同样的或差不多同样的经济发展阶段来说，道德论必然是或多或少地互相一致的。”④ 与此相关，道德戒律一定是共同的，或者说，有其共同的道德戒律。中国伦理思想史上“常”与“变”、“经”与“权”的论争，对“常”和“经”的肯定及界说从某种意义上说就是这种温和的道德绝对主义的确证或证成。清初王船山批判那种朝秦暮楚的“无恒小人”，但却特别欣赏那种“历乎无穷之险阻而皆不丧其所依”⑤、“泊然于生死存亡而不失其度”⑥ 的守贞之士，并认为只有这种“不为世所颠倒”的守贞之士才能真正在道德上有所建树。

道德相对主义，又称为伦理学相对主义，是一种用相对主义观点看待人类道德生活、解释道德现象的伦理学理论，断言道德生活及其道德观念具有相对性和条件性，否认在

① 恩格斯．反杜林论//马克思恩格斯文集：第9卷．北京：人民出版社，2009：90.
② 同①99-100.
③ 同①99.
④ 同①99.
⑤ 王夫之．俟解//船山全书：第12册．长沙：岳麓书社，2011：486.
⑥ 王夫之．读通鉴论：卷六//船山全书：第10册．长沙：岳麓书社，2011：216.

道德生活发展中存在普遍性和规律性的客观因素，甚至把不同民族、国家的习俗和风俗中的多样性绝对化。道德相对主义大体可以分为两种：第一，从道德主体出发，把道德只看作主体的意志、情感、需要的表现，道德价值和道德判断完全以主体的意愿与感受为转移，从而否认道德的客观根据。第二，从社会、文化环境出发，夸大不同国家、民族、社会文化的道德、风俗之间的差异性，否认道德生活存在普遍的规律，过分强调道德标准的相对性。各种道德相对主义的观点，如道德“情感”说、“情境”说、“循环”说、“标准虚无”说等都认为，道德本质上就是人人各自的主观选择，善恶取决于主体的兴趣、需要和偏好，并无客观统一的标准和界限。因此道德必然总是在变，此一时彼一时，像春夏秋冬的流转一样，一种景象代替另一种景象，只有各不相同的“文明模式”，没有好坏、高低之分，因此也就无所谓进步退步。中国历史上庄子“齐是非”、“齐善恶”的“齐物论”即是一种道德相对主义。在庄子看来，“仁义之端，是非之途，樊然殽乱，吾恶能知其辩”[①]，“故有儒墨之是非以是其所非，而非其所是。欲是其所非而非其所是，则莫若以明”[②]。是是非非，非非是是，谁又能够说得清？这是因为判断是非的客观标准是没有的，每个人都自以为是，所以导致了是非、善恶观念的混乱或无从把握。因此，与其去辨别是非、善恶，倒不如听其自然并超然于外。宾克莱在《理想的冲突：西方社会中变化着的价值观念》一书中把我们所处的时代称为“相对主义的时代”，韦斯特马克、涂尔干、萨姆纳、曼海姆等人可谓相对主义的代表人物。曼海姆认为：“任何一个国家的伦理体系在任何时候都只是占优势的统治集团认为对于社会有益的行为在意识形态上的表现。由此可见，所有道德价值和道德规范都是相对的，绝对的标准是无法达到的。”[③] 宾克莱还引用一个作家的诗“全看你在什么地点，全看你在什么时间，全看你感觉到什么，全看你感觉如何”来加以论述。在当代，人们从各种不同方面理解并阐释道德相对主义。克里斯·郭万斯在《道德相对主义》一书中指出：“与它最频繁地相关联的是一个经验论题和一个元伦理的论题，经验论题说存在深刻的和广泛的道德分歧，元伦理论题说道德判断的真值或辩护不是绝对的，而是相对于某个人群的。有时候，‘道德相对主义’与一个规范立场相关，这个立场涉及我们应该如何思考和对待那些与我们在道德上有分歧的人们，最常见的是，我们应该宽容他们。”[④] 一些道德相对主义者认为，既然各种道德存在都有自己的理由和合理性，那么我们就应该宽容与我们自己类型不同的道德，并最好对其予以必要的尊重和理解。真善美都是因人而异、因地而异或因时而异的。判断一个行为是否道德取决于判断者关于善恶的观念（即善恶的标准），对同一个行为的不同的道德判断相对于判断者各自的善恶观念是同样正确的，我们并无客观的标准决定不同的善恶观念之间的优劣。吉尔伯特·哈曼（Gilbert Harman）承认，仅仅从道德多样性的事实并不能得出否认道德绝对主义或客观主义的结论[⑤]。但他认为道德的多

---

① 庄子：齐物论.

② 同①.

③ ［美］宾克莱. 理想的冲突：西方社会中变化着的价值观念. 马元德，等译. 北京：商务印书馆，1986：9.

④ 程炼. 伦理学关键词. 北京：北京师范大学出版社，2007：114-115.

⑤ HARMAN，THOMSON. Moral Relativism and Moral Objectivity. Cambridge，Mass.：Blackwell Publisher，1996：10.

样性虽然并不蕴涵道德相对主义，但道德相对主义是对道德多样性的最佳解释。

道德相对主义在人类思想发展史上曾起到过积极的作用。它在破除神旨论（The Divine Command Theory）的教条时，揭示了道德的权威性并非先于人或独立于人的意志愿望而存在；道德并不是从来就有的，它源于人们之间的某种约定和共识——这些对于一直相信上帝是道德之源的西方人来说确实有振聋发聩的作用。它在反对西方文化中心论或种族中心论的斗争中，在纠正西方人的某些偏见的过程中，在批判性地反思西方文化本身的问题的时候，在寻找道德的新的甚至客观基础的努力中，也都起到过积极的作用。道德相对主义的主要问题是，将人们之间的约定和共识看成是决定道德上正确与否的唯一的根据，否认这种约定和共识背后有客观的基础。“假如相对主义所宣称的‘没有一种价值观或一套价值体系应该被所有人采用’来源于描述不同文化中人们所作所为的人类学或社会学，那么‘是/应当’问题已经能够证明它不成立。即使真的不存在任何普遍的价值观，这一发现并不能推导出任何价值观都不值得所有人接受的结论。即使我们发现所有人都喜欢虐待本人，我们也不能说他们应该虐待别人。”① 因此，以否认道德价值的绝对性和普遍性著称的相对主义，终究会导致主观主义、怀疑论、不可知论或诡辩，给人类的道德生活带来灭顶之灾。

马克思主义伦理学既不赞同道德绝对主义，也不认同道德相对主义，而是主张超越道德绝对主义与道德相对主义的对立，坚持把道德的绝对性与相对性有机地统一起来，既不把道德生活固化和永恒化，也不把道德生活过分地活化、动荡化，认为人类的道德生活是一个辩证的发展过程，是一个“变而不失其常”，“常在变中，变中有常”的矛盾统一体。道德生活的变动性并没有否决道德生活的规律性，道德生活的规律性也不可能离开日新月异的道德生活发展状况。马克思主义伦理学运用唯物史观和唯物辩证法来分析研究道德生活的发展状况，不做任何主观的假设，肯定人类道德生活和道德发展是一个客观的过程，有其自身的发展规律性，这种规律性来自人们现实的道德生活实践。道德规律与自然规律有不同的内容和表现方式，一般来说，道德规律是人们自己参与其中且能感受得到并能自觉运用的伦理效应律，同时也是体现着实践精神的价值特性和人们目的性的价值追求的秉性的。如人类的道德生活是在善与恶的矛盾斗争中不断向前发展的规律，人类的道德生活既受经济关系制约又反作用于经济关系的规律，人类的道德生活既同物质生活、精神生活密切相关又具有自身相对独立性的规律，这些规律本身也是于变化中体现出恒常性，是人们道德生活实践经验和作用机理在不断的变化发展中所内化聚集成的规律，是道德生活相对性与绝对性矛盾统一的价值确证或证成。

第三节　道德律及其具体表现形式

关于道德生活的规律性问题，在马克思主义伦理学说产生以前，一些伦理思想家也

---

① ［美］帕尔玛．为什么做个好人很难？——伦理学导论．黄少婷，译．上海：上海社会科学院出版社，2010：21．

曾做过一些有益的探索和说明。中世纪的奥古斯丁和阿奎那把人类道德生活的规律归结为从原罪到忏悔到天国报应的规律。德国伦理思想家康德概括出三条道德律令，即普遍必然律、人是目的律和意志自律。马克思主义伦理学在具体地分析各种历史道德类型的本质特征的同时，运用历史的眼光、经济关系的眼光和阶级的眼光，辩证地考察道德历史类型的交替变更运动，真实地揭示了道德生活发展的规律性。

道德律是人类道德生活的必然性和经常性体现，是具有一定内在性和本质性的价值呈现。人类道德生活虽然充满主体性、差异性和多样性，但还是有某些可以探讨、界定的普遍性和必然性的东西。道德律不同于一般的自然律，它有自身的特殊性，是精神生活的规律性和必然性的集中体现。

一、道德律的含义

道德律是指在人类道德生活中产生并支配道德生活发展趋势和方向的基本规律，是宰制人们道德行为、导引道德活动的基本规则或力量。黄建中在《比较伦理学》中有言："人生之道德行为与不道德行为，即以此原理原则律之，是为抽象之道德律。故道德律者，实人生行为之当然法则也。"① 道德律同道德法则、道德律令、道德规则和道德原则有相当的关联性，现代社会的道德律就是包含道德命令或原则、道德律令或法则以及道德规则等多种含义的复合系统，往往是道德生活中那些历久弥新的法典和律令的总汇。在西方，剑桥柏拉图学派的代表人物亨利·莫尔著有《伦理学提要》，比较详细地探讨并论证了道德生活的基本公理或规则，他总结并概括了二十三条理则②，其中包括"对善，应趋就，对恶，则应隐避"，"我们应以最高的热情去追求最高的及最绝对的善，以中庸的热情去追求那些中庸的善，以起码的热情去追求那些起码的善"，"你自己应当将你所愿意人在一定的情况下施于你的那种善，也在同一情况下施诸别人"，"你所不欲人加诸你的恶，你也应严戒自己施诸别人"等。昆布兰批判了霍布斯人性自爱自利的观点，强调人性的本质是仁爱，并认为道德生活的最高规律就是全体人的共同利益。他说："每个有理性的行为者对于人类全体所怀有的极大仁爱就构成一般方面的全体人和特殊方面的各个人在其能力所及范围以内所能求得的最幸福的状态；而且也是达到他们所能企求的最幸福状态的必要条件；因而全体人的共同利益就是最高规律。"③ 全体人的共同利益即是全体人的共同幸福，是建立在人对他人仁爱的基础之上的，这种仁爱既事关个人幸福又事关整体幸福，所以仁爱构成道德生活的基本规则或命令。

道德律是为理性自身的规律所决定而不受任何个人欲望影响的自由行为，自由个人的自由选择并非随心所欲的，而是和自己的意志进行搏斗的强制性行为，个人任何行为的善，其实在于行为本身的可普遍化的法则，否则行为就不是道德的。同时，道德律从根本上矫正了人的欲望情感所带来的价值选择的偏差，"不许杀人"既是绝对命令，又隐含着对人的至高地位的深切情感关怀。同理，"己所不欲，勿施于人"既是一种道德命

① 黄建中．比较伦理学．济南：山东人民出版社，1998：99.
② 周辅成．西方伦理学名著选辑：上卷．北京：商务印书馆，1964：688-691.
③ 同②694-695.

令，又隐含着推己及人的情感共同期望。道德律肇始于我不可见的自我和人格。我认识到我与这个世界的连接不似自然律那么偶然而无常，而是一种普遍的必然的连接，道德律通过我的人格无限地提升了我作为理智存在者的价值，在这个人格里面道德法则向我们展现了一种独立于动物性甚至独立于整个感性世界的生命。人的存在使命绝不受此生条件界限的限制，而是趋于无限的。人能够具有“自我”的观念，这使人无限地提升到地球上一切其他有生命的存在物之上，因此他是一个人，一个在等级和尊严上与人们可以任意处置和支配的、诸如无理性的动物之类的事物截然不同的存在物。

斯宾诺莎在《伦理学》中提出了三条道德律令：第一，德性的基础即在于保持自我存在的努力，而一个人的幸福即在于他能够保持他自己的存在。第二，追求德性即以德性为自身目的。除德性外，天地间没有更有价值、对我们更有益的东西足以成为追求德性所欲达到的目的。第三，凡自杀的人都是心灵薄弱的人，都是完全被违反他们的本性的外界原因所征服的人。在斯宾诺莎看来，“道德的原始基础乃在于遵循理性的指导以保持自己的存在。因此一个不知道自己的人，既是不知道一切道德的基础，亦即是不知道任何道德”①。所以，“一个人愈努力并且愈能够寻求他自己的利益或保持他自己的存在，则他便愈具有德性，反之，只要一个人忽略他自己的利益或忽略他自己的存在的保持，则他便算是软弱无能”②。同时，人要保持他自己的存在，除了人之外，没有别的东西对于人更为有益，所以“人要保持他的存在，最有价值之事，莫过于力求所有的人都和谐一致，使所有人的心灵与身体都好像是一个人的心灵与身体一样，人人都团结一致，尽可能努力去保持他们的存在”③。保持自己的存在、寻求自己的利益是同维护他人的存在、尊重他人的利益密切联系在一起的，这既是理性的命令，也是道德的命令，遵循理性的指导而生活就是要学会在保持自己存在和维护自己利益的同时，尽可能地维护他人存在和尊重他人利益。一方面，每一个人愈是能够寻求他自己的利益时，则人们彼此间最为有益。另一方面，人们愈能维护他人存在和尊重他人利益时，则对自我的维护和自我利益的发展最为有利。所以，“唯有当一个人遵循理性而生活，他才可说是绝对地依照他自己的本性的法则而行动，而且也唯有这样，他才能永远地必然地与别人的本性相符合。所以没有任何个体事物比能遵循理性的指导而生活的人对于人更为有益”④。

18 世纪法国唯物主义者爱尔维修认为道德生活也有其自身内在的规律和法则，主张像研究自然科学一样研究道德科学，“像建立一种实验物理学一样来建立道德学”，并提出了“如果说自然界是服从运动的规律的，那么精神界就是不折不扣地服从利益的规律的”⑤。在爱尔维修看来，道德生活领域是受利益规律支配和制约的，一切道德行为、道德判断、道德评价都是受利益规律支配和制约的，没有脱离利益规律的所谓抽象的道德行为、道德判断、道德评价。对人们道德生活的逐利行为及其所引起的后果发脾气，无异于抱怨春天的狂风、夏天的炎热、秋天的阴雨和冬天的严寒。霍尔巴赫在《自然的体

① ［荷］斯宾诺莎．伦理学．贺麟，译．北京：商务印书馆，1983：212.
② 同①185.
③ 同①184.
④ 同①195.
⑤ 北京大学哲学系．十八世纪法国哲学．北京：商务印书馆，1963：460.

系》一书中指出："道德学是研究存在于精神、意志以及人类的行动之间的关系的科学，正如几何学是研究物理与物体之间的关系的科学一样，道德学如果不建立在必然影响人类的意志、决定他们的行动的种种动因的认识上，那么，它就会是一种幻影，就会丝毫没有确实可靠的原则。"① 道德律就是支配道德生活的规律或法则，它绝不是破坏道德生活的基础，而是指出道德生活的必然性。在道德生活的世界里，起支配作用的是利益规律。"我们本性的法则，既然规定每个有感觉的生物经常致力于保存自己，它就不能让我们有权选择，有自由宁爱痛苦不要快乐、宁爱缺陷不要利益、宁爱罪恶不要德行。所以，正是人的本质自身，强迫人去区别那有益于自己和有害于自己的种种活动。"② 人是道德生活的主人，人的本性决定了道德生活的发展规模、方向和路径，爱别人就是爱那些使人们自己幸福的手段，"德行不过是一种用别人的福利来使自己幸福的艺术。有德行的人，就是把幸福传导给那些能回报他以幸福、为他的保存所需要，并且能给他以一种幸福生存的人们的人。这就是一切道德学的真正的基础"③。

康德接受了柏拉图关于"两个世界"的区分，认为一个有理性的东西一方面是感觉世界的成员，服从自然规律，是他律的；另一方面又是理智世界的成员，只服从理性规律，而不受自然和经验的影响。也就是，自然律对应于感觉世界，道德律对应于理智世界。由于自然因果律普遍适用于整个自然界，人在经验世界被严格地决定，也就是说决定论适用于现象界，是科学理论所必需的；而自由观适用于本体界，是人的道德实践必不可少的，人在理智世界是完全自由的。包尔生认为，道德律是一个普遍的原则，它对该集体、团体、民族具有统一的约束力。"假如没有原因与结果之间、行为与个人及社会生活之间的统一联系，就不会有任何道德律令。道德律不是任性的产物，不是一位高居万民之上的君主或一种不可控制的'内在声音'的专横命令，而是人类生活的内在规律的表现。人类生活（即一种包含着人的精神历史内容的生活）只有在所有的个人以一种相对的统一性行动，符合道德律的情况下才是可能的，所以道德律在此具有与生物学定律一样的确实性。"④ 以说谎为例，说谎不可能是一种普遍的行为类型。说谎在人们交谈中是以信任为前提的，而信任则存在于讲真话成为常规的地方，当真话与信任、谎言与不信任之间的统一联系在行为中并且这种统一的重复性在意识中变得固定下来时，道德律就可以归纳为固定的公式——你勿说谎。事实上，在这个公式中，构成实践规则基础的是因果律。

二、道德律与自然律之区别

道德世界与自然世界之不同，在很大程度上表现为道德律与自然律之不同。道德律与自然律的区别，伦理学家们理解为"是"与"应该"的区别。自然律宣称"是"是什么，道德律宣称"应该"是什么。道德是绝对的、无限的，而无论是外在自然还是内在

① ［法］霍尔巴赫. 自然的体系：上. 管士滨，译. 北京：商务印书馆 1999：175.
② 同①196.
③ 同①263.
④ ［德］包尔生. 伦理学体系. 何怀宏，廖申白，译. 北京：中国社会科学出版社，1988：19.

自然都是处于“是”的控制中，因而是有限的。相比于人的道德，自然不具有任何优越性和优先性。包尔生在《伦理学体系》中写道：“自然律是表示自然现象的恒久统一性的公式，它在较狭的意义上是意味着不承认任何例外的绝对统一性……在这个意义上，因果律本身被理解为一个严格的普遍的自然律。”① 道德律不是像自然律一样宣称“是”是什么，不是落在因果律上面，而是宣称应当是什么。康德在《纯粹理性批判》中说，就因果性而言，“在纯粹理性的二律背反中存在着自然的必然性与社会历史道德领域中的自由之间的冲突”，同一个行动者，作为现象，他遵从自然机制的因果性；但“作为本体（作为纯粹理智而不是感性的欲望的人），他不受任何自然规律的支配”②。康德认为，现象世界（自然界）与本体世界（自由界）互不影响。在自然科学的认识领域中，理性为自然界立法；而在道德历史领域中，人为自己立法。自然界是“必须如此”，自由界是“应该如此”。意志自律即自由是一切道德律的唯一原则，任何他律都不能建立责任。道德律表达的是纯粹实践理性的自律，这是一切准则的形式条件。道德律实际上是作为自由的纯粹理性的原因性的原则被提出的，因而是一个超感性的自然的可能性法则。人一方面服从于自然秩序，但作为超感性世界的一员，他又会思维，服从于内在自由。道德律是和自由密切相关的。自然是自由的反面。人类最初的自由观念起源于和自然必然性的对比。但道德意识却预先假定我们是自由的。道德律的基础是自由，自由是道德律存在的理由（ratio essendi）。康德把自然律和道德律相提并论，认为：从自然律的角度看人，人是无限宇宙的微粒，渺小到微不足道，自然律把人类居于其中的联系拓展到无限世界之外，这个世界的无限性景象仿佛取消了人作为一个富有灵气的动物性创造物的重要性，人与世界的联系是偶然的；从道德律的角度看人，人是高居其他生命之上的存在物。道德律肇始于人的不可见的自我以及人格，将自我呈现在一个具有真正和无穷性但仅能为知觉所察觉的世界里。人之行为具备道德性，就是要人类行为占据道德，或者说，是让道德律占据人类。道德律对于人之行为来说，是绝对的命令，完全地按照绝对命令去行为，也就是康德所说的出于责任的行为，才能够说是与道德并行不悖的。人之行为的道德性要由人类准则之全部占有道德法则来保证，人类准则之转变为法则的能力在于人的纯粹理性，任何经验的、感性的东西都是对这个过程的破坏。

尊重道德律，让道德律直接决定意志，所要表达的就是要把道德律视作行为的最终目的。唯有对道德律的尊重，是内在而通过理性概念自发产生的，它促使人们自觉地去遵守道德律令，这就要求道德律令不能是神的诫命，不体现为人对外在对象的追求，尊重规律是人自觉服从规律的动机。也正因为这样，对道德律的服从才不是强迫，而相反体现的是人的自由。尊重的唯一对象是规律，其作用产生的结果是对规律的自然而然的服从，因此道德律就不能是来自经验的，只能是来自纯粹理性的道德的规律。事实上，没有对道德规律的尊重，主体的行为就不必然具有道德价值；而行为之出发点若不是具备客观必然性的道德规律，主体亦无法产生对道德规律的尊重之情感。

康德以绝对命令的方式给出了他的道德律令的三个公式，简而言之，即普遍必然律、

① ［德］包尔生．伦理学体系．何怀宏，廖申白，译．北京：中国社会科学出版社，1988：17-18．

② 李秋零．德国哲人视野中的历史．北京：中国人民大学出版社，1994：102．

人是目的律和意志自律。

第一条道德律令的公式，可以简称为“普遍必然律”，康德称之为唯一的绝对命令，是从形式上来说的。“我一定要这样行为，使得我能够立定意志要我行为的格准成个普遍规律。”或者说“只照你能够立志要它成为普遍规律的那个格准去行为”[①]。这个原则被后人简称为普遍必然律，因为它旨在保证道德律令从形式上能够具备普遍必然的有效性。这一道德律令，在突出行为之准则需具备普遍性之同时，强调了实现准则向法则转变的关键在于人自身的意志，法则体现着对意志的命令，准则则体现着意志的选择。

第二条道德律令的公式，可以简称为“人是目的律”。康德指出：“你须要这样行为，做到无论是你自己或别的什么人，你始终把人当目的，总不把他只当作工具。”[②] 该公式是在保证普遍必然性的同时解决实践原则的质料问题，即目的的依据。康德指出，人之作为有限理性存在者是作为自在目的而存在着的，在任何时候都只能被当作是目的而不是手段，人在目的王国中是有尊严（Wurde）而不是仅有价值的。正因为人是最终的自在目的，人类的善良意志是自在的善，这才促使我们将道德律令看作行为的直接决定者，道德毕竟是人性中的道德，道德上的善正是善良意志本身。“只有道德和能道德的人格(Menschheit)，是有尊严的。”[③]

第三条道德律令的公式，可以简称为“意志自律”。康德指出：“个个有理性者的意志都是颁定普遍律的意志。”[④] 亦即服从道德律令的人类自身就是道德律令的制定者。人类正是在法由己立的参与过程中，体现出人的自在目的性，人的尊严、人的法则也因透显着与规律必然符合的意志，才成为彻底善良的意志。此一律令就是使人的意志与普遍的实践理性相一致的最高条件。在康德看来，意志自律确证着人的伟大，“履行个人的一切义务的人具有一种尊严与伟大。固然，就他服从道德律这一点说，他并不伟大；但是，对于这个道德律，他就是定律者，并且他只为这个缘故，才服从它，所以他才算伟大。我们在上文已经指明，也不是恐惧，也不是爱好，只有尊重规律，才能够使行为在道德上可贵。假如我们认为我们意志只在它的格准会充作普遍律这个条件之下发生作用，那末，这个我们所可有的理想的意志就是应该受尊重的；人的尊严就在于这个能够作普遍律的制定者的资格，不过人自己也得要服从他所定的这种规律”[⑤]。对道德律的尊重最终实现的是对人性自身尊严的尊重，这样的一个道德律才是唯一值得尊重和服从的规律。

在康德看来，人在现实生活中绝不可能做到完全出于自由意志的规律即道德律行事，顶多能够做到符合道德律。但“符合道德律”并不等于“出自道德律”，因为符合道德律的行为很可能带有感性的欲求或动机，甚至把道德律作为感性动机的借口；而“出自道德律”则要求排除一切感性的动机，纯粹“为道德而道德”、“为义务而义务”。这种纯粹道德动机也许没有一个世俗的人完全可以做到，但却是用来评价每一个人的行为的道德价值的绝对标准，具有规范、引领道德生活的功能和价值。既尊重道德律令又自觉制定道

---

① ［德］康德．道德形上学探本．唐钺，译．北京：商务印书馆，2012：17，38.
② 同①46.
③ 同①53.
④ 同①49.
⑤ 同①58.

德律令，确证了人类道德生活的主体性、能动性，也彰显出人类道德生活的伟大和不易。

中国古代许多思想家也认为道德生活有其自身内在的律法和命令，道德生活涉及人我之间的对待和利益满足的关系。孔子主张行“忠恕之道”，认为“忠道”即是“己欲立而立人，己欲达而达人”，亦即自己想有所建树也要帮助别人有所建树，自己想有所实现也要帮助别人有所实现；“恕道”则是“己所不欲，勿施于人”，做不到对别人有所助益，至少不能伤害他人，自己所不愿得到的东西不要施诸他人。最高级的道德价值和精神追求应当是“博施于民，而能济众”，这是孔子认为的圣人的道德价值风范，是他自己所不具备的，同时也是需要学习和仰慕的。同时孔子也探讨了小人的生活价值追求，比即是对功利财货的追求，“君子喻于义，小人喻于利”，“君子怀德，小人怀惠”，小人不同于君子之处在于他是孜孜求利而不顾及道德准则的。孟子指出：“鸡鸣而起，孳孳为善者，舜之徒也。鸡鸣而起，孳孳为利者，跖之徒也。欲知舜与跖之分，无他，利与善之间也。”① 孟子见梁惠王，对其一开口便“以利吾国乎”的提问颇为不满，理直气壮地答道：“王何必曰利？亦有仁义而已矣。”在孟子看来，仁义未尝不利，“未有仁而遗其亲者也，未有义而后其君者也”。仁义之利涉及两方面，一是仁义本身是建构良好人际关系的必要支柱，二是在处理人我、群己利益关系中所呈现出来的对他人、群体利益的尊重和维护。孟子主张与民同忧乐，认为“乐民之乐者，民亦乐其乐；忧民之忧者，民亦忧其忧。乐以天下，忧以天下，然而不王者，未之有也”②。理想的道德生活就是人我兼顾，群己诸重，或者说“老吾老以及人之老，幼吾幼以及人之幼”。孟子强调善推，亦即将心比心，推己及人，认为“推恩足以保四海，不推恩无以保妻子。古之人所以大过人者无他焉，善推其所为而已矣”③。朱熹也认为道德律是人性所固有的普遍原则，“人物各循其性之自然，则其日用事物之间，莫不各有当行之路，是则所谓道也”④。“德者，得也，得其道于心而不失之谓也。”⑤ 道德生活的基本规律就是以人性为基础，根据理智指导生活，道德律的一般原则是“行善避恶”、“己所不欲，勿施于人”。明清之际的王夫之认为，道德生活既要挺立自身的主体性和个人尊严，又要兼顾并尊重他人的利益和尊严，他指出：“使人乐有其身，而后吾之身安；使人乐有其家，而后吾之家固；使人乐有其情，而后其情向我也不浅。”⑥ 尊人者，人恒尊之；爱人者，人恒爱之。从某种意义上说，尊重他人的尊严、人格和利益，其实就是尊重自己的尊严、人格和利益。当然，人际关系是有矛盾和冲突的，在矛盾和冲突的过程中，如何正确认识并处理他人利益和自我利益的关系，往往会有不同的道德律令。

三、道德生活的金律、银律、铜律和铁律

道德律是价值律的核心，价值律除了道德律，还包含非道德律和反道德律。比如，利

---

① 孟子：尽心下.

② 孟子：梁惠王下.

③ 孟子：梁惠王上.

④ 朱熹. 四书章句集注. 北京：中华书局，1983：17.

⑤ 同④94.

⑥ 王夫之. 诗广传//船山全书：第3册. 长沙：岳麓书社，2011：367-368.

己主义者的格言“人不为己，天诛地灭”，拜金主义者的格言“人为财死，鸟为食亡”，就是非道德的价值律。“无毒不丈夫”以及“先下手为强，后下手遭殃”等则是反道德的价值律。按照人们对待利益及人我关系的态度，参照古希腊关于黄金时代、白银时代、青铜时代和黑铁时代的划分，可以把价值律由高到低地排列成“金律”、“银律”、“铜律”和“铁律”。

古希腊醒世诗人赫西俄德在《工作与时日》中用故事的形式揭示了人类从“黄金种族”向“白银种族”演进，再到“青铜种族”，最后到“黑铁种族”的过程。在他看来，生活在“黄金时期”的人们“像神灵一样生活着，没有内心的悲伤，没有劳累和忧愁。他们不会可怜地衰老，手脚永远一样有劲；除了远离所有的不幸，他们还享受筵宴的快乐。他们的死亡就像熟睡一样安详，他们拥有一切美好的东西”①。后来生活在“白银时期”的人们“在肉体和心灵两方面都一点不像黄金种族。这个种族的孩子在其善良的母亲身旁一百年长大，语言贫乏，在家里孩子气十足地玩耍。但是，当他长大成人，渐渐步入风华正茂的青春期时，他的成人经历非常短暂，并且由于愚昧无知而使悲伤始终与之相伴。他们不能避免犯罪和彼此伤害，又不愿意崇拜神灵和给幸福神灵的祭坛献上祭品”②。白银时代的人们虽然有种种问题，但还不是很坏的。第三个时代的人们可以称为“青铜种族”，“他们可怕而且强悍，一点不像白银时代的人类。他们喜爱阿瑞斯制造哀伤的工作和暴力行为，不食五谷，心如铁石，令人望而生畏。他们力气很大，从壮实的躯体、结实的双肩长出的双臂不可征服……他们用自己的手毁灭了自己”③。之后是“黑铁种族”。生活于黑铁时代的人们“白天没完没了地劳累烦恼，夜晚不断地死去。诸神加给了他们严重的麻烦。尽管如此，还有善与恶搅合在一起……父亲和子女、子女和父亲关系不能融洽，主客之间不能相待以礼，朋友之间、兄弟之间也将不能如以前那样亲密友善。子女不尊敬瞬即年迈的父母，且常常恶语伤之。这些罪恶遍身的人根本不知道畏惧神灵”④。在黑铁时代，人们颠倒是非，混淆黑白，反把耻辱当光荣，“赞美和崇拜作恶者以及他的蛮横行为。在他们看来，力量就是正义，虔诚不是美德”⑤。恶人作恶不仅得不到有效地制止，反倒显得理直气壮。处于黑铁时代的人们“陷入深深的悲哀之中，面对罪恶而无处求助”⑥。

依据赫西俄德的论述，我们可以把人类道德生活的黄金时代的道德律概括为金律，把白银时代的道德律概括为“银律”，把青铜时代的道德律称为“铜律”，把黑铁时代的道德律称为“铁律”。

无论在古典西方的基督教伦理学还是在传统东方的儒家伦理学中，将心比心，推己及人，一直被视为规范人们道德行为的第一准则⑦。人们把“己所不欲，勿施于人”视

① ［古希腊］赫西俄德．工作与时日//工作与时日；神谱．张竹明，蒋平，译．北京：商务印书馆，1991：4-5.

② 同①5.

③ 同①5-6.

④ 同①6-7.

⑤ 同①7.

⑥ 同①7.

⑦ 应当指出，有关道德金律的思想不仅出现在西方基督教与东亚儒家的道德哲学中，它还以各自不同的形式分别出现在诸如犹太教、印度教、佛教等其他宗教文化中。有关道德金律在不同文化传统中的表现的讨论，参见罗斯特（H. T. D. Rost）的《论道德金律》（乔治·罗纳德出版社，1986）；布鲁斯·阿尔顿（Bruce Alton）的博士论文《考察道德金律》（密西根大学微缩软件中心，1966），尤其是第一章。杰弗里·瓦特（Jeffery Wattles）的《论道德金律》（牛津大学出版社，1996）对西方历史上有关道德金律的探讨做了迄今最为详尽与系统的介绍。

为道德生活的黄金定律。“己所不欲，勿施于人”作为道德规范或训诫，无论在东方还是西方都已有上千年的历史，千百年来一直被人们奉为为人处世的道德信条与方法。然而，在过去的两百年间西方主流伦理学的讨论中，这一金律似乎逐渐失去了它往日的光辉与尊贵的地位，它屡遭冷落，不再被视为伦理学的第一律令。人际间相互关爱的原则在近代伦理学的思考中被边缘化，而绝对性的普遍公正原则在道德伦理评判中占据了统治地位。近代社会处在确定性和普遍性的统治之下，理性为人类道德伦理立法。此时道德关注的焦点由道德行为者的自我审视转为伦理准则的规定和禁令以及哲学思想，而决定行为道德与否的责任也由个体转移到被授予唯一道德权威的超个人代理机构。穆勒尽管没有直接摒弃作为伦理学第一律令的道德金律，但也毫不犹豫地认定基督教道德金律应当被功利主义的最大多数人的最大幸福原则取代①。康德对道德金律做出全面的批判性反思，认为传统的道德金律不可能也不应当作为人们道德伦理行为的基石。相反，道德金律只能按照普遍绝对道德律的精神进行修正与限制，它只有在接受了普遍绝对道德律的检验之后方可作为有效的道德准则发挥作用。

道德生活的金律类似于儒家“忠道”，强调“己欲立而立人，己欲达而达人”，其核心内容是尽己之心之力以帮助他人，具有利他主义的行为特质，亦主张为他人利益而牺牲自己的利益，故此是最普遍的道德律，也是价值最高的道德律。“17 世纪人们把《马太福音》第七章第十二节和《路加福音》第六章第三十一节的论述称之为‘黄金规则’或‘金律’，这一术语开始得到使用，但其起源并不清楚。”②《马太福音》上说：“你们愿意人怎样待你们，你们也要怎样待人，因为这就是律法和先知的道理。”《路加福音》上也说：“你们愿意人怎样待你们，你们也要怎样待人。”《马太福音》上还说：“你要尽心、尽性、尽意，爱主你的神。这是诫命中的第一，且是最大的。其次也相仿，就是要爱人如己。这两条诫命是律法和先知一切道理的总纲。”这是伦理学“金律”的标准表达。道德金律的本质是积极主动地爱人和利人，“只做好事”或尽心尽力去做对他人有益的好事是其内在的精神要义。当然，它也是从“己所欲，施于人”的角度提出的。唯其如此，也存在着一些在后果论上是否真正有助于人的不确定因素。一些人进而否认这一爱人如己和“己所欲，施于人”的黄金定律，实际含有“以小人之心度君子之腹”的不当心理，但也确实提醒践行道德生活黄金定律的人们应当将爱人之心和爱人之行以及爱人之果有机地结合起来，实现爱人、助人和益人的辩证统一，而且是无负面因素的正当而合理的爱人、助人和益人。

道德生活的银律类似于儒家的“恕道”，强调的是“己所不欲，勿施于人”，要求人们在做不到有利于他人的情况下，至少应当做到不把自己不喜欢的强加于人，或者说得更简单一些“不要害人”。恕道的本质是将心比心，推己及人。人类从禁止性规范的角度提出的一些道德要求大多与恕道相关，如“不要偷盗”、“不要撒谎”、“不要奸淫”、“不要杀人”等。有人以为孔子的“己所不欲，勿施于人”是道德生活的金律，其实它只能是道德生活的银律。“己所不欲，勿施于人”要求人们不加害于人，不做坏事。“不做坏

① MILL J S. Utilitarianism. New York: Oxford University Press, 1988: 18.
② ［英］罗斯特. 黄金规则. 赵稀方，译. 北京：华夏出版社，1999: 11.

事”与“只做好事”、“避恶”与“行善”不是同一行为的两个方面，而是两个层次上的对应行为。“不做坏事”是消极的、被动的；“只做好事”是积极的、主动的。“不损人”相对容易，“利人”则比较难，“专门利人”最难。从“恕道”到“忠道”是从“仁”的否定方面到肯定方面的过渡，这一过渡表现了“推己及人”的范围由近到远、由少到多的过程，同时也是道德境界不断提高的过程。这也就是说，“金律”和“银律”不只是同一个道德律的肯定和否定两个方面，而且是这一道德要求的高低两个层次，以及这一道德实践过程的高级和初级两个阶段①。

道德生活的铜律就是“人施于己，反施于人”，或如朱熹所说：“故君子之治人也，即以其人之道，还治其人之身”②。现实生活中“以德报德”、“以怨报怨”，人际关系中的爱憎分明，都可视为铜律的表现。如果说，金律和银律都是正面意义的道德律，那么铜律表现了利益关系的对等原则和礼尚往来的精神，既可以在底线道德的意义上来认识，也常常通过非道德表现出来。别人怎样对待你，你就怎样对待别人，这就是“铜律”的基本精神。是故看菜吃饭、量体裁衣、对症下药，甚至讨价还价都可以视为铜律的具体表现。与“金律”相比，“铜律”的表述式少了“欲”或“你要……”的内容。这是因为“铜律”不是“推己及人”的论断，而是对他人行径的反应，它要求人们根据他人对自己的行为来决定对待他人的行为。一些行动准则，如“以德报德，以怨报怨”，“以牙还牙，以眼还眼”，“以血还血，以命抵命”，等等，都是“铜律”的具体主张。“铜律”是关于利益和价值的博弈规则，而不是关于道德行为规则。“铜律”本身并没有对行为的善恶提出具体要求，但要求按照对等原则，对人我之间的相互行为进行博弈。不通过博弈，你既不知道别人会如何对待你，也不知道应该如何对待别人。“铜律”的依据是人我行为对等原则，而不是公正的原则。“公正”不等于“平等”和“对等”，公正的原则承认差等，要求区别对待。行为对等原则拉平了个人与个人、阶级与阶级、人群与人群之间的差别，要求用对等的行为对付自己所遭遇的行为，以对等的行为效果偿还所受到的效果。中国古代的墨子、荀子和西方近代的霍布斯的社会理论都表明，从非道德的“铜律”到关于社会政治的道德原则，是一个利益博弈的过程。与“铜律”密切联系的利益博弈蕴涵着基本预设：一是“利益最大化原则”，每一个人都追求自己的最大利益；二是“合理化原则”，人的理性可以认识什么是自己的最大利益，并且决定如何实现这一目标的途径。如果这两个预设的原则能够成立，“铜律”就可以导向道德的原则；反之，如果它们不能成立，“铜律”就会导向反道德的“铁律”。

道德生活的铁律则是一种反道德的行为律令，其本质带有损人利己、损公肥私的性质。现实生活中有些人所推崇的“人不为己，天诛地灭”、“无毒不丈夫”、“先下手为强，后下手遭殃”，以及“成者为王，败者为寇”的人生格言，表达的就是这种反道德的铁律。“铁律”是与“金律”和“银律”背道而驰的反道德行为命令，也摆脱了“铜律”的行为对等原则的限制。在行为对等原则的前提下合理地追求自己最大利益，人们必不敢无端地、贸然地损害别人的利益。“铁律”以“先施于人”的要求，企图摆脱对报复行为

① 赵敦华．只是“金规则”吗——评宗教对话的一个误区．社会科学战线，2008（2）；中国古代价值律的重构及其现代意义．哲学研究，2002（1）．

② 朱熹．四书章句集注．北京：中华书局，1983：23．

的顾虑，而肆无忌惮地逞凶作恶。一个以“铁律”为主导原则的人群，只能是霍布斯所说的“人对人像狼一样”的“自然状态”，或是墨子和荀子所指出争斗离乱、如同禽兽，甚至连禽兽都不如的前社会或非社会的状态。铁律带有损人意义上的自私，是不折不扣的反道德律。铁律是道德生活必须排斥或防范的，但是在现实的道德生活中总有一部分人是按照铁律行为的，从而促得道德生活充满着善与恶、利己与利他、自私与利群相互斗争的矛盾性或冲突性。

四种律令在人类道德生活中各有一定的功能效用。人的善良本性和道德本质可以解释“金律”和“银律”的普遍性，人的自利本性和理性本质可以解释“铜律”所必然导致的社会道德结果，人的自私倾向和对个人利益的非理性维护可以解释“铁律”的必然性。

基于金律、银律、铜律和铁律的内涵分析，我们认为，人类的道德生活要想有比较理想的发展，还必须想办法抑制铁律、提升铜律、肯定银律、崇尚金律。其实，在这里，确切地讲，有一个改造人自身的兽性和自然性、发展并完善人自身的社会性和德性的问题。人来源于动物决定了人始终无法完全脱离兽性和自然性，但是人类通过道德生活可以使这种兽性和自然性得到某种必要的改造与抑制，使其控制在合理范围以内。同时在发展并完善社会性和德性方面，也须采取有效的措施和办法，尊重人的自然性和天性的同时又要对这种自然性和天性予以合理的改造与提升。王夫之的“继善成性”论较为深刻地说明了人类道德生活的这一律则和要求，“夫繁然有生，粹然而生人，秩焉纪焉，精焉至焉，而成乎人之性，为其继而已矣。道之不息于既生之后，生之不绝于大道之中，绵密相因，始终相洽，节宣相允，无他，如其继而已矣”[①]。继善才能成性，不继不能成性，人只有不断地继承天所赋予人的潜能并在化愚为哲中方可成就人的人性。无论是改造人性抑或是成就人性，都不存在一劳永逸的结果性效应，只能是“苟日新，日日新，又日新”，唯其如此，才能促进人类道德生活不断前进和不断完善。

推荐阅读书目

恩格斯．反杜林论//马克思恩格斯文集：第9卷．北京：人民出版社，2009.

唐凯麟．中华民族道德生活史．上海：东方出版中心，2014—2016.

高兆明．道德生活论．南京：河海大学出版社，1993.

老子．道德经//诸子集成．北京：中华书局，1986.

［德］康德．道德形上学探本．唐钺，译．北京：商务印书馆，2012.

［法］卢梭．论科学与艺术的复兴是否有助于使风俗日趋纯朴．李平沤，译．北京：商务印书馆，2011.

［美］杜威，塔夫斯．伦理学．方永，译．北京：商务印书馆，2019.

① 王夫之．周易外传：卷五//船山全书：第1册．长沙：岳麓书社，2011：1007.

复习思考题

1. 试述道德生活的基本内涵和本质特征。
2. 试评道德绝对主义与道德相对主义。
3. 谈谈你对道德乐观主义与道德悲观主义的看法。
4. 试述道德金律和银律的内在联系。
5. 请结合现实，谈谈你对道德律的看法。

第五章
道德原则

道德原则既是道德生活的内在要求和道德生活有序运行的保障，又约束、规范着道德生活的性质并激励、引领着道德生活的向前发展。作为道德生活的表现和确证，道德原则反映着道德生活的本质和发展趋势。道德原则是人类需求和利益在道德生活中的集中反映，理性确立并遵循道德原则有助于“满足和提升人类（或理性）存在者的最重大利益”，“将满足根本的人类需求和以最优方式提升最重大利益的原则是客观的有效的道德原则”①。道德生活的多元、多向度和多层面以及丰富多彩的特质，决定了道德原则必定不是单一的，它应该是一个多种原则相互补充、相互作用并不断发展和完善的体系，体现着开放、包容和共同发展的特色。在伦理学领域，没有一种万能的道德学说能够从容直面所有问题的挑战，再强势的伦理学理论在层出不穷的道德悖论面前，也不得不承认自身解决问题能力的极限。在《伦理学与生活》一书中，雅克·P. 蒂洛认为，任何可行的道德体系都有自己的基本设想和道德原则，每一种道德体系至少有一条基本原则，有的体系更多一些。“伦理利己主义的基本原则是自身利益；功利主义的基本原则是一切相关者的利益；在康德的体系中，基本原则是绝对命令、强调义务而非意向、可逆性标准以及每个人都是目的而不仅是手段的基本原则。连极少提倡规则而竭力强调特定境遇的道德体系——境遇伦理学——也有一条基本原则，谓之爱。”② 成为道德原则须具有以下规定性或特征，即它应当以理性为基础而又不缺乏情感；应当尽可能具有逻辑一贯性，但又不是僵死不变的；必须具有普遍性，能普遍地适用于全社会，又能应用于特定的个人和境遇；必须能够解决人们之间、责任义务之间的冲突；应能教授和宣传。基于这一思考，他总结并提炼出了人道主义伦理学的五个基本原则：生命价值原则——人应当尊重生命并接受死亡；善良正当原则——扬善抑恶做好事，不造成损害、不做坏事，制止

① POJMAN L P. Ethics: Discovering Right and Wrong. 15th ed. Belmont: Thomson Wadsworth, 2006: 55.

② ［美］蒂洛，克拉斯曼. 伦理学与生活. 程立显，刘建，译. 北京：世界图书出版公司，2008：146.

坏事防止损害；公正公平原则——人们当试图分配好处与坏处时应该公平合理地对待他人；说实话或诚实原则——为有意义的交往做准备；个人自由原则——人必须拥有选择自己道德修养的方式方法的自由。根据以上五大原则所建立的道德评判依据，凡是触犯了其中一条，都被视作有违道德，不符合伦理。

应该说，蒂洛关于道德原则根据及其对多条原则的论述是颇富启发性的。道德生活的多向度、多重关系以及多方面的要求决定了道德原则不可能是单一的，而应该是多条原则既各司其职又彼此关联的体系，"所以存在一组有效的、适合于所有人（或理性存在者）的道德原则"①。从当代中国社会道德生活的实际和基本要求出发，我们认为集体主义、人道主义、公平正义和诚实信用四大原则是一组最有效也最为人们所需要的道德原则。如果说集体主义是处理人与社会集体关系的基本道德原则，那么人道主义则是处理人与人关系的基本准则。公平正义既是处理人与人、人与社会集体以及社会集体与社会集体的道德原则，也是处理人与自然关系的道德原则。诚实信用既是社会主义核心价值观中公民个人必须遵循的道德准则，也是各行各业各个领域都应当而且必须遵循的道德准则，当代道德生活呼唤个人诚信、政务诚信、商务诚信、社会诚信和司法公信建设，而这就需要遵循诚信原则。此外，尊重原则，善良原则以及无害原则等也应得到应有的贯彻和遵行。

第一节　集体主义原则

集体主义是社会主义道德的基本原则。集体主义之所以能成为社会主义道德体系的基本原则，不仅在于它反映了社会主义社会的根本利益关系，并能正确解决集体利益和个人利益的关系，同时还因为它与爱国主义和社会主义的密切关系而成为在社会主义道德体系中居于主导地位的道德原则，集体主义从行为准则上把社会主义道德与其他道德类型区别开来。

一、集体主义原则的由来与发展

集体主义作为社会主义的道德原则，包含了人类有史以来看待个人与社会集体之间利益关系的先进思想和道德观念，在伦理道德上它是这些先进思想和道德观念合乎逻辑发展的结晶。但是，作为一种道德原则，集体主义的形成与发展却有自己的独特过程。

在思想史上，集体主义思想与原则的提出是在资产阶级启蒙时代。比较明确地阐述集体主义思想的是18世纪法国启蒙思想家卢梭。卢梭从反对洛克等人的个人主义思想出发，认为道德共同体所体现的公共利益是最高的道德目标。卢梭论述了集体利益对个人利益的保证和促进作用，指出："集体在接受个人财富时远不是剥夺个人的财富，而只是保证他们对自己财富的合法享有。""公共的利害就不仅是个人利害的总和，像是在一种

① POJMAN L P. Ethics：Discovering Right and Wrong. 15th ed. Belmont：Thomson Wadsworth，2006：55.

简单的集合体里那样，而应该说是存在于把他们结合在一起的那种联系之中；它会大于那种总和；并且远不是公共福祉建立在个体的幸福之上，反而是公共福祉才能成为个人幸福的源泉。”① 基于此种认识，卢梭强调个人利益服从集体利益，认为只有这样才能使社会共同生活成为可能，“没有这一点，社会的联系就不能巩固，而主权的行使也就没有实际的力量”②。德国古典哲学家黑格尔认为国家是伦理理念的现实和客观的伦理精神，而个人只是社会历史实现自己的手段。“由于国家是客观精神，所以个人本身只有成为国家成员才具有客观性、真理性和伦理性。”③ 个人只有服从国家的利益，才能使自己成为有道德的人。

从形成、发展的过程上讲，集体主义经历了从原始集体主义到家庭公社集体主义、城邦共同体集体主义、农业公社集体主义、宗法家族集体主义再到无产阶级集体主义和社会主义集体主义的演变过程。原始集体主义是集体主义最原始的发展形态，人们本能地、自然地将自己融合于群体之中，以维护群体利益为行动的准绳，此时并没有私人利益或私有财产的观念。“原始的人们，最初的环境是很艰难的，他们既没有锐利的爪牙，又没有武器，仅赖生活于血族团体中，才能与毒蛇猛兽或异族为群体的生存竞争。”④ 家庭公社集体主义是原始公社解体、私有制出现之后以维护家庭公社利益为主要内容的集体主义形态。如果说原始集体主义是一种以本能地维护原始群体利益为行动准绳的集体主义，那么家庭公社集体主义则意味着家庭公社成员已经意识到家庭公社利益的重要性并含有某种个体成员的认识自觉，含有将此一家族公社利益与另一家族公社利益区别开来的因素。其他如城邦共同体集体主义、农业公社集体主义、宗法家族集体主义都只是原始社会末期到资本主义社会产生之前集体主义的不同表现形态，是同奴隶社会和封建社会的群体主义（或整体主义）联系在一起的集体主义。这些不同形态的集体主义，整体上看虽然有集体主义的表现形态，但是却有很多虚幻、抽象乃至不真实的因素，本质上是虚幻的集体主义而不是真实的集体主义。只有无产阶级集体主义和社会主义集体主义才是真正的集体主义，并在人类历史上发生了重要的作用。马克思主义经典作家没有专门用集体主义这一术语表述自己的思想体系，但马克思主义却有明确的集体主义思想。马克思和恩格斯在《神圣家族》中说：“既然正确理解的利益是全部道德的原则，那就必须使人们的私人利益符合于人类的利益。”这是集体主义含义的最早表达。后来，马克思和恩格斯在《德意志意识形态》中分析工人阶级解放条件时又指出：“只有在共同体中，个人才能获得全面发展其才能的手段，也就是说，只有在共同体中才可能有个人自由。”⑤ 并将共同体区分为虚幻的共同体和真实的共同体。虚幻的共同体，一方面并不代表整个社会的真正的普遍利益，另一方面甚至也不代表或不能代表隶属于这个集体之中的各个成员的个人利益。历史上各种占统治地位的剥削阶级的阶级利益集团就是一种虚幻的共同体。真实的共同体，是相对于虚幻的共同体而言的，它从根本上消除了个人利

---

① ［法］卢梭．社会契约论．何兆武，译．北京：商务印书馆，1980：192-193.
② 同①33-34.
③ ［德］黑格尔．法哲学原理．范阳，张启泰，译．北京：商务印书馆，1961：254.
④ 蔡和森．社会进化史．北京：东方出版社，1996：54.
⑤ 马克思，恩格斯．德意志意识形态//马克思恩格斯文集：第1卷．北京：人民出版社，2009：571.

益与社会公共利益的对抗性，把社会普遍利益与个人利益真实地统一于自身。真实的集体就是一种人的“自由联合体”。这种“自由联合体”是人们在克服了受偶然性支配的障碍之后，必然地、自由地选择的一种联合形式。马克思和恩格斯以“符合于人类的利益”作为共产主义和无产阶级的道德理想，根据马克思主义的基本思想，社会发展的利益高于无产阶级的利益，整个工人运动的利益高于工人个别部分或运动个别阶段的利益。这一思想，体现了社会集体对于个人的道德权威，也揭示了个人对于社会集体的道德责任，是集体主义内涵和特质的深刻论述。

列宁在谈到集体主义的思想的时候曾这样说：“我们将努力消灭‘人人为自己，上帝为大家’这个可诅咒的准则，克服那种认为劳动只是一种差事，凡是劳动都理应按一定标准付给报酬的习惯看法。我们要努力把‘大家为一人，一人为大家’和‘各尽所能，按需分配’的准则渗透到群众的意识中去，渗透到他们的习惯中去，渗透到他们的生活常规中去”①。第一次明确提出“集体主义”这一概念的人是斯大林。他开始把集体主义作为一种思想体系和道德原则与西方学者将集体主义看作一种组织和社会体系的看法区别开来，指出集体主义是共产主义的伦理原则。1934 年，他在同英国作家威尔斯的谈话中对集体主义做了这样的阐述：“个人和集体之间、个人利益和集体利益之间没有而且也不应当有不可调和的对立。不应当有这种对立，是因为集体主义、社会主义并不否认个人利益，而是把个人利益和集体利益结合起来。社会主义是不能撇开个人利益的。只有社会主义社会才能给这种个人利益以最充分的满足。此外，社会主义社会是保护个人利益的唯一可靠的保证。”② 斯大林这段话指出社会主义公有制消除了个人利益与集体利益的对立，实现了二者的统一，这是人类历史进步的表现和结果，同时强调社会主义不能撇开个人利益，而且只有社会主义社会才能给予这种个人利益以最充分的满足，个人利益的唯一可靠的保证是社会主义社会，即个人只有通过社会主义社会才能获得个人利益。

毛泽东在总结我国新民主主义革命和社会主义革命与建设的实践经验的基础上，对斯大林所论述的集体主义原则又做了更加明确和具体的发挥。毛泽东指出，要反对自私自利主义的自发倾向，提倡以集体利益和个人利益相结合的原则为一切言论行动的标准的社会主义精神，必须兼顾国家利益、集体利益和个人利益三个方面，并使其有机地结合起来。在毛泽东看来，集体主义是同利己主义相对立的道德原则，集体主义所要反对的是利己主义而不是正当的个人利益，正当的个人利益恰恰是集体主义所要保护的，并构成集体主义的主要内容。社会主义的集体主义既要反对自私自利的个人主义倾向，反对把个人利益看得高于一切或凌驾于集体利益之上的种种错误思想和行为，又要反对不关心个人利益，把个人利益置之度外的抽象道义论。他说：“我们历来提倡艰苦奋斗，反对把个人物质利益看得高于一切，同时，我们也历来提倡关心群众生活，反对不关心群众痛痒的官僚主义。”③ 毛泽东特别批评了那种把个人与集体对立起来，以为限制了个体就强化了集体，发展个体就会削弱集体的错误观点，认为个人与集体是相互补充、相互

---

① 列宁．从莫斯科—喀山铁路的第一次星期六义务劳动到五一节全俄星期六义务劳动//列宁全集：第 39 卷．北京：人民出版社，2017：100.

② 斯大林．和英国作家赫·乔·威尔斯的谈话//斯大林选集：下卷．北京：人民出版社，1979：354-355.

③ 毛泽东．论十大关系//毛泽东文集：第 7 卷．北京：人民出版社，1999：28.

促进的。对于个人利益和集体利益"都必须兼顾，不能只顾一头。无论只顾哪一头，都是不利于社会主义，不利于无产阶级专政的"①。在大力发展国家和集体利益的过程中，要更多地注意解决人民群众在劳动和生活中的迫切问题，使之逐步改进。

改革开放以来，邓小平、江泽民、胡锦涛、习近平及一大批中国马克思主义学人继承并发展了毛泽东的集体主义思想，强调社会主义道德建设必须坚持集体主义道德原则，弘扬集体主义精神，促进个人利益与社会公共利益的健康和谐发展。

二、集体主义原则的基本内涵

集体是一种不同于群体的客观存在，它是在充分重视、尊重个人的差异性和独立性的基础上，根据共同的利益，按照一定的组织原则而自觉组成的维护社会存在发展的社会关系体。真正意义上的集体是同无产阶级的解放等事业特别是建立了社会主义社会以后的社会共同体紧密联系在一起的。无产阶级集体和社会主义集体不同于历史上形形色色的虚幻的集体的地方在于它是真实的集体，是消除了个人利益与集体利益根本对抗性矛盾的集体，同时也是自由人的联合体。诚如马克思和恩格斯在《共产党宣言》中所指出的，"代替那存在着阶级和阶级对立的资产阶级旧社会的，将是这样一个联合体，在那里，每个人的自由发展是一切人的自由发展的条件"②。因此可以说，集体主义是无产阶级道德和社会主义道德的基本原则，是一种在无产阶级内部和社会主义时期各种社会共同体内部已经形成的个人利益与集体利益根本一致的基础上，既肯定个人利益正当性又主张尊重和维护集体利益，且在二者发生矛盾的情况下将集体利益放在首要位置的伦理原则或道德准则。

集体主义既与漠视个人正当利益和需要的封建整体主义有着根本的区别，也与资产阶级所鼓吹的个人主义和利己主义有着实质的不同。所谓整体主义，就是指在私有制基础上产生的坚持整体利益至上性、无视庶民百姓或底层人民个人利益、在二者发生矛盾时强调牺牲个人利益服从整体利益的思想体系和价值观点，其中封建整体主义最具代表性。整体主义所强调的整体及整体利益常常是不代表庶民百姓的根本利益和愿望的，而且总是以侵犯和剥夺庶民百姓的根本利益作为基本内容或存在基础。马克思和恩格斯在《德意志意识形态》中所谈论的虚幻的集体就是指剥削阶级所强调或推崇的整体主义。资产阶级所倡扬的国家主义、民族主义也是一种整体主义而不是集体主义。因为资产阶级所宣扬的国家主义和民族主义本质上只是代表资产阶级的整体利益，而并不必然地代表无产阶级和劳动人民的根本利益。"正是由于特殊利益和共同利益之间的这种矛盾，共同利益才采取国家这种与实际的单个利益和全体利益相脱离的独立形式，同时采取虚幻的共同体的形式"，"正因为各个人所追求的仅仅是自己的特殊的、对他们来说是同他们的共同利益不相符合的利益，所以他们认为，这种共同利益是'异己的'和'不依赖'于他们的，即仍旧是一种特殊的独特的'普遍'利益……另一方面，这些始终真正地同共

① 毛泽东. 论十大关系//毛泽东文集：第7卷. 北京：人民出版社，1999：30-31.

② 马克思，恩格斯. 共产党宣言//马克思恩格斯文集：第2卷. 北京：人民出版社，2009：53.

同利益和虚幻的共同利益相对抗的特殊利益所进行的实际斗争，使得通过国家这种虚幻的'普遍'利益来进行实际的干涉和约束成为必要"①。在资本主义社会，资产阶级的国家主义其实是服从于资产阶级利己主义原则的。它在观念上可能代表无产阶级和劳动人民的利益，但实际上总是以剥夺或伤害无产阶级和劳动人民利益作为实现的条件的。利己主义是资产阶级道德的基本原则，其基本趋向是强调个人利益的优先性和首要性，认为集体利益不过是个人利益的总和或相加，只有能够促进和保护个人利益时才有自己的意义。

无产阶级集体主义、社会主义集体主义是对历史上的整体主义与利己主义的双重超越和批判而后形成的，既重视无产阶级个人利益又强调维护无产阶级集体利益的道德原则和价值导向，是一种在真实集体的基础上把个人利益与集体利益有机结合起来的道德原则和伦理观念。一般来说，无产阶级集体主义和社会主义集体主义含有己群兼顾的特点，但是不同于己群兼顾主义的地方在于它还是有自己的价值次序和解决矛盾时的价值主张的。而己群兼顾主义在面对个人利益和群体利益相矛盾时有可能陷入胶着或不知所措的状况。集体主义比己群兼顾主义高明的地方在于，当无产阶级和社会主义社会共同体内部的个人利益与集体利益发生矛盾的时候理直气壮地主张个人利益服从集体利益，甚至主张个人利益为集体利益做出必要的牺牲。当然对于个人利益服从集体利益或者说为集体利益做出必要的牺牲，集体主义不仅主张予以肯定性的褒奖和善待，而且主张应当给予必要的补偿，同时强调不能在矛盾处于非对抗性时将个人利益服从或牺牲绝对化。有的时候，非关键性集体利益与关键性个人利益发生矛盾，非关键性集体利益对关键性个人利益做出某种让步和成全，也应当视为无产阶级集体主义和社会主义集体主义的内在要义。

作为一种认识个人与社会的方法原则，集体主义既不主张仅仅从社会出发来说明个人，也不主张仅仅从个人出发来说明社会，而是坚持二者的统一；作为一种处理个人与社会关系的伦理原则，集体主义意味着集体必须是真实的，即不是与每个个人相对立的，而个人应当是独立的同时又是有社会责任的，处理二者之间的关系的价值取向应当是互为目的和双向还原，而非片面强调一极。基于此种认识，我们可以将集体主义界定为一种在个人利益与集体利益相互统一的基础上，既肯定个人利益的合理性，又强调集体利益的优先性，在二者发生矛盾的情境下主张个人利益服从集体利益的道德原则。集体主义道德原则包含三个互相联系、互相说明、相辅相成的基本方面，这就是：重视和保障个人利益，集体利益与个人利益相统一，集体利益高于个人利益。

第一，价值理念上肯定个人利益的正当性与合理性。集体主义所注重的集体本质上是自由人的联合体，是一种真实的集体，这种真实的集体是以承认无产者个人的正当利益和自由作为前提条件的，集体的目的、结成集体的价值就在于对无产者个人利益的尊重、维护和保障。社会主义集体主义是以肯定个人利益的正当性与合理性作为基础性内容的。集体必须尽力保障个人正当利益得到满足，促进个人价值的实现，并力求使每个人的个性得到自由全面的发展。邓小平指出，"我们提倡按劳分配，承认物质利益，是要

① 马克思，恩格斯. 德意志意识形态//马克思恩格斯文集：第1卷. 北京：人民出版社，2009：536、537.

为全体人民的物质利益奋斗。每个人都应该有他一定的物质利益”①。正当的个人利益的实现要求满足这样两个条件：一是个人在实现自身利益时不损人利己，不损公肥私，通过合理、合法、合情的途径去谋取个人利益；二是个人应该主动地承担各种社会责任，履行自己应该履行的对集体和他人的义务。重视个人的正当利益，维护个人的尊严和价值，并使每个人的个性能够得到充分发展是集体主义的一个重要方面。邓小平认为，当个人利益与集体、国家利益发生矛盾时，不仅要讲服从，还要讲兼顾，要按照统筹兼顾的原则来调节各种利益的相互关系，使出让利益的一方损失减少到最低限度，保证个人利益随集体、国家利益的增长而增长，切不可把服从当作一种无限制的盲目行为，不能使个人利益因服从集体利益和国家利益而受到严重或不必要的损害。

第二，价值次序上强调集体利益优于并高于个人利益。集体主义原则主张集体利益高于个人利益，提倡在集体利益与个人利益发生矛盾的情况下，个人要顾全大局，把集体利益放在首位，必要时为了集体利益而放弃或牺牲个人的利益。当个人利益与社会集体利益发生矛盾而又暂时得不到解决的情况下，为了维护大多数人的利益，为了社会和集体的发展，要求个人服从社会和集体的需要。社会主义集体主义强调个人利益要在国家和社会利益的发展中得到实现。在社会主义市场经济条件下，既要讲效益和盈利、重视个人利益，也要在集体主义原则的指导下实现全体人民的共同富裕。个人利益的实现，不能损害国家、集体和他人的利益。集体利益比之个人利益而言具有优先性和重要性，只有在集体中个人才能获得全面发展其才能的手段，才能获得并实现自己的个人利益。邓小平指出：“在社会主义社会中，国家、集体和个人的利益在根本上是一致的，如果有矛盾，个人的利益要服从国家和集体的利益。为了国家和集体的利益，为了人民大众的利益，一切有革命觉悟的先进分子必要时都应当牺牲自己的利益。”② 离开了集体利益，个人利益的发展和维护就会缺乏应有的保障，就会变成无源之水、无本之木。习近平指出：“历史告诉我们，每个人的前途命运都与国家和民族的前途命运紧密相连。国家好，民族好，大家才会好。”③ 所以，当集体利益与个人利益发生矛盾时，个人利益应当自觉地将维护集体利益放在重要位置，使个人利益服从并服务于集体利益，甚至不惜为集体利益而献身，这是集体主义最内在和最本质的要求。当然，集体主义不同于历史上各种剥削阶级的整体主义或国家主义、民族主义的地方在于它应当使个人利益服从或为之牺牲的集体利益成为真正的集体利益，而不是少数统治者私人的利益，同时对自觉或主动牺牲的个人利益给予应有的肯定和补偿，这也是集体利益应有的风范和要求。

第三，价值追求上注重集体利益与个人利益的有机结合。从总体上讲，个人利益和集体利益是统一的，这是集体主义原则的科学性的依据。它“既不拿利己主义来反对自我牺牲，也不拿自我牺牲来反对利己主义”④，理论上不接受这种对立，实践上也总是创造条件来消除这种对立。在社会主义社会，人民群众是国家的主人，国家利益、集体利

---

① 邓小平．党和国家领导制度的改革//邓小平文选：第 2 卷．北京：人民出版社，1994：337.

② 同①.

③ 习近平．实现中华民族伟大复兴是中华民族近代以来最伟大的梦想//习近平谈治国理政．北京：外文出版社，2014：36.

④ 马克思，恩格斯．德意志意识形态//马克思恩格斯全集：第 3 卷．北京：人民出版社，1960：275.

益代表了人民群众的长远的、根本的利益。每个劳动者在为国家、集体利益奋斗时，实质上就是在为自己的长远利益、根本利益奋斗，他在为国家、集体利益做出贡献的同时，个人利益也获得了应有的保障和实现。邓小平指出："我们从来主张，在社会主义社会中，国家、集体和个人的利益在根本上是一致的。"① "在社会主义制度之下，归根结底，个人利益和集体利益是统一的，局部利益和整体利益是统一的，暂时利益和长远利益是统一的。我们必须按照统筹兼顾的原则来调节各种利益的相互关系。如果相反，违反集体利益而追求个人利益，违反整体利益而追求局部利益，违反长远利益而追求暂时利益，那末，结果势必两头都受损失。"② 社会集体利益并不是无数个人利益的简单相加，而是二者的有机统一。集体利益与个人利益之间存在着这样三重关系：其一，它们是整体与部分的关系。其二，它们是长远与眼前的关系。其三，它们是"源"与"流"的关系。因此，应当使集体利益与个人利益统一起来。在科学的意义上，社会主义集体主义的基本精神是强调个人与社会集体之间在利益关系上的根本一致性，强调在一般情况下要努力使个人利益与社会集体利益结合起来，得到共同发展，这是集体主义的常态要求。

集体主义的上述内涵决定了集体主义是解决社会利益和个人利益关系的科学原则。集体主义彻底否定了资产阶级极端个人主义的道德原则，凸显了集体利益的首要性和优先性，但它又保留了个人主义原则中具有合理性的历史内容，特别是结合社会主义的具体实践，将个人利益纳入集体主义框架中来思考、来把握，并主张把集体利益和个人利益有机地结合起来，因此集体主义又以自己对个人利益的尊重和满足区别于无视、打压和剥夺个人利益的各种整体主义。所以集体主义是对社会利益和个人利益关系的合理解决，并且以这种解决促进着人类道德生活的进步。

集体主义原则的确立具有极大的道德进步性和价值合理性，它既是达到社会整合的价值动力，又是实现人的价值的道义保证。集体主义之所以是实现社会整合的内在根据，在于它是功利与超功利的统一，是关注个人利益与关注集体利益的统一，是人作为目的与作为手段的统一。社会主义集体主义除了在集体利益与个人利益上坚持互动统一之外，它还坚持集体义务与个体义务的双向统一。集体主义原则所规定的这种义务具有双向互动性，这不仅表现为人与人之间义务的双向性，还表现为集体与个人的义务双向互动性。在社会主义市场经济条件下，集体有义务保护个人的利益不受侵害，不能以集体利益为借口去无端损害个人的合法权益和正当利益，维护、尊重合法个人利益和正当利益是集体不落入虚假集体的内在要义或根本要求。同时，个人也不能为了获得私人利益而不顾集体利益，个人有尊重和优先考虑并努力实现集体利益的义务。集体主义之所以是实现人的价值的道义保证，在于它不仅指明了人的价值实现的方向，而且确定了实现人的价值的途径，保证了人的自我价值与社会价值的统一。不特如此，集体主义还是促进人自由全面发展的根本条件。集体主义道德原则使人的价值尊严、个性发展和自由、平等第一次奠定在真实而现实的基础上。集体主义并不排斥正当的个人利益，而是肯定正当的个人利益。集体主义不但不否定个人利益，相反地，它正是为了使个人利益在真正平等

---

① 邓小平．坚持四项基本原则//邓小平文选：第2卷．北京：人民出版社，1994：337.

② 同①175-176.

自由的基础上得到满足，促使人向着自由和全面发展的方向迈进。

三、集体主义原则的新发展

我国市场经济体制的确立与发展，从根本上改变了我国社会的经济活动方式，推进了我国现代化的发展进程，也培育出了现代的市场主体和独立公民，也使原有的各种集体发生了质的转变，市场主体和伦理人格得以确立，产生了新的集体主义。

在我国，随着社会主义市场经济发展所形成的道德进步，一个明显的表现是集体主义道德原则的深化。与西方国家不同，近代中国所面临的救亡图存的历史任务，使得传统文化的价值转换，不是以个人主义，而是以革命的集体主义取代封建宗法集体主义，其间缺少一个从整体到独立个体的分解过程。而这一过程恰恰是传统集体被扬弃、新型集体孕育而生所不可缺少的环节。市场经济体制的建立与发展，在伦理变革的意义上恰好因应了这一要求，并在实际过程中使革命集体主义发展为新颖的市场经济条件下的现代性的集体主义。

市场经济的有效运作是以承认与尊重社会利益的多元化和个体利益的合理性为前提的，因此，市场伦理主要面对的是道德主体的多重性、价值目标的多元化以及怎样在"利益"的基点上构建道德理性精神，在世俗化的背景下实现道德的协调、聚合、激励、进取功能等问题。市场经济要求所有经济活动的参与者都须以独立的利益主体身份参与，自由平等地与人从事市场活动，通过订立契约、履行合同来保证市场交易的顺利进行。契约关系是市场经济条件下独立的利益主体因交换而形成的平等的自主性关系，本质上是交换双方意志自由的产物。契约关系以利益为纽带对交换双方的权利与义务做出了明确规定，使参与其间的当事人不仅获得了公正的自主选择权，而且也形成了缔结和维系这种关系的价值认同条件，最终使得人的独立价值与权利实现具有了现实的基础。市场经济体制建立逐步改变了传统中国社会长期存在的"身份关系"，在凸显人的基本物质需求（即利益）的前提下重视对"契约关系"的协调。市场经济使人们从血缘性、依附性、愚昧性的政治秩序和伦理观念中解放出来，唤起了人的个体意识，刺激了人的需求和欲望，使人从物质文明的创造实践中确立了主体性观念。

社会主义市场经济的发展促进了国家与社会的分离，集体主义在此过程中不断地分化与整合。市场经济的发展，使主体的自由平等原则得以确立。马克思指出："如果说经济形式，交换，确立了主体之间的全面平等，那么内容，即促使人们去进行交换的个人材料和物质材料，则确立了自由。可见，平等和自由不仅在以交换价值为基础的交换中受到尊重，而且交换价值的交换是一切平等和自由的生产的、现实的基础。作为纯粹观念，平等和自由仅仅是交换价值的交换的一种理想化的表现；作为在法律的、政治的、社会的关系上发展了的东西，平等和自由不过是另一次方的这种基础而已。"① 现代市场经济发展的实践也证明了马克思的这一论断，作为交换价值交换的产物，主体的全面平等，主体自身的独立自由，又是正常的市场经济活动中商品交换关系得以形成的必要条

① 马克思. 政治经济学批判（1857—1858年草稿）//马克思恩格斯全集：第46卷：上. 北京：人民出版社，1979：197.

件。主体的平等自由是现代市场经济关系的法律、政治基础，当然也是道德基础。只有当企业中的劳动者真正成为平等自由的主体的时候，企业才能实际上成为独立自主的法人实体，而这种实体才最终使企业成为一个真实的社会集体，从而使劳动者这个平等自由的主体在企业活动中显示出一种真正的集体主义精神。

这种反映现代市场经济关系的集体主义是在劳动者成为真正平等自由的社会主体基础上形成的新的集体主义。目前，在我国的社会主义市场经济发展中，继承包制而出现的股份制企业、股份合作制企业，就是具有这种性质的新型集体。在这种新型集体中，人们对于传统的集体主义原则的认识必然有质的深化，也可以说正在形成一种新的集体主义原则。这种新的集体主义道德原则，继承了传统集体主义道德原则的基本精神，强调个人利益与集体利益的统一，但它却是以维护个人正当利益为出发点的，由此而采取共同行动来维护集体的利益。这样，集体成员为了达到维护个人利益的目的，就要形成大家必须遵守的集体的共同规则。为了实现个人利益的目标，又必须切实地维护集体的利益，这便是作为现代市场经济关系道德基础的新集体主义原则的实质性内容。

这种反映现代市场经济关系的新集体主义与传统集体主义的最大不同之处就在于，它以独立的市场主体（包括个人与企业）和权利义务的对等和统一为基本的价值视角，强调个人与集体互尽义务，充满着平等互利的色彩和精神。个人与集体间的关系开始发生质的变化，集体不再是个人生存发展的桎梏，而逐渐成为其生存发展的工具。个人对集体、社会、国家产生高度的认同感和责任感，把维护集体的利益当作自己应尽的责任。这说明，在社会主义市场经济下合理利己的契约道德将有利于催生利他、利集体的更加高尚的道德。在现实中，随着各种志愿者组织、慈善组织、自治组织以及公民社会的出现，人们越来越多地感受到一种来自民间的宽容礼让、扶贫济困、和谐共建、为国分忧的集体主义正在形成之中：这种集体主义带有鲜明的时代特色，它是个人的权益受到尊重和维护的集体主义，是逐渐掌握了自己生存发展条件的个人对集体、社会、国家形成强烈的认同感和责任感基础上的集体主义，是自内而外、自下而上、有着广泛群众基础的集体主义。

这种反映现代市场经济关系的新集体主义，与个人主义有本质的区别，同时与片面强调集体利益的抽象至上性的传统集体主义也是不同的。这种新集体主义是以这样的真实的集体为基础的，这种集体是由平等、自由的个体主体而形成的联合体。在这种集体中，人们为追求个人正当利益而真诚地维护共同利益。可见，这种新集体主义原则是以个体主体的平等自由为基础的，通过维护集体成员的共同利益而达到对个人利益追求的目的，从而实现个人利益与集体利益的统一。我国的社会主义市场经济发展实践已经日益明显地证实，这种新集体主义道德原则之所以能更加有力地调动人们的积极性，在于它的特点或优点，即对个体主体的平等自由的高度重视、对人的个性追求的尊重、对人的价值取向多样化的维护，真正实现了个性与共性、个人与整体等等的多样性的真实统一。当代中国集体主义正日益朝着以价值理念创新为先导、以个人权利为起点、以现代制度建制为核心、以集体自治为基础，以及以宏观整合为调节机制的方向发展。

第二节　人道主义原则

人道主义是以维护人的利益和价值为中心的一种学说、思潮和伦理原则。它反对超自然主义，把人看作自然对象，即主张把人当人看，肯定人的基本尊严和价值，以及人运用理性和科学方法获得自我完善的能力。社会主义人道主义是对历史上人道主义合理因素的继承和发展，把以人为本、尊重人的尊严真正提到社会发展的高度和伦理价值的高度予以强调，开辟了人道主义发展的崭新前景。

一、人道主义的内涵及历史发展

人道主义是一种源远流长的伦理学理论和道德原则。库尔兹在《21 世纪的人道主义》序言中写道："人道主义可以从希腊和罗马、中国、非洲和亚洲的古典文化中找到它的思想根源。它在每个时代的智力成就——哲学、科学和艺术——中被表达出来。人道主义的传统在文艺复兴期间结出硕果，并随着现代科学和现代世俗民主制度的出现而继续繁盛。今天，随着我们这个地球变得越来越小，随着人们之间的相互依赖越来越明显，人道主义也变得与我们这个物种的生存、与这个星球上其他生命形式的生产更加休戚相关。"[①] 在历史上不仅存在着古希腊的城邦人道主义、东方古典人道主义、世俗人道主义，而且存在着宗教人道主义、启蒙理性人道主义、实用主义的人道主义、存在主义的人道主义等等。

人道主义有广义和狭义两种含义。广义的人道主义指社会思想中一种进步的观点或潮流，其主要内容包括：提倡人的尊严，确认人是最高的价值和社会发展的最终目的；重视人的现世幸福，确认满足、发展人具有的实在的尘世需要和才能；相信人的可教化性和发展能力，要求实现个性的自由和全面发展；追求人类的完善，要求建立人与人之间互相尊重的真正人的关系。狭义的人道主义指 15 世纪前后文艺复兴时期一种与研究哲学、伦理学、艺术、语文学中古代文献相联系的世俗思潮和文化教育运动，其目标是按照古代的典范，创立一种摆脱教会权威的、建立在知识和理性基础上的对世界、对人的看法。它以个性自由发展的思想对抗封建教会独裁，以尘世的需要和情欲的论点对抗中世纪禁欲主义的道德观。它从一开始就是资产阶级革命的思想武器。

我国古代虽然没有人道主义的用语，但对人的价值的重视和对人的尊严的尊重，可以说源远流长。"人道"一词出现较早，儒家孔孟荀和道家老庄在对伦理道德的探讨中，大量地论及人道。子产在叔兴思想的基础上从理论上区分了"天道"与"人道"，并认为切近的人道应该是人最应该关注的。孔子曾经师事子产，他接受了"天道远，人道迩"[②]的新观念，认为应"敬鬼神而远之"[③]，重视"人事"，而不能被那些不可知的"鬼神"

① ［美］库尔兹．序言//21 世纪的人道主义．肖峰，等译．北京：东方出版社，1998.

② 左传：昭公十八年.

③ 论语：雍也.

之事所迷惑。在“天道”与“人道”的关系上，他提出了“人能弘道，非道弘人”[①] 的以“人”为本的主张，将“天道”融入“人道”，进一步发展了东方社会化人文主义的理论。道家的创始人老子则通过与天道的对比来衬托人道，他说：“天之道，其犹张弓欤？高者抑之，下者举之，有余者损之，不足者补之。天之道，损有余而补不足。人之道，则不然，损不足以奉有余。孰能有余以奉天下，唯有道者。是以圣人为而不恃，功成而不居，其不欲见贤。”[②] 庄子在其著作中较多地谈到人道问题。《庄子·在宥》指出：“何谓道？有天道，有人道。无为而尊者天道也，有为而累者人道也。主者天道也，臣者人道也。天道之与人道也相去远矣，不可不察也。”这里从天人关系的角度肯定了天道对人道的宰制与规约作用。法家管子提出了“以人为本”的思想：“夫霸王之所始也，以人为本。”[③] 人民是国家治理和强盛的根本，“夫治国之道，必先富民。民富则易治也，民贫则难治也”[④]。从以人为本的观念出发，管子主张所有的举政措施都在于爱民，而爱民必须“爱”与“利”兼施并用，并在此基础上教民。管子认为，“终生之计，莫如树人”，并指出，“有身不治，奚待于人。有人不治，奚待于家。有家不治，奚待于乡。有乡不治，奚待于国。有国不治，奚待于天下。天下者，国之本也。国者，乡之本也。乡者，家之本也。家者，人之本也。人者，身之本也。身者，治之本也”[⑤]。修身、树人是治国、治天下的根本。此外，管子还提出了“政之所兴，在顺民心。政之所废，在逆民心”[⑥]，主张“从民欲”、“量民力”和“顺民情”，发展了中国古代的人道主义思想。

人道主义思想在西方历史上出现得很早，但直到 19 世纪人们才开始用“humanism”一词来概括 15 世纪文艺复兴时期产生的启蒙理性人道主义内涵。这并不等于人道主义思想就起源于 15 世纪文艺复兴时期。如果对真正意义上的人道主义思想渊源进行考察，则一直可以追溯到古希腊罗马时期，可谓源远流长。古希腊的神话传说就已经包含人道主义思想，后来的智者派奠定了它的基础。从毕达哥拉斯、苏格拉底、柏拉图、亚里士多德到晚期希腊的斯多亚派，一直在发展这种以善行和教化为中心的人道主义思想。弗兰克（1877—1950）在 1946 年出版的《上帝与我们同在》中说：“古希腊罗马世界就是‘人道主义’的真正故乡，是最早认识并以高尚形式逐渐阐明人的尊严、人形象的美和意义的地方。使徒保罗在对雅典人发表的演说中，引证古希腊诗人的一句话：‘亦同圣类’，指的就是这种以人与神相似为基础的古希腊罗马的人道主义。”[⑦] 海德格尔在《关于人道主义的书信》（1947）中也发表了类似的观点。他说：“在罗马，我们碰到了第一个人道主义。所以，人道主义本质上始终是一种特殊的罗马现象，这种现象产生于罗马人与晚期希腊教化的相遇。”[⑧] 他强调罗马的人道主义来源于希腊的“教化”。“从历史学上来理解的人道主义总是包含着一种 studium Humanistas［对人性或人道的研究］，而这种研究

---

① 论语：卫灵公.
② 老子：第七十七章.
③ 管子：霸言.
④ 管子：治国.
⑤ 管子：权修.
⑥ 管子：牧民.
⑦ 雷永生. 前言//西方人道主义思想史. 北京：华夏出版社，2005.
⑧ ［德］海德格尔. 关于人道主义的书信//路标. 孙周兴，译. 北京：商务印书馆，2000：375.

又以某种特定的方式回溯到古代，因而总不外乎成为一种对希腊文明的复兴。”① “人道主义”一词是从拉丁文“humanistas”（人道精神）引申来的，最早在古罗马思想家M. T. 西塞罗那里，是指一种能够促使个人的才能得到最大限度的发展的、具有人道精神的教育制度。这是人道主义最初的含义。在15世纪新兴资产阶级思想家那里，人道主义是指文艺复兴的精神，即要求通过学习和发扬古希腊罗马文化，使人的才能得到充分发展，价值得到实现，“努力使人向其人性开放并且在人性中找到其尊严”②。文艺复兴时期的彼得拉克、拉伯雷、布鲁诺、莎士比亚、蒙田等人尽情地歌颂人的现实生活幸福，肯定人的价值和尊严，在他们眼里，人不再是匍匐在上帝脚下的可怜的被造物，而是世间最可宝贵的生灵。西班牙人文主义者裴微斯（1492—1540）指出，在奥林匹斯诸神的眼里，人的形象“如此协调一致，任何一部分若被改变或损益，都会失去全部的和谐、美丽和效用”③。德国人文主义者阿格里帕（1443—1485）认为，人体的比例是万物的尺度，人体的构造是小宇宙。人不但包括地界的四种元素，还包括天界的精神元素，人能够仰望苍天，因而能够以精神世界为归宿。意大利人文主义哲学家米兰多拉在《论人的尊严》中写道：“没有什么比人值得赞叹了，人是一个伟大的奇迹，人是造物之间的中介，既与上界为伴，又君临下界；因为感觉的敏锐、理性的洞察力及智性之光而成为自然的解释者；人是不变的永恒与飞逝的时间的中点，（正如波斯人所言）是纽带，是世界的赞歌。”④ 文艺复兴时期的人文主义者以人性对抗中世纪的神性，以人道对抗中世纪的神道，以人权对抗中世纪的神权，在西方“展示了一个新世界——希腊古代；在它的光辉的形象面前，中世纪的幽灵消逝了……在意大利、法国、德国都产生了新的文学，即最初的现代文学……旧世界的界限被打破了；直到这个时候才真正发现了地球，奠定了以后的世界贸易以及从手工业过渡到工场手工业的基础”⑤。在资产阶级革命的过程中，人道主义得到了快速的发展和普及，并成为资产阶级革命的一个重要武器。新兴资产阶级反对封建教会专制，要求充分发展人的个性，尊重人的价值和尊严。法国思想家提出了“自由”、“平等”、“博爱”和“天赋人权”的口号，德国思想家康德提出了“人是目的”的思想命题。直到19世纪，人道主义始终是资产阶级建立和巩固资本主义制度的重要思想武器。随着资产阶级革命性的丧失和无产阶级革命运动的高涨，资产阶级人道主义理论和思潮逐渐失去了其进步的历史作用。20世纪以后产生的现代人道主义流派众多，有马里坦以神为中心的人道主义、萨特和海德格尔的存在主义人道主义、弗罗姆的规范人道主义、库尔兹以人为中心的世俗人道主义等等。现代人道主义往往从非理性的角度去论证人性和人的本质，具有非本质主义、非理性主义和悲观主义的特征。它对整个社会的发展和人类的前途失去信心，感到人除了自身之外无所依靠，要求将人的本质还原到个人本身。现代西方的思想家们所主张的人道主义，由于对资本主义社会的前途捉摸不定，特别是面对资本主义社会的种种严重问题（如精神危机等等）时找不到出路，

① ［德］海德格尔．关于人道主义的书信//路标．孙周兴，译．北京：商务印书馆，2000：201.
② 同①376.
③ CASSIRER E. The Renaissance Philosophy of Man. Chicago：Chicago University Press，1954：391.
④ ［意］米兰多拉．论人的尊严．顾超一，樊虹谷，译．北京：北京大学出版社，2010：17.
⑤ 恩格斯．自然辩证法//马克思恩格斯文集：第9卷．北京：人民出版社，2009：408-409.

所以他们的人道主义理论大多具有虚无主义、悲观主义和非理性主义的色彩。

马克思主义与人道主义之间既有密切的历史渊源，又有复杂的理论交叉。马克思主义是由人道主义演变而来的，马克思主义的诞生也就是马克思和恩格斯从人道主义历史观转向唯物主义历史观、从空想社会主义转向科学社会主义的过程。他们反对、抛弃的只是人道主义历史观，而不是处理社会生活和人际关系的人道主义原则或人道原则。马克思在《1844年经济学哲学手稿》中指出，共产主义“作为完成了的自然主义，等于人道主义，而作为完成了的人道主义，等于自然主义，它是人和自然之间、人和人之间的矛盾的真正解决，是存在和本质、对象化和自我确证、自由和必然、个体和类之间的斗争的真正解决”，它只能是“通过人并且为了人而对人的本质的真正占有”①。1845年以后一直到马克思逝世，他从来没有放弃早在青年时期就已树立的人道主义目标。但是他改变了以往只是一种道德批判的人道主义主张，坚持从唯物主义历史观来考察人道主义，从人的社会存在和社会关系来论述人道主义，建立起了立足于历史唯物主义基础上的马克思主义的人道主义。马克思主义的人道主义伦理原则是与其价值理论密切相连的。在人性和人的本质的问题上，马克思主义批判了抽象人性论的观点，从社会历史出发，在社会关系中历史地、具体地阐明了关于人的本质的思想，认为人性是现实的人性、社会的人性，“人的本质不是单个人所固有的抽象物，在其现实性上，它是一切社会关系的总和”。在《资本论》的一个注释中，马克思谈到，人起初是以别人来反映自己的，“名叫彼得的人把自己当做人，只是由于他把名叫保罗的人看做是和自己相同的”②。马克思对人的本质的现实的历史的阐释，为马克思主义的人道主义理论奠定了坚实的理论基础。马克思主义的人道主义肯定人的价值，主张尊重人的尊严，把人当人看，对那种贬损人的价值和尊严的行为或制度予以猛烈抨击。在《1844年经济学哲学手稿》中，马克思以男人对待妇女为例，指出“把妇女当做共同淫欲的虏获物和婢女来对待，这表现了人在对待自身方面的无限的退化”③。在马克思看来，男人对待妇女直接表现人对人的关系，从这种关系的对待或处理上，“表现出人的本质在何种程度上对人来说成为自然，或者自然在何种程度上成为人具有的人的本质。因此，从这种关系就可以判断人的整个文化教养程度……这种关系还表明，人的需要在何种程度上成为合乎人性的需要，就是说，别人作为人在何种程度上对他来说成为需要，他作为最具有个体性的存在在何种程度上同时又是社会存在物”④。马克思倡导以人的方式对待人，不能把人当物看，体现了对人的内在价值的充分尊重。马克思主义的人道主义还关注人的解放和人的发展与完善，指出“任何解放都是使人的世界即各种关系回归于人自身……只有当人认识到自身‘固有的力量’是社会力量，并把这种力量组织起来因而不再把社会力量以政治力量的形式同自身分离的时候，只有到了那个时候，人的解放才能完成”⑤。马克思主义不仅重视无产阶级的解放问题，而且主张人类解放和人的自由全面发展。并且认为“每个人的自由发展是

① 马克思．1844年经济学哲学手稿//马克思恩格斯文集：第1卷．北京：人民出版社，2009：185.
② 马克思．资本论//马克思恩格斯文集：第5卷．北京：人民出版社，2009：67.
③ 同①184.
④ 同①184-185.
⑤ 马克思．论犹太人问题//马克思恩格斯文集：第1卷．北京：人民出版社，2009：46.

一切人的自由发展的条件”。马克思主义人道主义以对人的社会本质的强调，对人类命运的高度关心、对人的自由全面发展的注重远远超越了历史上一切人道主义而成为科学的人道主义、真正的人道主义和现实的人道主义，这是马克思主义人道主义不同于历史上一切人道主义特别是资产阶级人道主义的本质特征。

二、社会主义人道主义原则的主要内容

社会主义人道主义是在以马克思主义世界观和历史观（即辩证唯物主义和历史唯物主义）的指导下形成、完善起来的。社会主义人道主义不是从那种抽象的、笼统的、无差别的人出发，而是从现实的人和一定的经济关系出发，对人做历史的、具体的分析，并由此引出对各种不同的人所采取的不同的道德态度和行为要求。“社会主义的人道主义，是作为伦理原则和道德规范的人道主义，它立足在社会主义的经济基础之上，同社会主义的政治制度相适应，属于社会主义的伦理道德这种意识形态；作为一项伦理原则，它是以马克思主义的世界观和历史观为基础的。”① 社会主义人道主义是社会主义社会成员处理自己和其他社会成员之间关系的最基本的道德准则，它与资产阶级人道主义，不仅表现在理论基础不同（唯物史观和唯心史观），而且表现在遵行的伦理准则不同（集体主义与个人主义），还表现在实现方式上的不同（现实的人道主义和抽象的人道主义）。社会主义人道主义既与历史上的人道主义具有本质的区别，又是对以往人道主义、人道精神的批判、继承和发展。

社会主义人道主义的内容主要有：

首先，尊重人，尊重人的价值和尊严。社会主义人道主义以对人的价值和尊严的尊重而显示出自身的进步性与崇高性。人的价值一般是指作为客体的人对作为主体的人的需要的满足及其受到的来自他人、社会的尊重和认可。与物的价值不同，人的价值既在于人的自主创造，也在于人能享受人所创造的价值，就此而论，人既是价值的创造者，又是价值的享受者。只有通过人的创造性的实践活动才能实现和确证人的价值，也只有借助人对价值的需要和享受才能更好地促进人的创造性的实践活动。人的价值包括两个方面的内容：一是个人对他人、群体、社会的价值，即个人的社会价值；二是个人对自己的价值，即个人的自我价值。整体上说，人的个人价值和社会价值是有机统一的。人的自我价值是人的社会价值的基础或始基，人的社会价值是人的自我价值的实现或确证。人的尊严是指人之为人所具有的内在规定性及不可剥夺的内在价值及其属性的综合体现，是一个由人性尊严、人道尊严、人品尊严、人格尊严、人权尊严等所构成的精神和价值体系②。尊重人的尊严既需要尊重人性尊严，也需要尊重人道尊严、人品尊严、人格尊严，还需要尊重和维护人权尊严。社会主义人道主义在尊重人的价值和尊严方面，不但坚决否定奴隶制和封建制的等级观念，反对按地位高低把人们分为上等人和下等人的等级的价值观，而且坚决摒弃资产阶级按金钱多少来确定人的价值的金钱至上的价值观。

---

① 胡乔木. 关于人道主义和异化问题. 人民日报，1984（1）：27.

② 王泽应. 人的尊严的五重内涵及意义关联. 哲学动态，2012（3）.

社会主义人道主义坚持认为，只要是社会主义的公民，不论是担负重要责任的领导者，还是在工农业生产战线上的普通劳动者，都应该受到来自他自己、他人、社会的尊重，实现自尊、尊他、他尊的有机统一。亦即每个人首先应该尊重自己的尊严和人格，同时也应该尊重他人的尊严和人格，还应该得到来自他人、社会对自己尊严和人格的尊重。社会主义人道主义既表达着个体对自己价值和尊严的自我尊重之要求，也表达着个体对他人价值和尊严的社会尊重之必要，同时也呼唤他人、社会有对个体自己价值和尊严的互相尊重之应该。这是一种立足于主体自身自我尊重的己身伦理，有着眼于主体对他人之为客体的尊重的敬他伦理，还有呼唤并要求他人之为主体的对我之客体的尊重的敬我伦理。一言以蔽之，我既尊重自己的价值和尊严，也尊重他人的价值和尊严，他人也应当尊重我的价值和尊严。社会主义人道主义认为，每一个人都是社会主义社会的主人，建构起了一种互为主体和目的的价值关系，尊重人的尊严和价值意味着既应该得到自己又应该得到别人的尊重和善待，形成一种自尊而又尊人、敬人而又敬己的伦理氛围。

其次，关心人，关心人的生存和利益。社会主义人道主义不仅要求尊重人的尊严和价值，而且要求关心广大人民群众的切身利益。发展好、实现好、维护好人民群众的切身利益和根本利益，是社会主义人道主义的内在要求。群众利益无小事，对事关人民群众切身利益和根本利益的事情，应当坚决地予以维护、保护和实现。社会主义现代化建设所取得的成就应当按照普惠性的基本要求使人民群众能够共享。与此同时，社会主义人道主义主张关心社会主义社会中的每个成员，同情、关心、爱护每一个社会成员，特别是应该关心周围的普通劳动者、普通知识分子、普通妇女和普通儿童等。人们在社会生活中，由于各种主观原因和客观原因，不少人总会因某些情况而身处逆境，从而陷入各种灾难、困苦、不幸和失意之中。社会主义人道主义在提倡关心人的同时，特别强调关心那些因不公正待遇而处境困难、生命垂危，以及遭遇各种挫折打击而受到很大痛苦的人。现实生活说明，这种人是更需要关心的。自然灾害以及车祸、疾病等不测事件，常常给一些人带来很大困难。而官僚主义、以权谋私、不关心群众痛痒等行为，同样会使人们的某些困难长期得不到解决。“要抓住人民最关心最直接最现实的利益问题，把人民群众的小事当作我们的大事，从人民群众关心的事情做起，从让人民满意的事情抓起，加强全方位就业服务，高度重视困难群众帮扶救助工作，加快建成多层次社会保障体系，加强社区治理体系建设，坚持精准扶贫精准脱贫，推进民生保障精准化精细化。”① 社会主义人道主义强调在人和人之间应该建立起团结、互助、友爱的新型关系，应该切切实实地解除他们的痛苦，认真地帮助他们克服各种实际的困难，并尽力在精神上给他们以安慰、鼓舞，增强他们克服困难的信心和勇气。

再次，发展人，促进人的自由全面发展。社会主义人道主义在关心人的生存和利益的同时还主张发展人，争取创造条件促进人自身的自由全面发展。人的自由全面发展是指每一个现实的人摆脱和超越各种限制，特别是摆脱“人身依附”和“对物的依赖”，从而在关系、能力、素质和个性等方面所获得普遍提高与协调发展。它不仅意味着人通过

---

① 习近平．人民是我们党执政的最大底气//习近平谈治国理政：第3卷．北京：外文出版社，2020：135-136.

与世界多种多样的关系，全面地表现和确证自己的本质的完满性，而且意味着个人积极参与广泛的社会交往，同整个世界的物质生产和精神生产进行普遍的交换，从而使个人摆脱个体、地域和民族的狭隘性。用马克思的话来说，即“人以一种全面的方式，就是说，作为一个完整的人，占有自己的全面的本质”①。在马克思主义看来，人与世界上任何一种人的关系，是“通过自己的对象性关系，即通过自己同对象的关系而对对象的占有，对人的现实的占有”②，现实对人来说成为人的本质力量的现实，成为确证人自身个性的对象。“同样，已经生成的社会创造着具有人的本质的这种全部丰富性的人，创造着具有丰富的、全面而深刻的感觉的人作为这个社会的恒久的现实。”③ 人的自由全面发展是每个人的发展与各个人的发展相辅相成、彼此促进的发展，同时也是一个人的发展与社会发展同步共振、良性推进的发展。人的自由全面发展理论是马克思主义人道主义的重要内容。人的社会性决定了人的发展必须依赖于社会生产力及在此基础上所创造的社会物质条件和社会精神文明，而社会的发展最终仍是为了人的自由全面发展。

社会主义人道主义是真诚的、具体的、现实的人道主义。社会主义经济制度和政治制度的确立，使个人和社会的基本利益归于一致。这样，社会就应该能够真正做到尊重每个劳动者及其劳动和劳动成果，就应该能够真正把满足社会成员日益增长的物质和文化需要作为社会生产的目的，就应该能够为劳动者发挥和发展才能逐步创造必要的社会条件。社会主义社会的劳动者之间，就应该能够真正建立起团结、互助、友爱的关系，排除以往私有制社会那种损人利己、尔虞我诈的关系。因此，在社会主义制度的基础上，就应该能够在全体社会主义劳动者的广大范围内形成社会主义的道德关系，应该能够实现社会主义的人道主义。

三、当代中国社会主义人道主义的新发展

当代人道主义的新发展集中体现为以人为本精神的确立和全面弘扬。以人为本是社会主义人道主义的集中体现，是当代最高形式的人道主义。“以人为本”是对以物为本或以金钱为本、以神为本、以权为本等的拒斥和超越，体现了社会主义人道主义以人为根本的价值目标、价值核心、价值评价标准的立场、原则和操守，是马克思主义理论的本质内涵。坚持以人为本，就是要从人民群众的根本利益出发谋发展、促发展，不断满足人民群众日益增长的物质文化需要，切实保障人民群众的经济、政治和文化权益，让发展的成果惠及全体人民。它要求把发展的目的定位于造福全体人民，把发展的主体定位于广大人民群众，从根本上回答了“为谁发展”和“靠谁发展”的首要问题。以人为本在社会主义现阶段就是以人民为本，或者说，就是以广大人民的根本利益为出发点、中心和目的。

在人与自然关系的意义上说，“以人为本”中的“人”是指人类，包括其中所有的个人。与这个意义上的“人”相对的“非人”，是除人类外的狭义的自然界（其中包括动

① 马克思．1844年经济学哲学手稿//马克思恩格斯文集：第1卷．北京：人民出版社，2009：189.
② 同①.
③ 同①192.

物），也可以称之为“物”。“以人为本”要求在处理人类与自然的关系或人与物的关系时，应该以人或人类为本，而不应该以物或自然为本。

作为处理人们之间社会关系的基本原则，“以人为本”中的“人”是指人民，以人为本就是以人民为本。这是“以人为本”的又一层含义，是其主要的或基本的含义。坚持以人为本，就是要以实现人的全面发展为目标，从人民群众的根本利益出发谋发展、促发展，不断满足人民群众日益增长的物质文化需要，切实保障人民群众的经济、政治和文化权益，让发展的成果惠及全体人民。

以人为本不仅要求尊重和维护人民群众的物质利益，更要求尊重人的人格和尊严，把人当人看。人的尊严是“人之为人”的内在规定性及其独特价值的反映。一个人，只因为是人，所以就必须被“作为目的”、受到尊重，在任何情况下都不能被纯粹地当作工具。只因为是人，所以不能被任何其他目的所代替。以人为目的是人的尊严的哲学基础，人的尊严涉及人的权利的方方面面，如生命权、健康权、隐私权、名誉权等等。维护人的尊严首先是对人的生命尊严的尊重。譬如，生命的尊严，2008 年汶川特大地震后，国家设立“全国哀悼日”的做法就具有极强的象征意义，它体现的是“生命至上”和“以人为本”的价值观，象征着一个国家文明进步的新里程碑。人的尊严还蕴涵着一种平等理念。平等理念带来的一个自然的产物是反对各种各样的歧视，包括民族歧视、种族歧视、性别歧视、职业歧视、家庭出身歧视、宗教信仰歧视、教育程度歧视、财产状况歧视、城乡歧视、年龄歧视、地域歧视等等，因为这些种种的歧视，直接影响着“让人民生活得更有尊严”的社会目标，也直接同平等理念相悖。

以人为本集尊重人、为了人、依靠人、提高人于一体，凸显了人在道德生活与整个社会生活中的地位和价值。它从社会的伦理精神和道德原则诸方面高扬人的价值，主张尊重人的尊严、合法权利和独立人格，关注人的生存与发展的命运，始终把人当人看，以人作为社会发展的最高价值评价尺度，把人作为社会发展的最高目的和核心价值，把提高人的素质作为社会发展的根本途径和目标追求。坚持以人为本必须把人民利益作为一切工作的出发点与落脚点，充分激发人民群众创造性的智慧、才能和力量，为人的全面发展创造必要的条件。

第三节 公平正义原则

“公平正义是中国特色社会主义的内在要求”①。马克思主义十分关注公平正义，第一次把公平正义的实现建立在唯物史观的基础上，并同人的解放和全面发展结合起来，认为社会公平正义即是要消除一切不公正现象，实现人的自由和全面发展。当代中国马克思主义在坚持以经济建设为中心、推动科学发展的同时，把促进和实现社会公平正义置于更加突出的位置，强调促进和实现社会公平正义不仅是全面建设小康社会的客观要

---

① 习近平．紧紧围绕坚持和发展中国特色社会主义学习宣传贯彻党的十八大精神//习近平谈治国理政．北京：外文出版社，2014：13.

求，更是构建社会主义和谐社会的题中应有之义，主张逐步建立以权利公正、机会公正、规则公正和分配公正为主要内容的社会公正体系，极大地促进和发展了马克思主义的公正理论、公平正义原则。

一、公平正义原则的基本内涵

公平正义是公平与正义的统称，指在社会财富、好处乃至义务的分配过程中既要关注公平，又要讲求正义，进而达到适宜合理的状态。“公正”、“公平”、“正义”乃至“公道”、“公义”等道德概念，意涵相近，大致对应于英文中的“justice”、“fairness”、“equity”、“impartiality”或“righteousness”等词。一般而言，公平是指按照一定的社会标准和正当的秩序合理地待人处事的伦理原则，包含公民参与经济、政治和社会其他生活的机会公平、过程公平、结果分配公平等。正义则是指公正的义理和正确的行为原则及由此所达致的公道状况与合理性，包括社会正义、政治正义和法律正义等。公平正义是人类自远古至今不懈的价值追求和永恒向往。诚如罗尔斯所说：“正义是社会制度的首要价值，正像真理是思想体系的首要价值一样。”① 特别是进入现当代以来，公平正义问题成为人们关注的焦点和社会的热点，各种关于公平正义的论述和制度性关怀如雨后春笋，对当代社会发展和制度建设产生了极为深刻的影响。凯尔森指出：“‘什么是公正？’这是人类永恒的问题。没有任何问题像公正这样始终充满如此热烈的争论，没有任何问题像公正这样激起无数人为之洒血流泪，也没有任何问题像公正这样得到从柏拉图到康德诸多杰出思想家的强烈关注。”② 从柏拉图的《理想国》、亚里士多德的《尼各马可伦理学》，一直到罗尔斯专论社会公正的《正义论》都是关注和探讨公平正义的伦理学名作。围绕罗尔斯《正义论》的讨论，成为当代伦理学领域乃至整个政治哲学、法哲学一道亮丽的风景。

罗尔斯把他的正义观念确定为“作为公平之正义”。他在《正义论》中提出了两个著名的正义原则：“第一个原则：每个人对与其他人所拥有的最广泛的基本自由体系相容的类似自由体系都应有一种平等的权利。第二个原则：社会的和经济的不平等应这样安排，使它们①被合理地期望适合于每一个人的利益；并且②依系于地位和职务向所有人开放。”③ 第一个原则强调了人应该通过建立社会规范来享有自然意义上的基本自由（basic liberties）。人所希望获得的自由和利益是多种多样的，其中有一些是基础性的人生欲求，比如不想遭到肉体的攻击和心理的压抑等。我们不能一般性地去建立规范保障所有自由，但我们必须保障这些基本自由；这些自由由于得到了社会规范性的权利的保障，所以是规范性自由。第二个原则实质包含了差别原则和机会均等原则。论及“差别原则”，罗尔斯主张关注最少获益者的利益，某些不平等的存在必须建立在“能增进每个人利益”的前提之上。“机会均等原则”亦即“职位平等开放原则”，要求政府为所有人提供平等的

---

① ［美］罗尔斯．正义论．何怀宏，等译．北京：中国社会科学出版社，1988：1.

② KELSEN. What's Justice? Justice，Law，and Politics in the Mirror of Science. Berkeley：University of California Press 1957：1.

③ ［美］罗尔斯．正义论．何怀宏，等译．北京：中国社会科学出版社，1988：56.

教育机会，在职业、市场进入等方面禁止设置障碍、造成不平等。罗尔斯正义原则涉及每个成员的权利（包括平等的自由权利、平等的机会权利、生活水准的绝对量必须得到提高的权利）的保障和实现。这些通过规范确立的权利，保障了每个人的自然意义上的自由和利益。与此同时，要让每个成员都享受到这些权利，就必须使规范得到切实执行，那么每个成员都必须尽自己的责任（responsibility）。这也是正义原则所内含的要求。罗尔斯对这两个原则做出了自己的解释，他说："第一个原则要求平等地分配基本的权利和义务；第二个原则则认为社会和经济的不平等（例如财富和权力的不平等）只要其结果能给每一个人，尤其是那些最少受惠的社会成员带来补偿利益，它们就是正义的。"① 如果说第一个原则确保了基本的自由，那么第二个原则的第二部分机会均等原则确保了平等，第一部分差别原则确保了博爱。"自由相应于第一个原则；平等相应于与公平机会的平等联系在一起的第一个原则的平等观念；博爱相应于差别原则。"② 因此，罗尔斯的正义原则实则包含了自由、平等、博爱三原则。

公平正义作为基本原则的中心内容和要求是：在社会政治生活领域，每一个公民都应该得到公正、平等的待遇；在处理个人与他人、个人与社会的政治关系中，自觉以平等、公正的观念，社会的道德原则、规范来指导和调节自己的行为，讲求正义；在为政者的基本职业活动领域坚持原则、公道正派、不偏不私。社会公平正义的实质问题并不是谋求同一、谋求均等，而是建立一系列以社会公平正义为基本原则的社会制度，以使各种本来就具有以及本来就应该有差别的社会成员之间能够各得其所、各安本分、相得益彰、共存共荣。

公平正义是一个历史的、相对的、价值的综合的概念，不同的人、不同的社会必然存在不同的公正观，因此所谓永恒的公正、绝对的公正是不存在的，公正只存在于与不公正的对立关系之中，并受到生产力发展水平、社会生产方式、政治制度以及历史、文化等诸多因素的制约。

第一，公平正义是一个历史的、相对的概念，具有历史性和相对性。不同的社会发展阶段和不同时期的人们必然存在着不同的公正观。公正原则的产生同社会分工和产品分配密切相关。据史家考证，公正原则在公元前 30 世纪的古埃及就已经出现。当时的古埃及人把教人稼穑的俄塞里斯神视为公平或公正的化身，它以是否勤于稼穑判断人们的善恶，把勤于稼穑视为合理的、公正的。在原始社会，人们把维护氏族部落的共同利益视为公正的，与此相适应，也把实施血缘群婚、集体复仇视为合理的、公正的。进入阶级社会以后，人类被分裂为利益不同或互相冲突的阶层和阶级，公正原则也打上了阶级的烙印。中国历史上曾经出现过三种不同的公正观。一种是以孔子为代表的温和的"等级—公正"观，主张社会的不平等要用礼来加以限制，要求统治阶级尽可能地对一切人进行利益上的平均分配，因民之所利而利之。一种是以荀子为代表的"不平即公正"观，认为有社会分工就必然会有社会的不平等，统治者与被统治者在权利、责任、享受等各个方面的不平等是人类社会之必然，是在任何时候都不能消除的，这种不平等即是社会

① ［美］罗尔斯．正义论．何怀宏，等译．北京：中国社会科学出版社，1988：12.

② 同①101.

的公平。一种是农民阶级提出的“等贵贱，均贫富”的公正观，主张人与人之间绝对平等，反对阶级剥削和压迫。在西方，犹太教的道德核心是公正和爱。它认为，道德行为的价值是由其通过公正和爱对社会的影响与促进程度来衡量的，人们真正值得忧虑的是其行为是否对建立公正无偏、充满爱意的社会造成了危害。基督教强调公正，并把公正理解为处于相同背景下的所有人都能分享的上帝创造的秩序。古希腊把公正视为四主德之一，柏拉图将公正当作关系到社会井然有序的重大原则与社会和谐的首要因素，亚里士多德则把公正区分为普遍的公正与特殊的公正，认为普遍的公正要求社会全体成员的行为都必须合乎法律，特殊的公正又有分配的公正与纠正的公正两类。分配的公正指的是社会的财富、权力及其他可以在个人间进行分配的东西的分配原则，包括平均的公正（即在平等的人之间各人所得在数目上和容量上都相等）和比值的公正（即在不平等的人之间，根据各人的价值的不等按比例分配与之相对称的事物）。亚里士多德认为，比值的公正是真正的公正，公正的真正含义在于给予道德上的优等者以较好的待遇，给予道德上的劣等者以应有的惩罚。所谓纠正的公正，是指人与人之间经济上的交往和制定契约所遵循的原则，它也包括民法上的损害的禁止和补偿的原则。近代公正观大多从人生而平等的认识出发去论证公正原则，产生了功利主义的公正观、自由主义的公正观、实用主义的公正观等等。凡此种种都说明了公正具有历史性和相对性。

第二，公平正义是一种价值判断，具有价值性和评价性。它是人们主观认识对客观存在的一种反映。人们总是从自身利益的角度出发去评价事物或现象，将那些符合自身利益的现象或行为评价为公正的，反之则评价为不公正的。因此可以说，公正问题归根到底就是人与人之间利益关系的问题。社会生活中公正概念所涉及的对象纷繁复杂，但无论是事实公正、做法公正、制度公正还是道德公正，都是从不同角度围绕人与人之间利益关系的问题而展开的，离开了人与人之间的利益关系，还有什么公正可言呢？一切公正问题的实质都是人与人之间利益关系的问题，事实公正、做法公正、制度公正和道德公正之所以会存在公正与否的问题，原因就在于它们都是影响人与人之间利益关系的因素。

第三，公正和平等是两个不同的概念。公正是一种价值判断，而平等则既是一个价值判断，又是一个事实判断或实证性概念，通常平等和不平等是指人与人之间利益关系的一种状态。在一定条件下，平等可能是不公正的，公正也可能是不平等的。日本学者高坂健次划分的四种社会形态就有既平等又公正的社会、平等却不公正的社会、不平等然而却公正的社会和既不平等亦不公正的社会，说明了平等与公正是有差异的，二者并不是一回事。当然，公正与平等又是有联系的。一般地说，公正包含有平等的因素，特别是法律平等、道德平等和人权平等。公正含有从公的范围角度一视同仁地对待人的思想行为并给予其合理评价的内容。

马克思主义认为，一切社会公正都源于人们的经济关系和财产关系。资本主义所谓公正不过是一种形式上的公正。“希腊人和罗马人的公平认为奴隶制度是公平的；1789年资产者的公平要求废除封建制度，因为据说它不公平。……所以，关于永恒公平的观念不仅因时因地而变，甚至也因人而异”①。在资本主义社会，资产阶级对于无产阶级和

① 恩格斯. 论住宅问题//马克思恩格斯文集：第3卷. 北京：人民出版社，2009：323.

广大劳动人民的剥削、压迫才是真正的事实。资本主义的公平有其自身不可避免的局限性和偏私性。只有消灭了私有制和利益对抗的社会主义社会、共产主义社会才有可能形成真正普遍意义上的公正原则。

二、社会主义公平正义原则的主要内容

社会主义公平正义原则是人类历史上最先进、最具有道义性的公平正义原则。这不仅因为它是建立在正义的社会制度之上，而且因为它是以正义和平等作为其基本原则的。毛泽东说："我们的事业是正义的。正义的事业是任何敌人也攻不破的。"[①] 社会主义建立了生产资料公有制和人民民主专政的国家政权，为实现社会公正创造了良好的条件。社会主义的社会公正就是每一个公民在政治、经济、文化等各个方面都真正地拥有同等的权利，社会保证每一位公民的基本生存权和人格尊严，并实行公正的收入分配亦即收入分配能真正反映人们的努力程度和资源禀赋，极大地调动人们的生产积极性、主动性和创造性。

科尔内认为社会主义的公正原则主要包括以下四个方面：按劳分配的社会主义工资原则，它也包括同工同酬分配原则；团结原则，避免资本主义弱肉强食的残酷竞争，并帮助弱者上进；安全原则，社会每一成员都应感到的安全，它包括个人或小集体遇到困难时会得到大集体的帮助，充分就业，人们的现实利益在将来也能得到持续保证；整体利益高于局部利益，子孙后代的长远利益优于当前一般人的眼前利益[②]。

社会主义的公正原则可分为事实公正、做法公正、制度公正和道德公正，也可以分为起点公正、过程公正和结果公正。事实公正是对事实情况而言的公正，是已经实现了的并可以做出现实评价的公正；做法公正是指人们行为和实践的公正，如手段运用得恰当，事件调理得适中；制度公正是指规章制度和法规标准的公正，意味着规章制度的制定、建立与维护符合公正的要求，体现公正的精神；道德公正是指道德规范和道德态度的公正，意味着人们能够本着公正无私的原则待人接物和处世做人。起点公正是指人们站在同一起跑线上按照同样的标准和要求开始起跑；过程公正是指在竞赛的过程中享受同等的待遇，得到同样的关心；结果公正是指行为后度量标准和检测结果的公平。公正的多层含义是由人们利益的多层次性或多元性决定的。由于经济利益关系是其他利益关系的基础和前提，经济意义上的公正也是其他公正的基础和前提。

社会主义公平正义原则主要包含四个方面的内容，即权利公正、机会公正、规则公正和分配公正。

权利公正是实现公平正义的逻辑起点和实践起点。当代社会公平正义的第一要义，就是权利平等，尊重自由平等的人权和公民权，坚持权利与义务的统一。而蔑视或践踏人权，侵犯公民权利，以及种种特权和腐败现象，均属典型的社会不公。公正原则确保人们的所得待遇合乎其应有权利和基本人权，但绝不追求利益相关者所得待遇的"结果

① 毛泽东．为建设一个伟大的社会主义国家而奋斗//毛泽东文集：第6卷．北京：人民出版社，1999：350.

② 荣敬本．短缺与改革——科尔内经济论文选．哈尔滨：黑龙江人民出版社，1987：207.

平等”，绝不主张小农平均主义。实现社会的公平正义，必须尊重人民当家作主的主体地位和主体权利。恩格斯指出：“一切人，或至少是一个国家的一切公民，或一个社会的一切成员，都应当有平等的政治地位和社会地位。”① 这就要求经济社会发展必须坚持以人为本，必须建立在社会成员的基本权利得到保障的基础之上。与此同时，必须保证经济社会发展使绝大多数社会成员受益，从而实现真正意义上的发展，避免只有少数人受益的“有增长无发展”的情形。就其主体来说，权利公正要求所有公民都要按照宪法和法律的规定平等地行使权利和履行义务，任何公民不能被排除在法律所赋予的权利之外；就其内容来说，权利公正不承认凌驾于法律之上或超然于法律之外的任何特权，一切权利主体享有相同或相等的权利；就其实现过程来说，权利公正既要维护所有公民的合法权利，又要保障所有公民不会受到歧视，法律能够无差别地给予救济与保障。实现权利公正的途径，首先要充分保障每个公民的知情权、参与权、选择权和监督权。其次要保证立法权的公平，消除部门利益立法和背离公共意志的立法倾向。再次要保证司法过程的公平，做到有法必依、执法必严、违法必究，维护司法公正。我国在保证权利公正方面废除了基于性别、身份、出身、地位、职业、财产、民族等各种附加条件的限制，体现的是社会对所有成员的“不偏袒性”和“非歧视性”，体现的是社会对所有成员提供均等的政治、经济、文化等方面的发展机会，保证所有成员在平等的起点上融入社会。

机会公正是公正的前提和基础，是实现公正的基本条件和首要标志。机会公正意味着社会的一切机会应当向所有人开放。要求社会提供的生存、发展、享受机会对于每一个社会成员都始终均等。所谓机会均等有三个层次的含义，即参与均等、标准均等和起点均等。参与均等是指社会一切机会都均等地向每一个社会成员开放，一切个人都可以通过自身努力来争取任何机会。参与均等是第一层次的机会均等，它是其他较高层次含义的机会均等的基础。标准均等是指对参与竞争的人都用同一标准去衡量和决定他们的优胜劣败。起点均等是指人人都处于同一起跑线，人人具有完全相同的资源禀赋，这时结果的差异仅仅反映人们努力程度的差异。要从总体上保证每个社会成员享有大致相同的平等发展机会，具有大致相同潜能和意愿的社会成员应当有着大致相同的发展机会和发展前景。在参与社会财富等社会资源分配之前，机会公正要求摒弃先赋性因素（比如身份、家庭出身、性别等）的影响，保证每一个社会成员能够有一个平等竞争的机会，能够得到公正的对待，从而最大限度地发挥每一个社会成员的能力。

规则公正是实现公正的重要环节和必要保障。它所要求的是社会成员在参与经济和社会发展的过程中，面对的行为规范和行动准则都必须正确地、真实地反映现实社会生活中的各种关系及其相互作用，反映经济和社会发展的趋势，体现人民群众的愿望和要求。公平竞争是指大家遵循市场经济的一般法则及其规律平等地进行竞争，所有的公民都受到国家法律、经济政策的同等保护，每一个经济主体都在同一种规则下进行竞争。规则作为组织实现其目标的重要工具，其本质是一种契约，必须建立在组织成员广泛共识的基础之上。规则也可看作交易的结果。一种规则是否有效，往往要看它能在多大程度上兼顾组织和个人的利益，亦即是否找到了整体目标与个体目标的最佳结合点。规则

① 恩格斯．反杜林论//马克思恩格斯文集：第9卷．北京：人民出版社，2009：109.

就是保障一个组织正常运行的轨道，它所产生的乃是一种约束力和规范力，正是这种约束和规范使组织成员的行为始终保持在有序、明确、高效的状态。

分配公正是公正的理想目标，是公正的实际体现和归宿。在现实的财富分配中存在着“按贡献分配”、“按努力分配”和“按需要分配”等模式。但它们都不是理想性的分配公正模式。分配公正既不赞许平均主义，也不要求抹平人们之间的收入差别，而是主张在尊重差别原则的基础上实行按劳分配和按贡献分配。这种分配公正原则一方面要求人们在生产资料占有上具有平等权利，另一方面默认不同等的工作能力是每个人天然的特权，要求以等量劳动相交换。既维护按劳分配和按生产要素分配的权威性，并以此为初次分配的依据，又不允许因收入差距过分悬殊导致两极分化，主张对高收入群体予以必要的调节，加强社会保障和对低收入群体的扶助，满足人民群众日益增长的物质文化生活需要，公正地对待各类弱势群体的合理要求，并想方设法给予应有解决，实现社会的共同富裕。共同富裕并不意味着同步富裕、同等富裕或均富，而是允许和鼓励一部分人或一部分地区通过诚实劳动、合法经营先富起来，然后借助先富者的示范力量或其经济实力，带动和帮助越来越多的人以及地区富起来，最终达到共同富裕。为了实现分配公正，我们要完善按劳分配为主体、多种分配方式并存的分配制度，坚持各种生产要素按贡献参与分配，在经济发展的基础上，更加注重社会公平，加大调节收入分配的力度，规范个人收入分配秩序，着力提高低收入者收入水平，扩大中等收入者比重，有效调节过高收入，取缔非法收入，努力缓解地区之间和部分社会成员收入分配差距扩大的趋势。

社会主义的公正原则是权利公正、机会公正、规则公正和分配公正的有机统一，在社会主义公正原则中，机会公正是前提，权利公正是核心，规则公正是保障，分配公正是结果。四者之间相辅相成，形成一个相互关联、相互促进的有机体系。

三、公平正义原则的伦理价值

公平正义是古往今来人们衡量理想社会的标准之一，也是人类社会发展进步的重要价值取向。就当代中国而言，公平正义是中国特色社会主义的内在要求和重要原则。

公平正义是协调社会各个阶层相互关系的基本准则，也是社会凝聚力、向心力和感召力的重要源泉。维护和实现社会公平正义，涉及最广大人民的根本利益，是我们党坚持立党为公、执政为民的必然要求，也是我国社会主义制度的本质要求。只有切实维护和实现社会公平正义，人们的心情才能舒畅，各方面的社会关系才能和谐，人们的积极性、主动性、创造性才能充分发挥出来。在进行制度设计和制度安排的过程中，只有遵循公平正义的原则，才能取得社会各阶层的共识和认同，使这些制度获得最广泛的社会支持并得以顺利实施；在调节各种利益关系和处理各种社会矛盾的过程中，只有遵循公平正义的原则，才能使绝大多数社会成员受益，才能有效地整合社会各种资源和力量，实现全社会的团结与合作；在为实现国家整体目标而奋斗的过程中，只有遵循公平正义的原则，才能使全体人民看到希望，并自觉自愿地为这一目标贡献聪明才智。

遵循公平正义原则，要求我们从公平正义的历史性出发，充分考虑到当前我国正处于并将长期处于社会主义初级阶段的实际，既尽力而为，努力在现有条件下大力促进社会的公平正义；又量力而行，不超越目前的发展阶段，能做的先做，不能做到的等条件和时机成熟后再做，逐步实现社会的公平正义。倡导公平，弘扬正义，对各种形式的社会不公和邪恶现象给予及时揭露和谴责，坚决扭转一些地区舆论不公、正不压邪的现状，以净化我们的社会环境。

社会主义是以全社会成员利益的实现、物质文化生活水平的整体提升为基本宗旨和根本目的的，“大家好才是真的好”是社会主义之为社会主义的根本要义，这就决定了社会主义必然是十分重视和讲求公正的社会，因此也是人类历史上最具合理性和进步性的社会。“要把促进社会公平正义、增进人民福祉作为一面镜子，审视我们各方面体制机制和政策规定，哪里有不符合促进社会公平正义的问题，哪里就需要改革；哪个领域哪个环节问题突出，哪个领域哪个环节就是改革的重点。”① 社会主义社会应当把促进公平正义的事情做得更好，努力使全体人民感受到公平正义原则的力量、功用与价值。

第四节　诚实信用原则

诚实信用原则是人与人、人与社会和谐有序的基本原则，是公民在公共交往中最起码的道德行为准则，也是中华民族的传统美德，自古以来中国人就以守信义、讲信用而闻名于世。“精诚所至，金石为开”、“朋友有信”、“人无信不立，政无信不威”等，这些传统箴言，都体现了一条重要的道德原则——诚信。诚信是我们的“道德修业之本”、“立人之道”和“立政之本”。

一、诚信原则的起源与发展

诚信这一范畴是由诚和信两个概念组成的。诚，指真诚、诚实；信，指信任、信用和守信。在西方，表达诚实的词语为“honest”，表达诚意的词语为“sincerity”，表达信任的词语为“trust”，表达信用的词语为“trustworthiness”和“credit”，表达信誉的词语为“prestige”和“reputation”。诚的最一般含义是真心实意和真诚不欺，信的最一般含义是真实不欺和说话算数。诚与信都与人言相关，都要求人说话要客观真实，并对自己所做出的承诺负责。诚、信二字在中国古代可以互训，含义相通。许慎《说文解字》把诚解释为“信”，指出：“诚，信也，从言成声。”又把信解释为“诚”，指出：“信，诚也，从人从言。”在中国传统文化中，儒家认为“诚者，天之道也”，“诚之者，人之道也”。作为“天之道”，“诚”是自然界所固有的状态和规律，是自然本性的真实流露；作为“人之道”，“诚”是人的真实无欺的品德、原则和规律。而“信者，诚也”，“有所许诺，丝毫必偿，有所期待，时刻不易，所谓信也”。诚信连用最早始于先秦时代的管子，管子指出：“诚信者，天下之结也。”唐代魏徵在给太宗皇帝的上疏中写道：“臣闻为国之

---

① 习近平．切实把思想统一到党的十八届三中全会精神上来//习近平谈治国理政．北京：外文出版社，2014：97．

基，必资于德礼，君之所保，惟在于诚信。诚信立则下无二心，德礼形则远人斯格。然则德礼诚信，国之大纲，在于君臣父子，不可斯须而废也。”① 武则天所著的《臣轨》一书专门有“诚信”一章，其中有“以诚信为本”的主张，并说：“以诚信为本者，谓之君子；以诈伪为本者，谓之小人。君子虽殒，善名不灭；小人虽贵，恶名不除。”又说：“非诚信无以取爱于其君，非诚信无以取亲于百姓，故上下通诚者，则暗相信而不疑。其诚不通者，则近怀疑而不信。”②

诚信原则起源于罗马法的诚信契约和诚信诉讼。西方诚信原则大致经历了罗马法、近代民法和现代民法三个阶段。罗马法阶段，体现了商品经济对法律的一般要求，当事人的诚实信用是履行契约的可靠保障。罗马法中所讲的诚信包括三部分内容：客观诚信、主观诚信和裁判诚信，三种诚信是同时并存的。近代民法阶段，资产阶级基于法的思想，保留了对当事人的诚信要求，但剥夺了法官的自由裁量权，诚实信用原则被限制在债法的适用范围内，或规定为合同履行的基本准则。1863 年的《萨克森民法典》第 158 条规定：“契约之履行，除依特约、法规，应遵守诚信，依诚实人之所应为者为之。”20 世纪初，现代经济不断发展，民事活动日益频繁，将诚实信用原则引入法律已经成为一种世界潮流。现代民法阶段，诚实信用原则的诚信要求与自由裁量权定向统一，承认了法官的能动性，对发展和补充法律起了很大作用，还规定了任何人都必须诚信地行使权利并履行义务，标志着诚实信用原则的确立。

近现代社会与传统农本社会的一个本质区别在于从身份到契约、从熟人社会到陌生人社会、从人身依附到人身独立的转变。近现代市场经济是一种以交换为主要方式连接生产和消费的开放的外向型经济，它斩断了人与人之间的血缘亲情纽带，打破了传统的地域限制，使“熟人社会”进入了“陌生人的世界”。在这样的社会，商品交换的诚信只能依靠契约与合同，并在法律和制度的保障下得以展开。随着市场经济的发展，诚信规范从潜意识形态发展为显意识形态，并且日趋明朗和具体，成为调节社会关系的最基本、最普遍的行为准则。蒂洛在《伦理学与生活》一书中指出：“一切道德都依赖于人们所达成的协议，如果不能确定人们会诚实地真诚地对待协议，这些协议又怎能达成或维持下去呢？因此，看起来说实话是诚实是道德的重要而基本的柱石。”他在论证诚信原则的根据时又说，既然“道德是一切人类关系中最重要的关系，那么，把说实话和诚实视为任何道德理论或体系的根本和基础，就是绝对必要的了”③。我们不能因为“这一原则可能是所有原则中最难实行的”就拒绝遵循这一原则。诚信原则也是现代民商法普遍认可的最高法律原则，有人称之为“帝王”条款，要求当事人在履行合同时不仅履行合同文字规定的义务，而且应当履行诚实善意的补充义务。

二、诚信原则的主要内容和具体表现

诚信原则，即诚实信用原则，是指人们在道德生活和道德实践活动中应该遵循的真

① 吴兢. 贞观政要：诚信第十七. 北京：团结出版社，1996：258.

② 武则天. 臣轨. 北京：中华书局，1985：38-39.

③ ［美］蒂洛，克拉斯曼. 伦理学与生活. 程立显，等译. 北京：世界图书出版公司，2008：152.

诚不欺和信守承诺的伦理原则，以真实不欺、实事求是、讲究信用、恪守诺言、表里如一、知行合一等作为行为或交往的基本原则。诚信原则有助于建立一种真诚相待、言而有信的伦理关系。

诚信原则的主要内容大体可以概括为以下几个方面：

第一，真实不欺。真实不欺的基本要求是说老实话、办老实事和做老实人，不弄虚作假，欺骗他人或社会。这是诚信的最一般要求，也是核心内涵。“诚实”要求人们在道德生活和进行道德活动时实事求是，对他人以诚相待，不做出欺诈行为。虽然诈伪也可能获得一时或局部的个人利益，但从长远和整体上看，诈伪无异于饮鸩止渴，最终只会葬送自己的全部资本，摧毁自己的人生价值，演绎出悲剧人生。因为，骗人骗得了一时，却骗不了永久，再美丽的谎言最终总会被识破，没有因欺骗而长久地获得人们尊敬的人。

第二，实事求是。实事求是既是马克思主义的活的灵魂，也是诚信原则的主要内容。实事求是体现了诚信的基本要求，也反映着诚信的丰富内涵。在道德生活和道德实践中遵循诚信原则，一个最根本的要求就是要实事求是。

第三，信守诺言。言必信、行必果，有诺必践、说话算数，表里如一，知行合一是诚信原则的集中体现，也是其主要内容。“信用”要求人们在道德生活和进行道德活动时讲究信誉，恪守诺言，严格履行自己承担的义务，不得擅自毁约。

诚信是一种人们在立身处世、待人接物、生活实践中必须而且应当具有的真诚不欺、实事求是和信守承诺的行为准则。在现代市场经济和信用经济条件下，人们只有遵循真诚守信的道德原则，才能适应社会生活的要求，并实现自己的人生价值。“诚信是一种原则，一种道德……我们比任何一个历史时期都更需要真正的诚信。”① 诚信是一种社会的道德原则和规范，是社会用以维护自身的运行发展所必需的价值目标和行为准则，它要求人们尊重客观规律，以求真务实的原则指导自己的行动，以知行合一的态度对待自己的各项工作。

在现代社会，诚信不仅指公民和法人之间的商业诚信，而且也指建立在社会公正基础上的社会公共诚信，包括制度诚信、国家诚信、政府诚信、企业诚信和组织诚信等。这说明政府和制度都要按照诚信的原则来组织与建构，亦需按照诚信的原则来行使其职权。一旦背离了诚信的原则和精神，政府就会失信于民众，制度就会成为不合理的包袱。

作为道德原则的诚信，是指在各项工作和现实生活中始终做到真实不欺、言而有信和对自己的承诺负责，具体表现为经济诚信、政治诚信和文化诚信等方面。

经济诚信是指经济生活和物质文明建设中的诚信，是直接同谋利计功行为相关联的诚信，主要表现为企业诚信。市场经济应当是有道德的和诚信的经济，诚信是市场经济的基础和灵魂，没有诚信的存在就没有安全的交易和秩序。作为借贷者，能否获得市场信任要视其偿债能力如何；作为经营者，能否获得出资者的信任，要视其经营能力如何；作为代理者支配他人资产，能否获得信任，要视其依法对他人承担资产责任的能力如何：作为劳动者，能否获得劳动力市场的信任，要视其敬业精神和职业能力如何。随着电子商务、网络交易和期货交易等新的交易方式的兴起，信用伦理精神已经成了市场经济健

① ［英］斯迈尔斯．品格的力量．喻璐，等译．北京：中国法制出版社，2018：154.

康发展的重要基础，国内外的经验表明，市场经济越发达，就越要强化信用伦理，这是融入世界经济、参与国际经济竞争的先决条件，所以，富兰克林说："信用就是金钱。"信用、信任和信誉是现代经济活动的通行证，也是确保其成功的动力源泉和优势资本。现代信用是指经济活动主体对自己行为的庄严承诺和社会各界对其履诺的肯定性评价。信用有借贷资本意义上的专业信用（包含了商业信用、银行信用和消费信用）和一般经济活动的社会信用。信任是指交易双方在信用的基础上构成相互信任的经济关系，只有守信用的企业才能得到社会公众的信任，才有从事商业活动的良好环境，从而提高工作效率和经济效益。信誉是一般信用关系的升华，守信用的企业在市场上拥有较高的声誉，能够得到其他企业和消费者的青睐，有助于建立相对稳定的产销关系。信誉又是一个企业、一个地方乃至一个国家的精神财富和价值资源，甚至能够成为一种特殊的资本。信誉好的企业，能够在市场上树立良好的形象，提升企业的知名度，这是一笔巨大的无形资产。经济诚信包含了生产诚信、交换诚信、分配诚信和消费诚信等环节，并体现在经济决策、经济活动和经济评价等方面。

政治诚信是指政治生活和政治文明建设中的诚信，主要表现为政府诚信。治理国家应当讲求诚信。在孔子看来，"自古皆有死，民无信不立"①。建立民众对政府的信任，对于国家之"立"，比强大的军队、充足的粮食都更为重要。因为失去了民众的信任，国家就岌岌可危了，更谈不上真正的治理。荀子对此也有深刻的认识，认为政令取信于民则国家强大，政令失信于民则国家衰弱，因此治国从政当以建立信德为主旨和根本。现代社会，政治的民主化已形成一种潮流，它要求按照诚信的原则来规范政府及官员的行为，增加政府行为的透明度，避免行政垄断和行政工作的暗箱操作，做到政务公开、依法行政，建立诚信政府。此外，政治诚信还包含了政治活动和政治体制的诚信。

文化诚信是指文化生活和精神文明建设中的诚信，主要表现为教育诚信和学术诚信等。在当代中国，发展先进文化，就是发展面向现代化、面向世界、面向未来的，民族的、科学的、大众的社会主义文化，以不断丰富人们的精神世界，增强人们的精神力量。为了建设社会主义的先进文化，必须坚持为人民服务、为社会主义服务的方向，百花齐放、百家争鸣的方针，坚持以科学的理论武装人、以正确的舆论引导人、以高尚的精神塑造人、以优秀的作品鼓舞人的价值导向。为此，就应当加强以诚实守信为重点的公民道德建设，在各行各业中推行诚实守信的道德准则和制度，坚决铲除精神文化领域中的不诚信行为。

经济诚信、政治诚信和文化诚信三类诚信对应于社会主义的三大文明，即经济诚信对应于社会主义的物质文明，政治诚信对应于社会主义的政治文明，文化诚信对应于社会主义的精神文明。这也就是说，社会主义物质文明内在地要求经济诚信，政治文明内在地要求政治诚信，精神文明内在地要求文化诚信。反过来，经济诚信能够促进物质文明的发展，政治诚信能够促进政治文明的发展，文化诚信能够促进精神文明的发展。三类诚信与三大文明有一种相辅相成、相互依赖和相互促进的关系。

---

① 论语：颜渊.

三、诚信原则的价值和作用

诚信在现代社会生活中不仅具有教育、激励和评价的功能，而且也具有约束、规范和调节的功能。就个人而言，诚信是高尚的人格力量；就企业而言，诚信是宝贵的无形资产；就社会而言，诚信是正常的生产生活秩序；就国家而言，诚信是良好的国际形象。综观今日世界，许多企业或组织的挫败和个人的悲剧都是由于诚信精神的缺乏。一个没有诚信精神的企业或组织是注定要垮台或自行倒闭的，一个没有诚信精神的人也不可能获得并拥有真正的成功。

第一，诚信是个人的立身之本。诚信是个人必须具备的道德素质和品格。一个人如果没有诚信的品德和素质，不仅难于形成内在统一的身心完备的自我，而且也很难发挥自己的潜能取得成功。二程指出："学者不可以不诚，不诚无以为善，不诚无以为君子。修学不以诚，则学杂；为事不以诚，则事败；自谋不以诚，则是欺其心而自弃其忠；与人不以诚，则是丧其德而增人之怨。"① 诚不仅是德、善的基础和根本，也是一切事业得以成功的保证。信是一个人形象和声誉的标志性概念，也是人所应该具备的最起码的道德品质。一个人心有诚意，口则必有信语；心有诚意口有信语而身则必有诚信之行为。诚信是实现自我价值的重要保障，也是个人修德达善的内在要求。缺失诚信，就会使自我陷入非常难堪的境地，个人也难于对自己的生命存在做出肯定性的判断和评价。同时，缺失诚信，不仅自己欺骗了自己，而且也必然欺骗别人，这种自欺欺人既毁坏了健全的自我，也破坏了人际关系，使自己失去他人的信任和好感，成为孤家寡人。因此，诚信是个人立身之本，处世之宝。个人讲求道德修养、进行道德上的自我教育、培育理想人格要求以诚心诚意和信实坚定的方式来进行自我陶冶与自我改造。中国古代思想家强调正心诚意和反身而诚在个人道德修养中的地位与作用，认为修德关键是要有一颗诚心和一份诚意。在中国传统文化中，诚信是人之为人的根本，是个体道德的基石。一切伦理精神的道德元素就是"诚信"，"惟天下之至诚，为能尽其性；能尽其性，则能尽人之性；能尽人之性，则能尽物之性；能尽物之性，则可以赞天地之化育；可以赞天地之化育，则可以与天地参矣"②。人一旦做到了"至诚"，自身就可以实现高度的统一，使自己的本性能够最大限度地发挥出来，从而达到"全面而自由发展"的状态，达到"与天地参"的最高的人生境界。

第二，诚信是企业和事业单位的立业之本。诚实守信是我国职业道德建设的重要规范，是建立行业之间、单位之间良性互动关系的道德杠杆。诚实守信是所有从业人员在职业活动中必须而且应该遵循的行为准则，涵盖了从业人员与服务对象、职业与职工、职业与职业之间的关系。在市场经济条件下，企事业单位的活动都是人和人类求生存、求发展的活动，为了生存、发展就不能不讲求诚信。因为发展既蕴涵着组织本身实力、生存能力的增强和提升，又蕴涵着组织与组织、组织与外部以及组织内部各要素之间关

① 程颢，程颐. 河南程氏遗书：卷二十五//二程集：上. 北京：中华书局，2004：326.

② 中庸：第二十二章.

系的优化和完善。无论是组织本身实力、生存能力的增强和提升，还是组织内外关系的优化和完善，本质上都需要诚信并且离不开诚信。诚信不仅产生效益和物化的社会财富，而且产生和谐和精神化的社会财富。诚信是塑造企业形象和赢得企业信誉的基石，是竞争中克敌制胜的重要砝码，是现代企业的命根子。

第三，诚信是国家政府立国之本。宋代司马光在《资治通鉴》中指出："夫信者，人君之大宝也。国保于民，民保于信。非信无以使民，非民无以守国。是故古之王者不欺四海，霸者不欺四邻。善为国者不欺其民，善为家者不欺其亲。不善者反之，欺其邻国，欺其百姓，甚者欺其兄弟，欺其父子。上不信下，下不信上，上下离心，以至于败。"① 诚信是治理国家的基本准则，诚信构成国德支配着国运，没有诚信的国德就不能拥有长久而向上的国运。在现代社会，民主政治成为一种潮流和趋势，更要求把诚信作为治理国家的基本原则。政治的核心是权力，政治权力的历史形态是私权或集权，而民主政治下的权力是公权。公权意味着权力归人民所有，本质上是为人民服务的，权力的合法性来自人民的信任，失去人民的信任便失去了权力合法性的依据。

诚信是一个国家的道德秩序和价值观念的具体反映，是社会精神文明程度和国家竞争力、软实力的重要内涵之一，是民族文明是否昌明的生动体现。在各种各样的社会经济活动中，在人与人、人与社会组织以及不同社会组织之间的交往中，诚信可以起到加强沟通、增进了解和信任、增强社会凝聚力进而促进社会和谐的作用。在国际交往中，诚信将使我们更自信，将使我们能够更加自豪地显示出一个负责任的大国的风貌。在社会生活的其他方面，诚实守信也已成为维护社会生活正常运转的道德力量。我们发展社会主义市场经济，应该建立起与市场经济相配套的诚实守信的道德体系，因为市场经济不仅是法制经济，也是道德经济。市场经济呼唤诚信，也须臾离不开诚信的支撑与引导。

当代道德生活的伦理原则除了以上四大原则外，也许还可以从其他方面加以概括与归纳，但主要以这四大原则为轴心。作为当代中国人，在处理人与社会的关系问题上应当遵循和坚持集体主义原则，在处理人与人关系问题上应当遵循和坚持人道主义原则，公平正义原则和诚实信用原则既可适用于人与社会关系，也可适用于人与人关系，在处理人与自然关系的问题上，公平正义原则具体表现为环境公正和代际公正。此外，人道主义、公平正义、诚实信用也可适用于人与自身关系的处理。尊重自我、尊重自我的生命与价值，正确地对待自己身心健康和各种需要，既是人道主义原则的具体要求，也是公平正义原则和诚实信用原则的具体要求。把人当人看以及对人公正的人，其实既包括他人，也包括自己。因此善待自我、尊重自我，进而自重、自爱、自信、自强，与遵循人道主义原则、公平正义原则和诚实信用原则是息息相通而又相辅相成的。

推荐阅读书目

马克思，恩格斯．德意志意识形态//马克思恩格斯文集：第1卷．北京：人民出版社，2009.

① 司马光．资治通鉴：周纪二．长沙：岳麓书社，1990：12-13.

万俊人，焦国成，王泽应，等．伦理学．北京：高等教育出版社，2012.
万俊人．伦理学新论．北京：中国青年出版社，1994.
朱贻庭．当代中国道德价值导向．上海：华东师范大学出版社，1994.
［英］休谟．道德原则研究．曾晓平，译．北京：商务印书馆，2001.
［美］罗尔斯．正义论．何怀宏，等译．北京：中国社会科学出版社，1998.
［美］福山．信任：社会道德与繁荣的创造．李宛蓉，译．呼和浩特：远方出版社，1999.

思考题

1. 试述集体主义原则的基本内涵及其新发展。
2. 社会主义人道主义原则的基本内容主要有哪些?
3. 谈谈你对公平正义原则的看法。
4. 试述诚实信用原则的主要内容。

第六章

道德规范

道德规范是道德原则或准则的具体体现。广义的道德规范其实是一个蕴涵着道德原则、道德规范、道德范畴以及社会公共生活、职业生活和家庭生活诸种道德规范等的有机体系。狭义的道德规范则是相对于道德原则、道德范畴以及社会公共生活、职业生活和家庭生活诸种具体规范而言的，是道德原则向具体规范贯彻落实的中介或桥梁。在人类漫长的道德生活中，道德规范作为人类道德行为的基本准则，从古至今，曾有过形态各异的表现形式。这些道德规范，不但其所包含的具体道德内容是由一定的社会关系和道德关系所决定的，就是它们各自的具体形态，也是由不同的社会关系和道德关系所赋予的。科尔斯戈德认为，道德规范实质上是指具有规范性的伦理标准，“伦理标准不只是在描述我们实际调节行为的方式。它们还向我们提出了要求，它们能够命令我们、强迫我们，或建议我们、引导我们。或者，最起码，我们在使用这些标准的时候，是在相互提出要求”，“它们告诉我们：应该想些什么，应该喜欢些什么，应该说些什么、做些什么，以及应该成为一个什么样的人”①。道德规范是使社会生活和道德生活得以展开、进行的必要条件，没有一定的道德规范，人们的社会生活和道德生活既难以展开，也难以进行，更谈不上向前发展。道德规范大体上可以区分为两大类，即禁止性道德规范和倡导性道德规范，前者如“不可杀人”、“不可奸淫”和“不可偷盗”等，大多属于底线道德规范或最基础的道德规范；后者如“尊重生命”、“与人为善”和“仁民爱物”等，大多属于基本道德规范。道德规范作为一种规范性的伦理标准，可以内化为人们的道德品质，人们的道德品质亦可以外化为社会的道德规范。

就社会主义社会的道德规范而言，除了那些作为底线伦理的禁止性道德规范，大量的则是倡导性的道德规范。关于社会主义社会道德规范，《中华人民共和国宪法》、《公民道德建设实施纲要》和《新时代公民道德建设实施纲要》均有一些规定。《中华人民共和

① ［美］科尔斯戈德. 规范性的来源. 杨顺利，译. 上海：上海译文出版社，2010：9.

国宪法》指出：国家提倡爱祖国、爱人民、爱劳动、爱科学、爱社会主义的公德，在人民中进行爱国主义、集体主义、国际主义、共产主义的教育。2001年中共中央下发的《公民道德建设实施纲要》提出要在全社会大力倡导“爱国守法、明礼诚信、团结友善、勤俭自强、敬业奉献”的基本道德规范。2019年中共中央、国务院联合下发的《新时代公民道德建设实施纲要》提出社会主义社会公民道德建设“以爱祖国、爱人民、爱劳动、爱科学、爱社会主义为基本要求”。

“爱祖国、爱人民、爱劳动、爱科学、爱社会主义”既是我国宪法对公民基本义务的规定，也是社会主义道德的基本要求。基于“五爱”的基本要求，再结合道德规范的不同特点，我们认为社会主义道德的基本规范，可以表述为忠于祖国、仁爱人民、敬重劳动、崇尚科学、善待自然这五条或五个方面。这五个方面的基本规范既是在深入贯彻“五爱”要求基础上形成的，又在崇尚爱德此一德目的同时引入了忠德、仁德、敬德、尚德、善德，使社会主义道德规范既表现着人们应有的道德情感，也凸显出人们应有的道德理性、道德信念、道德意志、道德要求。至于将“善待自然”作为一个德目和基本道德规范，完全是基于社会主义生态文明建设的基本要求。为什么没有把“爱社会主义”作为一条单独的道德规范，理由在于爱社会主义是同爱社会主义国家、爱社会主义国家的人民密切联系在一起的，而且这五个方面的基本规范都是社会主义道德的基本规范，本质上是爱社会主义的集中表现和具体贯彻与落实。

第一节 忠于祖国

忠于祖国是一种道德信念，更是公民应该遵循的基本道德规范。祖国是祖祖辈辈生长于斯的地方，是我们每一个人居住于斯、成长于斯的国度，作为承载自己血缘血脉和文化血脉的社会共同体，祖国既是我们的母亲，更是我们精神情感的来源和依靠。因此，忠于祖国是一个公民应该有的行为准则和道德规范，将忠心献给祖国是现代伦理文明的要求。

一、忠诚、祖国与爱国主义

“忠”的观念是中国传统伦理思想和道德生活的重要支柱。《说文解字》曰：“忠，敬也，尽心曰忠。从心中声”，段玉裁进一步注之曰：“敬者，肃也，未有尽心而不敬者”。忠是一种从内心深处发出的敬爱之情。这种敬爱表现在做事上，即所谓“事思敬”，意思就是以一种恭敬端肃的态度尽心尽力做好某事。中者正也，中之在心曰忠。“忠”最原始的意思是指尽心竭力、全身心地投入到某项工作或活动，同时包含对人、社会共同体和价值目标或理想的忠诚。忠，从其性质和类型上讲，可区分为“私忠”与“公忠”。“私忠”是指对君主、主人、上司等的忠诚和拥戴，“公忠”是指对民族、社稷、国家等的忠诚和敬意。“公忠”是中国传统道德的重要规范。在中国封建社会伦理纲常中，“公忠”被看作“为国之本”“天下大公之道”，是社会的最高道德准则和“义理之归”。“公忠”

直接关涉着社稷安危，天下兴亡。它要求人们“以公灭私”、“临患不忘国”、“天下为公”、“公而忘私”和“至公无私”等。

祖国的本始含义就是列祖列宗共同生活的区域，也就是我们现代意义上讲的父母之邦。祖国，即祖祖辈辈居住于斯、生长于斯的国家，也是自己生活于斯的国度。一般而言，“祖国”这一概念至少包含着三层意思：第一，一定区域内的土地、山河等自然风貌以及矿产、森林、物产等自然资源所构成的国土。第二，由共同的经济生活、语言文化、社会心理、历史传统等纵横交织的社会关系紧密连成一体的国民。第三，为了维护社会共同体的秩序、安全、主权和稳定而建立起来实施阶级统治的强力政治机构——国家。由此可见，祖国是一个集自然、政治、经济、文化与历史为一体的综合概念，是由一定社会历史时段和一定区域内的国土、国民、国家机器等基本要素构成的人类生存的社会共同体。

对祖国的忠诚形成爱国的思想意识和爱国主义道德规范。爱国即对自己所生活的国土和国家的热爱。“爱国心者，起于人民与国土之感情，犹家人之爱其居室田产也。行国之民，逐水草而徙，无定居之地，则无所谓爱国。及其土著也，划封疆，辟草莱，耕耘建筑，尽瘁于斯，而后有爱恋土地之心，是谓爱国之滥觞。至于土地渐廓，有城郭焉，有都邑焉，有政府百执事焉。自其法律典例之成立，风俗习惯之沿革，与夫语言文章之应用，皆划然自成为一国，而又与他国相交涉，于是乎爱国之心，始为人民之义务矣。”[①]“爱国”一词在我国历史上出现较早。《战国策·西周》中就有“周君岂能无爱国哉”的说法；东汉时荀悦作《汉纪》，其中也有“亲民如子，爱国如家”的提法；《礼记·儒行》中说：“苟利国家，不求富贵。”此后“爱国”一词便不绝于书。“天下兴亡，匹夫有责”成为历代仁人志士的共同心声，尽忠报国、舍生取义成为中华民族的优良传统。

在西方，古希腊的《荷马史诗》中就有“为国捐躯，虽死犹荣”的说法。伯里克利在雅典阵亡将士墓前的演说中指出：“我宁愿你们每天把眼光都注意到雅典的伟大。它真正是伟大的；你们应当热爱它。”又说，那些为保卫雅典城邦而献出生命的将士们是尤其伟大的，“他们贡献了他们的生命给国家和我们全体；至于他们自己，他们获得了永远长青的赞美，最光辉灿烂的坟墓——不是他们的遗体所安葬的坟墓，而是他们的光荣永远留在人心的地方；每到适当的时机，永远激动他人的言论或行动的地方”[②]。古罗马思想家西塞罗在《国家篇》中说：“我们的祖国生养教育我们，并非不期望——在某种程度上——我们给予某些积极的回报；祖国并非仅仅为了使我们便利，给我们的闲适提供一个安静的隐居地；相反，它给予了我们这些有利条件，它就可以在它需要时使用我们的勇敢和才华中的更大和更重要的部分，留给我们个人使用的，仅仅是它的需要得到满足之后而可能留下来的那些。”[③] 祖国生养和教育我们，我们也应当热爱和保卫祖国，用自己的勇敢和才华为祖国做出自己的贡献。拿破仑曾称赞，爱国心是人类的最高道德和文明人的首要美德。英国哲学家培根把献身祖国视为最高荣誉，他说：“还有一种荣誉，可

① 蔡元培．中学修身教科书//蔡元培全集：第2卷．北京：中华书局，1984：228.
② ［古希腊］修昔底德．伯罗奔尼撒战争史：上册．北京：商务印书馆，1960：152-153.
③ ［古罗马］西塞罗．国家篇；法律篇．沈叔平，苏力，译．北京：商务印书馆，1999：16.

列于最高等的荣誉之中，但是不常见的，就是为国捐躯或冒大危险的人们。"[①] 他在《论邦国的真正伟大之处》一文中，还专门探讨了爱国精神和保卫国家的勇敢精神对于国家的重要意义。美国史学家斯特雷耶在《现代国家的起源》中直言，如果一个人不幸成为没有国家的人，那"他什么也不是"，因为"在国家组织之外，不存在所谓的救星"[②]。一个人热爱自己的祖国是理所当然的事情，谁不属于自己的祖国，他就不属于人类。

爱国主义是爱国情感心理和思想行为的理性升华，是一种关于个人与祖国关系的理性认识系统，它基于人们在长期的社会实践中形成的对自己祖国的无比忠诚和热爱的深厚情感，体现了深厚的爱国之情、坚定的报国之志和高尚的效国之行的有机统一。爱国主义是历史地形成和巩固起来的、对自己祖国忠诚和热爱的一种最深厚的感情。这种感情鲜明地表现为民族自尊心、自信心和自豪感，表现为为争取祖国独立富强、维护祖国统一而奋斗的精神，为繁荣发展祖国经济文化的献身精神。现代爱国主义是建立在古代爱国主义基础之上的。"古代的爱国主义是种宗教情感。国家意味着 terra partia（祖国）。"[③] 古代爱国主义将祖国视为祖先和神灵生活的土地，进而将其视为神圣而值得去爱的国土，赋予其生命意义和生活的价值。"祖先的爱国主义是一种强有力的情感，是其他美德得以产生的至高美德。"[④] 人们不仅视祖国为神圣的土地，而且视祖国为信仰的对象物，热爱祖国是至高无上的伦理美德。爱国主义的核心要义是生活于祖国的人们将祖国视为生养自己的父母之邦，进而发自内心地去热爱她、忠诚于她，产生难以割舍的眷恋与热爱之情。爱国主义将我们个人命运和国家的命运联系在一起，是调整个人同国家、民族之间关系的重要规范，也是衡量人的思想觉悟和道德水平的重要尺度。爱国主义的基本内容是对祖国的热爱和忠诚。列宁指出："爱国主义是由于千百年来各自的祖国彼此隔离而形成的一种极其深厚的感情。"[⑤] 爱国主义精神意识在人类尚处于部族和部落的远古时期就已产生。那时，为有利于群体的生存、发展以及安全，群体成员就有了相应的思想意识和行动：保卫自己繁衍生息的土地，同心协力抵御邻近敌人入侵而不惜牺牲。这种群体意识必然会世代流传下去，成为部族、部落或社会共同体的集体精神和一种精神支柱。当国家产生后，这种意识就发展为爱国主义，并成为各个国家都高举的一面旗帜。爱国主义不是抽象的概念，它通过爱国的情感、爱国的思想、爱国的行为表现出来。对祖国的爱是一种博大的爱，是从内心深处产生的对祖国深厚的情感，这种情感集中地表现为民族自尊心和民族自信心。

爱国主义既是一个国家的国民对自己生长和生活于斯的祖国的爱的深刻感情，也是在此基础上升华为对自己祖国和国家忠诚的理性认识以及由此所形成的道德原则规范及国民应有的伦理品质或美德，是报效祖国的坚定信念、精神操守和行为实践的集中表现。爱国主义不仅仅体现了人们的历史性愿望，同时对于每个民族和国家的生存和发展都具有不可估量的效用，它是一个民族的精神支柱，是民族之魂，作用于民族的经济生活、

---

① ［英］培根．培根论说文集．水天同，译．北京：商务印书馆，1983：192.

② ［美］斯特雷耶．现代国家的起源．华佳，等译．上海：上海人民出版社，2011：1.

③ ［美］维罗里．关于爱国：论爱国主义与民族主义．潘亚玲，译．上海：上海人民出版社，2016：17.

④ 同③.

⑤ 列宁．皮季里姆·索罗金的宝贵自供//列宁选集：第3卷．北京：人民出版社，2012：579-580.

文化生活、风俗习惯和心理机制，形成一种强大的凝聚力。一个民族凭借这种凝聚力，能够经受住自然的、社会的种种困难和风险的考验，保持旺盛的生命力。爱国主义的凝聚力，作为一种心理现象，通常通过信念潜存在每个人的意识之中。每当人们为祖国、为人民做了有益的事时就会得到精神上的满足，形成一股力量。反之，做了不利于祖国的事，或者错过了为祖国做贡献的机会，就会感到内疚、羞愧和忏悔，并力求弥补。

二、爱国主义是中华民族精神的核心

爱国主义是中华民族传统的道德规范，素被称为“中华民族之魂”。中华民族具有历久弥新、博大深厚的爱国主义传统，有着酷爱自由、追求进步、维护民族尊严和国家主权的光荣传统。对外来侵略者无比痛恨，对卖国求荣的民族败类无比鄙视，对爱国志士无比崇敬，已成为中华民族最可珍贵的民族性格。热爱祖国、建设祖国、保卫祖国，维护祖国的尊严和统一，为祖国的繁荣昌盛而奋斗，是每一个中华儿女的神圣职责。在世界历史发展中，中华民族尤其把对祖国的忠、对民族的爱视为做人的根本与大节，以救国治国、兴邦兴国为人生奋斗的最高境界。因此，爱国主义精神也一直伴随着我们民族生息、斗争与发展，是我们中华民族的光荣传统和崇高品德，以及生存和发展的重要精神支柱。

1. 对故土家园和民族历史的爱是爱国主义的重要源泉

早在奴隶社会末期，爱国情感就已在中华大地广为播扬，成为中华民族凝聚力和精神的支撑点。而热爱祖国富饶美丽的山河和民族的灿烂文明，是爱国主义思想的重要源泉。

爱国主义这种对祖国的最深厚的感情，首先表现在人们对于祖国的一草一木、一山一水的热爱之中。人们对于养育自己成长而又美不胜收的青山绿水、肥田沃土自然会产生热烈的赞美和依恋之情。那茫茫无际的原野、奔腾浩荡的江河、巍峨灵秀的山峦、苍茫辽阔的草原，为我们提供了极为生动、极富魅力的情感素材，使我们获得了巨大的精神力量，产生出高昂的自豪感。我国幅员辽阔，几千年来，中华大地始终是中华民族辛勤劳作、世代固守的故土家园，尽管旱涝、台风、疫病、战乱等灾害不断，但从来没有发生过像世界上其他地方那样的大规模、远距离的民族迁徙或流动。“一方水土养一方人”，这一土地是中华民族世世代代劳动、生息、繁衍、发展的地方，也是我们生于斯、长于斯的故土家园。从久远的上古以来，生活在这块土地上的中国人就形成并深化着热爱祖国山河大地的感情。德国思想家赫尔曼·凯泽林曾经有言，世界上没有一个民族能够像中华民族那样“给人以如此绝对纯真而又如此依附于土地的印象”，在中国，“在这块世代相传的土地上，发生着生的全部与死的全部。人属于土地，而不是土地属于人，土地永远也不会让它的子孙离它而去。无论人们在数量上如何增长，他们依然归属于土地……而当他们死去的时候，他们又带着童稚般的信赖归于那对他们是真正的母腹的大地。他们将在那里继续活到永远”①。应该说，凯泽林的这一论述是符合中华民族爱国主

---

① ［德］凯泽林．土地和农民//中国印象：外国名人论中国文化．何兆武，柳卸林．北京：中国人民大学出版社，2011：245.

义的发展实际的。中华民族爱国主义以其真挚而又深刻地对生于斯、长于斯的土地的热爱著称于世，而对自己生命终结的最好期盼则是落叶归根、入土为安。“从很早的时代起，我们中华民族的祖先就劳动、生息、繁殖在这块广大的土地之上。”① 中华民族在五千年的历史发展中逐渐产生、积累并沉淀了一种对于自己故土家园、所在种族和文化的归属感、认同感、尊严感与荣誉感，使其和脚下这块养育了自己的土地有着母子般的深厚感情。

在自然经济时代，乡土是人们的衣食之源，是生命存在和发展的保障。在今天，人们的生存、发展活动对乡土的依赖性虽然已大不如前，但是，我们民族并没有因现代生活而淡化对乡土的感情，而是从更广阔、更深刻、更长远的层次上去认识乡土与祖国的关系，对故乡的爱反而更为炽烈。人们逐渐将对故土的哺育之恩、依恋之情扩大为对祖国的热爱与眷恋。从某种意义上说乡土感情是个人与祖国亲密关系的微观反映。古往今来，热爱乡土、保卫乡土、建设乡土已成为中华民族爱国主义活动的一个重要内容。一草一木总关情，我们对祖国的爱最早就是从这片哺育自己的土地开始的。

中华各民族牢不可破的团结，是中华民族凝聚力的又一表现，也是中华民族无愧为一个伟大的民族的表现。作为一个由56个民族组成的大家庭，中华民族是世界上开化较早和具有悠久文明史的民族，最早在原始社会末期，中华民族以黄帝部族为主，逐步融合了炎帝、九黎等其他一些部族，经历了一个形成和发展的漫长历史进程。从此，各民族间就有了“炎黄子孙”、“龙的传人”和“华夏后裔”之说。公元前221年，秦始皇统一中国，建立了中央集权的封建制国家，中国开始成为统一的多民族国家。在长期的融合过程中，我国各民族各自的优势、特点都得到了充分发展和表现，形成各自引以为豪的文化传统和文明成果。

2. 爱国如家、忧国如家是中华儿女爱国主义的鲜明特点

中华民族的爱国主义不同于其他国家或民族的爱国主义在于它是以爱国如家、忧国如家为基本内容和主要特征的。中文“国家”一词熔铸着家国同构的智慧和精神。所谓家国同构是指家庭、家族、国家在组织机构方面具有一致性和共同性。家庭的建构与国家的建构原理相同，意义相近。“家”成为“国”的原型、母体与基础，“国”建立在“家”的基础上并成为“家”的扩充与放大。家与国紧紧联系在一起，家庭影响着国家，国家又制约着每个家庭及其成员。在古代，国家被视为一个放大的家庭，民间多称县令为父母官，而作为一国之主的君主不仅是一家之长，而且是一国之父，如《尚书·洪范》曰：“天子作民父母，以为天下王。”由于每个人和自己的家庭，每个家庭和自己的国家都紧紧联系在一起，因此，人们对家、对国都有深厚感情，热爱自己的祖国成为极其自然的事情。花木兰主动女扮男装、替父从军即表现了一种自觉保家卫国的精神。“万里赴戎机，关山度若飞。朔气传金柝，寒光照铁衣。将军百战死，壮士十年归……同行十二年，不知木兰是女郎”的诗句，生动地刻画了花木兰替父从军的戎马生涯和动人事迹。

中华儿女对于祖国的强烈感情，经常表现在对国家民族命运的担忧上。唐代李白的“中夜四五叹，常为大国忧”、宋代苏洵的“贤者不悲其身之死，而忧其国之衰”、清末的

① 毛泽东．中国革命和中国共产党//毛泽东选集：第2卷．北京：人民出版社，1991：621.

秋瑾的“如许伤心家国恨，哪堪客里度春风”，都是很多爱国知识分子“忧国如家”的写照。爱国主义的情感和行为，历来都被视为品质高尚的象征。自古以来，中国人民最钦佩和最敬重的是那些赤胆忠心、鞠躬尽瘁、慷慨就义的爱国者；最痛恨的是那些丧失国格人格、卖国求荣的民族败类。为祖国和民族的利益英勇献身或立下丰功伟绩的人，都会名垂青史，为世代所崇敬和歌颂。如南宋著名爱国将领岳飞、文天祥，收复台湾的南明将领郑成功，甲午海战中勇撞敌舰的邓世昌，直到抗日战争中英勇殉国的八路军副参谋长左权、爱国将领张自忠等，都是传颂后世的民族楷模。反之，那些背叛祖国、出卖民族和人民利益的人，总是要受到人民的唾弃，乃至遗臭万年。

3. 热爱祖国、报效国家是中华民族爱国主义精神的核心

爱国主义是凝聚中华民族的伟大旗帜。爱国主义作为一种潜意识和内心的信念，始终激励人们去实现对祖国应负的责任和使命，把祖国的兴亡与自身存在联结在一起，把国家安危放在心上；每当社会上发生对祖国的侵害行为时，就会由潜意识上升为坚强不屈的精神，那种“富贵不能淫，贫贱不能移，威武不能屈”的信念油然而生，或者常以“先天下之忧而忧，后天下之乐而乐”来约束自己；而每当一个爱国行动受到赞扬时，人们就会从内心引起共鸣，效仿其高尚行为。在我国历史上，爱国主义历来就是动员和鼓舞人民团结奋斗的一面旗帜，是各族人民共同的精神，在维护祖国统一和民族团结、抵御外来侵略和推动社会进步中发挥了重要作用。爱国主义集中地反映了每个历史时期的社会主题，代表了中国各族人民的根本利益和愿望。历史上，中华民族曾遭受过多次外强入侵。但是，每到历史的危急关头，总有千千万万的仁人志士，凭着一颗颗赤诚的爱国之心，舍小家、顾大家，抛头颅、洒热血，誓死抵抗外来侵略，维护民族尊严和国家主权。他们所表现出来的博大胸怀和民族气节，惊天地、泣鬼神，成为我们中华儿女永远的骄傲。

三、社会主义爱国主义的特点和基本要求

中华民族的爱国主义精神是一脉相承、从不间断的，又是日益发展、不断深化的。在古代，中华民族的爱国主义精神具体表现为：反对分裂、维护祖国统一和民族团结；反对民族压迫和外来侵略；辛勤创造中华文明，开发和改造祖国河山；推动社会进步和政治革新；等等。在近代，由于中华民族遭受着帝国主义和封建主义的双重压迫，遭遇了极大的民族灾难，所以救亡图存、振兴中华成为中华民族压倒一切的历史任务，中华民族所焕发出来的爱国主义精神无论在深度还是广度上，都是前无古人的。一部中国近代史，就是一部中国人民爱国主义的斗争史、奋进史。

1949 年中华人民共和国的成立，结束了旧中国四分五裂、人民灾难深重的局面，实现了民族独立和人民解放，中国人民站起来了，中华民族从此屹立于世界民族之林。新中国的建立，开辟了中国历史发展的新纪元，为爱国主义注入了新的内容：爱国主义的主题由争取民族独立和解放，转变为实现民族振兴、国家富强、人民富裕；在中国共产党领导下，爱国主义与社会主义实现了紧密结合、有机统一，由此推动了社会主义革命、建设、改革事业的快速发展。社会主义爱国主义是中华民族爱国主义发展的最高阶段。

当代中国爱国主义是与社会主义和中国共产党的领导密切联系在一起的爱国主义。与中华人民共和国成立前相比较，当代中国爱国主义发生了三大变化：一是中华民族已经拥有自己新的独立国家——中华人民共和国。中华人民共和国的成立，使中华民族摆脱了被压迫民族的卑下地位，成为自立于世界民族之林的独立国家。二是中华民族已经走上了社会主义道路。推翻了帝国主义和封建主义的反动统治，工人阶级已经成为国家的领导阶级，人民有了自己的国家，成为国家的主人。随着社会主义的建立和发展，中华民族已具有新的社会主义的精神面貌和社会政治面貌。三是有了中国共产党的领导。中国共产党人的爱国主义是中华民族爱国主义的最高典范。百年来，中国共产党始终以争取祖国的独立、维护祖国的荣誉、争取民族的解放、捍卫民族的尊严作为自己的神圣职责，并为此付出了最大的牺牲，贡献了自己最优秀的儿女。因此可以说中国共产党人是中华民族历史上最杰出、最忠诚的爱国主义者。中国共产党人在弘扬中华民族爱国主义精神方面所取得的成就是历史上任何阶级和政治集团所不可比拟的。“没有共产党就没有新中国”，没有共产党就没有社会主义现代化建设的新成就，是被历史证明的真理。中国共产党全面继承了以爱国主义为核心的民族精神，又不断与时俱进，开启和弘扬以改革创新为核心的时代精神，并且将这两个强大的精神力量融合在一起，形成使中国人民和中华民族不但要站起来、富起来，还要强起来的“精气神”。所以，当代中国的爱国主义是同爱党、爱社会主义、爱中华人民共和国紧密联系在一起的。

社会主义爱国主义也是和无产阶级的国际主义联系在一起的。无产阶级国际主义是指无产阶级坚持国际团结的根本观点，它的基础是全世界各国无产阶级具有的共同利益和奋斗目标。无产阶级国际主义要求各国在独立自主的前提下，在马克思主义基本原理的基础上联合起来，各国无产阶级和劳动人民在反对剥削和压迫，争取民族解放，建设社会主义的斗争中，相互支持，相互援助。国际主义的根本目的是通过无产阶级和广大劳动人民的联合斗争，消灭资本主义和其他一切剥削制度，在全世界实现共产主义。社会主义爱国主义鄙弃狭隘的民族主义、大国沙文主义和仇外排外的关门主义。它是理性的、开放的、健康的爱国主义，是具有广阔国际视野和全球思维的爱国主义，是具有博大胸襟和世界情怀的爱国主义。社会主义爱国主义善于学习其他民族培育爱国主义精神的成功实践，以更加虚心的态度吸收世界诸国弘扬爱国主义的有益经验，能够自觉地把继承传统与学习外国有机地结合起来，推陈出新，与时俱进，不断丰富爱国主义的理论内涵和创新爱国主义的实践经验。弘扬当代中国爱国主义应当立足本国、放眼世界，以海纳百川的气势汲取人类文明的一切优秀成果和进步观念，包括借鉴世界上其他国家爱国主义教育的成功经验，以一种开放的意识和精神来推进爱国主义教育。

新时期弘扬社会主义爱国主义精神，首先，必须坚持爱国主义和社会主义相统一。我国爱国主义始终围绕着实现民族富强、人民幸福而发展，最终汇流于中国特色社会主义。祖国的命运和党的命运、社会主义的命运是密不可分的。只有坚持爱国和爱党、爱社会主义相统一，爱国主义才是鲜活的、真实的，这是当代中国爱国主义精神最重要、最核心、最本质的体现。弘扬爱国主义精神就是要不断增强对伟大祖国、对中国共产党、对中国特色社会主义的价值认同。

其次，要把爱国主义作为永恒主题纳入国民教育和精神文明建设全过程。在整个社会范围内全面生动传播爱国主义精神，积极唱响爱国主义主旋律，让爱国主义精神成为人们的坚定信念和内心信仰，使爱国主义成为人们的精神依靠和力量源泉。爱国主义不是抽象的，它必然要落实到每个具体的人身上，体现在每个爱国者的认知、情感和意志行为中。爱国既不能只停留在认识上，也不能只停留在感情上，必须转化为行动的意志和实践的过程。

再次，坚持培养爱国之情、砥砺强国之志、实践报国之行的有机统一。让爱国主义精神在全体国民心中牢牢扎根，成为每一个中国人的坚定信念和精神依靠。在释放和表达自己的爱国情绪时应当保持合理的定力和理性，发挥爱国主义凝心聚力的正能量，在国际大舞台上充分展示中国智慧。培育健康、成熟的国民心态，摒弃狭隘的民族主义情结，批判民粹主义。正确认识国情，从国家民族的根本利益和长远利益出发看待问题，坚持把中国的事情办好，增强国家的综合实力和国际竞争力。

最后，创新爱国主义教育的载体和路径。例如充分利用我国改革发展的伟大成就来开展爱国主义教育，利用中华民族传统节庆、国家公祭仪式来增强人民的爱国主义情怀，运用丰富多彩的艺术形式和网络信息新媒体来增强人民的爱国主义意识，通过爱国主义教育基地和创新教育载体来增强爱国主义教育效果。同时要大力宣传爱国先进典型，发挥榜样的示范作用，形成崇尚英雄、仰慕英雄的时代荣誉感，坚决抵制那种矮化、丑化或虚无化民族英雄的思想和行为。创造爱国主义教育的社会氛围，使人们在日常生活的各个方面都能随时随处受到爱国主义思想和精神的感染、熏陶。此外，还要进行爱国礼仪的宣传教育，提倡有助于培养对国旗、国歌、国徽崇敬感的必要礼仪，增强人们的爱国主义情感和意识，真正把爱国主义内化于心、外化于行，成为内心的一种精神信仰和行为的一种习惯。

第二节　仁爱人民

忠于祖国同仁爱人民有一种内在的联系，人民是祖国的主人，是祖国历史文化的创造者。中国历史上的爱国主义总是充溢着忧国忧民、爱国爱民、利国利民的精神和行为因子。在社会主义时期，与忠于祖国相关联的道德规范即是热爱人民。如果说忠于祖国落脚到一个“忠”字，是忠德精神的集中彰显和社会化要求，那么仁爱人民则落脚到一个“仁”字，是仁民爱民精神的集中彰显和生动体现。生逢当今之世的每一个中国人，在道德上的责任和义务即是要将忠心献给祖国，将爱心献给人民。这不仅是社会主义社会道德的基本规范，也是社会主义个体道德的内在要求。

一、仁民爱人是基本的道德规范

爱是心灵友善的一种表示，意味着人们对世界上的事物和生命特别是人的关心与爱护。生而为人，既需要别人的爱，也需要爱别人。爱是人与人之间一种内在的精神和情感需要，它搭建起了人与人之间沟通理解、相互关心、相互帮助的桥梁，使得单独的个人不再孤独。“在人类的世界和生命里，最需要的是爱。爱不是智力因素，但却是使人获得力量的最深厚的泉源，又是使人感受生命温暖的最伟大的怀抱。”[①] 基督教三主德即是信、望、爱，爱上帝、爱邻人甚至爱敌人是耶稣基督的教导。弗莱彻的《境遇伦理学》指出：“基督教境遇伦理学只有一条规范、原则或律法具有约束力而无可指责，不论境遇如何它总是善的和正当的，这就是‘爱’。”[②] 他在该书中提出并论述了“爱是唯一的永恒善”，“爱是唯一的道德规范”，“爱同公正是一回事”等命题和观点。

孔子所建立的仁学主张“己欲立而立人，己欲达而达人”，“己所不欲，勿施于人”，并由此主张“泛爱众”。儒家的“仁爱”是一种有差等的爱，是推己及人、由亲及疏、由近及远的爱。即要求以对父母兄弟之爱为同心圆的圆心，层层外推，逐渐扩展到对宗族、国家和社会的爱。在孔子看来，基于血缘亲情的对父母之孝，是人生须尽的天然的义务，是仁的最起码的要求，也是仁的起点，一个人要是对生养自己的父母都不肯尽孝，就根本谈不上对他人的仁爱。爱是仁的一般原则，血缘亲情是仁的自然基础。由这一基础提升而达到“人人不独亲其亲，不独子其子”的境界。孟子继承并发展了孔子的思想，一方面坚持仁爱的尊卑、亲疏、远近原则，强调爱亲敬长的伦理意义，并批判了墨子的“兼爱”是“无父”，指出“仁者人也，亲亲为大”；“仁之实，事亲是也，义之实，从兄是也”，“礼之实，节文斯二者是也”[③]。另一方面又以此出发强调仁民爱物。“亲亲而仁民，仁民而爱物”这一命题，不仅申明了仁民爱物必须以满足“亲亲”之情为前提的原则，而且也提出在满足了“亲亲”之情后，必须将此爱心向外扩展的道德要求。仁虽然始于亲，却不终于亲，这是仁能够成为人类最普遍的道德原则的关键所在。由“亲亲”推展到“仁民”，再由“仁民”扩充到“爱物”，清楚地表达了仁的层次递进性的思想。在这三个递进的层次中，“亲亲”是仁的自然基础，“仁民”是仁的核心和重点，“爱物”则是仁的最终完成。

墨家的“兼爱”是一种无差等的爱，要求人们抛却血缘和等级差别的观念，爱人如己。用墨子的话说就是，“视人国若其国”“视人家若其家”“视人身若其身”，以此达到“国与国不相攻，家与家不相乱，盗贼无有，君臣父子皆能孝慈”[④] 的良好的局面。墨子强调“兼爱”，人与人要“兼相爱，交相利”，“夫爱人者，人从而爱之”[⑤]，“先从事乎爱利人之亲”，则人们就“报我以爱利吾亲也”[⑥]，我爱人人，人人爱我，“天下之人皆相爱，强不执弱，众不劫寡，富不侮贫，贵不敖贱，诈不欺愚”[⑦]。天下都在爱的逻辑中相利相生，是以老无妻子者，有所侍养，以终其寿；幼弱孤童之无父母者，有所归依，以长其身，如此，“凡天下祸篡怨恨，可使毋起者，以相爱生也”[⑧]。墨子的思想反映了在动乱社会中的小生产者渴望安宁、平等、互利的生活愿望。墨家的本意是要将普通人提

① 龚群．人生论．北京：中国人民大学出版社，1991：43.
② ［美］弗莱彻．境遇伦理学．程立显，译．北京：中国社会科学出版社，1989：20.
③ 孟子：离娄上.
④ 墨子：兼爱上.
⑤ 墨子：兼爱中.
⑥ 墨子：兼爱下.
⑦ 同⑤.
⑧ 同⑤.

升到亲人的地位而亲爱之，结果却事与愿违，反而是将自己的亲人降低到普通人的位置而疏远之。墨学之中绝，同其主张中多有此类违背人之常情的内容有极大的关系。有鉴于此，后儒常以墨家为戒。有人问程颐："为仁先从爱物上推来，如何?"程颐回答说："不敬其亲而敬他人者，谓之悖礼；不爱其亲而爱他人者，谓之悖德。故君子亲亲而仁民，仁民而爱物。能亲亲，岂不仁民？能仁民，岂不爱物？若以爱物之心推而亲亲，却是墨子也。"[①] 相比之下，儒家的仁爱思想之所以广为人们接受，就在于它于平实之中见高尚，易简之中见深义，植根于人类最基本的自然情感，满足了人类最基本的道德需要。

"博爱"一词出自至汉代才成书而假托孔子之言的《孝经》："先王见敬之可以化民也，是先之以博爱。"被誉为"文起八代之衰，道济天下之溺"的韩愈在《原道》中以"道统"说阐述了"博爱"与"仁"的关系，提出"博爱之谓仁，行而宜之之谓义，由是之焉之谓道，足乎己无待于外之谓德"，在仁义道德统领之下，社会的每一个人都在一个大伦理系统中，各有位置。

社会主义消灭了人剥削人、人压迫人的制度，人民群众翻身当家做了社会的主人，从而使仁民爱人真正成为一种现实。如果说在阶级社会里，真正的人的爱很难落到实处，总是带有历史的局限性和阶级的偏见，那么到了社会主义社会里，仁民爱人将从一种理想和呼唤变成一种生动的道德实践。在社会主义社会里，人民不仅是物质财富的创造者，而且也是精神财富的创造者和历史进步的动力，是社会主义事业的建设者和生力军。热爱人民才能感受到人民的伟大，才能始终相信人民、尊重人民，培育出与人民群众的真实而深厚的道德感情。

二、仁爱人民的具体要求

仁爱人民是在一般地重视人的价值和尊严的基础上，强调人是发展目的、手段和主体的统一，同时又是对人民群众利益、愿望和价值的尊重与满足，充分体现了社会对人的一切权利的尊重和对最广大人民群众根本利益的大爱价值的关心。这种关心最广大人民群众的伦理情怀既不同于封建社会的"仁爱"精神，也不同于资产阶级的"博爱"精神和西方社会的"神爱"精神，而是马克思主义的人文精神同中国特色社会主义实践相结合，培育形成的社会主义道德精华，体现了社会主义道德的基本精神和价值取向，与社会主义核心价值体系在本质上保持了高度一致。

仁爱人民意味着对人民有一种深度的关怀和热爱之情，人民成为热爱的对象和目的。人民是推动社会历史前进的人，凡是阻碍社会历史发展的人，都是人民的敌人；人民是绝大多数人，人民的敌人总是极少数人。人民是推动社会历史前进的绝大多数人。在改革开放的新形势下，人民应当包括一切拥护四项基本原则、拥护改革开放的广大群众。一切参加、支持和拥护社会主义现代化建设的阶级、阶层、社会集团都属于人民。人民群众是社会物质财富和精神财富的创造者，是推动社会历史前进的根本动力。人民群众的根本利益真正代表了社会的整体利益。把爱人民确立为社会主义道德的基本规范，对

① 程颢，程颐. 河南程氏遗书：卷第二十三//二程集：上. 北京：中华书局，2004：310.

于增进人民团结、稳定国家秩序都有十分重要的意义。在改革开放的新时期，邓小平强调要把人民满意不满意、人民高兴不高兴、人民赞成不赞成作为检验我们一切工作的标准，他以“我是中国人民的儿子”作为他对人民的信仰和尊重。热爱人民群众，就要深入人民群众之中，了解人民群众，认识人民群众；站在人民群众的立场上，与人民群众建立深厚的感情；密切联系群众，倾听人民群众的呼声，尊重人民群众的积极性和首创精神。

仁爱人民就要牢记广大人民的根本利益，时刻关心人民群众的疾苦，想人民之所想，急人民之所急，努力为人民群众办好事、办实事；关心人民的民主权利和物质利益；在一切工作中坚持群众路线，密切联系群众；关心同志，热爱同志，在人们之间建立起和睦、团结、友好、信任的关系；同一切危害人民利益的言行做斗争。

仁爱人民是同尊重人民紧密联系在一起的。尊重人就是要尊重生命权利、尊重人格尊严、尊重人性需求。尊重人不能掺杂任何其他因素，人受到尊重的唯一理由就是因为他是“人”，有人生的权利、人格的尊严、人性的关爱，不能因其地位高低、身份差异、权力大小、贫富悬殊而有所改变。高贵与低贱、聪灵与愚钝、健全与残疾、年长与年幼在“人”字面前一律平等、一视同仁。“爱人民”的伦理实质就是要从政治伦理架构的基础上使人成为社会政治生活中真正意义上的主体，并使其居于本位；就是要在社会道德建设的现实中让人人都把每一个人当作人来对待，尊重人的基本权利、价值和尊严；就是要在国家及其政府的思想认识和行为实践中让人民成为我们社会真正的主人，使“全心全意为人民服务”成为国家政府根本的执政理念。

三、为人民服务是仁爱人民的集中表现

社会主义道德以为人民服务为核心，这是一个科学的概念，是对社会主义道德体系的一种新的认识。为人民服务不是现在才提出来的，它产生于新民主主义革命时期。当时是作为政党伦理提出来的，主要是对共产党人提出的要求，是处理党和人民群众关系的根本准则。今天，党中央把为人民服务作为全社会普遍推行的道德规范，并且提到了社会主义道德核心的高度，彰显了为人民服务的公民道德意义。为人民服务是社会主义道德建设的核心，是社会主义道德建设的出发点和落脚点，社会主义道德建设的一切活动都要以最大多数人民的根本利益为最终目的。

为人民服务，是一个含义完整、内在结构严密的道德范畴，它是“为人民”的思想动机和“服务”的实际行动的统一。“为人民”说的是思想动机，即行动的出发点和目标。毛泽东在《论联合政府》中指出：“全心全意地为人民服务，一刻也不脱离群众；一切从人民的利益出发，而不是从个人或小集团的利益出发。”[①] 他在这里说的就是“为人民”。“服务”说的是实际行动，它是为人民服务的核心和关键。在为人民服务的问题上，仅有“为人民”的良好愿望和明确的目标是不够的，还必须同时要有实际的行动。一个人的“服务”，就是以实际行动履行对他人的特殊的道德义务和责任。具体说来，担任国家和社会管理职责的公务人员要发扬民主、为政以德、廉洁奉公，从事各行各业的生产

① 毛泽东. 论联合政府//毛泽东选集：第3卷. 北京：人民出版社，1991：1094-1095.

与经营人员要立足于人民的需求，忠于职守、遵循职业道德，在校学生则要努力学习、立志成才，如此等等。总之，为人民服务，就是要从人民的利益出发，做好人民要求做好的事情。从这点看，作为社会主义道德的集中表现和道德建设的核心要求，为人民服务思想也是无产阶级、广大劳动人民的人生观和价值观，与我们党一贯倡导的群众观念和群众路线是完全一致的。因此，为人民服务的思想道德观念与封建社会盛行的特权思想和等级观念、资本主义社会所推行的个人主义、拜金主义和享乐主义是根本对立的。要坚持倡导为人民服务，就要在思想和道德观念上与个人主义、拜金主义、享乐主义划清界限，自觉抵制个人主义、拜金主义、享乐主义的影响。

为人民服务既平凡又伟大，既普通又高尚，但也并非高不可攀，可以通过不同层次、不同形式表现出来。在我们社会主义社会里，不论何种岗位、不论能力大小、不论职位高低，都能够而且应当通过各种途径和形式，实践为人民服务的道德。“毫不利己、专门利人”是为人民服务；“无私奉献、舍己为人”是为人民服务；顾全大局、先公后私是为人民服务；关心他人、爱护他人并给予他人力所能及的帮助是为人民服务；爱岗敬业、办事公道，努力做好本职工作是为人民服务；遵纪守法、诚实劳动，获取正当利益同样是为人民服务。在为人民服务的思想中，既有先进性的要求，又有广泛性的要求。从一定意义上说，在为人民服务的思想中，包含了“人人为我，我为人人”的思想。

在社会主义现代化建设的新时期，根据我国经济生活和思想道德情况的现实，为人民服务可以分为三个层次：

一是无私奉献地为人民服务，也就是全心全意为人民服务。它要求把人民利益看得高于一切，自觉地为他人、为社会多做贡献，不计报酬，无私奉献，为了人民的利益不惜牺牲自己的利益乃至自己的生命。这一个层次是为人民服务的最高层次，是一切共产党员、社会先进分子应当努力达到的。

二是先公后私地为人民服务。它要求在把人民的利益看得高于个人利益的基础上获取正当的个人利益，使个人利益的追求从属于为人民服务的价值目标，进而热心公益，助人为乐、扶贫帮困、扶老携幼，这是为人民服务的第二个层次，是工人、农民和知识分子应当努力达到的。

三是公私兼顾地为人民服务。在为他人服务的过程中，获得正当的个人利益，遵纪守法，诚实劳动，兢兢业业地做好本职工作；人与人之间互相关心、互相爱护、互相帮助。这是为人民服务的第三个层次，是其他一切劳动者、爱国者应当努力做到的。

在人们的社会实践中，为人民服务必然表现为不同的层次。既有最高层次，又有较低要求。划分为人民服务的层次，就是把为人民服务由社会主义道德的集中表现，具体化为可以操作的行为规则，有利于人们沿着社会主义道德的阶梯循序渐进地向上攀登。

毛泽东提出：“为什么人的问题，是一个根本的问题，原则的问题。”① 道德的核心就是为谁服务的问题。不同类型的道德，其核心也就不同。一切剥削阶级的道德都是为维护剥削制度、维护少数剥削者的根本利益服务的，因此，其道德建设的核心就只能是为个人谋私利；而社会主义道德是反映最广大人民群众根本利益的道德，是为维护广大

① 毛泽东．在延安文艺座谈会上的讲话//毛泽东选集：第3卷．北京：人民出版社，1991：857.

人民群众根本利益服务的伦理体系，社会主义道德的本质决定了社会主义道德建设必须以为人民服务为核心。

为人民服务充分体现了社会主义道德的实质。社会主义道德是一种全新的道德，它扬弃了社会主义之前道德的种种弊病，强调目的与手段、权利与义务的统一。在社会主义社会里，人既是目的，又是手段，是目的与手段的合一。诚如马克思所说，“（1）每个人只有作为另一个人的手段才能达到自己的目的；（2）每个人只有作为自我目的（自为的存在）才能成为另一个人的手段（为他的存在）；（3）每个人是手段同时又是目的，而且只有成为手段才能达到自己的目的，只有把自己当作自我目的才能成为手段”①。人人都是服务对象，人人又都为他人服务。在这个意义上说，社会主义道德的实质就是平等互助。为人民服务作为社会主义社会的伦理原则，它的基本含义就是全社会成员的“自我服务”和“人人为我，我为人人”的有机统一。

第三节　敬重劳动

敬是爱的提升和强化。敬德是中华民族传统道德文化中的重要一德，指人们对待事业、理想、价值、道德和一切生命现象的敬重、敬畏、敬意和敬爱。在中华伦理文明发端的周代就形成了“敬德”的传统。“一个敬字，实贯穿于周初人的一切生活之中，这是直承忧患意识的警惕性而来的精神敛抑、集中及对事的谨慎、认真的心理状态。这是人在时时反省自己的行为，规整自己的行为的心理状态。”② 周初人们所推崇和强调的“敬德”，凸显出对事情、事业的责任与担当，肯定主体的积极性和不敢懈怠的精神品质。“周人建立了一个由‘敬’所贯注的‘敬德’、‘明德’的观念世界，来照察、指导自己的行为，对自己的行为负责，这正是中国人文精神最早的出现；而此种人文精神，是以‘敬’为其动力的，这便使其成为担当的性格，与西方之所谓人文主义，有其最大不同的内容。”③《左传·僖公三十三年》载，臼季出使途中经过冀地，见到冀缺在种地除草，他的妻子送饭给他，“敬，相待如宾”，后回到晋国后向晋文公说道，“敬，德之聚也，能敬，必有德”。儒家有“敬以直内，义以方外，敬义立而德不孤”的思想，程颢视敬为“人事之本”，朱熹更有“敬字功夫，乃圣门第一义，彻头彻尾，不可顷刻间断”④。在马克思主义看来，人类最值得敬重的是劳动，这不仅因为人起源于劳动，而且因为劳动创造人类、劳动创造财富、劳动创造价值、劳动创造幸福、劳动创造一切。敬重劳动是社会主义社会道德的基本规范，也是每一个人应当具备的基本品德和素质。

一、劳动的伦理价值

劳动是人类社会存在和发展的最基本的条件，是道德产生的母体，同时也是促进道

① 马克思．政治经济学批判（1857—1858年草稿）//马克思恩格斯全集：第46卷：上．北京：人民出版社，1960：196.

② 徐复观．中国人性论史．上海：华东师范大学出版社，2005：15.

③ 同②15-16.

④ 黎靖德，编．朱子语类：卷十二．北京：中华书局，1986：210.

德进步的源泉，是美德和健康人格形成的基础。

首先，劳动是人类存在和发展的基础。马克思说："任何一个民族，如果停止劳动，不用说一年，就是几个星期，也要灭亡"①。一个国家、一个民族，如果停止劳动就无法生存，更谈不上发展。劳动创造了人本身，促进了人类智力和体力的全面发展；劳动推动了生产力的发展，人们通过劳动征服自然、改造自然，为人类服务；劳动创造了人类社会，形成了社会生产关系，同时也产生了调整人与人之间关系的道德；劳动创造了人类的一切文明。社会的一切发展和进步最终都要靠劳动来实现。离开劳动，知识形不成力量，人才无法成长，创造就会失去方向。"民生在勤，勤则不匮。"因为一切物质和精神财富的创造都离不开辛勤的劳动。古希腊赫西俄德的《工作与时日》谴责懒惰，歌颂劳动，认为："活着而无所事事的人，神和人都会痛之恨之，因为其禀性有如无刺的雄蜂，只吃不做，白白浪费工蜂的劳动。""人类只有通过劳动才能增加羊群和财富，而且也只有从事劳动才能倍受永生神灵的眷爱。劳动不是耻辱，耻辱是懒惰。"② 劳动是人世间最富有意义的事情，因此无论如何人们都得努力劳作。

其次，劳动是人之所以为人的一种本质属性和人类所特有的一种本能。"正是这种充满生机和活力的本能推动人们不断地创造，从而推动各个民族、各个种族的人类不断向前发展。人们为了生活，就必须用自己的双手辛勤地劳动，这是一种不可违背的客观必然性。从另外一种意义上讲，人们要享受真正的人生，享受真正的生活，也必须从事这样或那样的劳动。只有在劳动中，人们才能找到无尽的快乐，才能创造美好的生活。"③ 劳动创造了人类，劳动创造了世界。从使用旧石器工具猎食自卫的类人猿，进化至使用新石器的原始人，直至进化到能创造、掌握和使用现代工具的现代人这一人类进化过程，也就是从简单劳动上升为复杂劳动，以至于现代专业化劳动的过程。能把大自然环境建设成现代的五彩缤纷的大千世界，人类生活从仅争取生存这样的简陋生活过渡到五花八门、多姿多彩的生活，这一切都是劳动的结果。"人类的伟大而光荣之处就在于他能够通过自己的创造性劳动来创造自己生活所必需的一切，劳动产生了人类文明，一旦人们真正废止了劳动，所有亚当的后裔都必死无疑。"④ 人类就是在一代又一代的劳动中生存、繁衍和发展的；人们利用自己的一双手，通过自己的努力，自己的付出和奉献，积聚财富，创造生活，一切都是自己奋斗来的血汗。人类一旦停止了劳动，就失去了衣食之源；个人一旦厌恶劳动，等于又回到了动物。

最后，劳动既是一种尊严，更是一种美丽。李大钊提出"尊劳主义"，认为人生求乐的方法，莫过于尊重劳动。"一切乐境，都可由劳动得来，一切苦境，都可由劳动解脱。"⑤ 他告诫青年，如果要寻求真正的幸福，就需要热爱和尊重劳动。"青年呵！你们要晓得劳动的人，实在不知道苦是什么东西。譬如身子疲乏，若去劳动一时半刻，顿得非常的爽快。隆冬的时候，若是坐着洋车出门，把浑身冻得战栗，若是步行走个十里五

---

① 马克思．马克思致路德维希·库格曼（1868年7月11日）//马克思恩格斯文集：第10卷．北京：人民出版社，2009：289.

② ［古希腊］赫西俄德．工作与时日；神谱．张竹明，蒋平，译．北京：商务印书馆，1991：10.

③ ［英］斯迈尔斯．品格的力量．宋景堂，等译．北京：北京图书馆出版社，1999：86.

④ 同③.

⑤ 李大钊．现代青年活动的方向//李大钊文集：第2卷．北京：人民出版社，1999：301.

里，顿觉周身温暖。免苦的好法子，就是劳动。这叫作尊劳主义。”① 劳动为一切物质财富的源泉，一切物质财富都是劳动的结果。人们日常生活所需要的吃、穿、住、用没有一样不是从劳动中得来的，这是很容易明白的道理。劳动使人聪颖，劳动使人进步，劳动使人类的精神生活变得丰富多彩。人们不仅从劳动中可以创造赖以生存的物质财富，而且还可以得到很多情感上的满足。在劳动的环境中，我们得到了不可缺少的人类间的交流；从劳动的成果上，人们得到了更大的满足。

社会主义社会是劳动人民当家作主的社会，劳动光荣、懒惰可耻日益深入人心，并成为一种普遍的道德观念。毛泽东曾经指出：“社会主义制度的建立给我们开辟了一条到达理想境界的道路，而理想境界的实现还要靠我们的辛勤劳动。”② 中国社会主义是在生产力发展水平低且不平衡的基础上建立起来的，要使全体人民懂得，“我们的国家现在还是一个很穷的国家，并且不可能在短时间内根本改变这种状态，全靠青年和全体人民在几十年时间内，团结奋斗，用自己的双手创造出一个富强的国家”③。那种以为到了社会主义就可以不需要劳动而享清福的观念显然是不对的。在社会主义社会，劳动既是每个公民的义务，又是每个公民的权利，每一个有劳动能力的人都应该通过诚实劳动和合法经营为社会创造财富，以正当手段获取劳动报酬。

二、敬重劳动的伦理要求

敬重劳动，从伦理上讲，首先就是树立劳动的权威，形成以劳动为光荣、不劳动或好逸恶劳为可耻的价值观念。我们国家要实现全面建成小康社会的目标，实现真正强盛和人民的全面富足就需要全体人民继续辛勤工作，继续付出十倍甚至百倍的努力，继续艰苦奋斗几十年以至更长的时间。“以辛勤劳动为荣、以好逸恶劳为耻”，就是要把辛勤劳动当作美德去大力倡导，去发扬光大。小到个人、家庭，大到民族、国家，坚持辛勤劳动就能兴旺发达；而好逸恶劳、贪图享乐，则只能衰败、灭亡。与热爱劳动相对立的是懒惰和好逸恶劳。自古以来，人们就将懒惰和好逸恶劳视为败德、万恶之源，懒惰只会导致精神家园的抛荒和品德的沦丧。没有一种真正的伦理学会歌颂或肯定懒惰。“懒惰会吞噬一个人的心灵，就像灰尘可以使铁生锈一样，懒惰可以轻而易举地毁掉一个人，乃至一个民族。”④ 马其顿国王亚历山大在征服波斯人之后，目睹波斯人厌恶劳动的情景时深有感触地说：“没有什么东西比懒惰和贪图享受更容易使一个民族奴颜婢膝的了；也没有什么比辛勤劳动的人们更高尚的了。”⑤ 懒惰从来没有也不可能在历史上留下好名声，“懒惰是一种精神腐蚀剂，因为懒惰，人们不愿意爬过一个小山岗；因为懒惰，人们不愿意去战胜那些完全可以战胜的困难，因此，那些生性懒惰的人不可能在社会生活中成为一个成功者，他们永远是失败者……懒惰是一种恶劣而卑鄙的精神重负。人们一旦

① 李大钊．现代青年活动的方向//李大钊文集：第 2 卷．北京：人民出版社，1999：302.
② 毛泽东．关于正确处理人民内部矛盾的问题//毛泽东文集：第 7 卷．北京：人民出版社，1999：226.
③ 同②.
④ ［英］斯迈尔斯．品格的力量．宋景堂，等译．北京：北京图书馆出版社，1999：86.
⑤ 同④.

背上了懒惰这个包袱，就只会整体怨天尤人，精神沮丧、无所事事，这种人完全是一种对社会无用的卑鄙之人”①。懒惰的人是一种废物，他活着于他人毫无助益，只会增加他人的痛苦和厌恶。

其次，应当尊重劳动，维护劳动者的正当权益。劳动既然是光荣的、体面的事情，理应受到尊重，受到保护。国家实行按劳分配，即多劳多得、少劳少得、不劳动者不得食的分配原则是为了更好地保护劳动者的积极性。在中华人民共和国奠基的阶段，“劳动”被视为国家和社会的“拱心石”，既是国家和社会的荣誉，更是个人崇尚的美德。在当代，随着现代化建设规模的不断扩大和经济联系的日益复杂，以及劳动节奏、生活节奏的加快，对遵守劳动纪律提出了更严格的要求。因此，每一个劳动者，必须勤俭敬业，自觉遵守劳动纪律，遵守操作规程，以恭敬认真的态度对待工作，勤奋努力，不偷懒、不怠工。在劳动中还必须诚实守信，只有靠诚实劳动获得的利益和财富才是值得尊重的。

再次，敬重劳动必然表现为对工人、农民、知识分子劳动成果的尊重和对其社会地位的高度评价。劳动作为社会主义现代化建设的枢纽概念和核心价值，包含了对劳动者特别是工人阶级社会领导地位和主人翁地位的确认，对一种以劳动为价值基础的经济秩序的诉求，以及“爱劳动”的社会伦理主张。

在历史长河中，无论环境条件怎样变化，劳动作为人类文明进步的基本动力源泉都不会变；无论思想观念怎样变化，劳动最光荣、劳动者最伟大的基本价值观念都不能变。我们要继续要发扬劳动光荣传统，以辛勤劳动去创造社会财富，实现人生价值，让生活更加美好！

三、“体面劳动”和劳动者尊严

新中国成立 70 多年来，我国社会经历了重大的历史变迁，“劳动”的内涵及其在社会结构中的位置也发生了巨大的变化。进入改革开放和市场经济发展阶段之后，劳动重新与资本、技术连接在一起，劳动的种类比以前要复杂得多（比如知识经济时代和网络时代的劳动显然不再是简单的体力劳动），劳动者的组成也纷繁复杂。在日常语言表达中，人们主要用“工作”、“上班”这些词，而较少再用“劳动”一词。其实在我国改革开放和经济起飞的初期，正是“爱劳动”所训练出来的有一定文化素质、能吃苦耐劳的大量劳动力为国家提供了必不可少的人力资源。中国地少人多，劳动者本来就不得不更勤奋和更重视教育；由于国家提倡普通劳动者热爱劳动，鼓励开展基本的劳动技能教育，使得劳动者素质相对较高，特别是吃苦耐劳、艰苦奋斗的劳动者品质。一些海内外观察家将其称为中国的“勤劳革命”。相对于数目上的“人口红利”，这种素质训练和“爱劳动”的伦理习惯更为重要，一个勤劳的、有一定素养的劳动者抵得上两三个懒散、疏于训练的劳动者。

习近平指出：“劳动开创未来。劳动是推动人类社会进步的根本力量。幸福不会从天而降，梦想不会自动成真。实现我们的奋斗目标，开创我们的美好未来……必须依靠辛勤劳动、诚实劳动、创造性劳动。我们说‘空谈误国，实干兴邦’，实干首先就要脚踏实

① ［英］斯迈尔斯．品格的力量．宋景堂，等译．北京：北京图书馆出版社，1999：88．

地劳动。"①劳动不仅是创造财富的源泉，而且也是人生幸福的源泉。"人世间的美好梦想，只有通过诚实劳动才能实现；发展中的各种难题，只有通过诚实劳动才能破解；生命里的一切辉煌，只有通过诚实劳动才能铸就。劳动创造了中华民族，造就了中华民族的辉煌历史，也必将创造出中华民族的光明未来。"②习近平强调要尊重劳动，维护和发展劳动者的权益，保障劳动者的权利，逐步提高劳动者的待遇，加大工资在国民分配中的比重，改善劳动环境，努力让劳动者实现体面劳动、全面发展，全社会都要尊重劳动，热爱劳动，以辛勤劳动为荣，以好逸恶劳为耻。

"体面劳动"必须而且应当是快乐劳动、安全劳动，以及有保障、留"后路"的劳动。我们应当创造条件，使劳动者的劳动成为快乐生活的源泉，劳动者感受到创造性劳动的喜悦和工作的幸福与快乐，进而热爱劳动，赋予劳动至上的伦理价值。我们也应该而且必须确保劳动安全和安全劳动，下大力气排除劳动中的危险因素，使尊重生命、尊重劳动与改善劳动环境、提高劳动的安全系数有机地结合起来。我们应该而且必须果断采取措施维护劳动者的正当权益，保障劳动者病有所医、住有所居、老有所靠、学有所教，使劳动者无顾虑地献身劳动和工作，激发出他们巨大的创造积极性，促进中国特色社会主义现代化建设不断向前发展。

为了使"爱劳动"真正成为一种国民应有的伦理素质和道德规范，我们需要从经济分配、政治权益和文化诉求诸方面加大改革力度，凸显劳动价值在社会价值体系中的地位。以维护劳动者权利来达到劳动光荣，以劳动光荣达到全社会尊重劳动尤其是"普通劳动"和普通劳动者，是一个负责任的政府必须奉行的价值理念和必须履行的道德义务。"劳动"承担的不仅是伦理的正义性，也是政治的正义性，更为重要的是，劳动还直接指向人的尊严。要实现全体人民"活得有尊严"，首先要让全体劳动者实现"体面劳动"。劳动之所以光荣，在于劳动创造财富，全体劳动者理应共享社会所创造的全部劳动财富。所以，敬重劳动是社会主义社会最有人道性和伦理进步性的道德规范，是我们大家都要去信守、去遵循的道德规范。

第四节 崇尚科学

崇尚，含有在敬重基础上的推崇、欣赏与向往。我国古代有"尚贤"、"尚智"的传统，表明人们对真理和知识的崇尚与追求。现代科学技术是人类智力发展的杰出成果，又是推动社会进步的重要力量。故此，崇尚科学是社会主义社会公民应当而且必须遵行的基本道德规范。

一、科学的伦理价值

科学就其本身目的而言，是一种求真活动，科学所要做的是揭示客观世界固有的本

① 习近平．实干才能梦想成真//习近平谈治国理政．北京：外文出版社，2014：44.

② 同①46.

质和规律，使人们获得真理性的知识，提高人类认识世界的水平和能力；技术则是把科学理论应用于实践，提高人类改造世界的水平和能力。科学不仅是人们认识事物发展规律的武器、改造世界的力量、获取财富的手段，而且也是达到精神解放、推动道德进步的杠杆，是人类知识的总汇。科学技术作为第一生产力，是社会主义社会发展和进步的根本推动力量。科学技术作为人类认识自然和改造自然的活动，其进步发展必将极大地改变人与自然的关系，提升人在生产过程中的作用，以及人本身，包括人的创造能力和需要等等，从而使人们的生存环境、生活方式发生巨大的变化，形成人类新的生活条件，进而促使人与人之间的关系改变。

科学就其作为真理性的知识体系来说，在价值上是中立的，它具有认识论而不是伦理学的特征；但将其作为一种社会现象、社会活动，特别是作为一种社会力量来看，其蕴涵的伦理价值是十分丰富的。

首先，科学技术是人的本质力量的一种重要表征，是人区别于自然界、区别于其他动物的重要标志之一。科学的不朽的荣誉，在于它通过对人类心灵的作用，克服了人们在自己面前和在自然界的不安全感。科学是人类自我完善、自我发展的有力杠杆。“科学具有认识功能和实践功能，它的最终目的是以科学知识去指导人们能动改造世界，使人类在对自然界的关系中和在社会关系中获得自由。”① 科学对于解放人的思想，增进人的智慧，提高人类在自然界和社会生活中的主动性、自觉性都具有重大的意义。

其次，科学技术改善了人类生活的状况，使人的需要得到最大限度的满足。“科学直接地，并且在很大程度上间接地生产出完全改变了人类生活的工具。”② 给人类带来了物质上的最大实际利益。科学自工业革命以来，逐渐获得了社会的承认和尊崇。这在很大程度上取决于科学给人类带来的“好处”，诚如列宁在谈到社会主义制度下科学技术的运用所产生的社会效益时所指出的：“所有工厂和铁路的‘电气化’，一定能使劳动的卫生条件更好，使千百万工人免受烟雾、灰尘和泥垢之苦，使肮脏的、令人厌恶的工作间尽快变成清洁明亮的、适合人们工作的实验室。家家户户有电力照明和电力取暖设备，就一定能使千百万‘家庭女奴’不再把一生中四分之三的时光消磨在乌烟瘴气的厨房里。”③ 科学给人类带来莫大的恩惠，使人类的需要得到了满足，因此，人们有充分的理由把科学看成是内含善的价值的“精灵”。

最后，科学从本质上来说，因其具有的解释性特征内含着人类善的希冀和企盼，因其创造性、目的性特征而使其成为人类善实现的有效途径和手段。人类对美好社会、生存状态的追求和努力，离开了科学将是不可想象的。毛泽东以其哲学家的深邃和政治家的洞察力对科学内含的伦理价值进行了全面的概括：“自然科学是很好的东西，它能解决衣、食、住、行等生活问题，所以每一个人都要赞成它，每一个人都要研究自然科学。”“自然科学是人们争取自由的一种武装。……人们为着要在自然界里得到自由，就要用自

---

① 许良英，等．爱因斯坦文集：第3卷．北京：商务印书馆，1979：137.

② 同①149.

③ 列宁．一个伟大的技术胜利//列宁全集：第19卷．北京：人民出版社，1990：94.

然科学来了解自然，克服自然和改造自然，从自然里得到自由。”①

二、崇尚科学精神

科学精神，是使科学之所以成为科学、使科学在人类社会不断发展前进的一种本质属性，是从科学成就和科学探索中概括衍生出来的、关于人在处世行事中所具备的一种精神气质，一种激励和鼓舞人们不懈地探求新知、追求真理的精神。梁启超在《科学精神与东西文化》一文中指出：“科学精神是什么？我姑且从最广义解释：‘有系统之真知识，叫做科学。可以教人求得有系统之真知识的方法，叫做科学精神’”。② 科学精神有三层意思，第一是求真知识，第二是求有系统的真知识，第三是求可以教人的真知识，也就是能够提供给公众的知识，可以教育公众的知识。在西方，科学社会学家默顿于1942年提出的“四规范”说与科学精神相近相似，他所谈到的“四规范”指的是普适性（universalism）、共有性（communalism）、去私利性（disinterestedness）、有条理的怀疑（organized skepticism）。这四条作为规范有助于形成科学气质（the ethos of science）。科学精神是有感情情调的、约束科学家的价值和规范的综合，被内在化为科学家的科学良心，外在化为社会的科学意识。它们不仅是维护科学共同体稳定秩序的基石，而且与社会精神文明和人的自我完善的理想是一致的或相通的，这是科学精神或科学价值的最深邃的人文意蕴。

科学精神主要是指科学主体在长期的科学活动中所陶冶和积淀的价值观念、思维方式、行为准则等的总和。科学精神追求独立与创新、批判与怀疑，实质上是追求个体自身个性的张扬与自我实现。其具体内涵可概括为以下几个方面：

第一，追求真理和崇尚创新精神。科学精神的本质特征是倡导追求真理，鼓励和崇尚创新。在科学认识活动中，人们是在未知的世界中探索。既然是探索，就与极强的不确定性相联系。这种不确定性的表现之一是，科学研究无法事先预见成功，科学家因此经常遭受失败和挫折的打击，甚至整个科学发展的历史就是一部正确与错误共存、成功与失败交织的历史。科学需要大无畏的探索精神，才能够揭示自然界的一个又一个秘密，一点一滴地认识未知世界。不敢探索、不敢冒险就等同于放弃认识未知世界的可能，将极大地阻碍科学的发展。在严格确定的科学事实面前，科学家须勇于维护真理，反对独断、虚伪和谬误，有为真理而献身的勇气和热情。

第二，实证精神和实事求是精神。科学的实践活动是检验科学理论真理性的唯一标准。科学中的理论是否需要矫正，归根结底是由实验检验的；应该如何矫正，最终也是立足于实验基础之上的。实证并不是说有证据就可以了，而是要求有确凿的证据。被科学研究所接受的证据，必须是客观存在的，而不是主观臆想出来的；必须是符合严格控制的条件的；必须是可重复、可独立验证的；还必须符合概率统计规律。只有在严格控制的条件下，用严密的方法，重复、独立得到的观察和实验结果，才能算是确凿的证据。

---

① 毛泽东．在陕甘宁边区自然科学研究会成立大会上的讲话//毛泽东文集：第2卷．北京：人民出版社，1993：269.

② 梁启超．科学精神与东西文化//梁启超哲学思想论文选．北京：北京大学出版社，1984：386.

第三，辩证的怀疑和批判意识。在科学看来，对于伟大的真正理解不在于对它顶礼膜拜，而在于与它对话和讨论。一旦缺乏怀疑精神，全盘接受先人的知识和经验，把已有的一切认识尊为绝对，也就阻塞了科学前进的道路。怀疑意味着科学不相信绝对权威，也绝不无条件地宽容。如果不具有怀疑精神，就失去了分辨是非的基础，所有的观念，不管是合理还是荒唐，都可以被全盘接受的话，科学将成为垃圾场。

第四，理性思维和精确的分析精神。科学活动须从经验认识层次上升到理论认识层次，必须掌握科学理性思维的原则。理性（reason）是一种保真推理的能力。保真推理是构建确定性知识的最好方法，唯有保真推理才会有确定性知识。理性是科学的灵魂，它是一种思维方式，一种抽象思维能力。它能够在直观的感性认识的基础上，经过思考、分析，最终形成对自然事物的本质的认识。借助于理性，科学才能尝试着去把握自然世界内部的、本质的、系统的和全面的联系，才能在追求真理的道路上稳健向前。

第五，协作精神与团队精神。科学研究是一种社会活动，随着科学研究活动的不断深入，科学技术的发展出现了明显的综合性特征，表现为科学工作者内部的分工越来越细，要求单个的科学工作者联合起来共同完成一项复杂的任务。因此，互相尊重、虚心谦让的协作精神成为现代科学精神不可缺少的构成要素。

第六，尊重生命与敢于担当精神。科学家和工程师不仅应该有创新的兴趣与激情，更应该有崇高的社会责任感。科技创新应该要尊重生命，包括人的生命以及其他生物的生命，尊重自然法则；科技创新应该尊重人的平等权利，不仅是当代人的平等权利，还要尊重世代人之间的平等权利，我们不能只为了我们当代人的福祉而牺牲我们子孙后代的发展权、生存权；科技创新应该尊重人的尊严，不应该区别种族、财产、性别、年龄和信仰；科技创新应该尊重自然，保护生态与环境，实现人与自然和谐共处，以及人与自然的可持续发展。

科学精神是在人类文明进程中发展形成的，是人类文明中最宝贵的精神财富。随着科学技术的不断发展，科学精神的内涵也在不断丰富，并且影响着社会思潮。科学技术的发展正确地揭示了客观世界的规律，使人们获得对客观世界的科学认识，直接导致人们原先由于愚昧迷信而形成的伦理道德观念被更新。比如，在科学不发达的过去，人们不知道生、老、病、死的自然规律，不了解生命的本质，对生命感到神秘敬畏，认为人身神授，生命是上帝创造的，进而认为生命神圣不可侵犯，人的生与死都应是一种纯自然的过程，不可以是人为的、人工的，人体不可以被研究，不可以被解剖，否则就是污辱上帝、亵渎神灵，是大逆不道的。随着科学技术的发展，生命的本质被揭示、生命密码被破译，人们掌握了生、老、病、死的自然规律，对生命不再感到神秘莫测。于是，早先被严加禁止的人体解剖现已成为寻常事，死后捐献遗体或有用器官被视为高尚道德，避孕术被广泛采用，优生优育成为时尚。科学精神的力量让我们能够拥有批判的头脑，能够进行理性的思考，能够展开自由的讨论，能够接受实践的检验；它让我们尊重事实、尊重真理、反对迷信、反对盲从、反对因循守旧；引导我们不断开拓、不断创新，从必然王国向自由王国不断前进。

三、努力提高全民族的科学素质

科学素质是当代公民在社会生活中参与科学活动的基本条件，是决定人的思维方式和行为方式的重要因素，是人们过上美好生活的前提，更是实施创新驱动发展战略的基础。在科技日新月异、迅猛发展的今天，科学技术深刻地影响着经济社会生活的方方面面，公民科学素质已经成为国家综合实力的重要组成部分，成为先进生产力的核心要素之一，成为影响社会稳定、国计民生和生活品质的直接因素。科学素质是公民素质的重要组成部分，一般指了解必要的科学技术知识，掌握基本的科学方法，树立科学思想，崇尚科学精神，并具有一定的应用科学处理实际问题、参与公共事务的能力，简称“四科一能力”。我国公民科学素质调查采用国际通行指标，包括公民对科学的理解、公民获取科技信息及参与科技活动的相关情况、公民对科学技术的兴趣和态度等内容。

提高全民科学素质与每一个公民息息相关，没有公民个人的积极参与是不可能实现的。公民是科学素质提升的受益者，同时也是科学普及的推动者。公民应充分发挥积极性、主动性和创造性参与这项事业，通过各方的共同努力，在全社会形成崇尚科学、鼓励创新、尊重知识、尊重人才的良好风尚，促进学习型社会和创新型国家的建设。

提高全民族的科学素质是一项系统工程、社会工程、惠民工程，涉及面广、战线长，需要多方联动，整体推进。学校是提高全民族科学素质的重要阵地，应全面实施素质教育。在实行素质教育的过程中，要鼓励学生大胆猜想、大胆提问，乐于表现自己、敢于与众不同；要结合教学内容，激发学生对大自然的好奇心；要引导学生相信科学、尊重科学、学习科学、运用科学。机关负有提高干部科学素质的重要职责，应通过举办各种形式的科技专题讲座和报告会，增强广大干部特别是领导干部的科技意识和科学决策能力。城市社区建设应以提高社区居民科学素质为社区精神文明建设的重要目标，以建设“学习型社会、创新型城市”为契机，按照城镇劳动人口的要求，深入开展“科教进社区”、群众性技术创新、科普旅游等活动和劳动技能培训，倡导科学、文明、健康的生活方式。农村、农业、农民是提高科学素质的重点目标，应围绕建设社会主义新农村，通过科技培训、“科技下乡”、“科技扶贫”等活动，下功夫传播和普及科学知识，推广先进实用技术，激发农民学科学、用科学的热情，帮助他们树立科学的立场、观点和方法，着力培养有文化、懂技术、会经营的新型农民，提高广大农民脱贫致富的本领和能力。特别是要通过科普宣传教育工作，达到破除封建迷信，反对邪教和各种不正当的、违法的“宗教”活动的目的。此外，企业、军队、医院、人民团体等也是提高全民族科学素质的重要单位或部门。

科学素质是我们建设创新型国家，实施大众创业万众创新战略的关键，是实施创新驱动发展战略的群众基础和社会基础。提高全民族的科学素质不仅是实现产业转移与升级，使我国由制造大国向制造强国转型的内在需要，而且也事关全国人民的幸福生活的实现，事关每一个个体的身心健康和全面发展。

崇尚科学是爱科学的集中体现。作为社会主义道德的基本规范，崇尚科学体现着人们对社会整体的责任，体现着社会主义道德严谨求实的科学态度和为人类进步事业而献身的高尚精神。崇尚科学就要尊重科学、尊重知识、尊重人才，以实事求是的科学精神投身到科教兴国的事业中去。崇尚科学还要在全社会倡导科学的风气，提倡学习科学知识、科学思想、科学精神、科学方法，艰苦创业、勤奋工作，反对封建迷信、好逸恶劳。爱科学，就是要有敢于坚持真理，为真理而献身的意志和品质。

第五节　善待自然

当今世界崇尚科学是与善待自然的价值追求紧密联系在一起的。善待自然即敬畏和尊重自然，爱惜和保护人类生存的地球，实现人与自然友好相处。善待自然既因人类与自然息息相关的运命而生，也因现代化、工业化和一味征服自然所产生的重重危机而凸显出它的必要性。善待自然是建设美丽中国、建设资源节约型和环境友好型社会的内在要求，也是生态文明建设和持续发展的内在要求，是每一个公民应当遵循的基本道德规范。

一、自然环境的伦理价值

自然界是包括人类在内的一切生物的摇篮，是人类赖以生存和发展的基本条件。自然是我们的感觉和思维可以触及的天地万物，是我们所熟悉的花鸟虫鱼、江河湖泊、山川胜景以及星星月亮，是人类繁衍生息、劳作生活的地球家园及与地球运行关系密切的广袤天空。“坐地日行八万里，巡天遥看一千河”，“可上九天揽月，可下五洋捉鳖”，说明了我们身处的自然界是何等的广袤浩瀚又是何等的深邃高远。

自然是一个相互作用的大系统，人类只是自然系统中的一个子系统。因此，人类是自然的一部分，人类不可能离开自然而独立存在和发展。中国古代的哲学家倾向于认为天人是合一的，人是在天地之中并与天地万物融为一体的存在物，人只有在宇宙世界的和谐中才能找到自己的存在和在宇宙世界中的位置。《老子·第二十五章》提出“人法地，地法天，天法道，道法自然”的价值观，主张以天道自然为人道的基本原则，“生而不有，为而不恃，功成而弗居”①。《庄子·齐物论》提出“天地与我并生，而万物与我为一”，并认为自然无为的道“在太极之先而不为高，在六极之下而不为深，先天地生而不为久，长于上古而不为老”②。《易经》讲“与天地合其德，与日月合其明，与四时合其序”，含有自觉以天道来规定人道并以人道来弘扬天道的意义。人类社会的任何发展（包括经济、政治、文化等方面）都离不开自然的馈赠，只有依靠于自然才能生存，才能创造。在当代西方，一些思想家在反思人与自然关系的过程中日益深刻地认识到人是自然历史发展的产物，罗尔斯顿在《哲学走向荒野》一书中提出了“人性深深地扎根于自然”③的伦理命题，法国思想家莫斯科维奇在《还自然之魅：对生态运动的思考》一书

① 老子：第二章.

② 庄子·大宗师.

③ ［美］罗尔斯顿. 哲学走向荒野. 刘耳，叶平，译. 长春：吉林人民出版社，1999：92.

中指出："我知道自然既不是绿色的也不是灰色的，而是五彩斑斓的。我们看来，自然在时间之中囊括了偶然与必然之间所有的可能路径。"① 又说，人类"已经成为自然界的一分子，成为生物和社会意义上的成员……自然是我们历史的一部分，我们也是自然历史的一部分。既然面对的是历史的自然，人们就能理解人与自然的关系在一定程度上都是有机的"②。人既依赖自然而生存，又对自然形成着自己的作用方式。人与自然关系的内涵随着人类社会的发展而发生变化。在人类社会的初期，即狩猎和采集时期，人对自然的依赖性强，人类受自然环境的制约明显。农业时代，人类生产活动直接作用于自然客体，它的规模小、强度低，负面作用较小。但随着人类的不断发展，人类活动对自然环境的负面影响不断加强，在区域尺度上也受到了自然界的惩罚，如古代巴比伦文明、埃及文明等的衰落。

人与自然的关系在工业化时代发生了根本性的颠倒，征服自然的人类中心主义日益滋长并以加速度的方式蔓延开来。随着科技进步和生产力提高，人类对自然界的影响增强。人类以自然的主人自居，做出了违背客观规律的种种事情，进而使"社会与自然的分离和对立以及人类、科学和技术对自然的淡漠几乎达到能够容忍的极限。人类生存、生活的两个组成部分——社会和自然之间的统一已经破坏或丧失"③，酿成了环境恶化、资源枯竭、生态危机重重、人类自己也深受其害的苦果。如美国对中部大草原的开发，苏联在中亚的大规模垦殖，等等。西方主要资本主义国家受人类中心主义、极端利己主义和狭隘功利主义价值观的影响，在工业革命及经济现代化的过程中采取了一味追求经济效益和速度而不顾生态环境的做法，走出了一条以高耗费、高污染换取高速度的经济发展路子。对自然资源无限制的索取和掠夺性开发，造成了十分严重的生态问题，经济发展的负面效应日益凸显出来。主要表现在：地球承载之重超越了以往历史之最，环境污染、气候异常、疑难病症多发并不断升级，对进一步发展造成严重障碍。罗马俱乐部推出的研究报告《增长的极限》，重点描述了片面追求经济增长所带来的环境污染、资源贫乏、人口爆炸、社会邪恶上升和核威胁等各方面的严重负面问题及其给人类造成的困境，揭示了西方传统发展模式所付出的巨大社会代价。

严酷的现实要求人们冷静地审视人类社会的发展历程，总结传统发展模式的经验与教训，寻求发展的新模式，这也体现人与自然关系的和谐及人类世代间的责任感。1972年6月5日，联合国在受酸雨危害最严重的国家瑞典的首都斯德哥尔摩召开了人类历史上第一次世界性的环境会议，并通过了著名的《人类环境宣言》，揭开了人类共同保护环境、维持生态平衡的序幕。联合国《人类环境宣言》从全人类的密切联系和共同利益出发，强调保护、改善人类环境关系到各国人民的福利和经济发展，是全世界人民的迫切愿望，也是各国政府应尽的责任。宣言在"人是环境的产物也是环境的塑造者"的共识下提出了人类在环境与经济发展方面应当遵循的26项共同原则。联合国人类环境会议的召开，标志着全人类对环境问题的觉醒及其对环境与经济、环境与社会发展诸问题的高度重视和关心。受联合国人类环境会议秘书长莫里斯·斯特朗的委托，芭芭拉·沃德

① ［法］莫斯科维奇．还自然之魅：对生态运动的思考．庄晨燕，邱寅晨，译．北京：三联书店，2005：19.
② 同①23.
③ 同①.

(Barbara Ward) 和勒内·杜博斯 (Rene Dubos) 向大会提交了《只有一个地球：对一个小小行星的关怀和保护》的非正式报告。该报告始终将环境问题与发展问题结合在一起来论述，强调"只有一个地球"："这个地球难道不是我们人世间的宝贵家园吗？难道它不值得我们热爱吗？难道人类的全部才智、勇气和宽容不应当都倾注给它，来使它免于退化和破坏吗？我们难道不明白，只有这样人类自身才能继续生存下去吗？"① 该报告从伦理的视角主张培育对"唯一的、美丽的、脆弱的行星——地球"的忠心，倡导关心和爱护地球这颗小小行星，并认为只有这样我们才能获得真正的发展。80 年代，受联合国第 38 届大会的委托，世界环境与发展委员会向大会提交了《我们共同的未来》的研究报告。该报告系统地研究了当今人类面临的一系列重大经济、社会和环境问题，以"可持续发展"为基本纲领，从保护环境、维持生态平衡、满足当代和后代的合理需要出发，提出了许多富有建设性和创造性的行动建议。

良好的生态环境是可持续发展的雄厚的物质基础。人类是地球的人类，自然是人类发展的母体，人类要重视自然、爱护环境，要把发展建立在合乎自然生态发展规律的基础上，协调好人与自然的和谐关系。罗尔斯顿在《环境伦理学》中探讨了大自然所承载的或对人类具有的价值，如生命支撑价值、经济价值、消遣价值、科学价值、审美价值、基因多样性价值、历史价值、文化象征价值、塑造性格价值、辩证价值（多样性与统一性、稳定性与自发性）、宗教价值等②。这些价值是人类在荒野中发现的而不是人类创造的，它们可以由人类赋予自然物，也可以产生于人类与自然的关系中，还有很多是不以人类评价而自为存在的，它们拥有的是超越工具价值的内在价值。价值不仅存在于人类的心灵中，而且也掌握在大自然手中。人们在评价大自然时应当遵循大自然的规律，大自然的价值确定了人对大自然的义务。

二、善待自然的具体要求

善待自然，涉及态度和行为，包含许多方面的要求。从当前来讲，必须从以下几个方面做出不懈的努力：

一是大力倡导和确立尊重自然、善待自然的伦理观。人类永远是自然之子，无时无刻不在享受着大自然的恩泽，人类的生存发展一刻也离不开自然。"我们必须改变我们的哲学观点，放弃我们认为人类优越的态度"，变控制自然为尊重自然和善待自然。"控制自然这个词是一个妄自尊大的想象产物，是当生物学和哲学还处于低级幼稚阶段时的产物，当时人们设想中的'控制自然'就是要大自然为人们的方便有利而存在。"③ 利奥波德力倡"大地伦理"，认为人类作为大地共同体的一名普通成员，依赖于该共同体并在其中生存，因而应该尊重大地共同体及生活于大地共同体中的所有成员，"大地伦理是要把人类在共同体中以征服者的面目出现的角色，变成这个共同体中平等的一员和公民。它

---

① ［美］沃德，杜博斯．只有一个地球：对一个小小行星的关怀和保护．长春：吉林人民出版社，1997：260.

② ROLSTON. Environmental Ethics: Duties to and Values in the Natural World. Philadelphia: Temple University Press, 1988: 3-26.

③ ［美］卡逊．寂静的春天．吕瑞兰，译．北京：科学出版社，1992：273，31.

暗含着对每个成员的尊敬，也包括对这个共同体本身的尊敬”①。人类的命运与大自然的命运是紧密交织在一起的。我们必须学会尊重自然、善待自然，自觉地维护大自然的平衡与和谐稳定。“自然确实应该得到尊重，正如人们所说，应当像对待母亲一样关心自然，以及自然为所有容身其中的人们所保藏的一切。”② 尊重自然、善待自然，其实也就是尊重和善待我们人类自己。

二是正确认识自然、认识并尊重自然规律。人类对自然的开发利用和改造永远也不会停止，问题在于如何开发利用和改造。这就必须认识自然，尤其是自然规律，按自然规律办事。整个生物圈乃至整个宇宙都是一个有机联系的生态系统，人类只是这个生态系统的一部分。人既不是在自然界之上，也不是在自然界之外，而只能是也必须是在自然界之中。人类的生存状况与整个生态系统的其他存在物状况密切相关。我们要“从什么是合乎伦理的，以及什么是伦理上的权利，同时什么是经济上的应付手段的角度，去检验每一个问题。当一个事物有助于保护生物共同体的和谐、稳定和美丽的时候，它就是正确的。当它走向反面时，就是错误的”③。只有在科学认识自然和自然规律的基础上，才能做到按自然规律开发利用和改造自然，从而实现人与自然的和谐。我们在追求发展进步的过程中曾经出现过人与自然不和谐的现象，生态环境遭到严重破坏，其中一个重要原因就是不尊重自然规律、不按自然规律办事，后果是严重的，教训是深刻的。我们必须引以为戒。正确认识自然、认识并尊重自然规律，按自然规律办事决定着人类的生存和生活质量。

三是高度重视生态建设加强环境污染的治理。当前的环境问题主要有大气污染、水质污染、噪声污染、食品污染、不适当开发利用自然资源这五大类。面对生态环境遭受严重破坏的严峻现实，我们必须以人类的良知、远见和气魄，采取坚决行动来弥补前人以及我们自己对大自然所犯下的过错。要加大治理环境污染的力度，坚决禁止各种掠夺和破坏自然的做法，坚决改变以破坏资源和环境为代价的粗放型增长方式。中国政府和公民近年来对环境污染、生态危机的认识更加深刻，认为环境污染已经成为发展之患、民心之痛，上下同心铁腕治污，不仅对《环保法》进行了大刀阔斧的修改，而且将继续出台更严厉的法律来治理雾霾和土壤污染。对中国来说，最突出的问题是水、大气和土壤污染，它直接关系到人们的健康，也关系到食品安全。不对日趋严重的环境污染加以有效的治理，不拿出壮士断腕的环保举措，中国的现代化将会面临更大的阻碍。

四是提倡低碳生活方式和环保消费方式。低碳生活并不是让人们放弃高品质的生活享受，而是践行一种更加健康环保的全新生活理念。在环境问题日益凸显的新形势下，作为勤俭节约美德的发扬和提升，以低能耗、低开支为核心的低碳生活方式已经被赋予了全新的时代含义。发展低碳经济，提倡低碳生活方式，无论对企业、对个人都有着重要的现实意义。以勤俭节约的低碳生活方式为荣，以奢侈浪费的“高碳生活”方式为耻，应该成为全社会的共同价值取向。从低碳生活和环保消费出发，我们在日常生活中应当尽量不使用一次性塑料袋，不使用有害化学试剂，从节约一滴水、一度电

① ［美］利奥波德. 沙乡年鉴. 侯文蕙，译. 长春：吉林人民出版社，1997：194.

② ［法］莫斯科维奇. 还自然之魅：对生态运动的思考. 庄晨燕，邱寅晨，译. 北京：三联书店，2005：114.

③ 同①213.

入手，珍惜自然资源、节约自然资源、合理开发自然资源，践行绿色消费理念，从眼下做起，植绿、爱绿、护绿，做环保卫士，力争使我们的天更蓝、山更绿、水更清，环境更美好。

三、生态文明与“两型社会”建设

人类文明经历了原始文明、农业文明到工业文明的发展阶段，现在正处于从工业文明向生态文明过渡和转型的时期。生态文明是人类对传统文明形态特别是工业文明进行全面总结和深刻反思的成果，是在工业文明已经取得成果的基础上，用更文明的态度对待自然，不野蛮开发，不粗暴对待大自然，努力改善和优化人与自然的关系，认真保护和积极建设良好的生态环境的文明类型。生态文明以人与自然、人与社会、人与人的和谐共生、良性循环、全面发展、持续繁荣为基本宗旨，以建立可持续的发展模式、健康合理的消费模式以及和睦和谐的人际关系为主要内容，强调自然界是人类生存与发展的基础，人与自然环境应共处相融，实现人与自然的永续发展。生态文明的基本理念是崇尚和善待自然，与自然友好相处。它要求人们有良好的生态伦理观念，珍惜和敬畏生命。“我们越是观察自然，我们就越是清楚地意识到，自然中充满了生命……每个生命都是一个秘密，我们与自然中的生命密切相关。人不再能仅仅只为自己活着。我们意识到，任何生命都有价值。我们和它们不可分割。”① “敬畏生命不仅适用于精神的生命，而且也适用于自然的生命……人越是敬畏自然的生命，也就越敬畏精神的生命。”② 善待自然内在地包含了敬畏生命，这些生命不仅包括各种有感受性的动物，也包括那些没有感受性的植物和低等动物，因此所有生命都应该受到人们的尊重与保护。这些生命不仅是自然界的一部分，也与人类的生存、发展息息相关。善待自然要求禁止一切生态破坏行为，要求人类自身要有良好的生态消费观念，权衡利用资源的得与失，要求做到经济发展和资源、环境相协调，不断保护和增强发展的可持续性，要求做到在推动经济发展中充分考虑资源和环境的承受力，要求注重代内公正与代际公正、群内公正与群际公正的有机结合，统筹考虑当前发展和未来发展的需要，积极实现当前发展的目标的同时又为未来的发展创造有利条件，为子孙后代留下充足的发展条件和发展空间。生态文明主张超越人类中心主义与非人类中心主义的对立，强调人与自然的整体和谐，致力实现人与自然的双赢式发展。

建设生态文明要求建设“两型社会”，即资源节约型社会和环境友好型社会。两型社会的实质就是人与自然和谐相处，就是生产发展、生活富裕、生态良好的社会。和谐社会不仅要做到人与人、人与社会的和谐（这当然是最重要的），而且要做到人与自然的和谐。人与自然和谐相处是构建社会主义和谐社会的重要内容和重要目标。

建设生态文明，是保持经济持续健康发展和提高人们生活质量的必然要求，是关系人民福祉、关乎民族未来的长远大计。中国特色社会主义主张把生态文明融入经济建设、

① 陈泽环，朱林．天才博士与非洲丛林：诺贝尔和平奖获得者阿尔贝特·施韦泽传．南昌：江西人民出版社，1995：156.

② ［法］史怀泽．敬畏生命．陈泽环，译．上海：上海社会科学院出版社，1992：131.

政治建设、文化建设、社会建设各方面和全过程，努力建设美丽中国，实现中华民族永续发展，凸显了生态文明建设在整个社会主义现代化建设中的突出地位，有着极其重要的现实意义和未来价值。

推荐阅读书目

王征国．道德规范论．广州：中山大学出版社，2001.

唐凯麟．中华民族爱国主义发展史．1—4卷．武汉：湖北教育出版社，2001.

王昕杰，乔法容．劳动伦理学．开封：河南大学出版社，1989.

刘大椿．在真与善之间．北京：中国社会科学出版社，2000.

［英］齐曼．知识的力量——科学的社会范畴．许立达，等译．上海：上海科学技术出版社，1985.

［美］戴利，汤森．珍惜地球．马杰等，译．北京：商务印书馆，2001.

思考题

1. 什么是爱国主义？社会主义爱国主义的基本要求是什么？
2. 仁爱人民的具体要求是什么？
3. 简述劳动的伦理价值。
4. 试述科学精神的主要内容。
5. 谈谈你对生态文明与“两型社会”建设的看法。

第七章

道德范畴

道德范畴有广义和狭义之分。广义上说，所谓道德范畴就是概括和反映人类道德各种现象及其特性、关系、方面等本质的基本概念。从这个意义上说，作为道德现象的理论表现的伦理学，就是一个由一系列不同层次的反映道德现象的基本概念构成的范畴体系。狭义上说，所谓道德范畴就是指那些概括和反映道德的主要本质，体现一定社会整体的道德要求，作为一种信念存在于人们内心并能时时影响和制约着人们的行为，反映个人与他人、个人与社会之间，最本质、最主要、最普遍的道德关系的基本概念。

道德范畴既是道德原则和道德规范的必要补充，又受一定道德原则和道德规范的制约，是道德规范体系的组成部分。从一定意义上说，道德原则和道德规范是一定社会或阶级提出的普遍道德要求，而道德范畴则是人们借以把握一定社会或阶级的道德要求的道德纽结和基本道德概念。只有当道德范畴在人们的内心形成了明确的道德意识，才能使人们按照一定的道德原则和规范，自觉地选择、评价和调整自己的道德行为，使道德原则和规范在社会生活中发挥作用。

第一节　善恶

善恶问题历来是伦理学的重要问题，也是主要的道德范畴。自古至今，人们对善恶问题的追问与解答从未停止过。随着社会历史的不断发展，人们的善恶观念也会不断发生变化①。善恶虽然具有变动性和争议性，但其基本的价值设定却始终未曾脱离现实的利害关系。善作为利益关系中的行为价值取向，是对有利于自己、他人特别是国家民族利益增长发展的行为现象的肯定或褒奖，而恶则是有害于他人特别是国家民族利益增长

① 倪愫襄. 善恶论. 武汉：武汉大学出版社，2001：6.

发展的行为现象。

一、善与恶的含义

乔治·爱德华·摩尔在《伦理学原理》中指出："什么是善的？和什么是恶的？并且我把对这个问题（或者这些问题）的讨论叫做伦理学，因为这门科学无论如何必须包括它。"① 善的定义是伦理学研究的基本问题。能否给善下定义？如何给善下定义？善是什么？这是自西季威克以来诸多伦理学家，尤其是元伦理学研究者不断追问并尝试回答的问题。在摩尔看来，善作为伦理学的核心概念，是一个最单纯的不能给予明确定义的概念，善本身是自明的，无须借助其他任何事物或性质来证明。善与善的东西或者善性质与善事物是截然不同的，我们不能把具有善性质的事物等同为善。边沁、穆勒的功利主义在理论上的最大失误在于把经验事实与伦理价值、现有与应有混为一谈，没有区分善与善的东西，没有将善区分为内在善与外在善、目的善与手段善，因而导致把快乐幸福作为唯一的目的善，把伦理学混同于心理学，消除了伦理学的道德价值意蕴。

善与恶作为道德领域中的基本范畴，是对人们的行为予以肯定或否定评价的最一般的道德概念，实际上是对人类社会中各种行为事件的利害、吉凶、好坏的概括反映。在日常道德生活中，人们总是把符合自己的利益、意向和追求的行为事件及关系叫作善的，而把相反的叫作恶的。人们用善来概括人生活动的一切积极方面，用恶来概括人生活动的一切消极方面。一定社会道德上的善恶区分，是集中表现在它的道德原则和规范的规定之中的，道德上的善恶是指符合或违背了道德原则和规范规定的事物、行为及现象，善是指符合一定的道德原则和道德规范的思想观念、行为及事件；而恶则指违背一定的道德原则和道德规范的思想观念、行为及事件。

在日常生活中，"善恶"常常同"好坏"混同使用。在中文里，"善"具有吉、美、良、好的含义；"恶"具有凶、丑、坏、害的含义。"善"作为价值词，具有值得赞扬、肯定的意义。"善"作为"好"的同义语，是满足需要、实现欲望、达成目的的效用性，包括任何个人、团体、社会或全人类认为对自己有助益因而值得意欲的任何东西，亦即孟子说的"可欲之谓善"。"善是人与人之间适当关系之实现。"② "应该做的事，即称为善。"③ 若要实现人之向善本性，就须努力将心比心、推己及人，既考虑自己的感受，又注意对方的期望，之后选择的行为方式，虽不中亦不远矣，即所谓"强恕而行，求仁莫尽焉"④。"恶"就是道德上的不应当，就是仅站在个人生存发展的角度而对他人利益和社会集体利益的漠视或心理排斥，以及不惜侵犯他人利益和社会集体利益的动机、意向或态度。"恶"是指任何个人、团体、社会或全人类认为是对自己有害处因而应该拒斥的任何东西。

善与恶是社会生活中人们对复杂的社会道德现象和道德关系的反映，也是人们对社

---

① ［英］摩尔．伦理学原理．长河，译．北京：商务印书馆，1983：9.

② 傅佩荣．哲学与人生．北京：东方出版社，2006：173.

③ 同②172.

④ 孟子：尽心上.

会道德和个人道德状况进行评价的方式，以此来指导人们的道德行为。善恶观是人们对善恶总体上的认识，它包括什么是善，什么是恶，如何进行善恶评价，如何弃恶扬善、追求至善的人生境界。

中国伦理思想中，关于善恶来源的探讨往往与人性问题的论述联系在一起，而在善恶标准上则又与“义利之争”有密切关系。先秦儒家的主要代表孟子、荀子等认为，行为的善恶在于人性本身的善恶，并主要以“义”的是与否作为善恶的标准。《孟子·尽心下》有“可欲之谓善”的界说，朱子给出的解释是：“天下之理，其善者必可欲，其恶者必可恶。其为人也，可欲而不可恶，则可谓善人矣。凡所谓善，皆实有之，如恶恶臭，如好好色，是则可谓信人矣。”① 《周易·系辞》云“一阴一阳之谓道，继之者善也，成之者性也”。把“可欲之谓善”与“继之者善也”结合起来，可以获致对儒家何谓善的理解。

在西方伦理学史上，古希腊的苏格拉底、柏拉图等人从理性和灵魂中引申出道德，把知识和理念作为善。柏拉图从解决普遍善与具体善的矛盾入手，将分散的、互相排斥的善恶观统一成为一个完整的体系，认为在具体善之上还存在一个“善的理念”，善的理念是“一”，只有先有了善的理念，才有具体的善。在这一体系中，外在的善服从肉体的善，肉体的善服从精神的善，而精神的善又服从理性的善。因此善的理念不仅是道德观念的来源，而且是统摄一切具体善的精神力量。亚里士多德以善与至善作为伦理学的研究对象和目标，并认为善既可以用来述说是什么，也可以用来述说性质，还可以用来述说关系。在《尼各马可伦理学》著作的开头，亚里士多德写道：“每种技艺与研究，同样地，人的每种实践与抉择，都以某种善为目标。”② 宇宙中一切事物的运动都以向善为自己的目标。对于人来说，因为活动的多样性，所以善的界定多种多样。他依循前人把善的事物分为三类，即外在的善、灵魂的善和身体的善，且每种类型的善的事物都配以相应的德目。如身体的善有健康、强壮、健美、敏锐；灵魂的善有节制、勇敢、公正、明智；外在的善有财富、高贵出身、友爱、好运。他把人的各种活动目的都统辖在善的概念之下，在多样的目的（善）中，一种目的或者善是用来实现另一种目的或者善的工具或手段，这种善叫作外在善；以这种目的或者善为手段，要实现的另一种目的或者善叫作内在善。这样探究下去，就构成了一个相互为目的的善的概念等级体系。

中世纪的宗教伦理学通常把善解释为上帝意志的表现，以是否信仰上帝作为善恶的标准，认为最大的善是对上帝的信仰、热爱和顺从，最大的恶则是对上帝的不信仰、不热爱和不顺从。在近代，斯宾诺莎把保持个人自我存在的努力看作德性的基础和个人幸福的前提，并把善恶与愿望、快乐和痛苦直接挂钩，他说：“所谓善是指一切的快乐，和一切足以增进快乐的东西而言，特别是指能够满足愿望的任何东西而言。所谓恶是指一切的痛苦，特别是一切足以阻碍愿望的东西而言。”③ 包尔生所著的《伦理学体系》关于目的论与形式论的考察，是从区别善恶开始的。在他看来，目的论“根据行为类型和意志行为对行为者及周围人的生活自然产生的效果来说明善恶的区别，把倾向于保存和推

① 朱熹．四书章句集注．北京：中华书局，1983：370.

② ［古希腊］亚里士多德．尼各马可伦理学．廖申白，译．北京：商务印书馆，2003：3-4.

③ ［荷］斯宾诺莎．伦理学．贺麟，译．北京：商务印书馆，1983：129.

进人的幸福的行为称作善的，倾向于扰乱和毁灭人的幸福的行为称作恶的"。"形式论的伦理学则坚持善恶的概念标志着一种意志的绝对性质而无须涉及行动或行为类型的效果。"① 形式论的代表康德认为，由对义务的尊重决定的意志是善，而由其对立面决定的意志则是恶的。

善有"内在善"与"外在善"或"目的善"与"手段善"之分。所谓"内在善"（Intrinsic Good）也可以称之为"目的善"（Good as An End）或"自身善"（Good-in-Itself），是指事物就其本身而言所具有的独立的善性质，它的存在不依赖于其他任何事物。内在善是独立的、自明的、绝对的，其自身（而非其结果）就是可欲的、就能够满足需要、就是人们追求的目的的善。人们对它的认识主要靠直觉，而它的存在不受其他任何条件的限制，具有永久性。所谓"外在善"（Extrinsic Good）也可以称之为"手段善"（Instrumental Good）或"结果善"，是指事物本身不具有善性质，但与善事物有一定的必然因果联系的行为或事物所表现的价值意义，是人们追求的目的的善，是能够产生某种自身善的结果的善，是其自身作为人们追求的手段，而其结果才是人们所追求的目的的善。手段善是可依附的、可论证的、相对的。对手段善的认识必须依赖于经验事实的推理，因为外在价值不能离开其他价值独立存在，所以任何条件的变化都会影响手段善的存在状态。

恶也可以分为"自身恶"与"结果恶"两大类。结果是恶的东西，其自身既可能阻碍满足需要、实现欲望、达成目的，从而是恶的；也可能有利于满足需要、实现欲望、达成目的，从而是善的。自身与结果都是恶的东西，如癌病，可以名之为"纯粹恶"。自身是善而结果是恶的东西，一般说来，其善小而恶大，其净余额是恶，因而也属于"纯粹恶"的范畴。也有人把恶区分为三类：第一类是明显的损人利己、损公肥私性的恶，甚至是害人害己、祸国殃民性的恶，它是不必要也极不应该的。第二类是竞争性或自我发展型的恶，亦可称之为必要的恶，如康德在《历史理性批判文集》里面多次提到的战争之恶对于人类各国的健康发展，犹如树木为争夺阳光而相互排斥可迫使树木向上生长，是一种必要的恶。换句话说，为了最终的或更高的善，我们有必要容忍甚至实施某些作为手段的恶。第三类的恶，它不再是通常意义上的恶（badness），它被称为邪恶（evilness）。邪恶的特征在于，它与康德所说"以恶的形式诱使我们向善"恰好相反，是以善的外表诱使我们尽力发展我们每一个人内心或多或少存在着的恶。此外，还有人把恶区分为物欲型的、权欲型的、情欲型的和名欲型的：物欲型的恶，就是为满足强烈的物质欲望，以各种不正当手段占取公私财富的行为恶；权欲型的恶，就是醉心权力而不择手段，或者把人民赋予的权力当成谋取私利的工具，把个人权力置于社会意志之上的恶；情欲型的恶，就是为了满足自己的情欲而不择手段所导致的恶；名欲型的恶，是为了名誉而不择手段、欺世盗名的恶。

"平庸的恶"（Evil of Banality）是汉娜·阿伦特（Hannah Arendt，1906—1975）对德国纳粹屠杀犹太人恶行的定性，是阿伦特对在大屠杀中的犹太人自身，尤其是犹太人评议会负责任的反思和追问。在阿伦特看来，缺乏思辨反省以及由此而带来的不做判断

① ［德］包尔生．伦理学体系．何怀宏，廖申白，译．北京：中国社会科学出版社，1988：190．

即是个人与集体犯下政治罪恶的原因之一。“平庸的恶”是指在意识形态机器下无思想、无责任的犯罪。是一种对自己思想的消除，对下达的命令无条件的服从，放弃个人判断权利的恶。阿伦特认为罪恶分为两种，第一种是极权主义统治者本身的“极端之恶”。“极端的恶”是极权主义独有的产物，它不是因为某种目的消灭某类人，而是从根本上消灭人，消灭人性，把人变成绝对的多余。第二种是被统治者或参与者的“平庸之恶”。平庸的恶“只是一种单纯的极端的东西，并不具有恶魔那种很深的维度，这是我真正的观点。恶正犹如覆盖在毒菇表面霉菌那样繁衍，常会使整个世界毁灭。如前所述，恶是不曾思考过的东西。为什么这么说，思考要达到某一深度，逼近其根源何况涉及恶的瞬间，因为那里什么也没有，带来思考挫折感，这就是恶的平庸”①。在现实生活中，对于显而易见的恶行既不思考又不加限制，或者直接参与的行为，就是平庸之恶。典型的平庸之恶如：赵高指鹿为马，群臣点头称是；纳粹建集中营，人们竞相应聘。

马克思主义认为，善恶根源于行为的利害价值取向，同社会经济关系特别是利益关系有最为密切的联系，人们总是把那些有利于自己和集团的行为或现象视为善的、好的，也总是把那些有害于自己和集团的行为或现象视为恶的、坏的。善意味着利益的增加和好处的获得，恶意味着利益的损失和坏处的增加。

在马克思主义看来，善恶对立“完全是在道德领域中，也就是在属于人类历史的领域中运动”②。道德的恶根源于私有制社会关系，而私有制社会关系的本质在于根本利益关系对立中的自私自利和损人利己的思想观念及恶习。因此，道德恶不仅表现为个体基于私欲而形成的心术不正的行为，而且本质上是对社会或他人利益的损害，是对合乎德性的社会秩序的破坏。私有制是道德恶产生的社会根源，错位或错误的价值观道德观则是道德恶产生的个体认识根源，而心理根源则是欲望的放纵和自我的膨胀，社会约束的失度则是道德恶产生的社会控制原因。

二、善与恶的矛盾关系

善与恶是对立统一的关系，它们相比较而存在，相斗争而发展。根据琐罗亚斯德教（摩尼教前身）的教义，善与恶是世界上存在的两种对立的本源，前者化身为光明之神奥尔穆兹德，后者化为黑暗之神阿里曼，二者处于永恒的争斗之中，人世间的一切善行与恶行都由此而出。而根据古希腊神话传说，人类在依次经历了黄金、白银、青铜、英雄四个时代之后，宙斯又创造了第五代人类，即铁器时代的人类。在前四个时代，善行与恶行泾渭分明，善恶评价的标准也相对明确；而到了铁器时代，人类失去了对神灵的敬畏，相信力量就是正义，因为神灵弃人类而去，善与恶被搅和在一起，人们评定善恶的标准也开始混乱。

善恶是人们对人对事的两种基本的道德态度和道德现象，善与恶的矛盾和斗争贯穿于人类道德生活的全过程。“善与恶这两种对立的价值观在这个地球上进行了一场旷日持

① ［美］阿伦特，等．耶路撒冷的艾希曼：伦理的现代困境．长春：吉林人民出版社，2003：117-118.
② 恩格斯．反杜林论//马克思恩格斯文集：第9卷．北京：人民出版社，2009：98.

久的恶战，只要战争仍在持续，胜负的问题就悬而未决。”① 但黑格尔看到了善与恶的对立不是绝对的，并指出了“恶”在历史上的作用，认为“恶”是历史发展的动力借以表现的形式。

自然的世界开始于黑暗与光明的分离，道德的世界开始于善与恶的区分。恶不是善，没有单独存在的权利，必须予以暴露并阻止，但却可以为善而存在。包尔生在《伦理学体系》中指出，“不仅我们自己本性中的潜在的邪恶是一种实现善的不可或缺的手段，在我们之外的现实的邪恶也是如此：德性在反对邪恶的战斗中发展壮大。不义在旁观者或受害者心中引起了公正的观念和正义的情感；谎言和欺骗使真理和诚实有价值；残忍和恶意构成了对灵魂的温柔和高贵的陪衬。……因此，我们若是从历史中排除了所有邪恶，我们也就同时排除了善与恶的斗争，失去了人类最崇高和最壮丽的东西：道德英雄主义”②。善与恶总是相比较而存在，相斗争而发展，恶在某种意义上也是作为手段所必需的。当然，认识到恶存在的必然性和手段性并不意味着为恶辩护，并不意味着恶从此具有了正面的价值甚至可以和善相提并论。包尔生指出：“无论什么样的恶都没有价值，没有权利存在。它存在仅仅是为了善的缘故，为了使善能够活动并实现自身。”③ 善与恶是一对矛盾，但对于人类道德生活和历史的价值，却又着明显的不同，善是一种肯定性的价值，同时也是一种目的性的价值，它自身就是人类所需要并愿意为之终生追求与奋斗的，而恶则是一种否定的力量，“没有价值，仅仅通过它的对立面——善而获得某种力量和现实性。但它的力量并不使它得益，因为它具有那种没有任何建设性力量的邪恶的特征，因为它自己跟自己发生冲突”④。与中国传统文化倾向于强调人性的善相反，西方思想更乐意去面对人性的恶，认为恶是历史发展的杠杆，恰如黑暗是光明的眼睛。

马克思主义伦理学认为，善恶观念源于人们对利害关系的认知、感觉和评价。人们之间利益关系的阶级性、历史性决定了善恶的阶级性、历史性。善恶观念是在人们的社会生活中形成的，并随着社会经济关系的变化而不断变化。恩格斯指出：“善恶观念从一个民族到另一个民族、从一个时代到另一个时代变更得这样厉害，以致它们常常是互相直接矛盾的。”⑤ 在阶级社会里，善恶观念从根本上说具有阶级性，各个阶级都以自己的阶级利益及其道德原则和道德规范作为评价善恶的标准。评价善恶，最终必须以是否符合社会历史发展的规律、符合最广大人民群众的根本利益和要求为标准。

马克思主义伦理学把善恶意识同阶级利益联系起来分析，指出善与恶的相对性、阶级性，并不因此而抹杀善与恶的本质区别，或否定善与恶的原则界限。尽管善恶观念在不断地发展变化，但仍然可以从最一般和最普遍的意义上来对之加以规定。善的观念就是立足于整个人类生存发展的高度，对他人利益和社会集体利益的关心或肯定，以及致力于推进社会进步的人类文明的观念和情感。恶的观念就是仅站在个人生存发展的角度而对他人利益和社会集体利益的漠视或心理排斥，以及不惜侵犯他人利益和社会集体利

① ［德］尼采．论道德的谱系．周红，译．北京：三联书店，1993：34.
② ［德］包尔生．伦理学体系．何怀宏，廖申白，译．北京：中国社会科学出版社，1988：278.
③ 同②279.
④ 同②279.
⑤ 恩格斯．反杜林论//马克思恩格斯文集：第9卷．北京：人民出版社，2009：98.

益的动机、意向或态度。树立正确的善恶观念，培养合理的善恶情感，就要以此为标准处理好个人利益与他人利益、集体利益的关系，善善恶恶、趋善避恶。诚然，善并不排斥人们的福利欲求，但善更是对个人福利欲求的合理节制及理性引导，是对他人利益和社会整体利益的尊重、认可以及为他人谋幸福的观念。如果不能在理性上对自己个人的福利欲求的偏私性予以有效的认识，在情感上对其予以合理的引导，那就可能滑入恶的意识或行为。

所谓扬善抑恶、改恶从善，就是要求人们凡事从对他人利益和社会利益的关心出发，对个人自己的福利欲求予以正确认识、调整与规约，把善心、善意和善行、善举以及善果有机地统一起来，形成一种善的品质和人格，同时把对恶的认识与对恶的抵制、拒斥联系起来，使恶心得到抑制、恶意得到克服、恶行得到拒斥、恶果无法产生，并在自己的行为和实践中善其所善、恶其所恶，把自己培养成一个善善恶恶、趋善避恶的人。

三、正当与善及其优先性

正当与善的关系是当代道德哲学和政治哲学中引起广泛讨论的一个热点问题。在罗尔斯看来，道德哲学最重要的概念有两个，一个是正当（right），一个是善（good）。如何看待二者之间的关系构成了区分不同道德理论的标准。所谓目的论，就是主张善优先于正当。这种主张包含两层意思：第一，善的界定是独立的，无须参照正当来判断事物的善；第二，所谓正当，就是能够最大程度地增加善的东西。目的论有许多表现形式，快乐主义、至善主义和功利主义都属于目的论①。功利主义把善当作最高目的来追求，并主张善优先于正当。与之相反，道义论或义务论则强调正当优先于善。罗尔斯本人即是主张正当优先于善，并在《正义论》一书中做了深刻而系统的论述。

元伦理学家罗斯在所著的《正当与善》一书中认为“正当与道德上的善的含义是不同的”②，我们不能以“他是个正当的人”代替“他是一个道德上善良的人”，行动的正当并不由引起该行动的动机所具有的价值来决定，即使这种价值有利于行动者，或者是某种独立于行动者之外的善。行动的正当是由诸多显见的义务所决定的。“正当”是指一种绝大多数人都认为值得意欲的“善”，主要体现为“不可坑人害人、应该爱人助人”的行为原则。借用伯林在分析自由时所运用的术语，我们可以把“不可坑人害人”称作“消极正当”，把“应该爱人助人”称作“积极正当”③。虽然作为积极正当的“应该爱人助人”在道德领域内明显要比作为消极正当的“不可坑人害人”更高尚、更圣洁，但在人的存在的本体论层面上，后者对前者却具有实质的优先性，因为“爱人助人”能够构成积极正当的一个必要前提乃至它自身得以成立的一个必要前提，就是“不可坑人害人”。只有在不坑人害人的基础上，我们才能真正做到爱人助人；相反，如果我们在爱人助人的同时又坑人害人，这种爱人助人要么是虚伪的，要么是失败的，至少也是矛盾的

---

① RAWLS J. A Theory of Justice. Cambridge，Mass.：The Belknap Press of Harvard University Press，1971：24.

② ［英］罗斯. 正当与善. 林南，译. 上海：上海译文出版社，2008：55.

③ ［英］伯林. 自由论. 胡传胜，译. 南京：译林出版社，2003：186-246.

或不彻底的。所以，尽管罗斯明确认为不能一般性地给各种显见义务排序，但他依然主张：承认“不坑害人”的义务是承认“应惠助人”的义务的第一步，因为坑害一个人就不是惠助这个人，而为了施舍一个人去偷窃另一个人当然也是不对的[①]。与此对应，所谓的“不正当”则是指任何不是爱人助人而是坑人害人的行为或事件。

“正当对善的优先性”意味着“正当”这种善对于其他任何善具有的优先性。优先性问题的由来，就在于善的多样性以及随之而来的诸善之间的对立冲突。诚然，在现实生活中，各种善之间无疑有可能保持和谐的统一，但同样无疑的是，由于善的多样性和歧异性，它们也会不可避免地产生对立冲突，因此就需要依据某种具有实质优先性的善来调解和克服这些对立冲突。在其他任何善与正当之善出现冲突的情况下，我们都必须坚持正当之善的实质优先性，坚持在正当之善的终极基础上调解和克服诸善之间的矛盾，坚持为了维护正当之善可以牺牲其他任何善，但不能为了实现其他任何善牺牲正当之善。

第二节 义务

义务是人类社会生活中普遍存在的道德关系和道德要求。义务，在中国伦理思想史上也称为“本务”，是指一定主体对自己、对他人、对社会应尽的职分和责任。蔡元培《中学修身教科书》中指出：“本务者，人生本分之所当尽者也，其中有不可为及不可不为之两义，如孝友忠信，不可不为者也；窃道欺诈，不可为者也。是皆人之本分所当尽者，故谓之本务。既知本务，则必有好恶之感情随之，而以本务之尽否为苦乐之判也。”[②] 蔡元培所论的本务，就是义务。义务是一个可以同善恶等量齐观的道德生活基本范畴，人类道德生活过得如何，质量怎样，同是否能够履行义务有着一种最为内在的联系。

一、义务的含义和实质

义务简单地说就是应当履行的责任和事务。义者，宜也，应当也；务者，事也，行为也。科学地说，义务是指一定社会关系中的主体基于自身的身份、地位、岗位所必须而且应该承担的责任和使命。

义务与责任密切相关，是一切责任的主要内容，二者几乎是同义的。义务不是可做可不做的事，而是一种担当，具有内在的必要性，因为“责任是自由行为的必要性”。康德指出：“义务和责任都是一些概念，它们表明某些行为在客观实践上的必要性，两种相反的规则不可能在客观上同时是必要的，因为，如果根据一方的规则去行动是一种义务，那么，不但没有义务按照相反的一方的规则去行动，而且，这样去做甚至可能违反了义务，因此，义务和责任的冲突完全是不可思议的。”[③] 责任可以有多种类型，可以从多个

---

① ROSS W D. The Right and the Good. London: Oxford University Press, 1930: 21-22, 41.

② 蔡元培. 中学修身教科书//蔡元培全集: 第2卷. 北京: 中华书局, 1984: 250.

③ ［德］康德. 法的形而上学原理——权利的科学. 沈叔平，译. 北京：商务印书馆，1991：27.

维度进行界定和分析。通常可以从规范维度和美德维度进行分析。规范维度的责任直接构成公共生活的基础，具有刚性和确定性，总是同人们所担负的社会角色、履职的岗位密切相关。美德维度的责任更多的是个人品性操守和修养领域的问题，而不直接构成公共生活领域中的问题。美德维度的责任更多的是一种内在精神，在实践上具有更多的主观性与不确定性，而公共生活领域必须具有规范性和确定性。规范维度的职责义务是保证社会日常基本秩序的基础。以谨守职责义务作为日常生活的公共性要求，美德责任则作为一种私人品格而存置于个人。职责义务不具有意识形态的特征，而是维系社会基本交往秩序的基本行为规范。

在西方，古希腊哲学家德谟克里特最早从伦理学角度提出义务范畴，并把义务和行为的内在动机联系起来。中世纪经院神学家也讲义务，并把它说成是由上帝的意志所规定的。近代德国哲学家康德把义务看作伦理学的中心范畴，认为义务是从先天的"善良意志"发出的"绝对命令"。康德所建立的伦理学被称为义务论伦理学。在哲学上持唯物主义观点的伦理思想家，一般都反对把义务说成是由上帝意志或理性本身所规定的，他们从人的自然本性和自然需要来理解义务，有的认为义务就是既要满足自己需要，又照顾别人需要的一种自我克制。罗斯将义务区分为"显见的义务"与"实际的或绝对的义务"。他所谓"显见的义务"是指人们日常所能看到的普通的常识性义务。而"实际的或绝对的义务"则表现着我们义务的全部本性，代表着实际"趋向我们的义务的特征"。这两种义务特征的区别在于：实际的义务代表行为的一种"部分结果性的属性"（partiresultant-attribute）；而显见的义务则是一种一般意义上的"总体结果性的属性"（totiresultant-attribute）①。

马克思、恩格斯在谈到人的一般义务时指出："作为确定的人，现实的人，你就有规定，就有使命，就有任务，至于你是否意识到这一点，那都是无所谓的。这个任务是由于你的需要及其与现存世界的联系而产生的。"② 在现实生活中，社会义务的形式是多种多样的。在各种义务形式中，法律义务和道德义务是两种最基本的义务。

二、道德义务的层次与特点

道德义务亦即道德上的义务，是道德哲学中的一个重要概念，指人们所应当承担的对社会或他人的道德责任，是一定阶级的道德原则和道德规范对人们的道德要求。同时表明一定社会或阶级、集团对人们行为的道德要求；也指个人在实践道德原则和道德规范时所产生的一种强烈的责任心。

康德认为，道德义务是指道德主体在道义上对其选择的现实行为的善恶及价值所应承担的责任。道德义务来源于主体自身的意志自律和对道德的敬重与担当。道德法则要求每一个有理性的人根据普遍法则行动，因而这种道德法则是自律性法则。由于绝对命令表示去做某些行为是一种责任，因而它既是道德上的实践法则，亦表现为一种道德义

① 万俊人. 现代西方伦理学史：上卷. 北京：中国人民大学出版社，2011：257.

② 马克思，恩格斯. 德意志意识形态//马克思恩格斯全集：第3卷. 北京：人民出版社，1960：329.

务。康德主张的“为义务而义务”，亦即出于道德法则和人格而尽义务。黑格尔认为道德就是关系、要求和应当，应当就是人们应尽的责任和义务。“道德之所以是道德，全在于具有知道自己履行了责任这样一种意识。”① 在一定意义上，道德就是自觉履行责任。“每一个在道德上有价值的人，都要有所承担，不负任何责任的东西，不是人而是物。”② 责任是人之为人的本质规定．只有这样的人才能对自己负责，对彼此负责，才能创造并推进健全社会的发展，归根到底，社会是以人为主体的。

普里查德的义务论直觉主义批评穆尔从“善”引出“义务”或用“善”给“义务”下定义的观点，认为“应该的行为”本身不依赖于其结果是善还是恶，而是依据普通人信守诺言的习惯、“自我观察”、“日常的道德意识”等，即“自明”的原则。义务论直觉主义意识到，在人们的道德意识内存在着反映人类社会公共生活关系的义务要求，并规导着人们的行为；但它脱离人的社会生活和社会关系，没有回答义务形成的客观根据，倒是渗入了当事人的主观意图，义务缺乏社会内容，缺失评价义务的正确标准与履行义务的社会意义③。罗斯认为，显见的道德义务可以分为七种，即忠诚的义务（the duties of fidelity)、赔偿的义务（the duties of reparation)、感恩的义务（the duties of gratitude)、公正的义务（the duties of justice)、仁慈的义务（the duties of beneficence)、自我完善的义务（the duties of self-improvement）和勿恶的义务（the duties of non-maleficence)。

道德义务可以区分为两种类型，即应当履行的道德义务和必须履行的道德义务，或者说自律性的道德义务和他律性的道德义务。应当履行的道德义务主要是一种自觉履行的道德义务，面临这种道德义务的人有选择的自由，可以作为，也可以不作为。比如在公共汽车上是否给老弱病残者让座，一个人就有选择的自由。虽然他选择不让座是不道德的，会遭到舆论的谴责，但他不会因此而负什么责任。必须履行的道德义务不依当事者是否承认、是否愿意承担为依据，如赡养丧失劳动能力的父母，就是一种典型的道德责任。道德责任是必须履行的，否则不仅要受到舆论的谴责，而且要承担不负责任的后果。这是因为，不履行道德责任往往会造成不良的后果，损害他人、集体或国家的利益。如在生产岗位上，一个人如果违背了职业道德和执业规则，就可能会生产出次品或废品，给企业造成损失，如果产品进入流通领域还会损害消费者。

他律性的道德义务是必须履行的外在的义务，是人被迫完成的某种使命或任务。如父母抚养子女的义务，子女赡养父母的义务，国家帮助公民受教育的义务，公民不能叛国的义务等等。道德义务之所以首先是一种他律性的道德义务，是因为人首先是一个社会动物，总是处于一定的社会关系中，道德关系只是社会关系的一种表现形式，而调整人与人之间关系的道德规范就是调整人与人之间的道德关系。因此，生活于一定社会关系中的人总是要作为社会的成员，对与自己相关的他人和社会整体承担起一定的使命、职责或任务。无论这种使命、职责或任务能否被主体所意识到，只要它们一旦为一定社会集团用道德规范的形式明确肯定下来，就成为一定社会的所有成员都必须遵循的道德

① ［德］黑格尔．精神现象学：下卷：贺麟，王玖兴，译．北京：商务印书馆，1979：157．

② 姜丕之，汝信．康德黑格尔研究：第一辑．上海：上海人民出版社，1986：10．

③ 乔法容．道德义务及其特点新解．郑州大学学报，1995（2）．

义务。

自律性的道德义务是主体出于对义务的敬重而产生的义务行为。主体的行为完全是出于自己一种高度的道德责任感，是为义务而义务，用康德的话说就是，这种义务行为不是出于假言命令，而是出于主体“善良意志”的绝对命令。因此，这一层次上的道德义务严格讲已不是一种义务，而是一种责任，是一种对义务的敬重和尊重。因为义务偏重于强调外在的客观要求，而责任则偏重于强调将这种外在的客观要求内化为主体的主观的道德自觉意识。自律性的道德义务是一种内化为主体自觉意识的、主动履行的行为，是高度责任感化了的道德义务意识，是高于基本道德义务的更高层次的义务，在这一层次上，主动行善、主动帮助别人等义务才可实现。

道德义务与政治义务、法律义务不仅在内容上不同，而且实现的形式也不相同。法律义务与道德义务的区别在于：法律义务较之道德义务更明确，它是承担法律责任的根据，而道德义务则不具有这种功能。另外，法律义务与道德义务都具有强制性，不同的是法律义务的强制性是依靠国家强制力强加给公民或法人的，而道德义务则是靠广大公民的舆论或道义谴责作为惩罚方式的。政治义务、法律义务主要依靠外在的强制力发生作用，拒绝尽这种义务会受到相应的纪律或法律的追究。道德义务虽然也受外在的社会舆论的约束，但主要靠人们内心自觉的信念。

马克思主义认为，道德义务是对现实的社会关系、活动的反映和概括。人们在社会活动和交往中，之所以存在着这样或那样的义务，根源于社会的物质生活条件以及形成的社会关系。因为，个体不是脱离社会的孤立的个体，它总是处在一定的社会物质生产发展阶段，处在一定的社会联系之中。诚如马克思和恩格斯所说：“如果使这个我脱离他的全部经验生活关系，脱离他的活动，脱离他的生存条件，脱离作为他的基础的世界，脱离他自己的肉体，那末他当然就不会有其他职责和其他使命”①。这一论述揭示了道德义务形成的社会根源。道德义务是从人们所处的社会关系中产生的，不管个人是否意识到，客观上必然会对他人、对社会负有一定的使命和职责。随着社会关系的发展变化，道德义务的内容、范围也在不断变化和发展，因而它是具体的、历史的范畴。在阶级社会中，道德义务本质上反映了各个阶级的利益和要求。人们所处的社会关系的复杂性决定了道德义务的多样性。

道德义务以“应该”的形式来实现，强调“自律”，“为自己立法”。道德的社会要求，在个人面前表现为理性上意识到的职责，要求个人自觉地从道德上解决个人利益和集体利益、社会利益的相互关系问题，其集中表现就是义务，就是高度的道德责任感。履行道德义务就不会感到受约束、受限制。从现实的道德生活中可以看出，人们对道德义务认识越深刻、越正确，人们履行道德义务的自觉性就越强，从而在道德实践中就越自由。

道德义务之所以是道德义务，就在于道德义务的超功利性（或无偿性）的特殊规定性。道德义务对个体的期待是，你不应以获得某种个人功利（包括权利）为前提去行为。古希腊哲学家德谟克里特曾说：“行善望报的人是不配被称为行善者的，这称号只配给那

① 马克思，恩格斯. 德意志意识形态//马克思恩格斯全集：第 3 卷. 北京：人民出版社，1960：326.

些为行善而行善的人。”[①] 就是说，如果行为主体是出于个人私利的目的或贪图某种报偿的动机去行为，这种行为不仅不具有道德价值，而且严格说来也并不能称作道德义务的行为。《菜根谭》教人恪尽职守，行善事不求回报，认为“处世而欲人感恩，便为敛怨之道”，“我有功于人不可念，而过则不可不念；人有恩于我不可忘，而怨则不可不忘”[②]。一个真正有道德义务感的君子，行善事完全出于内心的自觉自愿，根本不会考虑他人是否感谢。但是如果受人深恩，内在的道德义务应当是感恩图报。真可谓“施恩者勿计，受恩者勿忘”，这种精神表现了道德义务的真正品质和精神。

三、道德权利和道德义务

“权利”是现代社会的一个基本概念和范畴。拥有权利是一个人作为社会成员特别是作为人的标志。费因伯格指出，“有权利，我们就能‘活得像人’，就能注视他者，就能在根本上感到人人平等。认为自己是权利的占有者，感到骄傲就不是过分的，而是合适的；同时也具有最低限度的自尊，这是为了赢得他者的爱和重视所必不可少的。的确，尊重个人……可能仅仅是尊重他们的权利”[③]。罗斯认为：“权利概念所表达的不仅是一个人应当体面地尊重的东西，而且也是其他人可以体面地要求的东西。”[④] 道德权利是依据道德应该得到的东西，是作为道德主体的人应该享有的道德自由、利益和对待。道德主体有权作为或不作为，有权做何种行为，同时也有权要求他人做或不做某种行为，必要时借助一定的道德评价形式（如社会舆论）协助实现一定的道德权益。具体来说，道德权利包括道德选择的自由，人们在一定道德关系中的地位、尊严和受惠性，以及道德行为的公正评价等等。在道德生活中，人有选择的自由。在一定的道德情境中，总有一定道德选择的可能性范围，这种范围也就是人们的道德自由的范围。人们在一定道德关系中的地位、人格、尊严问题，即某种道德角色形象的社会认可程度问题，是人的道德权利的重要表现。道德主体有权履行道德义务、做出高尚行为并形成自觉自愿的奉献精神。社会应对人们的这种道德权利予以必要的尊重、肯定、评价与维护。道德主体因其行为的高尚动机和社会的公正评价而产生生命崇高感，产生被尊重的愉悦和满足感。甚至于，社会和他人对履行了道德义务，做出了奉献的人，给予他本人并未期望的物质酬报，也是正当的合理的[⑤]。

道德权利是道德关系的必然要求，是施受结构的重要环节。一定道德关系中的道德角色，既对社会或他人负有道德责任，应履行一定的道德义务，同时又享有一定的道德权利，诸如一定角色的应有尊严，在一定道德关系中的受惠性，履行道德义务及无私奉献行为理应得到的他人和社会的公正评价，等等。对一定的道德角色而言，只有既强调道德义务，又承认其道德权利才是公平的。道德权利是社会角色的正当权益，每一种社

---

① 周辅成．西方伦理学名著选辑：上卷．北京：商务印书馆，1964：77.

② 洪自诚．菜根谭//呻吟语；菜根谭．长沙：岳麓书社，1991：12，33.

③ ［德］霍耐特．为承认而斗争．胡继华，译．上海：上海人民出版社，2005：125.

④ ROSS D. The Right and the Good. Oxford：Oxford University Press，1930：53.

⑤ 张开城．试论道德权利．山东师范大学学报（社科版），1995（2）.

会角色都有相应的道德权利。这种权利是为一定道德体系所认可，为一定的社会舆论、风俗习惯、内心信念的力量所维护的。

格沃斯指出，对道德权利的合理性证明有两种不同的方式，一种是所谓的“本质性的证明”，一种是所谓的“非本质性的证明”。为某物的合理性提供本质性的证明，就是从直接适合于某物的根据或前提中确立其正确性和有效性，而为某物的合理性提供非本质性的证明，其正确性得以确立的根据或前提不是直接适合于某物，而毋宁说是存在于在概念上或因果关系上外在于某物的考虑中①。根据这种划分，我们看到，格沃斯本人的所谓“普遍一致性原理”就是为道德权利提供了一种本质性的证明。布兰特阐述了被人们认为是显见权利的四种普遍权利：(1) 存在保护生命不受侵犯、个人身体不受袭击、不受政府或其代理人的拷打或非人道的惩罚、不遭随意逮捕、不受奴役、不受对名誉的诽谤等等的普遍权利。(2) 存在一种在法庭面前为自己的案件申辩有平等资格的普遍的显见权利：拥有防止自己的权利被侵犯的有效的法律手段，在法庭上与该社会的任何他人拥有平等的地位等等。(3) 存在在政府和国家中表达自己意愿的普遍的显见权利；依法直接或通过挑选的代理人进行选举，自由地表达自己的思想，举行和平集会或结社等等。(4) 存在对过好生活所需的基本条件的普遍显见权利：迁徙自由、自主择业并获得公平的报酬和不受歧视、接受教育②。这四种权利关涉的都是对人的福利至关重要的事物，因而准则功利主义者也希望认真考虑在其“理想规则”中规定这些权利，它们不与更重要的善发生冲突时应得到确保。

道德权利和道德义务的关系是辩证的，二者含义不同，互相区别，但它们又是互相联系的。没有无权利的义务，也没有无义务的权利。每一道德主体既享有一定的权利，又必须履行一定的义务；从一个角度说是义务，从另一个角度说也同时是权利；在施予者为义务，在承受者则为权利。道德权利和道德义务是各种利益关系在道德上的表现，具有复杂性，需要认真深入地加以分析研究。

从道德权利的重要性以及道德权利和道德义务的辩证关系的原理出发，我们在道德生活中应正确对待道德权利和道德义务：

第一，道德主体注意到自身的道德权利并要求自身必要的道德权利是正当的、合理的。在一定道德关系中要求对方履行相应的道德义务也是正当的、合理的。社会要致力于改变义务和权利相脱离的现象，要坚持道德评价的公平原则，使尽义务的人得到公正评价和报答，使不尽义务的人受到舆论的谴责，尤其要消除和防止义务成了某些人的重负、权利成了某些人的特权的不合理现象。

第二，道德的特殊性客观上要求道德主体在道德生活中面临道德义务和道德权利问题时，首先注重道德义务的践履，不把履行道德义务作为谋取道德权利的手段，不把道德义务和道德权利视为交换关系而导致道德行为变成一种交易。

第三，道德权利和道德义务问题不是孤立的，作为道德现象它与社会政治、经济和精神现象密切联系。道德权利和道德义务问题的解决受各方面条件的制约，有其历史发

---

① 余涌．道德权利和道德义务的相关性问题．哲学研究，2000 (10).

② 余涌．布兰特的道德权利理论．现代哲学，2000 (1).

展的过程，不能因为该领域存在不公平现象而放弃或不履行道德义务。

我们强调道德义务的非权利动机性，并不意味着只谈道德义务而否认道德权利。当我们只关注行为者履行道德义务的行为动机时，只是在关注行为本身，而不是从行为所体现出的道德关系来看行为。道德义务不以获得道德权利为动机并不表明由义务行为所构成的道德上的权利和义务关系不存在。一个人在某种境遇中履行某种道德义务，就意味着他在相似境遇中处于义务对象的地位时亦能享有某种道德权利，他在履行其道德义务时是否意识到这种道德权利，或者甚至是否把享受这种道德权利作为自己履行道德义务的动机，都并不能影响到道德权利和道德义务关系的存在。

第三节　良心

良心是一个极其重要的道德范畴，它既与道德义务有着内在的联系，又同荣誉、道德操守和人格有着最为密切的关系。良心作为道德自律性的确证，作为主体内心的道德法庭，在规范人们的道德行为中起着极为重要的作用。从某种意义上说，一个人没有良心也就等于没有道德；没有良心，道德的认识功能和行为功能很难得以发挥。良心是社会期望人们行为自律的依据和主体对自身行为的规约、反思及评价。

一、良心的含义和本质

良心（conscience）就字面而言，是指“善良之心”或“良善之心”。“良心”在一些西方语言中最早与“意识”、“认识”相关，属于道德哲学的研究范畴。英文和法文中的“良心”有共同的词形（conscience）。从英文“conscience”看，它源于拉丁文“conscire”，本意是“知道”，后来衍生出“conscientia”，指“共同的认知”或“共同的意识”。斯多亚派强调了对道德律的意识（良心），这一意识主要是作为理性存在的，是人的灵魂的支配部分，是神的声音。而到了基督教教父和经院学者那里，这个神就是基督教的上帝，良心就是上帝写在人心中的法。良心是一种超越个人意识的共识，这种共识是上帝赋予的。奥古斯丁把“金规”描述为“被写出的良心”，而唯有上帝才是其作者。托马斯·阿奎那则区分和描述了良心的不同作用：一方面是普遍的、根本的良心，另一方面是具体应用的良心。近代英国伦理学家巴特勒详细地阐述了良心的概念，他把良心看作一种能辨别善恶的心灵知觉能力，认为“良心这机能安放在我们心中，为的是要作管辖我们正当的主宰，为的是去指导并调节一切下等的根性、情欲及行为动机。这是良心的权柄及职司；它的权威就是这样地神圣”①。良心具有一种普遍性和优越性，也实际地存在于绝大多数人的心中并成为他们心灵和行为的主宰。

在中国，“良心”一词源于《孟子·尽心上》：“虽存乎人者，岂无仁义之心哉？其所以放其良心者，亦犹斧斤之于木，旦旦而伐之，可以为美乎？”孟子在这里以木来比喻良

① 周辅成. 西方伦理学名著选辑：上卷. 北京：商务印书馆，1964：828.

心，劝导人们不要放失了良心。对于孟子来说，“认识自己”，即“反求诸己”的确切意义就是体会良知、悟证良心。孟子认为，良心是内在的，是人所固有的。他说：“恻隐之心，仁之端也；羞恶之心，义之端也；辞让之心，礼之端也；是非之心，智之端也。人之有是四端也，犹其有四体也。”① 又说“人皆有不忍人之心”；“无恻隐之心，非人也；无羞恶之心，非人也；无辞让之心，非人也；无是非之心，非人也”②。孟子把良心看成“仁义礼智”四心，包含恻隐、羞耻、恭敬、是非等心理与情感。孟子之后，中国思想家把良心作为仁义道德的核心来探讨，强调良心的综合性和自足性，强调对良心的直觉体验和整体把握。宋明理学家大多依“十六字心传”即“人心惟危，道心惟微，惟精惟一，允执厥中”而论良心，陆王学派主张人无二心，良心是一，良心是生机勃勃的宇宙精灵。王阳明是儒家向内心开拓这一路线的一座高峰，是良心理论的集大成者，良心论在他这里得到了全面和充分的展开。王阳明讲“致良知”，宣扬人天生就有分辨是非善恶的“良知”。“良知即是独知时，此知之外更无知。谁人不有良知在，知得良知却是谁?”“知得良知却是谁，自家痛痒自家知。若将痛痒从人问，痛痒何须更问为。”③ “问君何事日憧憧，烦恼场中错用功。莫道圣门无口诀，良知两字是参同。”“人人自有定盘针，万化根源总在心。却笑从前颠倒见，枝枝叶叶外头寻。”④ 良知是人们道德生活的定盘针或定位仪，只有良知才能给予人们以方向和目标的意义。悟得良知的过程是一个不断修养人格、完善“内圣”的过程。

马克思主义认为，良心是人们在履行对他人和社会的义务的过程中所形成的深刻的道德责任感和自我评价能力，是一种内在的有关正邪、善恶的理性判断和评价能力，是正当与善的知觉、义务与好恶的情感、控制与抉择的意志、持久的习惯和信念在个人意识中的综合统一。

关于良心的本质，在西方伦理学史上主要有理性直觉论、情感论、感性经验论等几种观点。美国伦理学家弗兰克·梯利在《伦理学概论》中用两章的篇幅专门介绍了西方关于良心的理论及分析，认为西方的良心论除了神话的观点外，主要以直觉论和经验论为代表，其中直觉论又可以分为理性直觉论者、感情直觉论者和知觉直觉论者。直觉论者认为，“良心是一个最终的、本原的因素”，“我们有一种关于道德辨别的天赋知识，道德真理或是刻在我们心上，或是由一种优越的理性能力揭示，或是由我们直接在有关善恶的行为或动机的意识出现时的感觉或知觉”⑤。经验论者否认良心是天赋的，把良心解释为一种后天获得的东西和经验的产物。

卢梭是感情直觉论的代表，他的良心论影响至深且远。他把良心看成是“灵魂的声音”，是人的灵魂深处生来就有的一种神圣本能，是上帝赋予人们的关于正义和道德的内心法则。人们做出于良心的事，就是根据内心的道德法则去行动。良心能够使人们趋善避恶，它“从来没有欺骗过我们，它是人类真正的响导”，只要我们按着良心去做，“就

① 孟子：公孙丑上.

② 同①.

③ 王阳明. 答人问良知二首//王阳明全集：上卷. 上海：上海古籍出版社，1992：791.

④ 王阳明. 咏良知四首示诸生//王阳明全集：上卷. 上海：上海古籍出版社，1992：790.

⑤ ［美］梯利. 伦理学概论. 何意，译. 北京：中国人民大学出版社，1987：31.

用不着害怕迷失方向"[①]。良心告诉我们不要损人利己。这种行为规律"并不是从任何高深的哲学中引伸出来的，而是在我的内心深处发现的，因为大自然已经用不可磨灭的字迹把它们写在那里了"。我们只需去努力感觉它们。良心的作用并不是判断而是感觉。良心直接源于我们的天性，它是独立于理智的。卢梭在《爱弥儿》中这样写道："知道善，并不等于爱善，人并不是生来就知道善的，但是，一旦他的理性使他认识到了善，他的良心就会使他爱善，我们的这种情感是得自天赋的。"[②] 但为什么良知向所有人的心都发出呼声，却只有极少的人听见了呢？卢梭的回答是：良知由于讲的是自然的语言，很容易受到社会的污染、遮蔽，良知容易受到种种偏见的干扰，容易放失。所以，我们每每呼唤和赞赏良心发现，肯定找回良心或拂去良心的灰尘。

黑格尔深刻地揭示了良心的本质，他把良心同义务紧紧地联系起来，指出："真实的良心是希求自在自为地善的东西的心境，所以它具有固定的原则，而这些原则对它说来是自为的客观规定和义务。"又说："良心是自己同自己相处的这种最深奥的内部孤独，在其中一切外在的东西和限制都消失了，它彻头彻尾地隐遁在自身之中。人作为良心，已不再受特殊的目的的束缚，所以这是更高的观点，是首次达到这种意识、这种在自身中深入的近代世界的观点。"[③] 良心是客观义务、自在自为的善的肯定和内化，虽然良心具有主观化和自我性的表现形式，所谓"最深奥的内部孤独"和"彻头彻尾地隐遁在自身之中"凸显了良心的内在性和主观性，但是良心作为真实的东西"是希求自在自为地善和义务这种自我规定"[④]。义务的内化和主观化即是良心，良心的外化确证着义务。在西方，良心的意义在于判断善恶、正邪，使人们的行为合乎道德。

马克思主义认为，良心是对社会道德关系的自觉反映。良心范畴的实质就在于它是个人对社会和他人的义务关系在人们意识中的自觉反映。良心虽然在形式上是主观的，但它所反映的内容是客观的，它是对义务的一种认识和所形成的道德责任感。因此，那种试图把良心完全归结为纯主观的精神活动或神秘情感的观点是站不住脚的。良心是义务和责任的内化，是社会道德原则规范的个体体认与感知。作为良心重要方面的道德责任感，是人们能深切地体验并认识到自己对社会和他人的义务时才逐步形成的。良心据以进行自我评价的道德原则和道德规范，是客观存在的一定社会或阶级的道德要求。没有一定社会或阶级的道德要求的实际存在，或者这些客观要求不被人们理解，就不可能形成人们道德上的自我评价能力。良心对于个人行为的调节作用，最终要受到现实社会关系的制约。良心是否能够以及在多大程度上调节个人的行为，最终不仅取决于当时整个社会的道德状况，而且会更深远地取决于当时社会的经济和政治状况。

良心的本质不过是社会的客观道德义务经过道德规范从他律向自律的转化过程，而在道德主体的内心深处以自律准则（内心的道德法则）的形式积淀下来的人的道德自制能力。良心是道德义务的内化形式，是道德规范自律性的最高体现。良心的本质可以从两方面来看。一方面，从内容上看，良心是现实社会要求的反映，是对道德责任的自觉

---

① ［法］卢梭．爱弥儿：下卷．李平沤，译．北京：商务印书馆，1978：411.

② 同①417.

③ ［德］黑格尔．法哲学原理．范阳，张企泰，译．北京：商务印书馆，1961：139.

④ 同③141.

意识。良心是人们意识中一种强烈的道德责任感。它是人们在社会生活过程中，由于认识到应有的使命、职责和任务，而产生的对他人和社会应尽道德义务的强烈而持久的愿望。另一方面，良心的表现形式是良知、良情、良意的有机统一。其中良知是良心的认识成分，表现良心的知识来源，是良心的基础；良情是良心的情感成分，是良心的集中表现；良意是良心的意志成分，是良心的行为动力和价值支撑。良知、良情、良意三者相互配合，相互作用。良心是人所特有的道德意识和道德情感，也是人对其行为的自我评价能力。这种道德意识、道德情感、自我评价能力是人们在社会生活和实践活动中逐步形成的，是一定的社会关系和利益关系的反映，它的核心是个人对自己所应尽的社会义务的认识与感受。良心不仅可以表现为对所做行为的道德意义的理性认识，而且可以表现为一种情绪体验。良心是人们意识中进行自我评价的能力。它是人们在深刻理解一定社会或阶级的道德原则和道德规范的基础上，以高度负责的态度对自己行为的善恶价值进行自我判断和评价的心理过程。

二、良心的形成与构成

良心是随着社会生活的发展而形成的一种个体道德意识和自我评价能力，是一种经过内化而形成的道德责任感和道德心理。

从本原上说，良心是道德习俗的产物。包尔生认为，良心是从风俗中获得的和对风俗的意识，可以“把良心定义为对风俗的意识或风俗在个人意识中的存在”①。良心最初源于原始人对超自然力量的恐惧感以及触犯禁忌的羞耻感。这种恐惧感、羞耻感是同原始社会的风俗习惯紧密联系在一起的，风俗习惯的内化即为良心。在原始人乃至后来的文明人看来，“无论谁想加入他的民族的理智生活，都必须说这一民族的语言和遵循这一民族的规则；无论谁想加入他的民族的道德生活，也必须遵守这一民族的风俗和听从他良心的指令。他必须这样做，因为这个民族的态度也就是他的良心”②。父母、教师、社会生活圈、法律、宗教等等的权威使个人在习俗中长大，并根据社会的普遍意志调整并形成自己的个人意志——这就是所谓的良心。

良心绝不仅仅是习俗向个体的简单转化，在其形成发展过程中，个体自身的主体状况也起着非常重要的作用。“良心从根源上说是风俗或客观道德在个人意识中的表现，它本质上是作为一种对偏离常规的特殊意志冲动的阻止物而活动的。但是这并不是它的最后和最高的形式。它还执行一种更为积极的功能，反映完善生活的理想。”③ 良心反映完善生活的理想，同时又依靠这一理想核准自身。生活理想是道德义务和良心之所以能够给主体带来神圣性的内在源泉。

从个体道德心理上说，首先，良心的形成源于主体对于道德责任和道德义务的认知。一个“有良心”的人，实际上就是一个对自己应当做什么、不应当做什么有理性认识和

① ［德］包尔生．伦理学体系．何怀宏，等译．北京：中国社会科学出版社，1988：310-311．
② 同①313.
③ 同①315.

明确的自我觉悟的人。马克思说，“理性把我们的良心牢附在它的身上”①，良心也只有凭借对道德责任和义务的内化的认知，才能对人的行为做出评价和调控。

其次，良心的形成源于主体对自己应尽道德义务的情感认同。良心主要是一种情感体验，良心的自我评价和调控之所以有效，凭借的主要是情感武器。当主体选择一种合乎良心的行为时，主体获得一种欣慰、自豪和愉快的积极的心理愉悦感受；相反，当他的行动违背自己的良心时，则会产生一种不安、自责、愧疚的消极的情感体验。同理，当主体遇到一件合乎人性和道德的事情时，他会发自内心地予以赞许、敬佩和羡慕等；相反，则会产生鄙夷、轻蔑和厌恶的情感。积极和消极的情感体验是良心的重要组成部分，正是由于良心的情感作用机制的作用，良心才能成为道德秩序的保证。

再次，良心的形成源于主体在道德认知、认同的基础上所形成的意志决断。意志是良心认知和情感的延伸和强化。有了一定的道德责任的认知和情感，就必然会对行为起到心理上的动机引导作用，进而产生一定要如此或只能如此的意志力。许多人正是凭借着这种“天理良心”才得以克服道德生活中的艰难险阻去践行道德的。意志决断主要是选择道德和认定道德特别是在道德生活中践行道德、持守道德的坚持力，抗拒不道德行为的定力，这些也都是良心形成并发挥作用的重要元素。

最后，良心的形成源于主体在长期为善的道德实践基础上所形成的善以为人的信念。良心一旦形成，其行为向善就会成为习惯，最终可达到“随心所欲不逾矩”的境界。作为人们知、情、意的统一和自我评价能力的良心，往往以一种无形的力量，使人的行为沿着一定的轨道进行。从对道德善恶、正邪的认识，到道德好恶情感的升华，再到道德意志的抉择和习惯的养成，是一个人良心形成必经的过程。缺少这个过程中的任何一个阶段或环节，其“良心”都是不健全的和不稳定的。

马克思主义认为，“良心是由人的知识和全部生活方式来决定的”②。良心根源于人的物质生活过程，是社会义务关系的反映和表现，没有一定的义务关系，也就没有什么个人的良心。良心是个体成员在道德上的行为选择和自我评价能力，它的形成既取决于个人所受的社会教育和自我修养，也取决于个人的全部道德生活经验和实践。良心的形成是主观性与客观性、个体性与社会性、自律性与他律性综合交织的产物，体现着个体成员对社会道德习俗、规范等的认识和对义务关系的自觉意识，体现着个体成员自觉的道德责任感和自我评价能力。

良心的构成是孟子所说的恻隐之心、羞恶之心、辞让之心和是非之心的有机统一，所谓恻隐之心其实就是人对他人的一种同情怜悯之心，本质是对人的爱心。古希腊哲人德谟克里特曾经有言，“我们既然是人，对人的不幸就不应该嘲笑而应该悲叹”③。罗素在《自传》中回答“我为什么活着”时写道：“有三种单纯而强烈的热情支配了我的一生，即对爱的渴望、对知识的追求和对人类苦难所怀抱的情不自禁的同情。”④ 罗素所说的对人类苦难不可遏止的同情就是孟子所说的恻隐之心。羞恶之心是指对自己或别人的

① 马克思. 共产主义和奥格斯堡《总汇报》//马克思恩格斯全集：第1卷. 北京：人民出版社，1956：134.

② 马克思. 对哥特沙克及其同志们的审判//马克思恩格斯全集：第6卷. 北京：人民出版社，1961：152.

③ 周辅成. 西方伦理学名著选辑：上卷. 北京：商务印书馆，1964：78.

④ 王正平. 罗素文集. 北京：改革出版社，1996：9-10.

坏处感到羞耻和厌恶的心理，是对不道德行为或反道德行为所持的一种嫌憎、拒斥的态度。辞让之心是对贤者、长者或他人所有的一种尊敬、礼让的心理或态度。是非之心是指区分正确与错误，明辨是非曲直的心理。孟子所说的“四心”其实涉及的是同情心、羞耻心、礼让心和是非心，是对良心结构的很好的揭示。

鉴于良心既是一种责任感，又是一种自我评价能力的特质，从结构和功能统整的意义上，我们认为良心是本能、理智和意志的有机统一。

本能良心，亦称本原良心，是指人具有某种先在的好善恶恶的能力及对道德责任的感知。这种能力来自人的道德本性和使人成为人的内在潜质，孟子所说的“良知良能”和西方学者所推究的“本原良心”，即属于此一意义上的良心。人们可能对什么是善、什么是恶存在不同的意见或认识，但大家都感到善应该实行、恶应该避免。这种对价值与责任的本能自觉，正是本能良心的表现，也在一定意义上彰显着人的善良本性。本能良心中最普遍的原则就是“行善避恶”，人对于存在性目的与基本伦理原则的认知应归功于本能良心的那种内在本能。本性良心是人人皆有的普遍伦理良知，“非独贤者有是心也，人皆有之，贤者能勿丧耳”①。人倘若连这一基础性的伦理良知都没有，那就很难使自己同动物区别开来。

理智良心，亦称推理良心，是指人依据自己的思维、认识能力所做出的正确判断和道德推理。良心不但体现在好善恶恶的能力和对普遍伦理原则的本能感知方面，也大量体现在对现实道德行为、道德实践的理性认识和理智把握方面。推理良心的主要功能是准确地观察及正确地推理，涉及道德经验的分析、反省、推理等过程。本能良心人人相同，但推理良心则依人所受教育和身处环境的不同、文化熏陶和性格的差异以及认识问题的深浅而有所不同。人人都会同意尊重生命的诫命“不可杀人”，但在关于废除死刑与否、容许堕胎与否、赞成安乐死与否、同意有限度的战争与否等问题上，却有不同的意见。从某种意义上说，在分析、反省、推理的过程中，良心可能形成不同的指向和价值判断，甚至产生歧异或错误。因此，良心需要接受批评、需要接受关照和不断地培育。孟子便发现环境的好坏、人为的错失等外在因素都足以影响推理良心，故良心需要存养：“富岁子弟多赖，凶岁子弟多暴。非天之降才尔殊也，其所以陷溺其心者然也。虽有不同，则地有肥硗，雨露之养，人事之不齐也。……故苟得其养，无物不长；苟失其养，无物不消。”② 存养有助于理智良心的健全和发展。

意志良心，亦称自决良心，是指依据自己的意志、信念做出行为选择和实施的裁决过程。自决良心衡量推理所得，做出此时此地的决定。别人或权威可提供意见，但决定必须是自己做出的。自决良心构成最后的行为规律，它引导人们执行自信是正确的东西，避免错误的东西。实行的原则是：不要跟随有怀疑的良心，必须先澄清怀疑；时常跟随确定的良心，确定良心成为理性的呼声和情感的命令，人必须跟随，没有权威能要求人不按他确定的自决良心去行事。

良心的这三个层面，联合起来构成整体意义上的良心。正如良心的本能不单纯是一

① 孟子：告子上.
② 同①.

些先验存在的伦理原则那样，良心的具体判断也不单纯是将广泛伦理原则应用于“此时此地”的具体行为的过程。事实上，良心不仅是一种本能，而且也是理智、意志和整个人格之间相互作用的结果。良心包含了理性和意志，但又不仅仅只是理性和意志。良心不是单纯的理性，这是因为良心不是先验存有伦理法的执行者，它的任务不仅仅是将伦理法应用于“此时此地”的情况；不然的话，那些极其聪明的人就该具有最高尚、最明晰的良心，而事实并非如此。良心不限于单纯的理性，也不限于单纯的意志，更不限于人的单纯情感，它是人类精神和心理存有的最深底蕴，是人的精神世界的最深层次的核心。

三、良心的功能与作用

良心是个体道德的核心，是人性和人品的基本构成，标志着人之所以为人的内在规定性。良心之于人有着本质的意义和精神价值的提升等多重功能效用。人必须讲良心，人也应当讲良心。宋代胡宏在《知言》中指出：“人皆有良心，故被之以桀、纣之名，虽匹夫不受也。夫桀、纣，万乘之君，而匹夫羞为之，何也？以身不亲其奉，而知其行丑也。王公大人一亲其奉，丧其良心，处利势之际，临死生之节，宜冒苟免，行若大鼠者，皆是也。富贵而奉身者备，斩良心之利剑也。是故禹菲饮食、卑宫室，孔子重赞之，曰：吾无闲然矣！富贵，一时之利；良心，万世之彝。乘利势，行彝章，如雷之震，如风之动，圣人性之，君子乐之。不然，乃以一时之利失万世之彝，自列于禽兽，宁贫贱而为匹夫，不愿王公之富贵也。”① 人的良心是“万世之彝”，亦即万世的法度常规和道德标准。人凭借着良心，就得以无憾地立于天地之间，成为万物之灵。

英国道德学家斯迈尔斯认为：“良心是心灵圣殿中的道德统治者——它使人们的行为端正、思想高尚、信仰正确、生活美好——只有在良心的强烈影响之下，一个人崇高而正直的品德才能发扬光大。”② 良心是人类一种最内在的道德法则和情感，是个体精神自律的重要表现。它不仅给人以内在的权威和标准来裁决自身的对错，从而阻止人去有意作恶或劝导人积极为善，而且促使人对自己过去的所作所为进一步深刻反省，从而强化自己的责任意识或悔过要求。良心的自我发现有两个结果：要么从自己既有的作为中获得精神的快慰，要么对自己过去的所作所为悔恨交加，以至于觉得自己的一切都逃不过良心的眼睛。良心是道德生活的集中表现，人世间之所以有道德生活，最终要归因于良心：做好事不求别人的赞赏而只求无愧于心是道德生活的最高境界；做错事能扪心自问并深感内疚则是塑造有德之人的第一步。良心乃是道德秩序的保证。良心，并且只有良心，才能救道德于堕落。良心通过感觉、直觉有时也借助于理性的判断推理来衡量人类的行为，敦促、劝勉和激励人们不断扬善弃恶或改恶从善。卢梭对良心大加礼赞：“良心呀！良心！你是圣洁的本能，永不消逝的天国的声音，是你在妥妥当当地引导一个虽然是蒙昧无知然而是聪明和自由的人，是你在不差不错地判断善恶，使人形同上帝！是你

---

① 胡宏. 知言//胡宏著作两种. 长沙：岳麓书社，2008：19.

② ［英］斯迈尔斯. 品格的力量. 宋景堂，等译. 北京：北京图书馆出版社，1999：194.

使人的天性善良和行为合乎道德。没有你，我就感觉不到我身上有优于禽兽的地方；没有你，我就只能按我没有条理的见解和没有准绳的理智可悲地做了一桩错事又做一桩错事。”[①] 他断言，良心是不顾一切人为的法则而顺从自然的秩序的。我们服从了自然，就可以听见良心的呼声，相反，所有违反井然有序的自然所安排、所允许的行为都要受到良心的呵责。这样，良心便成了人类行为的呵护人，这种内在的情感会根据人类的行为是否符合上帝创造的美妙、和谐、协调的自然而给人以奖惩。在他最后的日子里所写的《漫步遐想录》中，他坦承“在所有像这样难于解决的伦理问题中，我总是通过良心的指引而不是通过理性的启发找到答案。道德的本能从来没有欺骗过我，它在我心里至今纯洁如初，使我对它信赖无疑”[②]。良心集圣洁的本能、不朽的天国的声音和人类真正的向导于一身，是人区别于禽兽的最本质的东西，是人内心深处判断善恶的最高原则。

良心的作用体现在人们行为之前、行为之中和行为之后，具有对个体行为的审视、监控和评价作用并贯穿行为的全过程：在行为的选择阶段，良心是行为的决策者，扮演着“指挥官”的角色，对行为选择起着向导的作用。它依据社会的道德要求来检查个体的行为动机是否正确，驱使人们选择正确的行为。在行为的进行阶段，良心是行为的导向者，扮演着“检察官”的角色，对人们行为起着监督的作用，对符合道德要求的行为予以坚持，反之予以纠正。一方面激励正确行为的继续，另一方面抑制或排除对正确行为起干扰作用的心理因素。在行为后，良心是行为的评判者，扮演着“审判官”的角色，对行为的后果和影响起着评价作用。它评价行为的道德意义，审判背离社会道德规范的表现，引起个体相应的情感体验，从而影响以后的行为。这正如费尔巴哈所说的“行为之前的良心，伴随行为的良心和行为之后的良心”[③]。但在这三个阶段里良心发生作用的力度并非等同的，其作用更突出地反映在行为后的自我评价上。

良心是一个人的立世之本。良心有如人心灵深处的检察官和法官，当人的行为和意念符合“是”和“善”的要求时，良心的嘉许使人恬然自安，即所谓“问心无愧”。“为人不做亏心事，半夜敲门心不惊。”但当人的行为意念违背“是”和“善”的准则时，就会受到良心的谴责，使人感到“于心有亏”。“良心的裁判、良心的谴责引起对道德过错的自我感觉，引起不可克服的自然而然的不协调，以及对人的本身存在价值的怀疑。”[④]人心不同，各如其面，但良心的功能却是一致的。在个体的道德认知过程中，符合社会道德准则的观念被压抑、置弃而难以发挥作用并代之以不符合社会道德准则的观念，就是良心泯灭；符合社会道德准则的观念回到意识的前台重新发挥其主宰作用，就是良心发现。

良心作为道德规范自律性的最高体现，作为道德主体内心的道德法庭，在人们的道德生活中起着极为重要的作用。良心是道德人格的重要构件，也是道德人格的忠实卫士。没有良心的人，肯定是道德人格上有严重疾病的人。所以我们说，一个人最可怕的莫过于良心的泯灭，一个社会最可怕的莫过于正义的沦亡。

---

① ［法］卢梭．爱弥儿：下卷．李平沤，译．北京：商务印书馆，1978：417.

② ［法］卢梭．漫步遐想录．徐继曾，译．北京：人民文学出版社，1986：11.

③ 费尔巴哈哲学著作选集．北京：商务印书馆，1984：585.

④ ［苏］季塔连科．马克思主义伦理学．愚生，重耳，译．上海：上海译文出版社，1981：123.

第四节　荣誉

在人类的道德生活中，荣誉是一个十分重要的道德范畴，它与义务、良心、尊严、人格等有着极为密切的关系，又以其自身特有的价值激励和行为奖赏敦促人们不断向善，去履行义务，守住良心，以护卫自己的道德人格与尊严。知荣辱，辨善恶，对恶行心生嫌憎和不满，对善行心生景仰和崇奉，是人之为人的应有态度和举动。一个有自尊心和道德操守的人，不会不关心荣誉和耻辱，因为自尊心、道德操守自会使人产生知荣明耻、趋善避恶之价值意识和追求。假如一个人对高尚的事情不报以赞赏崇敬之情，对卑劣的事情不给予谴责、厌恶以示愤慨，甚或颠倒是非、善恶、荣辱，那么这种人就很难说是一个正常的人和真真正正的社会人，肯定会令人失望而遭到应有的鄙视。

一、荣誉的含义与荣辱观

所谓荣誉，就是指一定社会整体或行为当事人，以某种赞赏性的社会形式或心理形式，对一定义务及相应行为具有的道德价值所表示的肯定性判断和态度。荣誉包括了人们对高尚的道德行为所做的客观评价和主观感受。客观评价指社会或集体对这种行为的肯定、赞扬和褒奖，主观感受指个人或集体对这种客观评价所产生的尊严感和自豪感。荣誉具有两方面相互关联的意义：首先，它是指一定社会、阶级或集体，以鼓励性的方式，对出于道德责任感履行的某种义务及相应行为具有的社会价值，所表示的肯定性确认和赞赏性评价。在这种意义上，荣誉范畴常常被看作评价人们某种道德义务及相应行为社会价值的尺度。其次，是指行为当事人以自尊、自爱、知耻等自赏性的心理形式，对自身出于道德责任感履行的某种义务及相应行为具有的社会价值所做出的肯定性判断，以及所表达的欣慰态度和尊严感。

耻辱是指一定社会主体或行为当事人，以某种批评性和谴责性的社会形式或心理方式，对违背道德原则和未尽道德义务所做出的否定性道德判断和态度。耻辱包括社会、集体或他人对违背公共利益的不道德行为的否定和贬斥，以及个人因自己行为的过失而在内心形成的羞愧体验。因此，耻辱也包括两个方面的含义：一是社会或他人对个体背离社会义务的行为的道德价值的否定性评价，是一种贬斥、谴责；二是个体对自己行为的负面道德价值的自我意识和对社会否定性的评价的主观感受。马克思指出，“耻辱就是一种内向的愤怒”，“耻辱本身已经是一种革命”①。对个体来说，耻辱意味着对自身的存在和人格价值的否定。意识到耻辱亦即知耻，是有道德的表现，真可谓“知耻而后勇”。由此可见，耻辱和荣誉是不可分割的。一个人的耻辱心以积极形态表现出来便是对荣誉的珍惜，一个人的荣誉感越强，就越能知耻，耻辱心也越强。一个恬不知耻的人无所谓荣誉感，也不可能获得真正的荣誉和珍惜荣誉。

---

① 马克思．摘自《德法年鉴》的书信//马克思恩格斯全集：第 1 卷．北京：人民出版社，1956：407.

荣誉、耻辱是激发个体践行社会道德规范的要求和在道德上积极进取的精神动力。俗话说“人活一张脸，树活一张皮”，眼睛下的脸皮固然重要，但心灵的脸皮更为重要。一个人一旦形成了强烈的荣辱感，他就会关心自己行为的后果，就会自觉自愿地去遵循社会道德规范，为实现自己的社会价值而努力奋斗，甚至献出自己的生命也在所不惜。没有荣誉感的民族，是没有希望的民族；没有荣誉感的团队，是丧失斗志的团队；没有荣誉感的个人，是没有精神追求和价值向往的个人。莎士比亚曾经说：“我的荣誉就是我的生命，二者互相结为一体；取去我的荣誉，我的生命就不再存在。”① 荣誉是推动创造的原动力和追求卓越的起搏器。人无所谓贵贱，但人的灵魂却有贵贱之分。追求荣誉的灵魂，是渴望卓越、富于创造的灵魂。也正是这种荣辱心的驱动，激发着个体成员在社会生活中奋发向上、开拓进取，把实现自己的道德信念和完善自己的道德人格作为奋斗目标。如果一个人缺乏荣誉感，就会在社会的道德规范面前无动于衷、麻木不仁，泯灭应有的自尊和自爱，失去前进的动力，最后成为一个道德堕落的人。

荣辱观是指人们对什么是光荣与耻辱以及用什么方式去追求荣誉、避免耻辱等问题的根本观点和态度。荣辱观既指社会依据一定标准对人们履行道德行为的褒奖和不遵守道德要求的谴责，也指个人对自身行为的道德价值的自我意识，即在良心中所包含的知耻和自尊的意向。这两个方面是相互联系、相互影响、相互转化的。从客观方面看，社会评价通过舆论和习俗对某种行为予以褒奖或谴责，荣辱体现为社会对公民的德行做出赞赏、对恶行做出谴责。这是评价公民行为的社会尺度，构成荣辱的客观基础。从主观方面看，荣辱是良心中的知耻心、自尊心、自爱心的表现。它使人们自觉地履行道德义务，宁愿自我牺牲，也要保持尊严、荣誉和人格，不做可耻、毁誉和损害人格的行为。人们意识中的荣辱意向，即是对社会评价的主观感受或自我评价。所谓荣誉感和自尊心，就是人们履行义务的道德责任感和自我评价意识。“耻辱”范畴也有其特定的道德本质内涵。孔子说：“行己有耻”，他要求个体在行为实践和社会生活中要对得起自己，不要做令自己感到羞耻的事情。孟子认为，“耻之于人大矣”，“人不可以无耻，无耻之耻，无耻矣”②。朱熹解释说，“耻者，吾所固有羞恶之心也。存之则进于圣贤，失之则入于禽兽，故所系为甚大”③。这里从人禽之辨来谈知耻问题，认为知道耻辱就有可能通向圣贤，如果对耻辱无知，不以耻辱为耻辱，那就与禽兽无异。荀子继承了孔子的“邦有道，贫且贱焉，耻也”和孟子的“仁则荣”、“古之人修其天爵，而人爵从之”等观点，对荣辱问题做了全面的论述，不仅认识到荣辱观的实质是义利之间的冲突与选择，提出了“先义而后利者荣，先利而后义者辱”的命题，将在价值选择上如何看待义利关系作为判定荣誉和耻辱的标准，而且提出了“义荣”、“势荣”、“义辱”、“势辱”这些概念，区分了道德意义的荣辱和非道德意义的荣辱。在《荀子·荣辱》篇里，荀子提出自己对于荣辱的基本观点：“荣辱之大分，安危利害之常体：先义而后利者荣，先利而后义者辱；荣者常通，辱者常穷；通者常制人，穷者常制于人：是荣辱之大分也。”《荀子·正论》篇指出：“是有两端矣。有义荣者，有势荣者；有义辱者，有势辱者。志意修，德行厚，知虑明，

---

① ［英］莎士比亚．理查三世//莎士比亚全集：第四卷．北京：人民文学出版社，2000：10.

② 孟子：尽心上.

③ 朱熹．四书章句集注．北京：中华书局，1983：351.

是荣之由中出者也，夫是之谓义荣。爵列尊，贡禄厚，形势胜，上为天子诸侯，下为卿相士大夫，是荣之从外至者也，夫是之谓势荣。流淫污僈，犯分乱理，骄暴贪利，是辱之由中出者也，夫是之谓义辱。詈侮捽搏，捶笞膑脚，斩断枯磔，藉靡舌缨，是辱之由外至者也，夫是之谓势辱。是荣辱之两端也。”世人皆希望义荣和势荣二者得而兼之，义辱和势辱二者咸能避之，如此再完美不过。但世事又往往难遂人愿，鱼与熊掌不可得兼。儒家对这个问题的回答一贯是义以为上、以义制利的，荀子也不例外。因此紧接下来他说：“故君子可以有势辱，而不可以有义辱；小人可以有势荣，而不可以有义荣。有势辱无害为尧，有势荣无害为桀。义荣势荣，唯君子然后兼有之；义辱势辱，唯小人然后兼有之。是荣辱之分也。圣王以为法，士大夫以为道，官人以为守，百姓以成为俗，万世不能易也。”① 同时拥有义荣和势荣的人一定是君子，但君子在义荣的行为选择之下未必能够得到势荣的结果，而享有势荣的人不一定全都是君子；同时拥有义辱和势辱的人一定是小人，但小人在义辱的行为选择之下未必势辱，而陷于势辱窘境里的人也可能是君子。

继荀子之后，王符对荣辱问题做出了深刻的揭示，他既清醒地意识到荣辱与富贵荣华的不相关性，又对当时社会荣辱观的扭曲特别是“以族举德，以位命贤”予以猛烈抨击。他批判当时的社会风气说：“凡今之人，言方行圆，口正行邪。行与言谬，口与心违。论古则知称夷、齐、原、颜；言今则必官爵职位。虚谈则知以德义为贤，贡荐则必阀阅为前。”② 这里所说的“阀阅”，即指门阀士族。王符指出：“人之善恶，不必世族；性之贤鄙，不必世俗。”又说：“贤愚在心，不在贵贱；信欺在性，不在亲疏。……苟得其人，不患贫贱；苟得其材，不嫌名迹。”③ “所谓贤人君子者，非必高位厚禄、富贵荣华之谓也，此则君子之所宜有，而非其所以为君子者也。所谓小人者，非必贫贱冻馁困辱厄穷之谓也，此则小人之所宜处，而非其所以为小人者也。……故论士，苟定于志行，勿以遭命，则虽有天下不足以为重，无所用不可以为轻，处隶圉不足以为耻，抚四海不足以为荣。……故曰：宠位不足以尊我，而卑贱不足以卑己。”④ 世俗的富贵荣华并不是成为君子的必要条件，虽然君子应该配享荣华富贵，而小人应该遭受贫贱困厄的运命，但是小人成为小人却与贫贱困厄无关。光荣与耻辱本质上是一个道德范畴，与现实生活状况及其遭遇没有必然的关联。我们不能因为贫穷就不讲道德，我们也不能因为富贵就必定讲道德。当然，人类文明及其制度建构应该朝着使好人有好报的方向发展。“人有无德而富贵，是凶民之窃官位、盗府库者也。……盗人必诛，况乃盗天乎！……虽有南面之尊，公侯之位，德义有殆，礼义不班，挠志如芷，负心若芬，固弗为也。”⑤ 我们既要对那些无德而富贵的行为或现象予以抨击，但是也不能陷入有德一定要享有富贵的道德工具主义怪圈。对于那些地位显赫而德义不彰的人物，真正有道德操守的人是不屑一顾的。

① 荀子：正论.
② 潜夫论：交际.
③ 潜夫论：本政.
④ 潜夫论：论荣.
⑤ 潜夫论：遏利.

西方伦理思想在其原初阶段就以对荣誉的崇尚和对耻辱的嫌憎著称于世。在古希腊神话中，荣誉成为主导一切的核心。人们不愿忍辱偷生，哪怕是死也要死得荣光。“对英雄来说，活着就是为了名望，要用满腔热情去追寻它。他必须用高超的品质去赢得掌声和赞许，因为这是对其人生的奖赏和证明。家世、财富和威力是英雄追求的主题，而他自身也成为勇气、耐力、力量和美的理想化身。”① 阿耳戈的英雄们在取得金羊毛后就认为，“能否返回家乡，全希腊的荣誉全掌握在我们手中了”②。同样，特洛伊人也特别看重荣誉，人们珍视荣誉，愿意为荣誉而死。荣誉观作为希腊神话中传达出的一种观念，它与英雄观、战争观紧密相连，并与现实生活中的财富和权力遥相呼应，反映出人们对英雄的仰慕、对财富的渴望、对秩序的祈求，从神话的角度折射出古希腊人的精神面貌和生活状态。伯里克利在雅典阵亡将士葬礼上的演说全面揭示了雅典人的荣誉观。他说，在雅典，“任何人，只要他能够对国家有所贡献，绝对不会因为贫穷而在政治上湮没无闻”。“至于贫穷，谁也不必以承认自己的贫穷为耻；真正的耻辱是不择手段以避免贫穷。在我们这里，每一个人所关心的，不仅是他自己的事务，而且也关心国家的事务。”③ 人们愿意为城邦而战，“在战斗中，他们认为保持自己的岗位而战死比屈服而逃生更为光荣。所以他们没有受到别人的责难，把自己血肉之躯抵挡了战役的冲锋；顷刻间，在他们生命的顶点，也是光荣的顶点，而不是恐惧的顶点，他们就离开我们而长逝了。……他们贡献了他们的生命给国家和我们全体，他们获得了永远长青的赞美，最光辉灿烂的坟墓——不是他们的遗体所安葬的坟墓，而是他们的光荣永远留在人心的地方”④。阵亡战士永远活在人们的心中，永志不忘，这些倒下的英雄都赢得了永远的荣耀。伯里克利描绘出雅典市民的荣誉观：人人爱其城邦，珍视城邦传统的民主、平等的法律和言论的自由，而且人人参与到城邦的文化、商业和政治事务活动中，借以训练他们的思想和体能。伯里克利认为使雅典升华伟大的，并不是宙斯或其他神祇一瞬间的奇想，而是人民坚强的性格和对国家荣誉的珍爱。

荣辱观在道德心理上主要体现为荣誉感与羞耻感。荣誉感是指个体以积极追求荣誉珍惜和爱戴荣誉进而热爱生活、乐观向上的道德情感，是一种积极向善的道德情操。羞耻感则是当人们意识到自己或自己所属的团体违反道德行为准则时产生的羞愧、耻辱或汗颜的情感。荣誉感和羞耻感是人们开展道德生活、进行道德行为评价和道德行为选择的心理动因。荣誉感或对荣誉的爱是一种个人特殊而高尚的自我肯定的心理表现，同时又是周围的人群对一个人的品性以价值判断的形式表现出来的如尊敬或轻慢、崇拜或蔑视、敬重或厌恶的情感。这种价值评估形成对个人道德行为的客观荣誉，成为促进社会前进的力量。特别是当个人荣誉升华为集体荣誉（如家庭、阶级、民族、职业）时，这种集体荣誉感就会成为全部集体生活中的一个极为重要的因素，发挥强大的凝聚作用，激励每个成员为共同的目标和维护并增强集体荣誉做出最大的努力。荣誉感是道德的卫士，对于道德的发展具有重大的意义。人类社会一切美好的秉性（诸如勇敢、诚实、正

---

① GRANT M. Myths of the Greeks and Romans. New York：The New American Library，1962：45.

② ［德］斯威布. 古希腊的神话与传说. 高中甫，译. 北京：燕山出版社，2000：20.

③ ［古希腊］修昔底德. 伯罗奔尼撒战争史：上册. 谢德风，译. 北京：商务印书馆，2010：147，149.

④ 同③152-153.

义、高尚等）的发展，以及更高、更复杂的经济和精神能力的发展，没有那种对荣誉的强烈追求和积极护卫是不可能实现的。

二、荣誉范畴的基本构成

荣誉是一个具体的、历史的、现实的并且具有很强精神色彩的道德范畴。在不同时代、不同阶级、阶层和集体中，它往往有着不同的社会内容和表达形式。原始社会，荣誉往往同维护氏族整体利益的劳动和义务相联系。如诚实劳动，履行氏族义务，遵守氏族的风俗习惯等，就是这个历史阶段荣誉范畴的主要社会内容。人类进入阶级社会以后，荣誉观念受到私有制关系的制约，打上了阶级烙印。不同时代或同一时代的不同阶级，有着不尽相同甚至根本对立的荣誉观念。奴隶主阶级理解的所谓“荣誉”，是他们的身份和特权，特别是把拥有奴隶的多少看作衡量名望和荣耀的主要尺度。对于封建贵族和地主阶级来说，等级、权势和门第，就是他们通常理解的尊严和荣耀。资产阶级由于对一切生活关系都以金钱和个人发展来衡量，因而也以金钱和个人发展来评价荣誉。

历代劳动人民有着根本不同于剥削阶级的荣誉观念。这种荣誉观念的主要特点是，把勤劳俭朴的生活，劳动者之间的友爱、关心和帮助，英勇反抗阶级剥削和阶级压迫的斗争，维护并发展祖国和民族利益的努力等看作最值得赞誉与尊敬的。无产阶级的荣誉观念，批判继承了历代劳动人民和进步人士的荣誉观念的积极因素，并在无产阶级革命实践的基础上得到了丰富和发展。无产阶级的荣誉观念，是同社会主义和共产主义事业相联系的。它衡量荣誉的标准不是特权、门第和个人财富，而是对民族、对人民、对无产阶级、对集体事业的无私奉献以及对世界和平和人类进步事业的积极贡献。

无产阶级和人民大众的荣誉范畴，包含着深刻而丰富的内容，涉及集体荣誉和个人荣誉、社会赞誉和个人尊严以及自尊和谦逊等关系，要求将个人荣誉融入集体荣誉之中，抵制和祛除个人虚荣心，用正确的方式和途径去争取荣誉，并把荣誉视为前行的动力，砥砺谦虚向善和奋发向上的精神品质，使荣誉既有利于自己的成长，又有利于社会道德氛围的醇厚和粹善，成为促进伦理文化发展的内在精神力量。

1. 集体荣誉和个人荣誉

个人荣誉和集体荣誉的关系是现实社会个人利益和整体利益的关系在行为评价上的反映。“集体像个人一样，也有它们的荣誉：一个家庭在其他家庭中间有它的家庭荣誉，一个阶级在其他阶级中间、一种职业在其他职业中间、一个民族在其他民族中间，也有它们自己的荣誉……这种集体荣誉是全部集体生活中的一个极其重要的因素；它把一个团体的成员紧密地结合在一起。”① 在以私有制为基础的阶级社会里，由于这两种利益是根本对立的，因此，尽管剥削阶级及其统治集团力求使个人荣誉和集体荣誉统一起来，但是，最终只能片面地强调个人荣誉，而使集体荣誉流于虚幻。在公有制社会里，个人利益和社会整体利益是根本一致的，并且要求在发展社会整体利益的过程中发展个人利益。因此，它不仅为个人荣誉和集体荣誉的一致提供了可能，而且客观上要求个人荣誉

① ［德］包尔生. 伦理学体系. 何怀宏，等译. 北京：中国社会科学出版社，1988：490-491.

服从于集体荣誉。在社会主义社会里，个人荣誉和集体荣誉从根本上来说是一致的，集体荣誉是个人荣誉的基础和归宿，个人荣誉是集体荣誉的体现和组成部分。马克思主义伦理学强调集体荣誉高于个人荣誉，同时鼓励对个人荣誉的关心，它反对的只是那种为了追求个人虚荣而损害集体荣誉的不道德行为。个人的荣誉并不仅仅是个人奋斗的结果，而且更广泛地包含着人民群众和集体奋斗的结晶，是人民群众和集体的荣誉在个人身上的体现。同时，人民群众和集体的荣誉，是由其中每个个人建立的功绩组成的，是由某些先进分子的个人荣誉所代表的。

2. 社会赞誉和个人尊严

无产阶级和人民大众的荣誉观既重视社会赞誉也重视个人尊严，并认为荣誉是社会赞誉与个人尊严的统一。社会赞誉常常通过社会承认、社会重视等方式表现出来。德国当代政治学家霍耐特区分了法律承认与社会重视这两种承认形式，认为这两种形式的承认分别对应于社会生命及其价值。在霍耐特看来，“在这两种形式中，人都可能因某些特性受到尊重。在法律承认之中，它就是使人们完全成为人的一般特性。在社会重视之中，它就是将人们互相区分开来的个别特征。故此，法律承认的中心问题是如何限定个人的构成性，而社会重视的中心问题则是借以衡量特殊个性的‘价值’的评价参照系统的构成性”①。社会重视具有多种形式，无论是一般承认或特殊承认都伴随着荣誉，也许可以说社会赞誉是社会荣誉表达的重要方式。通过以物质的或精神的奖励而给予荣誉，通过授予荣誉来承认或者重视个体的价值，是社会认同个人荣誉的基本途径。当社会赞誉以授予荣誉的形式出现时，荣誉就成了社会标识。当给予社会赞誉并授予某种荣誉的时候，其实是对人的价值做出了抽象的把握，是把人的价值还原成了人的社会贡献，即你为社会做出了某种贡献，因而授予你一定的荣誉。

社会赞誉有可能做出对人的价值的承认，甚至与人的真实价值相吻合。但是，社会赞誉也完全有可能只对引起了重大反响和交口赞誉的行为而发出，而对于那些在价值和社会贡献方面真正有建树甚至影响深远的行为常常缄口不语。一些人生前尊荣而死后落寞的现象与另一些人生前声名狼藉而死后备受尊崇的现象形成巨大的反差。人的价值与荣誉的不相一致性要求人们正确对待荣誉。人的价值是不可比较的，而荣誉是可以比较的，有的人获得了较高的荣誉，而有的人则获得了次一等的荣誉，尽管他们都充分地实现了自身的社会生命，但不能由此得出结论，获得荣誉的人就一定比没有得到荣誉的人社会贡献高或大。在现实生活中，我们也经常发现，不少实现了自己的社会生命并切实地对社会做出了贡献的人却没有得到任何荣誉。因此，“无名英雄”受到人们发自内心的尊崇。关注芸芸众生和千千万万“名不见经传”的平凡人物，是我们建构社会理性的伦理价值观必须有的视角和襟怀。

社会赞誉和个人尊严在无产阶级的荣誉观中是辩证统一的。一般来说，富有社会赞誉的行为应当成为个人尊严的理由，个人感到尊严的地方也常常是社会赞誉的对象。当事人把社会赞誉看作对个人尊严的公认，从而进一步继续履行原来的义务和相应行为。在社会赞誉和个人尊严一致的情况下，当事人应有两种不同的态度。如果二者都是实事

① ［德］霍耐特．为承认而斗争．胡继华，译．上海：上海人民出版社，2005：120.

求是的，合乎历史必然性要求的，就应当顺应社会赞誉，坚持个人尊严，继续履行原来的义务。相反，如果二者都不是实事求是的，都是与社会发展的客观要求相悖的，就应当拒绝社会的“赞誉”，放弃个人的尊严。如果社会赞誉和个人尊严出现了矛盾，往往会使个人把社会赞誉看作对个人尊严的侮辱，社会把个人尊严视为耻辱，就会产生价值认同和荣辱观的倾斜。在社会赞誉和个人尊严不一致的情况下，如果二者都不合乎社会发展要求，同样应当拒绝社会“赞誉”，如果社会赞誉合乎实际和社会发展要求，个人“尊严”不合乎实际和社会发展要求，就应当不惜放弃个人“尊严”；如果个人尊严是合乎实际和社会发展要求的，而社会“赞誉”是与实际和社会发展要求相悖的，就应当拒绝社会的“赞誉”，以保持个人尊严。

3. 自尊和谦逊

由于荣誉是一种赞赏性的评价，个人必须正确对待自尊和谦逊的关系。一个具有共产主义道德品质的人，一定有高尚的自尊心，珍惜社会和集体给予自己的荣誉。但是，在荣誉面前，又应当有真诚的谦逊。在社会赞誉面前，要有“盛名之下，其实难副”的自知之明，想到自己的不足，虚心学习他人长处。谦逊“把属于他的荣誉给予每一个人。它以他人的优点为欢乐，随时随地地承认能力、尊重美德，并崇敬善行。真正的谦卑——这是它的真正标志——和真正的自由精神是一致的。谦卑的、有自由精神的人向真正可尊敬的事物致敬”①。谦逊其实是在荣誉面前能够保持一份理性的清醒，能够意识到自己的局限、缺点、弱点和不足，并能把自己获得的荣誉的原因归结于集体的扶持和他人的关心，既珍惜荣誉又不以荣誉为骄傲的资本，始终秉持着向他人学习、致敬的态度。所以“谦虚使人进步，骄傲使人落后”。

荣誉感和虚荣心有着本质的区别。荣誉来自辛勤的劳动和创造性的贡献。荣誉不单是对个人努力的肯定和奖赏，更是一种鼓励和鞭策。荣誉感是积极向上的心理品质，是人们学习、工作的强大内在动力。具有荣誉感的人把履行社会义务看作自己的神圣使命，把得到荣誉看作自己为人民作贡献的一个标志，因而他们无论面临何种境遇、遇到什么困难，都能一如既往地勤奋工作、埋头苦干，靠实绩和贡献赢得人们的赞扬和尊敬。他们珍视荣誉而不单纯追求荣誉，在荣誉面前相互谦让，甘当“无名英雄”。虚荣心是一种特别看重他人和社会荣誉而自己本心缺乏应有荣誉观念的心理或行为现象，往往以虚假的方式来保护自己表面上的荣誉，是对荣誉的一种过分追求和一种不良的心理品质，其本质是利己主义的情感反映。虚荣心强或爱慕虚荣的人“对自己和自己的成就十分满意，尽可能地炫耀自己的成绩，以便得到尊敬、赞扬或至少是奉承。极度虚荣的人在选择其追随者上，在选择能使他得名的事情上并不细心。他的一贯的目的是引人注意和炫耀自己，不把别人的注意力引到自己身上他便不会满意”②。虚荣心强的人以追求个人荣誉为奋斗目标，一切言行以个人名利得失为转移，把履行社会义务仅仅看作获得个人荣誉的手段，甚至不择手段地骗取荣誉。虚荣心重的人，常常将名利作为自己终生的价值追求和支配自己行动的内在动力，特别在乎他人对自己的评价，一旦他人做出了否定自己的

① ［德］包尔生．伦理学体系．何怀宏，等译．北京：中国社会科学出版社，1988：496.

② 同①493.

评价，便认为自己受到了不公正的对待而愤愤不平，进而采取报复性行为。有些人非常希望得到别人的尊重与欣赏，却往往不能如愿以偿，一个重要的原因是他们陷入了过分爱慕虚荣并以虚荣为荣誉的误区。“好名之害，与好利同”。虚荣心本身说不上是一种恶行，但不少恶行都围绕着虚荣心而产生。虚荣心重的人，把名利作为追求的根本目标，貌似爱荣誉，实则想的是个人的出人头地、高人一等或光宗耀祖、荣华富贵那一套。而一旦确立起这样的人生目标，就必然会导致主观愿望与客观现实相脱离，对自己的劳动价值不能客观估量，形成对个人名誉的奢求。这种心理如同毒菌一样，只会消磨人的斗志，戕害人的心灵。培根在《论虚荣》一文中指出：“‘苍蝇坐在战车底轮轴上说道，我扬起了多少尘土啊！’伊索氏这个寓言说得实是巧妙。类此，有些个妄人，无论任何事情，或是事情自动，或由大力者推动，只要他们在其中有一点关系，他们就以为这些事情是完全仰仗着他们底力量的。”① 正如古巴诗人、民族英雄何塞·马蒂所说：“虚荣的人注视着自己的名字，光荣的人注视着祖国的事业。”荣誉也不只是光彩夺目的花环和令人陶醉的掌声。真正的荣誉排斥浮夸，鄙视虚荣。正确认识荣誉，自觉抵制虚荣，才能真正使荣誉成为鞭策鼓舞自己前进的巨大动力，才能跳出虚荣的狭小圈子，成为一个品格高尚的优秀人才。

无产阶级的荣誉感以集体主义为基础，与诚实、谦逊等美德联系在一起，而与虚荣心有着本质的区别。虚荣心以个人主义为出发点，并往往和自私、虚伪、忌妒等联系在一起。无产阶级的荣誉感是激励人们为社会主义、共产主义事业而奋斗的巨大精神力量。

三、树立正确的荣辱观

正确的荣辱观即是社会主义荣辱观，其具体内容亦如胡锦涛概括的“八个为荣和八个为耻”（简称“八荣八耻”）的荣辱观，这一荣辱观是对中华民族优秀传统道德价值的继承和发展，是对当代中国社会发展的脉搏及时代精神的深刻理解和准确把握，不但体现了社会主义基本道德规范的本质要求和社会主义核心价值观的鲜明导向，而且为确立社会主义道德人格树起了新的标杆，具有强烈的感召力和引导力。“八荣八耻”概括了国家荣誉、集体荣誉、党的荣誉、职业荣誉等各种荣誉观念和与之相对应的耻辱观念，涉及社会生活的各个方面，也覆盖了公民行为的不同层面。它既包含了每个公民对国家的态度，这是公民成为公民、享有权利和承担义务的基础，是公民的归属感和角色认知；也包含了公民对他人的态度，这是公民权利实现、构建社会和谐的前提。

“八个为荣”的前四个“为荣”即“以热爱祖国为荣、服务人民为荣、崇尚科学为荣、辛勤劳动为荣”，涉及国民公德和“五爱”的内容，是社会主义现阶段每一个公民应该坚持的根本道义和应履行的基本道德义务，而“八个为耻”的前四个“为耻”即“以危害祖国为耻、背离人民为耻、愚昧无知为耻、好逸恶劳为耻”中的行为则是与国民公德和“五爱”相违背的耻辱之举。“八个为荣”的后四个“为荣”即“以团结互助为荣、诚实守信为荣、遵纪守法为荣、艰苦奋斗为荣”，涉及社会主义现阶段公民应有的行为准

---

① ［英］培根. 培根论说文集. 水天同，译. 北京：商务印书馆，1986：187.

则和精神风貌，“八个为耻”的后四个“为耻”之所以是耻则是因为背离了公民应有的行为准则和精神风貌。树立正确的荣辱观关键是要求我们每一个人正确处理好义与利、群与己、公与私的关系，凡是以国家、民族、集体的利益为先的就是荣誉的，凡是以一己私利为先，从而危害祖国、背离人民、愚昧无知、好逸恶劳、损人利己、见利忘义、违法乱纪、骄奢淫逸的行为都是耻辱的。从个人更深层次的精神生活与价值选择来看，不仅要在大是大非面前能够正确处理义利、公私、群己关系，而且要处理好外在的势与内在的德、“天爵”与“人爵”的关系。在一个充满着各种功利冲动与诱惑的社会中，应加强自身的道德修养，追求一种内在、深刻、持久的“义荣”和“天爵”，坚守自己内心的道德信念，选择“义荣”，避免“义辱”。这是人的道德主体性、自觉性、能动性的突出体现，也是荣辱观的主体基础。从社会的层面来看，要尽量避免以功利成败论英雄的荣辱价值评价标准。

社会主义荣辱观科学地揭示并确认了当代中国公民应有的基本价值观和文化自我认同的基本点，既指出了社会主义道德建设的伦理底线，又指明了形成良好社会风气的伦理目标。在社会价值日趋多元化的今天，树立社会主义荣辱观，对于构筑社会主流的价值观念，重塑民族精神，对于进一步弘扬社会正气、提高文明程度和推进社会主义和谐社会建设均具有重要的指导意义。

第五节 幸福

幸福是人类生活和生命的内在而持久的渴望，是人类目的性和意义寻求的产物，它既是人们的一种对生活的满足感，又是一种对生活的态度和评价。追求幸福是人的天性，幸福也永远是人类社会追求的永恒的终极目的。幸福既简单又复杂，既平凡又深刻。不同时代和阶级的人们对幸福有不同的理解，但只有马克思主义才深刻揭示了幸福的本质和基本特征。

一、幸福的内涵和本质

幸福是人类永恒的价值追求和动力源泉，也是一个历久弥新且内涵不断丰富延展的人生课题。

中国古人对幸福十分关注，并从福祸关系、苦乐关系以及幸与不幸关系多角度予以探讨，形成了关于幸福的多种观点。有把幸福同富有联系起来的看法，如《礼记·郊特牲》所说的“富也者，福也”；有把幸福视为百事顺遂的观点，如《礼记·祭统》所说的“福者，备也；备者，百顺之名也，无所不顺者谓之备”；有把幸福与道德联系起来的观点，如《国语·晋语》所说的“唯厚德者能受多福，无德而服者众，必自伤也”。《尚书》、《左传》特别是《周易》，从大量历史人物和事件的总结中阐发出一系列关于如何化祸为福、趋乐避苦的深刻道理。《尚书·洪范》主张用“五福”来引导人们向善，用“六极”来警诫人们不要为恶。所谓“五福”是指“寿、富、康宁、攸好德、考终命”，即长寿、富裕、健康安宁、遵行美德、高寿善终。所谓“六极”“一曰凶、短、折，二曰疾，三曰忧，四曰贫，五曰恶，六曰弱”，即早死①、疾病、忧愁、贫穷、邪恶、懦弱。用“五福”奖励人们行善，用“六极”惩罚人们作恶，含有善有善报、恶有恶报的意思。儒家从中汲取了合理的思想，将幸福与道德联系起来，得出了道德即幸福的观点。孔子以道德为幸福的源泉，他感觉和品味到的幸福就在于对道德的追求和持守之中。他的幸福观表现出一种安贫乐道的精神。他自己一辈子“发愤忘食，乐以忘忧，不知老之将至”②。孔子的生活虽然在物质层面非常不幸福，但是在精神层面又是非常幸福的。孔子认为“士志于道，而耻恶衣恶食者，未足与议也”③。他赞颂那种在贫困生活中自得其乐的人：“贤哉回也！一箪食，一瓢饮，在陋巷，人不堪其忧，回也不改其乐。贤哉回也！”④ 孔子和颜回安贫乐道的幸福观得到宋明理学家的高度赞赏，被称为“孔颜之乐”“颜子之乐”，认为它体现了儒家的人生价值观和苦乐观，即不以物质欲望的满足为人生目标和最大的快乐，而以道德理想之实现、德业的增进为目标和快乐。孟子与齐宣王谈论与民同乐，提出了“乐民之乐，忧民之忧”、“乐以天下，忧以天下”⑤ 的思想观念。这种思想观念被北宋范仲淹所继承和发扬，形成了“先天下之忧而忧，后天下之乐而乐”的价值观，充分体现了儒家苦乐观崇高的精神境界。

在古希腊，最早探讨幸福问题的是被称作“七贤人”之一的梭仑。他在回答埃及国王克洛伊索斯对他提出的“怎样的人是最幸福的”问题时，提出了自己对幸福的看法。他认为有好儿女，幸福度过一生，勇敢，为公众事业牺牲，有惊人的体力和毅力是幸福的。他对埃及国王说：“说到你本人，我承认你极为富有并且是统治着许多人的国王；然而就你所提的问题来说，只有在我听到你幸福地结束了你的一生的时候，才能够给你回答。毫无疑问，纵然是豪富的人物，除非是他很幸福地把他的全部巨大财富一直享受到他临终的时候，他是不能说比仅能维持当日生活的普通人更幸福的。因为许多最有钱的人并不幸福。而许多只有中等财产的人却是幸福的。”⑥ 黑格尔对这段谈话很感兴趣，他在《哲学史讲演录》中指出，梭仑与克娄苏（即克洛伊索斯）谈话中所说的“没有一个人在死前可以被称颂为幸福”这一段记载最值得注意的地方是，“我们可以从其中对梭仑时代的希腊人的反思观点认识得更清楚一点。……在梭仑的话里，可以看出，幸福已经提高了一层，超过了只是满足感官享受的感官快乐”⑦。

西方伦理学史上形成了三种不同的幸福观：感性主义的幸福观、理性主义的幸福观和神性主义的幸福观。

感性主义的幸福观从人趋乐避苦的自然本能出发，强调幸福的主要源泉是感性而不是理性，强调幸福就在于满足人的感性需要，认为人的幸福就在于人的感性生活，在于

---

① 凶、短、折：均指早死。郑玄说：“未龀曰凶，未冠曰短，未婚曰折。”意思是说，还未到换牙齿的时候就死了叫作“凶”，还未到成年的时候就死了叫作“短”，还未结婚就死了叫作“折”。

② 论语：述而.

③ 论语：里仁.

④ 论语：雍也.

⑤ 孟子：梁惠王下.

⑥ 周辅成. 西方伦理学名著选辑：上卷. 北京：商务印书馆，1964：36.

⑦ ［德］黑格尔. 哲学史讲演录：第一卷. 贺麟. 王太庆，译. 北京：商务印书馆，1983：169.

感性欲望的满足与快乐，而这些满足与快乐本身就是道德的。代表人物古代有德谟克里特、伊壁鸠鲁、卢克莱修等人，近代有霍布斯、爱尔维修、边沁等等。在古希腊关于幸福的理解中，快乐主义将幸福与感官快乐等同起来，以感觉上的快乐或痛苦作为幸福和不幸福的分界，其极端表现是纵欲享乐主义。它强调人的自然物欲情欲是人的本性。亚里斯提卜、德谟克里特是古希腊快乐主义伦理学的著名代表，主张人生的目的在于追求快乐。他们认为快乐与幸福不同，快乐尤其是肉体的快乐是当时的和特殊的，是人生追求的直接目的，而幸福则是一切特殊快乐的总和，其中包括过去和将来的快乐。在他们看来，过去的快乐是不能追回的，未来的快乐是不确实的，所可追求的就是现在的快乐①。同时，“肉体的快乐远远胜于灵魂的快乐，肉体的痛苦远远比灵魂的痛苦难受”②。他们认为，智慧和道德不过是求快乐的工具而已，并非目的。感性主义强调人的自然欲望的重要性，贬低理性的作用，主张在感官、感觉的快乐体验中享受生活。费尔巴哈继承发展了古希腊和17—18世纪英法幸福论伦理思想传统，建立了一个以人本主义为基础的完整的幸福论伦理思想体系。费尔巴哈反对宗教超自然主义和康德、黑格尔等人的理性主义道德理论，强调现实生活的幸福和对人的爱。他认为人的本质就是感性欲望，而人的基本欲望就是追求幸福，意志只有在追求幸福的意义上才是自由的，它服从追求幸福的必然性，追求幸福的欲望也就是“绝对命令”，是一切道德行为借以表现的自然基础。

理性主义的幸福观从人与其他动物的区别出发，认定是否具有理性是人与其他动物的根本区别。因此，在理性指导下过一种有节制的生活，以理性克制感性欲望，就成为理性主义幸福观的基本格调。理性主义的幸福观有两种：一种是以柏拉图、亚里士多德为代表的和谐说。苏格拉底认为知识（理性）是获得幸福的前提条件，美德是达到幸福的途径，而幸福是知识和美德的目的。柏拉图继承和发展了苏格拉底的思想体系，在他的世界里，至善是人生的根本目的，必须通过人的理性才能达到至善，与此相比，财富、荣誉和感官享受都是低级的。亚里士多德因袭理性主义传统，把幸福定义发展为“灵魂的一种合于德性的现实活动”。一种是以犬儒学派和斯多亚学派为代表的禁欲主义。犬儒学派创始人、苏格拉底弟子安提斯泰宣称“痛苦是善”，“只有德性才是高贵的”，认为“德性自身足以获得幸福”③。犬儒学派以贫苦为傲，倡导绝对禁欲的生活。他们崇尚自然，认为一切人间的文明享受都是多余的、有害的，理想的生活应是极端简朴的原始生活。古希腊时代的德性主义将快乐与道德对立起来，否定感官快乐的价值，把快乐排除在幸福之外，其极端形态是禁欲苦行主义。理性主义强调理性的作用，贬低感性的作用，主张抑制欲望，追求道德的完善和精神上的幸福。与自然主义相反，在理性主义者眼中，人的感性欲望、肉体感官的需求是低级的，而人的精神、理性才是高尚的。人在控制自己的欲望方面，不是主人就是奴隶。一个人要想获得真正的幸福，就必须首先克制自己的情欲享受，去追求精神的快乐。人生的意义和幸福恰恰就在于从肉体的情欲束缚中解脱出来。理性对欲望是一种调控引导，或是一种合理的启动。

---

① 温克勤．略论亚里士多德的德性幸福论．理论与现代化，2002（3）．

② 苗力田．古希腊哲学．北京：中国人民大学出版社，1989：230．

③ 周辅成．西方伦理学名著选辑：上卷．北京：商务印书馆，1964：231．

神性主义的幸福观认为人要达到幸福的境界，不是对财富、名誉、权力和肉欲的享受，而是在对神性的追求中，在对上帝的热爱和追求中才能实现。只有对上帝的沉思、崇拜，才能使人返归天国，获得真正的神性幸福。在神性主义幸福观看来，尘世生活不过是趋向上帝天国的旅途，德行是达到神性幸福的手段。因此，只有用神性来摆脱尘世的诱惑和纷扰，达到圣洁状态，才能获得幸福。

感性主义的幸福观着眼于肉体的享受和感官的幸福，理性主义的幸福观着眼于精神的享受和理性的幸福，神性主义的幸福观则着眼于否定人自身的感性和理性所能带来的快乐与幸福，而仅仅肯定只有使人趋向和追求超越性的神性才能使人达致真正的幸福。这三种幸福观基本代表了西方幸福论的传统，三者各有自己的侧重点，但都有自己的理论缺失和局限，需要我们予以批判分析。

二、幸福的内涵及构成要素

什么是幸福?“不同的人对于它有不同的看法，甚至同一个人在不同时间也把它说成不同的东西：在生病时说它是健康；在穷困时说它是财富；在感到了自己的无知时，又对那些提出他无法理解的宏论的人无比崇拜。”① 幸福是一个与人的需要和追求密切相关的伦理学范畴。古往今来，不同的人对什么是幸福有不同的理解，有人认为“富贵是福，多子是福，团圆是福，长寿是福”，也有人认为“平淡是福，贫穷是福，吃亏是福，孤独是福”；有人认为“工作是福，奉献是福，竞争是福，牺牲是福”，也有人认为“休闲是福，享受是福，协作是福，获得是福”等等。可以说“幸福”因人的需要和对生活的理解而有不同的含义。

就词源意义而言，幸是幸运、有幸、荣幸，常常指碰到了好的机会和人物，使自己的才能得以肯定，欲望得以实现；福是福气、福利、福分，指自己获得了自己该得的福惠、利便或内心具有的对自己人生过程的肯定性评价。幸福合起来是指人们在创造物质生活条件、精神生活条件的实践中，由于感受、理解到自己的目标或理想的实现而产生的精神上的满足和心理上的愉悦。或者简单地说幸福是使人心情舒畅的境遇和生活。一般地说，做自己喜欢做的事，和自己喜欢的人在一起即是幸福。愿望实现了是幸福，愿望没有实现也未必不是幸福。从经济学和社会学的意义上讲，幸福是人们对生活满意程度和生存状况的一种积极、肯定的主观确认。罗尔斯认为幸福包括两个方面：“一方面是一个人所努力实现的合理计划的成功实施，另一方面是他的精神状态，他有充分的理由相信，他的成功将持续下去。”② 在罗尔斯看来，幸福不是我们所追求的各种各样的目的，而是把各种目的包含在内的人生计划的实现。我们不是在追求某个目标或对象的意义上追求幸福。幸福蕴涵了目的，但它本身并不是目的。

一个人幸福并不代表他是否拥有什么，而在于他怎样看待所拥有的东西和对生命本身的认识及其所抱的态度。有钱未必幸福，没钱未必不幸；有权不一定幸福，没权未必

① ［古希腊］亚里士多德. 尼各马可伦理学. 廖申白，译. 北京：商务印书馆，2003：9.

② RAWLS J. A Theory of Justice. Cambridge，Mass.：The Belknap Press of Harvard University Press，1971：549.

不幸；长寿不一定幸福，短命也未必不幸。成功不等于幸福，金钱不等于幸福，占有不等于幸福。当一个人拥有一切的时候，他会失去幸福；而当一个人拥有幸福的时侯，他会感到拥有一切。一定的缺陷和不完美，对于幸福来说，甚至是必不可少的。幸福与不幸关键在于人对生活的态度和价值观念。因此，人生要有追求，但不可强求，这就是人生幸福的关键所在。

幸福包含了快乐但并不等于快乐。人们往往把快乐与幸福相联系甚至等同起来。实际上，快乐作为人的心境或精神感受，有着不同的类型和表现形式。狂喜是极度的快乐，但狂喜只能是短暂的，不可能持续存在，如果持续存在，恐怕对某人来说不仅不是喜事，反而会很糟糕，意味着此人精神上出现了偏差。因而，狂喜显然不能与幸福等同，至多产生转瞬即逝的幸福感。穆勒说："假如所谓幸福是指高度快意的刺激继续不断，那么，这分明是不可能的。非常高度的快乐状况只能经历顷刻之久……所谓幸福并不是极乐狂喜的生活，而是痛苦少而暂，快乐多而有变化，并且主动的快乐比被动的断然占多数的生活，全部生活中间有一些片刻的极乐。"① 淡淡的愉悦的心境可能会比较持久，如果一个人能经常持有这种心境，那他的幸福感便会较长久。但要做到这一点是很不容易的事，因为只要人们总是为身外之物所牵，他就必定要随着物欲之满足与否而心绪波动。即使不为身外之物牵累，如果丧失精神生活的追求与活泼自在的生命力之抒发，他依然会内心空虚和惆怅，缺乏幸福感。

幸福虽然不能简单地等同于快乐，但幸福也并不一般地排斥快乐。真正的幸福总是在快乐的生活中形成，快乐是人生幸福的应有之义，是幸福最重要的构成要素。生活优裕、行为良好就是快乐的生活，应该把快乐编织到、融合到幸福中去。亚里士多德强调对快乐以及欲望予以德性的引导，使其合乎中庸，主张追求高尚的、适度的快乐而规避卑下的、过分的快乐。在他看来，快乐有着过度与不及的状态，过度的快乐是放纵，不及的快乐是冷漠，这两种状态都是不好的，而通过节制达到中庸的快乐才符合德性要求。他认为每一种活动都有自己固有的快乐。属于善良活动的快乐是高尚的，属于邪恶活动的快乐是卑下的。而欲望也是这样，高尚的欲望应当受到赞扬，卑下的欲望应当受到斥责。许多快乐是互相冲突的，那是因为它们不是在本性上快乐。只有那些对爱美好事物的人来说的快乐，才是本性上的快乐。这就是永远合乎德性的行为。

真正的幸福也有可能包含痛苦并通过对痛苦的正视与战胜体现出来。包尔生在《伦理学体系》中说："痛苦和痛苦的活动是人生不可避免的。因此，快乐或满足的概念在某种程度上还必须扩展以包括痛苦。"② 人生渴望无痛苦的生活，但是痛苦不能因为人们不喜欢它就不存在。痛苦与快乐是一对孪生兄妹。"倘若痛苦的原因被排除，生活里就会缺少各种危险、冲突和失败；缺少努力和斗争；对冒险的热爱、战斗的渴望和胜利的凯旋就都要成为过去。生活就会成为一种没有障碍的纯粹满足，没有抵抗的纯粹成功。我们就会像对待一个自知必赢的游戏一样感到厌倦乏味。有哪个棋手愿意跟一个他知道必定打败的棋手对弈呢？有什么猎人会欣赏这样的狩猎呢——他知道他什么时候都可射击，

① ［美］艾勤，范多伦．西方思想宝库．长春：吉林人民出版社，1988：657.

② ［德］包尔生．伦理学体系．何怀宏，等译．北京：中国社会科学出版社，1988：222.

而且枪枪必中？一个游戏如果要使我们感到有兴趣和满足，不确定、困难和失败就像好运和胜利一样必需。"① 在人短暂的生命里，幸福与不幸如影随形。当面对不幸的时候，是就此沉沦，消极对待命运的摧折，还是用自己的双手扼住命运的咽喉，直面人生不幸的痛苦？不幸是不能被绝对躲避的，先天的残疾、飞来的横祸、疾病染身还有失学、失业、失去亲人等等可能在人生的某个时刻强加于身，躲避是无用的，消极以待只会让不幸的人生更加不幸。痛苦是人生的炼炉，而不幸则是人生的炼狱，在不幸和痛苦中以自身的积极努力，去改变人生的逆境，去争取人生幸福的实现，这才是积极的人生。费希特在《论学者的使命》中指出："你们本身越是高尚和优秀，你们遇到的经历对于你们来说将越加痛苦；但是，你们切不可让这种痛苦制服了自己，而是你们要用行动去克服它。我寄望于行动；行动也属于使人类完善的计划之列。站在那里抱怨人类堕落，而不动手去减少它，那是女人的态度。不告诉人们应该怎样变得更好，就进行惩罚和挖苦，那是不友好的态度。行动！行动！——这就是我们的生存目的。在我们比较完善的时候，对于别人不如我们那么完善，难道我们应该表示愤怒吗？不正是我们的这种较大的完善召唤着我们应当为别人的完善而工作吗？展望那辽阔大地，正待我们开垦，该多么让我们高兴！我们觉得自己浑身是力，任重道远，该多么让我们高兴！"② 人们必须对不幸和痛苦有正确的认识并采取积极的态度。要知道人生是在痛苦中磨砺，在不幸中求得幸福，在不圆满中获得最大的圆满的。逆境既是人生所不可避免的，又对人生存在具有意义，身处逆境可能是不幸的，但却未必是绝对不幸的，关键就在于人自身的自强不息。

幸福是人们对一生具有重要意义的需要、欲望、目的得到满足或实现的心理感受和体验。一般来说，幸福由两大因素构成：一是一生重大的需要、欲望、目的之实现，一是心理感受和体验。前者是幸福的客观内容，后者是幸福的主观形式。离开前者，幸福变成没有客观内容的纯主观体验，只能是一种想象或莫须有的幸福，没有客观真实性；离开后者，幸福变成没有感觉和体验的纯客观要素，显示不出个人精神和情绪的效用。真正的幸福是既有客观内容又有主观感受的幸福。幸福与人的心态、生活态度和价值观密切相关，代表你对生活的态度和对生活的理解，你觉得幸福你就幸福，幸福与不幸福都在你心中。幸福含义总是让人捉摸不透，幸福阶梯总让人难以攀登。知足常乐是幸福，甘于平淡也是幸福，就看我们用什么心态去看待幸福、去感受幸福。有时幸福无处可寻又无处不在，生活点点滴滴都孕育着幸福。虽然幸福感是一种主观感受，是一个抽象概念，但幸福感本身是"客观"存在的，同时，幸福感又是"客观"现实在心理体验上的一种折射。由于这两个"客观"，幸福感就可以有相对的客观标准和尺度。另外，谁也不会认为食不果腹、衣不蔽体、疾病缠身、百事不顺的人是真正幸福的，意外的车祸，以及地震、火山、泥石流导致的人员伤亡，大家总觉得是不幸的，英年早逝、暴病而亡常常使他人扼腕悲叹，这说明幸福不全是主观的，必定有它客观的内容，幸福需要基本的生活条件和物质因素。当代人们所说的"学有所教、病有所医、住有所居、老有所养"等，无疑彰显了幸福的客观性和可公度性。

---

① ［德］包尔生．伦理学体系．何怀宏，等译．北京：中国社会科学出版社，1988：222-223.

② ［德］费希特．论学者的使命　人的使命．梁志学，沈真，译．北京：商务印书馆，1984：57.

幸福的客观内容决定了幸福具有绝对性和一定的稳定性，幸福的主观感受又决定了幸福具有相对性和变动性。幸福具有主观性，因而不能简单地用外在条件的优劣和多寡来衡量幸福的多少，外在条件与人的幸福之间并不必然具有正相关关系。幸福具有相对性，即面对同样的外在状况，主体的内心体验是不同的。由于人们所处的时代不同，经济、政治地位及生活的具体条件不同，确定的目标和理想也不同，因而对幸福的理解也不同。从个人的意识和情感来看，幸福与不幸的观念是人们从生活条件的比较中产生的。人们生活于社会中，一方面要通过劳动创造必要的物质生活条件和精神生活条件，另一方面又会在人与人的交往中形成其他各种各样的社会需要。因此，每个人都必然从这些实际生活条件的比较中产生一定的目的或理想，并为这一定的目的或理想是否得到实现而在意识和感情中形成幸福与不幸的道德观念。自己的目的或理想实现了，就会感到精神上的满足，认为这就是幸福；反之，就会感到精神上的痛苦，认为这就是不幸。但相对之中包含绝对，绝对幸福则是不依主体而转移的幸福，是对于任何主体都同样是幸福的幸福。绝对幸福不是独立于相对幸福之外的另一种幸福，而是存在于相对幸福之中的幸福，人们所经历的是一次次具体的相对幸福，但对于具体的主体来说，这种幸福是绝对的。没有人否认拿冠军的那一刹那不是幸福，也没有人否认经过千辛万苦技术攻关最后获得成功时的那份激动与兴奋不是幸福，这种幸福会在人生的旅程中定格，成为心灵的资源和永恒的记忆，永远伴随着自己的一生。

人们必须经历一定的过程方能求得幸福，所求得的幸福不过是努力过程的结果，所以可以叫结果幸福。努力过程中的每一次细小目的的实现所感受到的幸福称为过程幸福。结果幸福比过程幸福强烈巨大，但却是一次性的、短暂的；过程幸福则比结果幸福薄弱渺小，但却是多次连续的、漫长的。每次过程幸福之后是更加充实奋发的体验，因为每次幸福都更加接近强烈巨大的结果幸福，每次幸福之后都有新的幸福在呼唤；人活着是为了使生活更快乐、更幸福，而幸福生活要自己努力去争取。人生应有追求，但也不能过分强求。有追求但不强求的人生就会变得既有目标又洒脱，从而感受到快乐与幸福。人生没有追求就会如同漂浮的浮萍，自然就会缺少快乐与幸福；但追求过度，把目的看得高于一切，就难于理解过程的快乐与幸福。所以，幸福既在理想和目的的实现中，也在为理想和目的的奋斗中，是过程与目的的辩证统一。

三、正确幸福观的本质特征

马克思主义超越了物质主义与享乐主义、精神主义与苦行主义的双重局限，坚持从唯物史观和辩证法的角度考察幸福，认为幸福即是处于一定社会经济关系和历史环境中的人们，在创造物质生活条件和精神生活条件的实践中，由于感受、理解到人生目标或理想的实现而得到的精神上的满足和心理上的愉悦。幸福既包含着物质生活的幸福，也包含着精神生活的幸福。幸福既存在于个人生活之中，同时又与社会幸福密切相关。幸福既来源于人们的创造性劳动，也需要或者说并不反对一定程度的享受，因此可以说，幸福是创造幸福与享受幸福的辩证统一。

第一，幸福是物质幸福与精神幸福的结合。物质生活与精神生活是人类社会生活的两大形式。马克思主义既重视物质生活的幸福，反对苦行主义和禁欲主义的道德说教，又重视精神生活的幸福，反对纵欲主义和享乐主义的人生观点及态度，坚持认为真正的幸福是物质幸福与精神幸福的有机统一。

物质幸福是人类幸福的基础性内容和要素。抛开生存条件和一定的物质基础来谈幸福是不现实的，很难想象一个衣不蔽体、食不果腹，终日处于死亡威胁中的人会感到幸福。马克思和恩格斯指出："我们首先应当确定一切人类生存的第一个前提，也就是一切历史的第一个前提，这个前提是：人们为了能够'创造历史'，必须能够生活。但是为了生活，首先就需要吃喝住穿以及其他一些东西。"① 物质需要的满足程度，不仅是实现幸福的重要条件，而且影响精神需要的满足。我们不能说物质条件优越，就一定幸福；物质条件不优越，就一定不幸福。但是，缺乏必要的物质条件确实难以获得幸福。因此，我们要反对那种轻视甚至否定物质生活需要的幸福观，凡是正当的、合理的物质生活需要，都应该得到尊重并予以尽可能地满足。正如恩格斯所言："追求幸福的欲望只有极微小的一部分可以靠观念上的权利来满足，绝大部分却要靠物质的手段来实现"②。

马克思主义肯定物质生活幸福的同时又强调精神生活幸福，认为因物质生活需要的满足而产生的愉悦感是人与其他动物所共有的，只有精神生活幸福才是为人类所独有和独享的；相对于精神生活幸福而言，物质生活幸福是初级的、短暂的，相对于物质生活幸福而言，精神生活幸福是深刻的、持久的。人与其他动物的显著区别在于：人的生命具有高于生命本身的目的意义。他从未停止过对自身存在价值和意义的探求，他渴望不断地超越自然属性的束缚，追求精神世界的充实和理想境界的实现。精神生活的幸福包括高尚的情操、真挚的友谊、纯真的爱情、丰富的文化知识、健康的文化娱乐和体育活动等等，这些比之物质生活是更高级、更深层的幸福。现实生活中的很多事实表明，只有物质生活需要的满足，没有精神生活需要的满足，是谈不上真正幸福的。一个人有了丰富的精神生活，有了为崇高的人生目的和理想献身的高尚道德情操，即使物质生活条件差一些，也是苦中有乐，仍能感受到生活的意义和生活的充足，从而形成内在的精神幸福。物质生活需要的满足是实现幸福的必要条件，但不是充分条件；在不断超越的幸福追求中，物质生活幸福仅是低层次的幸福；当物质生活水平达到一定程度后，人们更加注重精神生活的幸福。因此，我们应当追求一种建立在一定物质基础之上，又超越物欲的持久的精神生活幸福。这种精神生活幸福包括对共产主义远大理想的追求、崇高人格的仰慕、高尚品质的修炼等内容，也包括个人情趣的提升、道德操守的秉持、全面发展目标的内化等内容。我们既要重视幸福的物质生活内容，又要重视幸福的精神生活内容，把二者有机地统一起来，在比较富庶的物质生活基础上追求更加高尚、有品质的精神生活，做一个身心健康的幸福人。

第二，幸福是个人幸福与社会幸福的统一。个人幸福与社会幸福的统一是正确幸福观的重要特征。它强调个人幸福是社会幸福的表现，肯定个人幸福对社会幸福的意义。离开了个人幸福，社会幸福便失去存在的意义。主张积极关心和维护个人的幸福，并尽

① 马克思，恩格斯．德意志意识形态//马克思恩格斯文集：第1卷．北京：人民出版社，2009：531.

② 恩格斯．路德维希·费尔巴哈和德国古典哲学的终结//马克思恩格斯文集：第4卷．北京：人民出版社，2009：293.

力创造条件，使每个人都能充分发展自己的才能和智慧，实现个人理想，获得个人最大的幸福。同时，又强调社会幸福对于个人幸福的重要意义和价值，认为个人幸福不能离开社会幸福，只有把个人幸福与社会整体、与人民群众的幸福结合起来，个人幸福才是现实的。马克思指出："私人利益本身已经是社会所决定的利益，而且只有在社会所设定的条件下并使用社会所提供的手段，才能达到；也就是说，私人利益是与这些条件和手段的再生产相联系的。这是私人利益；但它的内容以及实现的形式和手段则是由不以任何人为转移的社会条件决定的。"① 马克思和恩格斯以前的思想家，往往看不到人的社会性，把人仅仅看作个体，甚至把社会当作抽象的东西同个人对立起来。这不仅不利于个人幸福的实现，也不利于社会的发展进步。资产阶级幸福观的本质特征在于鼓吹个人幸福，把损人利己、追求个人幸福看成是天经地义的不变法则。它只承认个人、小我的幸福而无视大我、人民的幸福，只贪图渺小的、狭隘的幸福而不理解伟大的、普遍的幸福，只追求个人一生一世的幸福而看不到广大人民子孙万代的幸福。

马克思主义既重视个人幸福，更重视社会幸福，强调幸福是个人幸福与社会幸福的统一。这是马克思主义幸福观与以往幸福观的显著区别。个人幸福不仅只有在社会中才能实现，而且，只有为社会谋求幸福才是最高意义的幸福。"如果一个人只同自己打交道，他追求幸福的欲望只有在非常罕见的情况下才能得到满足，而且决不会对己对人都有利。"② 个人需要、目标的满足与实现，只是一般意义上的幸福；为整个社会、整个人类谋求幸福，才是幸福的最高境界，才是无产阶级的幸福。

第三，幸福是创造幸福与享受幸福的辩证统一。马克思主义幸福观反对享乐主义，但是并不一般地否定人们正当的物质文化需求和生活享受，并认为满足人民群众最大限度的物质文化需求不仅是社会主义的生产目的，也是社会主义道德文化建设的重要内容。实现好、发展好、维护好人民群众的物质文化利益，使人民群众过上幸福美好的新生活，是共产党人不懈的追求和精神动能。建设小康社会的根本目的就是要改善人们的物质生活条件，让人们生活得更好、更幸福，能够更充分地享受物质生活和精神生活。同时，马克思主义认为，享受幸福离不开创造幸福，幸福不是既定的存在，而是现实的创造，劳动是幸福的源泉。人类社会的历史，既是人类不断追求幸福的历史，也是劳动发展的历史。人依靠劳动能在当下创造未来，使有限的生命体现出无限的价值。人类在劳动中享受劳动成果，并且不断创造出新的劳动成果。人类不仅享受着劳动创造出的物质资料，也在劳动中得到精神上的满足与享受。真正享受的快乐不在于目标是否达到，而在于达到目标所进行的奋斗。在《青年在选择职业时的考虑》一文中，马克思说："经验赞美那些为大多数人带来幸福的人是最幸福的人"，"如果我们选择了最能为人类而工作的职业，那么，重担就不能把我们压倒，因为这是为大家作出的牺牲；那时我们所享受的就不是可怜的、有限的、自私的乐趣，我们的幸福将属于千百万人"③。给永远比拿更愉快，幸

① 马克思.《政治经济学批判（1857—1858 年手稿）》摘选//马克思恩格斯文集：第 8 卷. 北京：人民出版社，2009：50-51.

② 恩格斯. 路德维希·费尔巴哈和德国古典哲学的终结//马克思恩格斯文集：第 4 卷. 北京：人民出版社，2009：292.

③ 马克思. 青年在选择职业时的考虑//马克思恩格斯全集：第 1 卷. 北京：人民出版社，1995：459.

福就在于创造与给予。

马克思主义幸福观批判了“道德即幸福”“道德高于幸福”的德性主义和道德目的论，纠正了“幸福即道德”“幸福高于道德”的功利主义和道德工具论，坚持道德与幸福的辩证统一观，认为幸福需要道德但又不仅仅只是道德，道德指向幸福但又不仅仅只是幸福，幸福与道德既相互需要又相互补充，理想的道德生活应该既肯定幸福又崇尚道德。与康德把德福统一推至遥不可及的彼岸世界不同，马克思主义认为，德福统一有可能通过人们的努力和社会的改进在现实世界中得以实现。而且德福统一也是一个既现实又理想的过程。比之过去而言，今天的德福统一获得了更大范围的实现，“好人一生平安”以及“善有善报”成为全社会的一种价值共识。但是我们又必须看到，这种实现距离理想境界还有很大的差距。在我们今天的生活中，“好人总是吃亏”和“好心得不到好报”的现象依然大量地存在，“英雄流血还流泪”的现象并未得到根本的扭转。我们必须通过制度伦理和美德伦理的双重改造与建构，既提升人的道德素质，又确保社会在分配方面的公平，从而朝着更高层次的德福一致迈进！

推荐阅读书目

倪素襄. 善恶论. 武汉：武汉大学出版社，1996.

何怀宏. 良心论. 上海：三联书店，1994.

陈根法. 幸福论. 上海：复旦大学出版社，1996.

孙洪义. 社会主义荣辱观新探. 北京：中共中央党校出版社，2007.

[古罗马] 西塞罗. 西塞罗三论：老年、友谊、责任. 徐奕春，译. 北京：商务印书馆，1998.

[英] 罗斯. 正当与善. 林南，译. 上海：上海译文出版社，2008.

思考题

1. 什么是善恶？如何理解马克思主义的善恶观？
2. 什么是义务？道德义务的特点是什么？
3. 何谓良心？良心的作用表现何在？
4. 什么是荣誉？社会主义荣辱观的主要内容是什么？
5. 什么是幸福？马克思主义幸福观的基本特征表现何在？

第八章
个体道德生活

社会道德的外在规范是如何内化为个人的德心，显现为德行，进而形成德性，凝聚为道德人格的？这是由规范伦理转化为德性伦理或实践伦理的核心问题，也是构成我们对伦理道德的研究从理论走向实践、从静态走向动态的关键所在。在化规范为德心、化德心为德行、化德行为德性，最后形成道德人格的过程中，个体道德的自律和主体意识不断彰显，精神境界得以提升，从而为践履社会道德原则规范并使之发挥应有的作用奠定了基础。个体道德从其结构上讲是德心、德行和德性以及道德人格的完整统一。德心是对道德的认识、体验及由此所形成的道德心理，包括道德意识、道德情感和道德意志等构成要素。德行是具体的道德行为及其选择，是德心的外化形式，德行长期积累沉淀的结晶。德性是个体在道德活动中表现出来的优秀特征和品格，具有稳定一贯的特点。德性与道德人格密不可分。从某种意义上说，德性的方向化组合与整体集结即形成道德人格。道德人格是道德品格的集中彰显和有效推进，体现着道德品格的特质、力量和要求。

第一节　道德心理

道德心理是伦理学研究中一个十分重要也最具有挑战性的领域。布伦塔诺（Franz Brentano）指出，“要了解我们伦理知识的真正源泉，必须考虑描述心理学领域中的最新研究成果”[①]。对于任何一种伦理学类型来说，只有为道德行为者设计恰当的道德心理，才能支撑该理论所提出的道德要求。同时，道德心理又是道德行为者的一部分，因此，

① BRENTANO F. The Origin of Our Knowledge of Right and Wrong. New York: Humanities Press, 1969: 11.

一种伦理学将道德心理机制理解成什么样，它的道德行为者形象便会是什么样。更为重要的是，揭示人们处理道德事务时的心理基础和运行机制，从而给出让人怦然心动的道德理由和运思路径，这或许是伦理学的最重要的任务！它甚至要比设计某种规范的生活方式这一任务更加紧迫①。

一、道德心理概说

道德心理，简称“德心”，是个体对道德的体认、感受、思考、反省等的综合体现，反映着人们的道德价值观与人生观，也是形成德性的基础并表现为德行的支点，是成就道德人格的心理依托。

西方伦理学界对道德心理现象的探究可上溯至古希腊的柏拉图、亚里士多德等人，中世纪的基督教伦理学者从宗教信仰的角度对基督徒的道德心理做出深入研究。近代英国情感主义者和德国理性主义者对道德心理亦有不少的揭示。他们对道德心理、道德情感和道德意志等的揭示与论述为现代意义上的道德心理学提供了丰富资源。

真正现代意义上的道德心理学研究则肇始于弗洛伊德，他从精神分析的角度探讨了本我、自我、超我之间的关系，认为人格由本我、自我和超我组成，本我在人格结构中处于主导地位，由先天的本能和原始的欲望组成，按“快乐原则”行事；自我由本我派生而来，是人格中理智的、现实的成分，按“现实原则”行事；超我处于人格的顶层，是内化的“自我理想”与“良心”，按“道德原则”行事，以限制本我种种非理性的冲动。弗洛伊德指出：“从道德的观点来说，可以说本我是完全非道德的；自我力求是道德的；超我能成为超道德的。”② 又说：“超我是一切道德限制的代表，是追求完美的冲动或人类生活较高尚行动的主体。”③ 他通过对隐含于人格结构中的心理机制的研究，深入说明了人类心理疾病的根源，指出本能冲动是人类的罪恶之源，人类文明的生成过程就是在作为道德理想的超我的引领下实现自我对本我欲望的压抑。人的心理健康离不开道德力量的控制。与弗氏将性本能视为人类行为的根本动力不同，阿德勒用“追求优越”“自卑与补偿”“社会兴趣”等概念描述人类行为的目标与动力特征，并认为有无“社会兴趣”——一种与他人和谐相处、建立美好社会的先天需要——是衡量个体心理是否健康的主要标准，而“社会兴趣”本身就包含了丰富的伦理内涵。

马斯洛、皮亚杰、科尔伯格在开辟道德心理学新空间、新领域方面做出了自己独特的贡献。马斯洛在斯金纳的行为主义和弗洛伊德的精神分析主义之外开辟了第三条道路，试图创建人本主义的道德心理学，他坚持认为，人的基本动机和需要及其满足“是构成一切健康人发展基础的、最重要的、唯一的原则”④。他的动机—需要理论，从人的生理需要、安全需要、归属需要、自尊需要、自我实现需要五个层面为道德心理学的发展提供了一个值得参照的图式，极大地丰富了有关人类道德行为价值的解释。瑞士著名心理

---

① 李义天. 斯洛特的美德伦理学及其心理学预设. 伦理学研究，2009（3）.

② ［奥］弗洛伊德. 自我与本我//弗洛伊德后期著作选. 林尘，等译. 上海：上海译文出版社，1986：204.

③ ［奥］弗洛伊德. 精神分析引论新编. 高觉敷，译. 北京：商务印书馆，1987：52.

④ ［美］马斯洛. 存在心理学探索. 李文湉，译. 昆明：云南人民出版社，1987：51.

学家皮亚杰从儿童道德思维发展的阶段性出发，深入分析了儿童道德经验的主体建构过程，揭示了儿童道德发展经白前道德到他律道德再到自律道德的发展历程，创立了儿童道德认知发展阶段理论。美国心理学家科尔伯格进一步丰富充实了皮亚杰的研究成果，提出了著名的“三水平六阶段”道德认知发展理论，建构了一套完整、系统的儿童道德认知发展理论模式。

20 世纪下半叶，道德心理学对人的心理健康特别是道德健康十分关注，不仅提出了道德健康的概念，而且赋予道德健康以道德心理的动力功能和导引功能。从人的健康的整体论视角来看，人的心理健康绝不是独立于人的整体健康之外的，它与人的躯体健康、道德健康、社会适应之间始终处于有机的、复杂的联系之中，各个部分虽然有一定的独立性，但这种独立性是相对的、有条件的，本质上它们之间是相互包含、相互影响、相互制约的关系。人的心理健康与否，归根到底是与人的道德健康紧密联系的。一个道德健康的人，他的需要以及满足需要的方式必然是符合道德的。而一个道德不健康的人，他的需要以及满足的方式必然也是不符合道德的。由此可见，道德健康不仅与心理健康不可分割，而且还是心理健康的内在前提。诚如柏拉图所言，“德性是心灵的秩序”，一旦失去德性的引领，人的心灵的成长就会迷失方向，处于无序和混乱状态，心理的健康也就无从谈起。

二、道德认识与道德智慧

道德是个人在社会生活中通过认识人际关系或接受社会现成的道德规范的结果。一个人只有形成了道德认识，懂得什么是善与恶，知道应该怎样行动，为什么要这样行动，才会自觉地产生相应的道德行为。

道德认识是对道德现象、道德关系、道德原则和规范的认识，包括道德经验的积累、道德价值概念的形成、道德理论知识的学习、道德判断力的提高、道德信念的确立、道德推理能力的发展诸环节。道德认识既是对道德知识的了解或掌握，也是运用这些道德观念去分析道德情境，对人、对事做出是非善恶等道德判断和评价。

道德认识是人对社会道德现象的一般的、本质特征的反映，有一个从感性道德表象的积累到道德知识的理解再到道德观念的形成的发展过程。感性道德表象是指由直接道德经验所形成的对道德规范的感性认识，是形成道德概念的基础。早期道德经验的积累所形成的感性道德表象对一个人的品德发展影响很大。感性道德表象不是对道德规范的一般的、本质特征的反映，还需要经过道德知识学习，理解道德规范的实质，才能形成正确的道德概念。杜威对“道德知识”和“关于道德的知识”曾做过明确区分。“道德知识”是道德直觉、道德意识、道德态度、道德行为等的汇总，近似于道德智慧，而“关于道德的知识”则更强调关于道德的理性经验。“道德知识”的学习方式不同于学科知识的学习，它更需要情绪敏感性的支持。任何道德学习都是人在处理外部与个体间关系过程中展开的，是在反复体认、感受和践行中展开的。

道德智慧需要道德知识的支撑，但是，道德智慧不等同于道德知识，也不是所有的知识都可能产生智慧。智慧是指对事物能认识、辨析、判断处理和发明创造的能力，是一种认识事物、分析事物、判断事物并在实践中遵循事物规律，实现行为目的的能力。道德智慧是与智慧、情感同等重要的生命科学参照元素，是从道德领域的角度对传统智力概念的革命性建构，是对生命内在质量的尝试性把握和描述。它是建立在普遍智慧基础之上的一种具体智慧。所谓道德智慧也就是人们运用道德知识、道德经验和能力对自己与他人、社会、自然关系的积极的道德审视，并对他人、社会、自然给予历史的、未来的多种可能性关系的明智的判断和选择。道德智慧来源于道德生活实践，又超越具体的道德生活，透视并把握道德生活的实质，形成一种日趋稳定的道德智慧结构。

道德智慧是道德主体在各种复杂情感和复合经验的作用下对道德原则规范和道德理论进行判断、择取、整合、内化并在道德生活中加以运用的能力，它是对生活本身规则的总结，是一种令人愉快的处世艺术和生活智慧。道德智慧引导着个体的道德行为，即每一外显的道德行为都隐含着个体的道德智慧。道德智慧不表现在投机钻营的技巧和权衡得失的“聪明”上，它是一种大智大睿，是一种最大限度地完善自己和他人的品德的能力，是一种把握隐藏在纷繁复杂现象之间的道德必然性的本领。当一个人具有了较高的道德智慧时，就会在处理人与人、人与社会和人与自然的各种利益关系，尤其是面对很难的道德抉择时，表现出一种平淡恬静、从容自如的睿智。有较高道德智慧的人，往往站得高、看得远，为了实现更高的道德目标，不惜牺牲眼前的利益，因此在一般人看来似乎愚不可及，实为“大智若愚”。道德智慧需要有多方面的丰富知识，但又不限于知识的简单积累，它把知识、道德要求与人生现实，把学习、思考与修养，把认识社会与认识自己紧密地结合起来，既可从日常生活中把握道德的规律，又能将自己对道德的认识转化为道德实践活动。高水平的道德智慧可以使人成为道德完善的人。一个受过良好道德教育、有较高道德智慧的人必定是一个健康而又深明大义的人，一个能正确认识自己、他人、国家、社会及其关系应对之道的人，一个有利于和谐社会构建的人。

三、道德情感及其类型

道德情感是指在一定的道德认识指导下，一定的道德主体在道德实践中产生的对道德客体或其他主体的一种爱憎好恶的情绪反应和内心体验。道德情感是伴随着道德认识所产生的一种内心体验，是人在心理上所产生的对某种道德义务的爱慕或憎恨、喜好或厌恶等情感体验。道德情感在内容上是极其丰富多样的，如责任感、义务感、集体荣誉感、爱国主义和国际主义情感、自尊感等等。

道德情感区别于美感、理智感等社会情感的地方在于，它是对一定道德原则规范的体认与感受，是对一定道德价值的感知与把握，表现了人们对良善生活和优秀品格的倾慕与向往，它既丰富了人们的内心生活，给人带来心灵的最高满足，也能使人在感到软弱无力时增添信心与力量，在受到物欲的侵扰时驱散潜在的不良动机，在世风迷乱时坚持自己的道德理想。在现实生活中，我们常常发现，道德情感可以使人为了实现自己的理想而放弃安逸的生活，为了捍卫正义原则而牺牲自己的生命，为了履行义务而选择艰难的人生道路。道德情感具有动力功能、感染功能、调节功能、信号功能，以及激励功能，它一般表现为同情、羞耻、尊重、自尊等形式，其中，同情心是最基本的道德情感，羞耻心是人格的衡量标尺，尊重与责任感相联系，自尊与荣誉感相关联。亚当·斯密认为，同情是一种基于想象的、视他人痛苦为自己痛苦的高级情感，这种情感是一切道德行为产生的前提，也是人的本性所具有的。“无论人们会认为某人怎样自私，这个人的天赋中总是明显地存在着这样一些本性，这些本性使他关心别人的命运，把别人的幸福看成是自己的事情，虽然他除了看到别人幸福而感到高兴以外，一无所得。这种本性就是怜悯或同情，就是当我们看到或逼真地想象到他人的不幸遭遇时所产生的感情。”① 同情作为人类原初的道德感情就是把自己和别人联系起来，使自己分有别人的感觉、情绪或感情，或者说是使人们设身处地并同他人分担由环境所激发起来的感情的人类天性。同情“通过想象，我们设身处地地想到自己忍受着所有同样的痛苦，我们似乎进入了他的躯体，在一定程度上同他像是一个人，因而形成关于他的感觉的某些想法”②，形成与被同情者的“情感共鸣”。情感共鸣使人们跳出狭隘的自我圈子，将自己与他人、与社会生活有机地联系起来，不仅找到了“人同此心”的共同感情，而且嫁接起主体与他人之间心灵的桥梁和道德关系的纽带，成为人们道德行为的原动力并促进人们在道德上共同进步。

道德情感可以区分为积极的道德情感和消极的道德情感。积极的道德情感是指一个人做了符合道德的事情后所产生的踏实、满足、喜悦、自尊和崇高感。消极的道德情感是指一个人做了违反道德的事情后所产生的不安、自责、内疚、紧张、担心或道德焦虑。道德情感的形式大致可以分为以下三种：直觉的道德情感体验，与道德形象相联系的情感体验，与道德理论相联系的情感体验。直觉的道德情感体验是由人对某种道德情感的直接感知而引起的。其特点是产生迅速突然，往往对道德准则无明显的意识性。这种情感体验对人的行为有迅速定向的作用。在它的影响下，人可能会做出道德的行为，也可能出现冲动性行为或消极行为。这种情感体验表面上缺乏明显的自觉性，但和一个人过去的经验有很大联系，是以一定的道德认识为基础的。与道德形象相联系的情感体验，是由人对道德形象的感知，通过想象引起共鸣、受到感染而产生的情感体验。这些道德形象本身是以社会道德规范的化身而存在的，通过这些形象能够更具体地领会道德要求及其深刻的社会意义，从而扩大了人们的道德经验，增加了道德情感体验，而且，由于这些形象本身又具有鲜明的生动性和强烈的感染力，往往使人们毕生难忘，并成为产生道德行为的动力。与道德理论相联系的情感体验，是清楚地意识到道德理论、道德要求及其意义，与理论认识相结合而产生的情感体验。这种情感体验具有较大的自觉性和概括性，表现得比较深沉和持久。这种情感的产生和发展受到人们的认识理解水平、心理成熟水平、思想、志向等多种因素的影响。

道德情感是个人道德意识的构成因素，是人们依据一定的道德标准，对现实的道德关系和自己或他人的道德行为等所产生的爱憎好恶等心理体验。康德在《道德形而上学原理》中指出：“道德情感是对于仅仅出于我们的行为同这义务法则的一致或者冲突的意识而来的那种快乐或者不快的感受。”③ 康德明确地将道德情感同一般感性的或本能的

---

① ［英］斯密．道德情操论．蒋自强，等译．北京：商务印书馆，1997：5．

② 同①6．

③ KANT I. Die Metaphysik der Sitten. Frankfurt am Main：Suhrkamp，1982：530－531．

(pathologisch) 情感区别开来。道德情感是每个人作为道德的存在者，自己就本原地具有的；它仅仅是主观的东西而不能充当知识；它是与纯粹实践理性及其法则直接相关的。在《实践理性批判》中，康德在论述“纯粹实践理性的动力”时，更是把对于道德法则自身的敬重看作道德情感，甚至是唯一真正的道德情感。因为它仅仅是由理性导致的，只是充任使这个客观的德性法则成为那行为准则的动力。因此它也就是这唯一无可置疑的道德动力。人作为道德存在者赋有道德情感，这是无可置疑的。个人一旦对某种义务和行为形成道德情感，这个情感就会积极地影响其道德选择。某种道德情感一旦扩展为社会性的情感，也就会程度不同地影响社会道德风尚。

道德情感是个人道德行为的内部动力之一。不管道德生活如何复杂，也不管人的道德水准达到何种程度，人的道德行为和道德实践始终与道德情感联系在一起，并且受道德情感的深刻影响。当道德情感发展为突然迸发的道德激情时，源于道德意志的自制力常常受到严峻的考验；当道德情感淡化为平静无波的心境时，面临重大危机能否做出合理的道德选择取决于我们的道德情感能否激起我们的道德勇气。因此，关注道德情感在道德哲学领域里的地位绝不是可有可无的事情，而是道德哲学的真正起点。

四、道德意志和道德信念

道德意志是指人们在履行道德义务或决定道德行为的过程中自觉、自愿地做出抉择、克服困难的顽强力量和坚持精神，是在自觉执行道德义务的过程中，克服所遇到的困难和障碍时所表现出来的意志品质。道德意志表现为人利用意识的能动作用，通过理智的权衡去解决道德生活中的动机冲突并采取相应的行动。对符合道德规范的动机，自觉地、坚决果断地付诸行动；对不符合道德规范的动机则自觉地、果断地抑制，表现为坚强的自制力。“潜藏于每一个人身上的意志力量，无论大小，都是上天赐予人类的礼物。我们既不能在使用过程中让它日渐凋谢，也不能为了某一崇高的目的而滥用它。”① “没有完全意志力的人，不可能获得足够的力量去达到自己的目的。一个人要行得正、立得稳，必须靠他自己的努力，其他任何人的帮助都不可能使他挺立如松。每一个人都是他自己行为的主人，在这一点上，没有人能代替他自己。只有他自己才能做到不说虚妄之语，以诚为立身之本；不受酒色声乐的诱惑而善于自制；对于为非作歹的事他会避而远之，而对于慈善救人的事情，他会全身心投入。”② 道德意志在道德动机转化为道德行为的过程中起着十分重要的作用。道德意志既受道德认识和道德信念的影响，又反映了道德认识的深浅和道德信念的强弱。当人们把道德要求变为个人的行为原则，并坚信其正确性和正义性时，就会在内心形成一种坚定不移地实现道德义务的信念和实现某种目的的精神力量。

道德信念是对道德规范的正确性及其道德发展前景的价值确信和伦理信任，是与道德情感、道德行为紧密联系的一种坚定的道德理念和道德价值观。道德信念是道德认识

---

① ［英］斯迈尔斯．品格的力量．宋景堂，等译．北京：北京图书馆出版社，1999：196.
② 同①197-198.

高度发展的结果，是道德动机较高级的形式，是道德认识转化为道德行为的强大动力，是个人品德形成的关键因素。

道德信念的形成离不开道德意志。当人们的道德认识建立在牢固坚实的基础上，并具备了炽热的道德情感和顽强的道德意志时，就形成了坚定的道德信念。道德信念是道德认识的最高表现形式，是道德认识、道德情感和道德意志三者的“结晶”，是品德内化的标志。一个人形成道德信念后，就可以从自己的社会义务和社会责任出发，有效地实行道德的自我控制，独立地给自己规定职责，要求履行这些职责，并对自己的行为做出自我评价。

道德认识、道德情感和道德意志三种心理成分是彼此联系、互相促进的。其中，道德认识是基础，是道德情感和道德意识产生的依据，并对道德行为具有定向调节的作用，道德情感和道德意志是构成道德动机、道德信念的重要组成部分，是道德认识向道德行为过渡的中间环节。个体的道德生活就是从道德心理出发显现为道德行为、积淀为道德品质、陶铸为道德人格的，当然又在道德人格和道德品质的激励、规约下发展为自觉的道德行为，形成更加积极向上的道德心理。它们之间的关系是相互联系而又相辅相成、不可分割的。

第二节　道德行为

道德心理的积淀和外在表现形成道德行为。道德行为，亦称德行，是道德认识、道德情感和道德意志的外在具体表现，又凝结为比较稳定、持久的“德性”，构成道德人格的基座。一个人的道德行为整体表现其道德品质状况，一个社会的全体或绝大多数成员所共有的道德行为体现该社会总的道德风尚。

一、道德行为的含义和特征

一切具有善恶价值并应承担道德责任的个人活动即是道德行为。它受一定社会条件制约并具有某种社会倾向，是人们按照一定道德原则和规范，在个人利益和社会整体利益关系上，从本人意志出发自主选择的行为。

1. 什么是道德行为

道德行为是指在一定的道德意识支配下表现出来的对待他人和社会的有道德意义的行为。它是人的道德认识或道德心理的外在具体表现，是实现道德动机的手段，是与“非道德行为”相对而言的。广义的道德行为包括道德的行为和不道德的行为。狭义的道德行为特指道德的行为，亦称善行，是指出自善良动机，对他人和社会有利的行为。所谓不道德的行为，亦称恶行，是指出自非善或邪恶的动机，不利于或危害他人和社会的行为。

道德的行为和不道德的行为不仅存在着质的不同，而且存在着量上的差异。这就要求人们在进行道德行为研究时，既要注重定性研究，又要注重定量分析。一般说来，道德的行为在量上的差别方面表现为好、比较好、最好，可以表述为正当、良好、高尚这三个概念；不道德的行为在量上也可分为不好、比较不好、最不好，可以用不正、较恶、极恶加以反映。因此，人们评价某一道德行为，一方面要在性质上予以确定，区分出行为是道德的还是不道德的；另一方面又要在数量上予以分析，区分出道德的行为的价值量或不道德的行为的价值量。既不能把一个善行误认为是恶行，也不能把一个正当的善行过高地评价为高尚的善行，或者把一个极恶的恶行过低地评价为不正的恶行。

美国心理学家雷斯特（J. Rest）将人的道德行为产生过程概括为以下四个阶段：（1）解释情境。当一个人面临一个具体的道德情境时，首先要对这一情境做出解释，即弄清当前发生了什么以及估计个体可能采取的各种行动。这时，个体还会激起一定程度的道德敏感性，感受到自己的行为对别人会产生什么影响。研究表明，一个人对道德情境的理解能力越差，对情境的道德敏感性越是缺乏，他产生道德行为的可能性就越少。（2）做出判断。当一个人对所面临的道德情境有所理解后，就会做出自己的道德判断，思考在这样一个道德情境中应该做什么、怎样做才是合乎道德的。（3）道德抉择。当一个人对道德情境做出道德判断后，还要对是否采取道德行动做出抉择，进而决定道德行动计划。这是一个道德决策过程，在这个过程中，一个人据以做出判断的道德价值取向有时并不是强有力的，而一些非道德的价值观念却极富诱惑力，因而个体内部的道德动机就会处于抉择的状态，有时这种道德动机斗争是很激烈的。（4）采取行为。道德抉择之后就要付诸行动，亦即把道德意向转化为道德行为，执行道德行动计划。在执行道德行动计划的过程中，个体不但要明确行动的具体步骤，而且还要设想执行过程中可能会遇到的各种困难和障碍，从而用坚定的道德意志去克服挫折，抗拒诱惑，完成道德行动。可见，个体的道德行为是一种自觉且充满挑战的行为，它受一个人的道德认识和道德情感所支配并由一个人的道德意向所决定。个体从面对情境到产生行动有一个合乎逻辑的心理过程，应该纵向剖析这些过程中的心理活动和交互作用，从而理解个体何以有“德行”的分析框架。忽视了行为的道德意向和动机，就不可能真正理解一个人的道德行为。

2. 道德行为的特征

道德行为，是在一定的道德意识支配下，由行为主体自觉选择而发生的有利于或有害于他人或社会的行为。杨国荣在《论道德行为》一文中认为道德行为是“我思”、“我欲”和“我悦”的有机融合。“我思”意在指出道德行为与理性的分辨和理解相联系，是受道德认识和道德智慧所引领或支配的。“我欲”则显示出道德行为与自我的意欲、意愿相涉，说明道德行为是我自己愿意采取的行为。“我悦”则更多地与情感的认同相关，它揭示出道德行为是人们自我高兴采取的行为，或者说乐意为之的行为。“道德行为首先具有自觉的性质：自发的行为不能视为真正的道德行为，在道德实践中，‘思’便构成了达到理性自觉的前提。道德行为同时应当出于内在的意愿，而不同于强迫之举：被强制的行为，同样不是一种真正的道德行为。进而言之，道德行为又关乎情感的接受或情感的体验，所谓‘好善当如好好色’，这里的‘好好色’，便是因美丽的外观而引发的愉悦之情，这种‘好’往往自然形成，当道德的追求（好善）达到类似‘好好色’的境界时，道德行为便具有了‘我悦’的特点”①。道德行为具有以下几个方面的基本特征：

第一，道德行为具有自知性。所谓自知性，既指行为者知道自己行为的性质、意义和价值，也指行为者在行为之前就有对人我、群己关系的自觉认识，知道自己行为于他人、社会的影响及其后果。道德行为一定出于对他人和社会利益的某种自觉的态度。没有这种自觉态度，就不能构成道德行为。人们生活于社会之中，个人的生存和发展无论怎样也离不开他人与整个社会的存在和发展，总是包含着个人同社会与他人之间的利益和义务关系。但是，只有自觉到这种利益和义务关系，并将其变成个人一定的目的、愿望和意志，支配着行动、付诸行动，才构成道德行为。

第二，道德行为具有自主性。自主性是指行为者依据自知性而自觉自愿的行为，是发自内心而并非出于强制的行为。因此，道德行为是主体精神的自律，是自己为自己立法，是意志自由的行为。道德行为既可能是一种“内源性的”“自觉的”行为，也可能是“外源性的”“带强迫性的”行为。做出这个行为，可能有个体自身的“内在强迫性”，用自己的德识指导自己的德行，是自身“灵魂搏斗”的结果，也可能有来自组织、社会的“外在强迫性”，慑于外界规范，“人前”和“人后”可能会有差别，但这个过程一定是个体自主的行为。

第三，道德行为具有自择性。道德行为必须是行为主体根据自己的意志做出的选择，是行为主体对如何处理利益关系的自愿选择的结果。只有基于行为主体的意志，经过自愿的选择而做出的行为，才具有道德意义，负有道德责任。反之，如果与主体意志无关，或在不可抗拒的外力强制下，行为主体无法控制或无能为力，在这种情况下行为主体的行为就不具有道德意义，不能进行善恶道德评价。因此，道德行为必须是自愿选择的行为。道德行为是经过行为者比较鉴别、思考反省而自觉选定和择取的。自择性是自主性的重要表现。

第四，道德行为具有利益相关性。在社会生活中，只有涉及他人和社会利益的行为，才具有道德意义；与他人和社会利益无关的行为，则无所谓道德与不道德，不构成道德行为。因此，是否同他人或社会发生了有利或有害的关系，对其造成有利或有害的影响，是区分道德行为与非道德行为的主要依据。凡是有利于或有害于他人和社会的行为则属于道德行为，对它们可以进行道德上的善恶评价，肯定或否定其行为的道德价值；反之，则不属于道德行为，不能进行道德评价。道德行为必须以行为者同他人和社会的利益关系为前提，只有具备这一前提条件，行为者才能对自己的行为负有道德的责任，也才能懂得对自己的行为所进行道德评价的意义。

二、道德行为的冲突与选择

道德行为的选择是人们道德活动的一种形式，是人们在遇到各种社会矛盾时，按照自己的道德信念和道德标准，做出符合社会的或者符合自己的道德原则的行为决定。一个人选择什么样的道德行为总是受自己的道德标准、道德原则等道德观念支配的。道德

---

① 杨国荣. 论道德行为. 天津社会科学，2015 (1).

行为应是每一个人的理性选择。

1. 道德冲突的定义及类型

卢梭有句名言，“人是生而自由的，却无往不在枷锁中”。这反映了人生所面临的种种冲突与无奈。同样，人在道德生活领域也时常面临着难以逾越的道德冲突。

道德冲突在伦理学中又叫作两难处境或两难选择。道德冲突指在道德行为选择中因价值观和价值量的不同而发生的善恶矛盾与对立状态，即行为者面临这样一个处境：不同道德原则或规范对同一行为提出不同的要求，迫使行为主体在二者之间做出抉择。此时此地，行为者不能同时遵守二者的要求，必须为执行某个道德原则或规范而放弃另一道德原则或规范，为了实现某种道德价值而牺牲另一种道德价值。由此可见，道德选择的冲突实质上是道德原则或规范之间和道德价值之间尖锐冲突的表现。

道德冲突包括同一社会不同道德价值体系之间的对立冲突和同一道德价值体系内部不同价值量之间的冲突两种形式。前者表现为善与恶、正与邪的冲突，后者则表现为大善与小善、高层次的义务与低层次的义务之间的冲突。在社会道德生活中，除了占主导地位的统治阶级的道德体系外，还会存在各个阶级的道德体系以及历史上遗留下来的各种道德传统和习惯。这些道德在本质上是对立的，在内容要求上也是互不相容的，它们同时作用于人们的道德选择过程，要求人们在不同道德价值之间进行取舍。即使在同一道德体系内部，也往往存在着由低到高不同层次的道德要求，这些要求在本质上是一致的，但在特定情景中又会出现矛盾，这就要求人们在大善与小善之间进行取舍，从而构成了道德冲突。道德冲突的解决，要求人们有明确的善恶观念和较强的选择能力，而人们的善恶观念、选择能力主要是由其人生价值观决定的，故树立正确的价值观，努力培养和提高行为主体的道德选择能力是解决道德冲突的关键所在。

道德冲突并不是指道德要求本身的冲突，而是指行为者在具体情境下难以同时践履多种道德要求时出现的困境，这种困境又可以称为“准则冲突”。当道德原则被个体认可、接受了之后，就会转化成他的准则。一个人总会形成各种准则，在具体情境下，不同准则的要求会令他无所适从而出现准则冲突。但正是在解决冲突的过程中，个体的道德能力得到了锻炼，道德水平也得到了提高。

多元社会中的道德价值具有多元性。按照罗尔斯的分析，多元社会中的多元价值体系之间具有“重叠共识”。但是，这种“重叠共识”只是指：对于某些价值，不同的价值体系（或完备性学说体系）均可以从本身得到合理解释与认肯，它是包含在不同价值体系中的某些基本组分，至于这些组分在价值体系中的作用以及由价值体系所获得的规定性或解释，则有可能大相径庭①。这就如人权价值一样，不同区域、不同民族乃至同一主体的不同时期，其具体规定就可能有极大差别。同样，同胞危难时的扶困济危、慷慨解囊，作为一种道德价值能够获得人们的共识，但是对如何扶困济危、慷慨解囊则可能有完全不同的理解：一次性的与长期的，当下的与持久的，物质的与非物质的，无条件的与有条件的，彻底给予自主使用的与严格追踪监督的，等等。正是这些不同理解，使

① 麦金太尔在谈到“诚实”美德时，曾比较过路德教的虔敬派和传统的班图人的文化理解差别，就极为生动地揭示了这种多元共识的实践差异，这种文化理解与实践差异有时极大（麦金太尔．追寻美德．宋继杰，译．南京：译林出版社，2003：244）。

得本来拥有共识的各方在实践具有共识性的道德价值过程中会产生诸多冲突。

人们在现实生活中常常遇到这种情况：一种行为符合某种准则，可同时又违反了另一准则。这就要求道德主体在相互冲突的准则之间进行自主的选择，亦即选取其中一个准则，舍弃另一个准则，从而实现自己所追求的某种道德目的。当几种道德价值不可兼得而又必须做出选择时，道德主体往往处于一种非常为难的窘境。人一方面可以自主选择，另一方面又必须对选择负责，这样，伴随着道德冲突中的自主选择，道德主体的内心常常会体验到种种难言的孤独、焦虑、不安和痛苦。道德主体若要避免这些孤独、焦虑、不安和痛苦，就要放弃选择、放弃道德上的自由，而听凭别人、权威或社会集团对冲突所做的裁决。但这样一来，主体的实践就丧失了道德的本质特性，就不能确立自己存在的道德价值。因此，真正独立的主体必然不会放弃自主解决冲突的机会，从而也就注定要忍受痛苦的折磨。其实，行为者的道德能力也正是在这种两难的矛盾过程中经受磨炼、得到升华的，个体道德的实现过程因为准则冲突而大大丰富了。

准则冲突的具体表现异常复杂，可以从多个角度去归纳。从主体所扮演的社会角色的角度看，准则冲突可分为：由于社会或他人对同一角色的期待或要求不一致所引起的该角色内心的矛盾；由于个人改变角色而造成的新旧角色与所承担的义务之间的冲突；由于社会生活的复杂性，一个人往往身兼几种社会角色，不同的角色往往赋予其不同的义务，从而形成义务间的冲突。在人们的实际生活里，一个成年人往往处于多种关系中，而只要他处于两种或两种以上的关系中，扮演两个或两个以上的角色，那么，在他身上各个不同角色的准则要求之间就可能形成冲突。

从行为价值目标的角度看，准则冲突可分为四类：其一，由于社会历史条件或自身条件的限制而导致的个人在价值目标选择上的困境。自由、尊严、富足、事业、爱情、家庭、友谊等都是构成幸福人生的要素，缺少任何一项，都将带来人生的缺憾。然而它们常常不可兼得，人们不得不在这些都值得追求的目标之间做出痛苦的取舍。其二，在生活中经常会发生利益选择上的困境。由于社会历史条件的限制，个人与个人、个人与集体、个人与国家之间经常发生利益冲突，个人的长远利益与眼前利益也时有冲突。其三，基本道德原则之间发生尖锐冲突。如“忠孝不能两全”。其四，面对强大的邪恶势力，生命价值与自由、尊严以及其他信念之间发生尖锐冲突。这种冲突使人面临最严峻、最残酷的选择：维持信念必须以舍弃生命为代价，选择生命则必须以背弃人之为人最宝贵的东西为代价等等。

人的道德成长是在不断解决道德冲突的过程中逐步实现的。真实的道德冲突对人们提出明确的道德行为方面的要求，对他们的切身利益提出明确的挑战。道德冲突的解决，要求人们有明确的善恶观念和较强的选择能力，能遵循一定的价值次序和价值等级，做到“两利相权取其大，两害相权取其轻”。

2. 道德行为选择中的必然和自由

道德行为选择指的是道德行为者在面临特殊场合，根据对某种道德原则规范体系的认识，选择的某种方案，是人们在一定道德意识支配下，在善恶之间、不同道德价值之间进行取舍的一种特殊的道德活动，是人们为达到某一道德目标而主动做出的取舍。它把主体内在的价值观念、道德品质等以心理活动和行为活动的形式呈现出来。道德行为选择渗透于人类道德的一切领域：不仅包括行为动机、意图、目的的选择，而且包括行为的方式、过程、结果的选择；不仅表现为外在的行动、交往、调节等道德实践活动，而且表现为认知、情感、意志等道德精神活动；不仅泛指善与恶不同道德性质的常规选择，而且涵盖善与善、大善与小善等同类道德性质的两难抉择。

人们在选择道德行为时，涉及必然和自由，或者说客观制约性和个体意志自由的关系。在伦理思想史上，预定论和环境机械决定论者把人的一切行为归因于上帝或神的预设，或者形而上地认为人是环境的仆役或工具，完全否定了人的行为选择的自由，从而直接否定了道德责任存在的基础。加尔文宗宣称“命定论”，认为上帝以“他那不可思议的圣喻规定了每个人的命运，并且永恒地规定了宇宙间最琐碎的细节。既然圣喻不可改变，那么得到上帝恩宠的人就永远不会失去这一恩宠，而上帝拒绝赐予恩宠的人也就永远不可能获得这一恩宠”①。以存在主义者萨特为代表的绝对自由论者则把人的选择自由绝对化，认为“人就是人。这不仅说他是自己认为的那样，而且也是他愿意成为的那样——是他（从无到有）从不存在到存在之后愿意成为的那样。人除了自己认为的那样以外，什么都不是”。“当我们说人自己作选择时，我们的确指我们每一个人必须亲自作出选择……人为了把自己造成他愿意成为的那种人而可能采取的一切行动中，没有一个行动不是同时在创造一个他认为自己应当如此的人的形象。”② 在萨特看来，没有什么共同人性可供我们参考和依赖，每个人都必须自由地创造自己。萨特夸大了人的责任，鼓吹“人要为一切人负责”。结局只有两种：一是责任扩散，人人都要承担所有责任，实则是人人都没有任何责任；二是责任回避，自由已成了“生命之不能承受之轻”，人们只会逃避自由，逃避责任。绝对自由论者间接否定了人的道德责任。

马克思主义伦理学主张意志自由是人的道德责任的前提。恩格斯提出：“如果不谈所谓自由意志、人的责任能力、必然和自由的关系等问题，就不能很好地议论道德和法的问题。”③ 所谓必然是指客观事物发展变化的内在规律性。所谓自由是指人们认识客观规律而获得的意志和行为的自主自择与自如的能力。必然确定自由的界限和限度，自由则在于对必然性的认识和改造。人在客观必然性面前不是无能为力的，它可以通过认识和把握必然性去获取行为选择的自由。人们对必然性的认识越深刻，获得的自由就越大。自由不排斥必然，而是包含必然。掌握客观规律，按客观规律办事并达到一定目的时，必然就转化为自由。必然和自由只有在创造性的实践过程中才能不断转化和发展。道德选择是人们依据一定的标准在多种道德可能性中进行的自觉自愿的抉择，既受到现实道德环境和道德规律的制约，又需要激发起主体自觉自愿的选择意愿。马克思主义伦理学既反对绝对意志自由论，又反对道德宿命论，坚持认为人是社会关系的产物，人的行为既有自由性，又受到客观必然性的制约，故而主张自由和必然的统一。自由不在于摆脱必然，而在于在对必然的把握与改造中实现自身。正确认识自由和必然的关系是解决道德选择难题的基础。

---

① ［德］韦伯．新教伦理与资本主义精神．于晓，陈维刚，等译．北京：三联书店，1987：78-79.

② ［法］萨特．存在主义是一种人道主义//20世纪西方伦理学经典——伦理学主题：价值与人生．北京：中国人民大学出版社，2004：335-336.

③ 恩格斯．反杜林论//马克思恩格斯文集：第9卷．北京：人民出版社，2009：119.

道德选择的自由包含社会自由和意志自由两个方面。社会自由，亦称外在自由，是指客观社会环境为人们道德选择提供的可能性范围，也是道德选择的客观前提。选择必须是在具有两种以上可能性的选择对象中进行，只有一种可能性的选择不叫选择，而叫规定。道德选择的社会自由是由社会发展的内部结构和具体环境构成的。社会越发展，为人们提供选择的可能性就越丰富多样，选择的自由度也就越大。反之，社会越不发达，社会生活越原始贫乏，社会关系越落后单一，人们所选择的可能性就越少，选择活动受到的束缚就越多，选择的自由也就越小。可见，社会自由和外在自由规定了人类道德选择的可能性范围，这种外在的可能性在何种程度上得到实现，又受制于人的意志自由。人的意志自由是道德选择的内在自由，也是实现道德选择的主体前提。

意志自由是指主体在多种可能性中根据自己的需要、意志、信念、理想和素质进行选择的能力。意志是人所特有的，人的努力是一种意志行为，一定的意志行为是主体的自由选择。主体的意志自由就其功能要素来说，有以下三个方面：一是主体认识能力的意志自由，即对客观对象的认识和判断的能力。“意志自由只是借助于对事物的认识来作出决定的能力。因此，人对一定问题的判断越是自由，这个判断的内容所具有的必然性就越大”①。任何“犹豫不决是以不知为基础的，它看来好像是在许多不同的和相互矛盾的可能的决定中任意进行选择，但恰好由此证明它的不自由，证明它被正好应该由它支配的对象所支配”②。由于不同主体的认识和判断能力的不一样，各自所获得的意志自由度也就不一样。实现人的认识能力的意志自由，包括主体对现实发展条件的认识和对未来自觉活动结果的科学预见。二是主体实践能力的意志自由。这是主体自由最重要的方面，是主体超越现实、获得自由的决定力量。它表现为主体对自然客体和社会客体的改造能力，表现为主体“根据对自然界的必然性的认识来支配我们自己和外部自然”③ 的感性活动。三是主体情绪自我调适的意志自由。即主体在认识和改造主体与客体关系时，能对自身的心理情绪进行自觉地自我控制和自我调节。这是人的意志自由最深层、最内在的层次。它既来源于又服务于人的认识和实践能力，是人的认识意志、实践意志的交融和积淀。

人的意志自由不是抽象的自由，不是摆脱了一切欲望、冲动、需要、知识、能力等束缚的纯粹精神性的自由，也不是只存在于幻想之中的虚无缥缈的境界，而是具体的现实自由。这种现实自由是人的认识能力、实践能力、情感能力的集合体，也就是主观与客观、历史与逻辑的统一体。

3. 道德行为选择中的目的与手段

行为方式上的准则冲突能否圆满解决，取决于是否正确处理目的与手段的关系。所谓目的，是指主体在一定道德动机支配下通过道德行为选择所要达到的预定结果。目的是道德行为选择的灵魂，规定着选择方向。所谓手段，是主体为了实现目的所采取的方法，具有客观多样性。

在目的与手段的关系问题上，有两种片面观点，即目的决定论和手段决定论。目的

① 恩格斯. 反杜林论//马克思恩格斯文集：第 9 卷. 北京：人民出版社，2009：120.
② 同①.
③ 同①.

决定论者认为：只要目的是合乎道德的，不必考虑手段是否正当；目的决定一切，目的可以为任何手段辩护；为了达到目的，可以不择手段，因为“目的总是证明手段是正确的”。比如，为了救济穷人，可以偷盗扒窃，坑蒙拐骗；为了教训坏人，可以私设公堂，残酷殴打；为了维护集体荣誉，可以夸大成绩，隐瞒缺点，欺上瞒下。目的决定论往往成为当权者公开或暗中奉行的信条，同时也为各种不道德行为大开绿灯，使道德评价和法律裁决产生混乱。手段决定论者主张手段就是一切，手段是因，目的是果，手段是脱离目的而独立存在的。他们往往不分目的的是与非、正义与不正义，单纯评判手段的善恶性质，甚至对于手段要达到什么目的都不予考虑。在这种观点看来，对社会邪恶势力，对犯罪分子的种种不法行为，不应该采取暴力手段进行斗争，而只能采取人道、和平的教育手段来对待，否则就是不道德的行为。这种“勿以暴力来抗恶”的观点，是一种抽象的人道主义，容易造成对恶势力的让步和纵容。

目的决定论和手段决定论的观点都是形而上学的片面观点。前者片面夸大目的的作用而否定手段的作用，后者片面夸大手段的作用而否定目的的作用。二者都不能客观地、全面地正确理解道德行为选择中目的与手段的辩证关系。

马克思主义伦理学认为，目的与手段的关系是辩证的。离开目的的手段是不存在的，离开了手段的目的是无意义的。只有从二者辩证统一的关系出发，才能做出正确道德选择。目的与手段之间是一种交互关系。一方面，树立正确的道德目的，是解决二者冲突的前提。目的需要手段，目的决定手段。目的的道德性质决定着手段的道德性质，不与目的相联系的手段就难以评价它的道德性质。如信守诺言、守口如瓶，是为了工作的需要而保守秘密，还是为了维护所谓哥们儿义气而隐瞒事实，情况不清楚，我们就无法确定它的道德性质。一般地说，高尚的目的，就应通过道德的手段去实现；卑劣的目的，就会用卑劣的手段去达到。目的规定和制约着手段，道德的目的通常采取正当的手段就能达到。另一方面，手段也制约着目的的实现，手段正当与否直接关系到目的能否实现以及实现的程度。在道德选择中，手段是一种积极能动的力量。目的必须依靠手段实现，没有手段的目的只是一种主观的观念。在目的面前，手段不是消极的，完全听命于目的的。手段对目的的反作用力表现为：手段可以增加或减缓，以至于改变选择目的的价值。因此，手段的选择也是道德选择的重要环节。在目的既定的情况下，手段的选择正确与否对目的的实现具有极为重要的意义。第一，正确的选择手段可以促使目的尽快实现。手段、目的在道义性质上的一致性，可以加快目的实现的速度，增加目的实现的社会效益。第二，手段可以强化道德选择的责任。目的是作为主观的东西存在的，对它们的选择经常是在观念中进行的，是一种思想斗争。这种选择对于形成人的品质虽然极为重要，但由于它还有尚未表现出来的行为，所以选择的责任尚不明确。只有经过手段选择之后，选择目的才开始由观念形成向现实形态转化，从而才表现出一定的道德责任。第三，选择手段可以锻炼主体的自由能力。选择自由是人的一种能力，但这种能力不是天生的，而是由不断积累选择经验而形成的。在现实生活中，选择手段比选择目的更为丰富多样，在众多的手段之间进行抉择，既表现了选择者现有的意志自由，又为选择自由的增长奠定了基础。从长远来看，正当的手段能够促进目的的实现，而不正当的手段不但不能达到预期目的，反而会歪曲以至于篡改目的的性质，妨碍目的的实现。手段的性质不仅直接影响到目的的性质，而且手段的价值也会增加、减少以至于改变目的的价值。当然，这并不排除生活中会出现“歪打正着”的现象。要解决目的与手段造成的冲突，手段的正确选择就成为关键。

三、道德行为选择与道德责任

出于意志自由的道德选择，在性质上是自主的，是主体主动选择的有目的的向善行为；在内容上是自觉的，是理智指导下的道德意志的具体化；在过程中是自控的，理智与意志的综合贯彻选择的始终。只有这样选择的行为才具有道德责任属性。主体在自由选择行为的同时，也自由选择了责任。“你们是自由的，因此是负有责任的。”① 自由使选择者负有责任，自由是责任的基础，责任是对自由的证明。在最高意义上，我们可以说，道德责任就是道德自由。由此可见，自由选择绝对不是放任，它不但意味着责任，而且还受到主客观条件的制约。自由选择受客观条件所提供的选择的可能性的限制。我们只能对客观环境允许范围内人们选择的行为追究道德责任，而不能超越时代、阶级与具体生活情境的局限，追究人们对不能选择的行为的责任。自由选择还受主观条件的限制。主体应该具备正常人的理智，这样才能自主选择、自由决定、自觉控制行为。

道德责任是与人的自主选择、自由决定密切相关的伦理学范畴。道德责任本身具有层次性。意大利思想家朱塞佩·马志尼按重要性而不是时间，把人的责任依次划分为：首先是对人类的责任，其次是对国家的责任、对家庭的责任、对自己的责任。康德把道德责任称为伦理义务，并从人性与人类的目的出发，将其区分为对自己的义务和他人的义务。按个体自我意识以及承担道德责任的能力发展过程，在逻辑上可分为对自己的责任、对他人的责任、对社会的责任、对人类的责任。因为只有对自己负责的人，才能是一个对自己置身于其中的种种关系持积极的负责态度的人。现实中的种种不负责现象，很大程度上也是因为个体对自己姑息放纵、不负责任造成的。对人类，特别是影响人类生存的生态环境的责任，是一个严峻而紧迫的课题。它既是生态伦理学研究的核心问题，也是责任教育的重要内容。针对我国现实而言，这一点尤其重要。重视道德责任，实际上是重视形塑人的心灵秩序，以此为中介，建立人类社会的运行秩序。道德责任既能为社会、人类的永存与发展提供不竭的精神动力，又能对人类文明进化与社会化程度做出质量上的规定。

现代以来，随着科技革命的迅猛发展，随着全球化、信息化、网络化和人工智能等的推进及其广泛应用，人类面临着诸种道德风险和生活难题的挑战，道德责任问题也日益受到关注。忧那思在《责任之原则——工业技术文明之伦理的一种尝试》一书中指出，科学技术的创新能力与摧毁性的潜能发展之快速迅疾远远高于我们时代的伦理进步，从而产生出人类目前难以解决的诸多道德难题，要求伦理学特别注重责任意识和道德责任的研究，不仅要去追求善，更要想办法去“阻止一种最大的恶”②。因此我们应当而且必

① ［意］马志尼．论人的责任．吕志士，译．北京：商务印书馆，1995：101.

② ［德］忧那思．责任之原则——工业技术文明之伦理的一种尝试//甘绍平．应用伦理学前沿问题研究．南昌：江西人民出版社，2002：112.

须对自己进行自愿的责任限制，“不允许我们已经变得如此巨大的力量最终摧毁我们自己（或者我们的后代）”①。雷德认为，当今时代，在人类对自然的干预能力越来越巨大、后果越来越严重的情况下，我们迫切需要发展出一种新的责任意识，即以未来的行为为导向，着眼于预防性的责任、前瞻性的责任或关护性的责任，不只是事后的追究责任，而是事前的承担责任和行为引导。依据忧那思等人的责任伦理观念，“人类是惟一能为其行为承担责任的生物”，他能够承担责任，所以他就有责任。担负责任之能力便意味着要服从责任的命令：能力本身就包含有应当。“我们有责任的理念，我们也有为此能力而感到骄傲。”②

马克思主义伦理学认为，道德责任是道德选择的固有属性。因为任何选择都是人在特定环境中的自我否定、自我肯定、自我创造和自我完善。既然人能够自我否定、肯定、创造和完善，人就应该而且能够对自己的选择负责任。道德责任作为道德选择的固有属性，一旦为人们所接受，就会养成一种责任感或责任心，这种责任感或责任心在主体的道德选择活动中起着特殊的调节作用。具体表现在以下两个方面：

第一，主体的责任感或责任心支配其选择的动机。不同的责任感和责任心使人们在同一选择环境中做出不同的，甚至完全相反的选择。例如，在同一可供选择的可能性中，有人会从个人利益出发进行选择，也有人会从社会利益出发进行选择，这都是由各人所具有的不同责任感和责任心决定的。一个社会责任心很强的人，无论在什么样的选择环境中，都会自觉地把社会利益、社会需要作为第一“参照坐标”来选择自己的行为。因为强烈的社会责任心告诫他，生活在具体社会关系中的任何人，都对他人和社会负有一定的责任，因而在选择时不能也不应该回避自己对他人和社会所应尽的一份义务。一旦把为社会尽义务这种思想变为主体内心的自觉信念，行为的主体也就获得了真正的自由。因为，这时的主体行为已经建立在对社会必然性的自觉认识的基础上，已经建立在个人利益同他人和社会利益相一致的基础上，由此而选择的行为既能推动社会组织的发展，又能实现自我完善。

第二，责任感或责任心有助于主体确定和实施行为选择的具体方案。在复杂的选择环境中，主体要想确定和实施自己行为选择的具体方案绝不是很容易的。如果只是选择动机的纯正和抉择方向的准确，并不能保证具体的抉择方案一定是科学和切实可行的。在多种行为选择方案中，责任感会指导主体应该做什么和不应该做什么，以及通过什么样的途径把正确的方案付诸实施。

马克思主义伦理学认为，主体对自己的选择承担责任的限度，应考虑以下三个因素：

一是客观上具有选择的可能性。这主要指客观的社会生活条件使人们有做出某种行为选择的可能，如果没有这种客观可能性，就不能要求选择者承担这方面的责任。

二是道义上应有选择的义务性。客观条件向人们提供的是多种可能性，但并非任何一种可能性都是价值相等且应该选择的。所谓道义上的应该，是指按照一定的社会准则

---

① ［德］忧那思．科学与研究自由//甘绍平．应用伦理学前沿问题研究．南昌：江西人民出版社，2002：112.

② ［德］忧那思．离罪恶的结局更近了//甘绍平．应用伦理学前沿问题研究．南昌：江西人民出版社，2002：120.

和要求人们应该选择某种行为而不应该选择另外的行为。如果出现了这种情况，选择者就必须承担一定的责任。

三是主体具备必要的选择能力。如果仅仅只有客观上的可能和道义上的应该，而选择者不具备相应的必要的选择能力，他就不应承担这方面的责任。

马克思主义伦理学主张要从客观可能、道德义务和主体能力这三个方面评价和追究主体自由选择的道德责任，使道德责任既正当合理又有助于其主体的承担与客体的评价，从而既有助于人们道德行为的开展又有助于社会开展正当合理的道德评价。

第三节　道德品质

德心外化为道德行为，道德行为凝结为德性或道德品质，道德品质的整体建构即为道德人格。德性或道德品质是连接道德行为与道德人格的一座桥梁。道德品质的形成过程是行为主体在与社会环境的交互作用中，对行为自觉认识和选择的过程，是主体内部思想矛盾斗争的过程。它要经过一个由道德认识到道德实践，由道德观念到道德信念，由道德行为到道德习惯的发展过程，亦即一个将外在道德观念内化为人们内心道德信念的过程。

一、德性伦理概说

德性伦理（Virtue Ethics），亦称美德伦理（The Ethics of Virtue），最基本的含义是指作为道德行为主体的个人在与其独特的社会身份和“人伦位格”直接相关的道德行为领域或方面所达成的道德卓越或卓越成就。它与个体道德人格的道德目的有着根本的内在价值关联，同时也与个体所处的特殊伦理共同体及其文化传统和道德谱系有着历史的实质性文化关联。

在伦理学史上，美德很早就已为哲学家们所关注。“在古希腊语里，美德（arete）意味着一种‘卓越’或‘优秀’，这种卓越又是与世间万物所具有的功能联系在一起的。古希腊人认为无论是自然物还是人造物，包括人类自己，都有其特有的功能或本质，而良好地实现这种功能就是一种卓越。……基于这样一种对人类本质的认识，诸如智慧、节制、勇敢、正义这样的美德就成为引导人们在政治共同体中过一种好的生活所最需要的品质，也体现了人类的卓越。”① 西方伦理学中所谓的德性伦理以亚里士多德的《尼各马可伦理学》为典型形态。亚里士多德以德性（arete）为核心，建构了一个被称为德性伦理的体系。自安斯康姆于1958年发表《现代道德哲学》一文以来，即开始了美德伦理学现代复兴的运动。许多重要的美德伦理学者，如菲利帕·福特（Philippa Foot）、罗莎琳德·赫斯特豪斯等都致力于亚里士多德伦理学的发掘与弘扬。他们竞相认为，伦理学不是一门用于道德立法的理论，其主要任务不在于建立所谓的普遍规则，也不在于确立因

① 蔡蓁. 美德二十讲. 天津：天津人民出版社，2008：1-2.

规则而出现的道德义务。麦金太尔极为重视亚里士多德的德性伦理这一传统，认为丢弃这一传统是近代西方文化的一大失败。他的《追寻美德》一书主张弘扬亚里士多德的德性伦理思想，通过培育行为者的内在品质来解决规范伦理注重规范而导致的精神缺失。麦金太尔认为，现代规范伦理离开了人类道德生活的文化背景和历史传统去解释道德，使这种解释成为无传统、无根源的主观解释；离开了人类道德生活的内在目的意义和品格基础，使道德成为纯粹外在的规范约束。事实也表明，现代规范伦理在很大程度上冲淡了道德的价值本性、历史本性和人学本性，产生了自身难以克服的理论困境和实践困境。现代规范伦理在理论上以"普遍理性主义"为基本前提，试图把一种个人主义的自由主义道德法则推广为普遍适用的伦理原则；但由于历史和文化传统的多样性以及个人主义价值观的深刻影响，使得现代规范伦理学的"普遍主义"谋划成为遥遥无期的梦想。现代性道德的悲剧在于，一方面它力图以普遍道德理性构建各种形式的普遍伦理规范，以保障现代人的生活自由和价值追求；但另一方面，这种规范化的伦理约束又在客观上制约着个人自由，与现代性的自由主义和个人主义价值追求相悖。

雷切尔斯《道德的理由》第十二章专门探讨了"德性伦理学"的问题。在他看来，古代伦理学本质是以德性伦理学为核心的。亚里士多德的《尼各马可伦理学》（公元前325年），中心问题是关于品格的。亚里士多德以问"什么是人的善"这样的问题开始，并且认为善即是灵魂的活动合乎德性。不唯亚里士多德如此，苏格拉底、柏拉图以及一大群古代思想家都将问"什么样的品格特征使一个人成为好人"这一问题作为伦理学的进路，结果"德性"占据了他们讨论的中心舞台①。德性理论包含以下几个方面内容：解释什么是德性，说明哪种品格特征是美德并列出清单，解释这些美德是什么，解释为什么这些品性对拥有它们的人来说是好的品性。

美德伦理认为，与其费力不讨好地把道德当作律法并塑造某种理论，不如回到伦理生活本身，关注行为者的内心健康及其人生成长历程。从而，伦理学也就应像亚里士多德的学说那样，被理解为一种考虑优秀的内在品质、明智的实践推理以求实现幸福生活的思想。迈克尔·斯洛特（Michael Slote）坚持认为，美德伦理学优先考虑"善""卓越"等美德论概念，而不是"应当"、"正确"、"错误"和"义务"等义务论概念。美德伦理学更注重对行为者及其（内在）动机和品质特征的评价，而不是对行为和选择的评价②。在《善与美德》（Goods and Virtues，尤其是1989年第二版序言）、《常识道德与后果论》（Common-Sense Morality and Consequentialism，1985）以及《从道德到美德》（From Morality to Virtue，1992）等文中，斯洛特的主要目的就是揭示康德主义、后果论以及被称作"常识道德"（Common-Sense Morality）的伦理观念的局限性，确立一种能够准确反映道德直觉的常识美德伦理学（Common-Sense Virtue Ethics）。斯洛特指出，康德主义、功利主义以及常识道德都存在严重问题，即它们没有同等对待"关注自我"和"关注他人"的重要性，都具有"利人不利己"的不对称倾向（asymmetry）。尤其在康德主义和常识道德中，道德义务的内容只是行为者应当关怀和善待他人，而与行为者

① ［美］雷切尔斯．道德的理由．杨宗元，译．北京：中国人民大学出版社，2009：177-179.

② SLOTE M. From Morality to Virtue. New York：Oxford University Press，1992：89.

自己的伦理价值无关①。为了实现一种更纯粹的美德伦理学，斯洛特试图完全从内在品质出发，以行为者为基础来建构理论。在他眼里，“基于行为者的美德伦理学，就是把道德行动或伦理行动的状态当作完全从独立而根基性的动机、品质特征或个体的美德品质中推衍出来的东西”②。根据内在品质的不同，斯洛特将基于行为者的美德伦理学划分为三种类型：作为内在力量的道德（Morality as Inner Strength），作为普遍仁慈的道德（Morality as Universal Benevolence），以及作为关怀的道德（Morality as Caring）。它们代表了基于行为者的美德伦理学针对上述问题的三种回答。斯洛特把作为内在力量的道德称作基于行为者的美德伦理学的“冷观点”，而把作为普遍仁慈的道德和作为关怀的道德称作“热观点”。因为“仁慈”与“关怀”两种品质都十足意味着行为者替他人着想、为他人付出，因而，以此为动机，将首要地表现为令人温暖的利他主义。与此同时，出于仁慈或关怀而行动的行为者，也能够通过利他的举动而增进他们自己所关心的伦理价值③。所以，作为普遍仁慈的道德和作为关怀的道德同样有助于实现自我与他人之间的对称。

二、德性、美德与道德品质

苗力田在亚里士多德伦理学著作的译者后记中说：“德性这个词，现在流行的术语中往往就英语的 virtue 而译作美德，但在柏拉图和亚里士多德的词汇中，arete 的内涵却广泛得多，深沉得多。”④ “arete”原本意义不过指作战勇猛、武术娴熟、精神无畏，在古希腊，德性（aretee）可泛指一切事物的优越性，但在伦理学里，比较严格地规定为对功能完满实现的具有。具有（eknein）是动词，这里作为实词，采用它的名词形式“heksis”。这样能力的具有不但见之于人，同样见之于物。由于这种对象的区别，就把人的行为“heksis”称为品质，把物的存在“heksis”称为性质，行为的德性即被界定为可称赞的品质。品质的具有是更为根本的，欲求提高德性，就须先培养品质。在亚里士多德的伦理学中，德性分为两个类型，一种是“理智德性”，一种是“伦理德性”。“理智德性主要通过教导而发生和发展，所以需要经验和时间。道德德性则通过习惯养成，因此它的名字‘道德的’也是从‘习惯’这个词演变而来。由此可见，我们所有的道德德性都不是由自然在我们身上造成的。”⑤ 理智德性是思维和认识的德性，诸如明智、智慧、慎思以及深谋远虑等等，理智德性是由教育和训练而来的。伦理德性不是天赋的，但也不违背人的天性，是自然赋予人获得德性的潜在能力，主要通过习惯和实践养成而得以形成，如通过公正的行为形成公正的品质，通过勇敢的行为变得勇敢。亚里士多德认为，德性既不是感情也不是能力，其本质就是一种品质。“人的德性就是既使得一个人好又使得他

---

① SLOTE M. From Morality to Virtue. New York：Oxford University Press，1992：5.

② SLOTE M. Agent-Based Virtue Ethics. Midwest Studies in Philosophy，1995，20（1）：83.

③ SLOTE M，BARON M，PETTIT P. Three Methods of Ethics：A Debate. Malden Mass.：Blackwell，1997：227.

④ 苗力田．尼各马科伦理学．北京：中国社会科学出版社，1990：235.

⑤ ［古希腊］亚里士多德．尼各马可伦理学．廖申白，译．北京：商务印书馆，2003：35.

出色地完成他的活动的品质。”①

中国古代也有理智德性，如叔孙豹所说的“咨、询、度、诹、谋”，这些都是理智德性。但与亚里士多德伦理学相比较，中国古代的理智德性在德性论系统中不占主要位置。而且，中国古代的所谓“智”，更多地是处理实际事务的明智和智能，而不像亚里士多德强调理论思维的思辨理智。

道德品质，简称“德性”或“品质”，是人们在长期的道德实践中所不断追求并逐渐形成的，通过人们自身的思想意识、行为方式所表现出来的稳定的道德倾向和特征，是一定社会或阶级集团的道德原则规范在个体身上的体现与凝结。道德品质既包括人们主观上对一定的道德原则规范的认识，也包括人们基于这种认识所产生的具有稳定性特征的行为习惯，它是主观上的道德认识和客观上的道德行为的统一。一方面，道德品质是在道德行为的基础上形成的，又通过道德行为得以体现。另一方面，形成了的道德品质对道德行为有指导和支配作用。道德品质一旦形成，它又反过来对人们的行为起着导向和定位作用。

道德品质是普遍性和特殊性的统一，是稳定性和可变性的统一，同时也是先进性和广泛性的统一。道德品质可以区分为“常德”、“美德”和“圣德”。常德是对社会成员的基本要求，通常应当是被全体社会成员实践的，具有基础性，诸如正直诚实、公正守法、尊老爱幼、互尊互助、不损人利己、不损公肥私等等皆属于常德规范，美德是常德的提高，被多数社会成员认同，诸如仁慈博爱、助人为乐等等皆属于美德范畴，圣德则为美德之升华，是具有导向性质的远大目标，诸如忘我牺牲、无私奉献等则属于圣德或崇高道德范畴。就其实现的难度而言，常德是人们能够踮起脚尖摘到的果子，美德是需要跳起来够到的果子，而圣德则是需要搭上梯子才能采到的果子②。由常德向上到美德再到圣德，所赖以生成的心理基础是不同的，个人道德实践的难度也是不同的。实践常德则一般并不损害个人利益，它是依赖感性或理性觉悟的道德规范，往往表现为习惯性的个人品行，主要存在于常态社会环境中。实践圣德需要牺牲个人利益，它是建立在理想信仰基础上依赖意志行为的道德规范，是一种非常态社会环境中的人格品行。对于遵守常德的多数人来说，正因为他们不能经常实践美德和圣德，所以那些勇于舍己牺牲的英雄便是他们美好崇高的楷模。西方伦理学家早已认识到这一点：“既然我们知道成为英雄和圣人是不可能的，所以，我们并不想和英雄、圣人恰好一样。……如果我们努力使自己有一点点像他们，那也就足够了。”③ 因此，美德、圣德的社会功能就在于它们对常德原则的强化，对群体或社会最高利益的维护，在一般情况下，它们不应也不可能作为常德普及。

三、基本的道德品质

古往今来，人们关于道德品质和应培养的美德德目可谓琳琅满目，古希腊有“智慧、

---

① ［古希腊］亚里士多德．尼各马可伦理学．廖申白，译．北京：商务印书馆，2003：45．
② 降大任．常德、美德与盛德——社会主义道德三层次论．晋阳学刊，1996（5）．
③ ［美］彼彻姆．哲学的伦理学．雷克勤，等译．北京：中国社会科学出版社，1990：230．

勇敢、节制、公正”四主德，基督教有“博爱、信仰、希望”三主德，近代资产阶级提出“自由、平等、博爱、正义”等基本德目。在中国古代，有知、仁、勇三达德，也有礼、义、廉、耻四基德，还有仁、义、礼、智、信五常德，近代孙中山提出了“忠孝”“仁爱”“信义”“和平”之传统美德并主张大力弘扬。

这里，我们综合中外各种德性论或品德论的研究成果，认为最基本的道德品质主要有以下几种：

仁爱。仁爱是一个人应当关心爱护他人乃至整个人类的道德品质，蕴涵着“老吾老以及人之老，幼吾幼以及人之幼”[①] 等的要求。“仁”字从“人”从“二”，本义是指处理二人之间的关系。每个人只有建立合理的爱的授受关系才能获得爱与被爱的满足感。人类的生命在爱中诞生，在爱中成长并渴望在爱中生活，在爱中去世。人类心灵最本质的欲望是爱，这种对爱的欲望及敏感性是人类最内在的渴望和情感性的诉求，并且是人性和人格结构中最核心的要素。所以，每个人只有将无形的爱的道德和精神文化价值注入到自己和他人的生命与生活之中，其生活质量才会越高，生命价值也才会越高。孔子的“仁”是一切伦理道德思想的核心，而“仁”的本质就是“爱的情感”，如果丧失了这个本质与核心，伦理道德就只剩下没有意义的空壳而变成了没有生命气息的教条。唯有当人以“爱的情感”，也就是“仁”为动机和目的时，伦理道德才能发挥它成就爱的功能。仁爱蕴涵了道德自我与主体德性在性善、良知的潜隐和可能性基础上的自觉提升与推展，其内容体现为：首先是孝悌和亲亲，“君子务本，本立而道生，孝悌也者，其为仁之本与!”[②] 其次是爱人、仁民和泛爱众，“樊迟问仁，子曰：爱人”[③]，孔子主张“弟子入则孝，出则弟，谨而信，泛爱众而亲仁”[④]，孟子提倡“仁者爱人”[⑤]，“老吾老以及人之老，幼吾幼以及人之幼”。再次以“仁”泛爱万物，理学家张载提出“民吾同胞，物吾与也”[⑥]，程颢提出“仁者浑然与万物同体”的论断，倡扬以天性自然的仁爱超越自身而辐照于自然万物。朱熹将“仁”的价值延展程序概括为：“仁如水之源，孝悌是水流底第一坎，仁民是第二坎，爱物则三坎也。”[⑦] 形象表达和体现“仁”心自然流露、自觉推展的潜在机理和良善追求。儒家主张由家庭之爱推到社会之爱、天下之爱，以至于爱天地万物。仁以为己任，直到死而后已，必要时“杀身以成仁”[⑧]，“成仁”即成全理想的人格。仁者爱人，爱亲人、爱友人、爱他人。仁，对父母体现为孝，对兄弟体现为悌，对朋友体现为信，对他人体现为关心。爱父母兄弟是最基本的仁，很难想象一个连父母兄弟都不爱的人会爱其他人和物。关心民众、热爱国家、爱护大自然等，则是仁的扩展。池田大作在与汤因比的对话中指出，现代社会最缺少的是深刻的人类之爱，人类要想避

---

① 孟子：梁惠王上.
② 论语：学而.
③ 论语：八佾.
④ 同②.
⑤ 孟子：离娄下.
⑥ 张载. 正蒙·乾称上//张载集. 北京：中华书局，1978：62.
⑦ 黎靖德，编. 朱子语类：卷二十. 北京：中华书局，1986：463.
⑧ 论语：卫灵公.

免集体自杀的途径即是恢复和倡扬真正的仁爱品质①。

忠诚。忠诚是指人们对待工作、事业、组织以及他人的一种专一且忠贞不贰的态度和品德，也是人们对人对事一种全身心投入、不计个人功利得失的虔诚和献身品质。《说文解字》指出："忠，敬也，从心中声。"段玉裁补入"尽心曰忠"四字。先秦时期学者们所谈论的"忠"，就其基本含义而言，是一种中正方直的道德心理，这种道德心理外化为道德规范，就是专心致志地忠于某一信念理想或人物，尽心竭力地对待所从事的事业。"忠"的根本要求是全心全意、尽心竭力，"诚"是真实无妄的态度和言而有信、脚踏实地的行为，"忠诚"合起来是指以中正方直的心理全心全意地对待自己所从事的事业、所献身的组织和所面对的人物。现代社会讲的忠诚主要指的是一种对事业、理想的忠诚及愿意为之献身的态度和行为信念，它强调要端正行为动机，纯化道德目的，并能以全身心的力量甚至终生的追求为之付出。与忠诚品质相对立的品质是背叛和不忠，而背叛和不忠往往是极端利己主义的突出表现。快速发展和流动性空前加强的现代社会呼唤忠诚品质，这无论对于一个国家、一个单位乃至一个家庭而言都是如此。

勇敢。勇敢是指人们在真理和正义面前敢于挺身而出，为了维护真理和正义愿意献出自己的一切（包括行善的胆气魄力），不惧怕恶势力与困难，一往无前的精神的道德品质。孔子将勇与仁、智一并作为道德人格三要素之一，他说："仁者不忧，知者不惑，勇者不惧。"②《中庸》则把仁、智、勇称为"三达德"。儒家之所以把勇与仁、智相联，一方面在于排斥盲目、冲动的匹夫之勇，因为勇是一种从属性的道德条目，所谓"仁者必有勇，勇者不必有仁"③、"君子有勇而无义为乱，小人有勇而无义为盗"④；另一方面，勇又是道德实践的必要条件，有仁、智而无勇，则仁、智不能充分贯彻，甚至不能坚持，所谓"见义不为，无勇也"⑤，所以怯懦者是不能成仁取义的。荀子在《荣辱》篇中区分了士君子之勇、小人之勇、贾盗之勇、狗彘之勇，认为"义之所在，不倾于权，不顾其利，举国而与之不为改视，重死持义而不桡，是士君子之勇也"。"轻死而暴，是小人之勇也。""为事利，争货财，无辞让，果敢而振，猛贪而戾，恈恈然唯利之见，是贾盗之勇也。""争饮食，无廉耻，不知是非，不辟死伤，不畏众强，恈恈然唯利饮食之见，是狗彘之勇也。"在道德生活中，我们要培养和弘扬的应当是士君子之勇，对于小人之勇、贾道之勇、狗彘之勇则应当学会抵制和批判。张岱年指出："非勇无以自立，非勇无以克艰，非勇无以猛进，非勇无以抗暴。舍生以维正义，杀身以卫邦国，非勇何济乎？"⑥培养勇敢的品德，有助于砥砺国民的意志，形成不怕困难和勇往直前的开拓进取精神，弘扬社会正气。

正义。正义是指人们依据正确的道德标准而形成的公正合宜的行为和品质。《荀子·正名》篇指出："正利而为谓之事，正义而为谓之行。"罗尔斯认为，如同真理是思想的

---

① ［英］汤因比，［日］池田大作．展望二十一世纪．荀春生，等译．北京：国际文化出版公司，1985：424．
② 论语：子罕．
③ 论语：宪问．
④ 论语：阳货．
⑤ 论语：为政．
⑥ 张岱年．真与善的探索．济南：齐鲁书社，1988：233．

美德一样，正义是社会制度和道德生活的美德。西方自古希腊时期的柏拉图开始，就注重探讨正义的美德。亚里士多德的《尼各马可伦理学》探讨了正义作为个人道德生活的美德的意义和价值。近代以来，在讨论各类型美德的时候，亚当·斯密对“正义”给予了特别的关注。他认为正义是一种比仁慈的美德更加重要的伦理美德。“与其说仁慈是社会存在的基础，还不如说正义是这种基础。虽然没有仁慈之心，社会也可以存在于一种不很令人愉快的状态之中，但是不义行为的盛行却肯定会彻底毁掉它”①，所以，正义犹如支撑整个社会生活大厦的支柱。如果这根柱子松动的话，那么人类社会这个雄伟的建筑会在顷刻之间土崩瓦解。正义作为美德，要求人们在道德生活中坚持正确的伦理原则，是非分明，善善恶恶，使言语行为合乎道义，爱其所当爱，恨其所当恨，不因贫穷而怠乎道，不为权势而屈服。所以，正义常常同正直、正气、正大光明等联系在一起。

谦逊。谦逊作为个体道德的一种重要品质，包含谦虚、谦和、谦让等含义，是指人们在学习、工作、生活中能够意识到自己的局限与不足所产生的一种谦虚向学、谦恭礼让和谦卑待己的伦理品质。儒家很重视谦德，孔子强调“不伐”，即不自夸。《周易》六十四卦中即有“谦卦”，该卦卦辞说：“谦：亨，君子有终。”表明对谦德的积极肯定。《周易·系辞上》又说：“劳而不伐，有功而不德，厚之至也，语以其功下人者也。德言盛，礼言恭，谦也者，致恭以存其位者也。”这是强调君子谦逊、恭敬才能保其位。《周易·谦卦·彖传》说：“天道下济而光明，地道卑而上行。天道亏盈而益谦，地道变盈而流谦，鬼神害盈而福谦，人道恶盈而好谦。谦尊而光，卑而不可逾，君子之终也。”认为“谦”不仅是一种美德，而且也是一条普遍的宇宙法则。所以，《周易》告诫人们要以谦虚为怀。俗语所谓“满招损，谦受益”，“谦虚使人进步，骄傲使人落后”，反映了“谦”作为一种美德已得到人们的普遍认同。谦逊、谦让是中华民族的传统美德，也是现代社会所必须光大弘扬的基本道德品质。“虚心而不自满，尊重别人的平等人格，荣利不争，享乐居后，谓之谦让。”② 人之所以需要谦虚，是因为“个人智能实极有限，纵有所成，亦甚细渺，学问无穷，进德无止，岂容骄慢，岂可自满”③？个人的德行、才能实在有限，每一个人都有自己的局限、缺点、弱点和不足，因此每一个人都有向他人学习的必要，彼此取长补短，才能共同进步。谦让凸显了向别人学习而又不与人争利的优秀品质，因此是一种最可宝贵的德行或达德。

宽容。宽容是一种待人处事的美德，更是人生应有的胸怀和境界。做到宽容需要襟怀的容量，也就是度量、气量、宽宏大量。“世界上最宽阔的是海洋，比海洋宽阔的是天空，比天空更宽阔的是人的胸怀。”宽容是一种非凡的气度、宽广的胸怀，是对人对事的接纳，是一种时代崇尚的品德，是吸纳他人长处、充实自我、创造自我价值的良好思维品质。退一步海阔天空，让三分心平气和。宽容自己又善于宽容别人的人，是在造福于自己，也在造福于社会。自己给自己多一分宽容，自己就会多很多的快乐；自己与他人之间多一分宽容，社会就会少很多冲突、争斗。我们不仅自己要理解宽容自己，更要对别人理解宽容。对他人宽容了，不仅有益于身心健康，而且还能赢得友谊，保持家庭和

① ［英］斯密．道德情操论．蒋自强，等译．北京：商务印书馆，1997：106.

② 张岱年．真与善的探索．济南：齐鲁书社，1988：232.

③ 同②.

睦、婚姻美满，获得支持与帮助，促成事业的成功，提升生命价值与意义。

敬畏。敬畏是人们对天地间一切有价值之物或对象所持的一种敬重、敬仰和畏惧的心理，也是一种人们应当培育和培养的伦理美德。孔子说："君子有三畏：畏天命，畏大人，畏圣人之言。"[①] 康德说："有两样东西，我们愈经常愈持久地加以思索，它们就愈使心灵充满日新月异、有加无已的景仰和敬畏：在我之上的星空和居我心中的道德法则。"[②] 学会敬畏，我们才会对人对事有所敬重和忌惧，才不会忘乎所以、得意忘形，才能立于不败之地。人类的敬畏思想经历了漫长的不自觉阶段，包括无意识的恐惧、有意识的自为敬畏以及所谓的"无畏"阶段。道德敬畏是植根于人类天性和内心深处的道德情感。从老子的道法自然到康德对无尽星空和内心道德法则的敬畏；从宗教之敬畏上帝或天神到现代社会人们对普通生命敬畏的回归，道德敬畏几乎伴随人类产生和发展的整个过程。它对于个人的道德成长和整个社会道德价值秩序的维系都具有十分重要的作用。道德敬畏是指人们对道德法则，对善的事物及其社会价值与根源的强烈崇敬和畏惧的道德情感体验。在人类道德发展史上，道德敬畏大致经历了无知型的道德敬畏、形而上的道德敬畏和理性自觉的道德敬畏三种形态。道德敬畏的指向主要有四种，即敬畏自然、敬畏上帝、敬畏生命和敬畏规则。道德敬畏的功能和作用主要体现在：它是个体道德意识产生的重要的情感因素，是道德信念的重要组成部分和激励道德行为的内在动力。

感恩。感恩是一种生活态度，是一种思想境界，是一种善于发现生活中的感动并能享受这一感动的情绪体验，也是一种懂得欣赏世界和他人的优秀品质，表现着人们对诸种道德关系的深刻认识和热情把握，是一种对万事万物的友善态度和积极心理。怀感恩之心的人有一颗美好的心灵。当你能够静下心来，用心去体会周边的世界，你就会很容易地发现，需要人们来感恩的事情实在是太多了。如果没有阳光，就没有明亮温暖的日子；没有春夏秋冬的轮回，就体会不到生命的生生不息；没有水，就没有生命；没有父母，就没有我们自己；没有亲情和爱情，世界就会充满孤寂的灵魂。感恩父母、感恩亲人、感恩朋友、感恩生活、感恩命运、感恩逆境与敌人。感恩让生命的每段历程充满温馨。懂得感恩，就会珍惜每粒收获；懂得感恩，就会笑对亲人朋友。只有感恩一切关心和帮助过自己的人，感恩失败，感恩挫折，感恩美好而奇妙的大自然，才能让感恩之心焕发出神奇的光辉，成为一种精神礼赞和旷古绝唱。感恩与外部条件无关，它是一个人内心深处的切实领悟，是对生命的热爱和珍惜，一个怀有感恩之心的人决不会任意糟蹋自己和他人的生命。"谁言寸草心，报得三春晖""滴水之恩，当涌泉相报""吃水不忘挖井人"等，这样的句子同样传承着中华民族对"感恩"的认同和崇尚。只有懂得感恩的人，才会对家庭、对公司、对朋友、对社会都真正负起"责任"。"不要抱怨玫瑰有刺，要为荆棘中有玫瑰而感恩。"感恩之心洋溢着爱人之心的温暖，散发着仁慈之心的光辉，是仇恨之心的天敌。只要人人多一份感恩之心，我们的社会就会变得充满温情，也更加和谐。

此外，尊重、关怀、奉献、创造等也是我们这个时代所需要的道德品质。我们所处

---

① 论语：季氏.

② ［德］康德. 实践理性批判. 韩水法，译. 北京：商务印书馆，2000：177.

的世界是一个充满了创造的世界，我们所处的时代也是一个呼唤创造的时代。著名教育家陶行知说“处处是创造之地，天天是创造之时，人人是创造之人”，美好的生活要求我们勇敢、主动地去开拓、去创造，只有生生不息的创造力才能托起我们民族振兴的未来和祖国繁荣富强的希望。

第四节　道德人格

德性伦理集中讨论的是成人问题，成人作为德性伦理的目标，不仅是对人格完善的肯定，也是主体德性境界不断提升的最终要求。德性并不仅仅表现为一系列做人做事的品格或德目，它所表征的，同时是整个的人和人格。道德人格是德心、德行与德性的集中化彰显和综合化体现，表征着人的整个道德素质、道德品质和道德行为。道德人格的建树与追求充满着理想的激励和对未来的向往，并凸显出至善、不朽和终极关怀的精神感召，不断地敦促人超越现有的局限，向着道德的发展与完善迈进，揭开了人类道德生活史“极高明而道中庸”的辉煌篇章。

一、道德人格、人格尊严与气节

伦理学意义上的人格是人之所以为人的内在规定性，是人的价值、品质、尊严和气节等的综合化表现。它既是既往和现实道德追求的积淀，又是日后道德追求的目标或理想化呈现。

1. 人格

人格（personality）是个古老的概念，它具有社会学、哲学、心理学等方面的多重含义。“格”字在汉语中有“标准”和“式样”之义，如“合格”、“聊备一格”等。按字面解释，“人格”就是人的标准和人的式样，可引申为人的资格。我们可以将人格界定为人之所以为人的主体性资格或位格，是人的性格、气质、能力等特征的总和。

英文中的人格一词源自古希腊文“persona”。“persona”最初指古希腊罗马时代的戏剧演员在舞台演出时所戴的面具，与我们京剧中的脸谱类似。后来指演员本人，一个具有特殊性质的人。现代心理学沿用“persona”的含义，转译为人格，其中包含了两个意思：一是指一个人在人生舞台上所表现的种种言行，人遵从社会文化习俗的要求而做出的反应，即人格所具有的“外壳”，就像演员在舞台上根据角色的要求而戴的面具，反映出一个人的外在表现。二是指一个人由于某种原因不愿展现的人格成分，即面具后的真实自我，这是人格的内在特征。心理学意义上的人格，是指一个人在社会化过程中形成和发展的思想、情感及行为的特有统合模式，这个模式包括了个体独具的、有别于他人的、稳定而统一的各种特质或特点的总体。它具有独特性、稳定性、统合性、功能性。人格是一个复杂的结构系统，它包括许多成分，其中主要有气质、性格、认知风格、自我调控等方面。自我调控是人格中的内控系统，具有自我认知、自我体验、自我控制三个子系统。精神分析学派提出了自己的人格结构理论。如弗洛伊德在晚期认为，人格是由本我、自我和超我三部分组成的。本我是与生俱来的，是由本能与基本欲望组成的潜意识部分；自我是根据外部现实的情况有控制地使本我找到出路或受到压抑的意识部分；超我是通过自居作用所形成的自我理想和接受外界规范要求所形成的“良心”，它是用来监督行为和指导自我去限制本我冲动的意识部分，或者说是“道德化了的自我”。本我与现实、超我与现实之间经常会发生矛盾，若是自我占优势，这种冲突就可以缓解，使人做出较合理的行动，否则就会破坏平衡，出现变态心理或失常行为。

“人格”的概念，是古罗马法学家为了给等级制度提供理论根据而创造的，是限制大多数人的人的资格的法律工具。在罗马法中，“人”这一语词有三种不同表达，并代表三种不同含义：“homo”，指称自然人，生物学意义上的人；“caput”，指称权利义务主体，表示法律上的人格；“persona”，指称权利义务主体的各种具体身份，即其在各类具体权利义务中的身份，如家长、官吏、监护人等。在罗马法中，“人格”是法律给予那些具备一定条件的“适格者”承受法律上权利与义务的依据。而“适格者”所需具备的条件，恰恰就是其社会身份。换句话说，罗马私法上的法律人格，即是一种社会身份。罗马法的人格概念，为否认奴隶的人的资格，确认奴隶的物的地位提供了理论根据。“人格”概念也为人们提供了人的明确标志，成为人的解放的最终尺度，享有生命人的全部权利资格成为被压迫者奋斗的最高目标。这自然是当初提出人格概念的罗马法学家不会想到的。黑格尔在《法哲学原理》中指出：“人格一般包含着权利能力，并且构成抽象的从而是形式的法的概念、和这种法的其本身也是抽象的基础。所以法的命令是：‘成为一个人，并尊敬他人为人。’”① 黑格尔关于人格的认识与抽象的人的自我意志自由联系在一起，是一种唯心主义的人格观，但却凸显了人格的自由属性和权利能力，成为现代法律人格的基础。

伦理学意义上的人格即道德人格。所谓道德人格是指人对自己做人的位格、品格的尊重及其所形成的尊严意识和气节操守等的总和，是人之所以为人的内在规定性、道德主体性、目的性、社会性的集结和综合化表现。考察道德人格，有两个基本维度：一是其内在的、自由的发展维度，它关注的是个人选择的结果对于人格健康和个人幸福的作用；二是人格发展的责任维度，它聚焦于个人选择须承担的道德义务与社会责任，强调人格发展与社会共同体关系的协调。

道德人格是人们通过道德生活意识到自己的道德责任、道德义务以及人生的价值和意义，从而自觉选择自己做人的范式，培育自己的道德品质，丰富和完善自己的内心世界的结果，体现出人之区别于动物的内在规定性。作为人的内在精神世界之建构，道德人格是由道德理性因素与道德非理性因素组成的，是二者的有机组合和整合。道德人格中的道德理性因素是道德行为的向导，个体在道德行为上应该去做什么、为何而做、如何去做，是人理性思考的结果。没有道德理性，就不可能有正确的道德行为。道德人格中的道德需要、道德动机、道德情感、道德意志等非理性因素构成了个体道德行为的动力系统。没有道德需要、动机、情感、意志等，也就不可能有对高尚道德的追求。它以其独立自主性、自我同一性、崇尚高贵性和不可剥夺性为特征，体现出对人的地位、价

① ［德］黑格尔．法哲学原理．范扬，张企泰，译．北京：商务印书馆，2009：46.

值和权利的尊重以及对人的生存、发展、完善的关心与追求，是人性、人的本质、人的价值和人的道德品质诸因素的整合与统一。

2. 人格尊严

每一个人都应当作为“人”而享有“尊严”。因此，每一个人都有权要求其他任何人尊重他的人格、他的生命健康以及他的私人空间；相应地，每一个人对其他任何人也必须承担相同的义务。人的“尊严”是一种绝对价值，即使相对于“自由”和“生命”的价值而言也是如此。对于实施犯罪的坏人可以限制其人身自由，甚至剥夺其生命，但是不能侮辱其人格。尊重人格尊严没有例外，任何人在任何情况下都享有尊严，无质量等差之分。即使一个人涉嫌犯罪，却并不因此失去其“作为人的资格”；法律仍然应当把他当作“人”，尊重其应有的“尊严”。

人格尊严是指人所认识到的内在主体性、人格独立性及其所产生的尊重、尊敬意识，是人认识自我、肯定自我、完善自我的价值确证和意义证成。人格尊严的最一般要求是不可被侮辱、被亵渎和被鄙视，蕴涵着内在价值的自我挺立与护卫。人格尊严是对生命意义和人生价值的拱立、珍视与捍卫，是个体之为一个独一无二个体的道德意义的确证，它在生命深处矗立起一个人无可替代、不容侮辱的意义大厦和精神家园，赋予个体生命以伦理的价值和动力支撑。为了成为一个真正的人，人们首先应该尊重自己，没有自我尊重，就没有道德的纯洁性和丰富的个性精神。尊严是人的脊梁，有尊严地活着是人生价值的最高体现。人格尊严不可辱，侮辱者必将受到道德的谴责，承担相应的法律责任。维护自身人格尊严是我们的权利，尊重他人的人格尊严是我们的义务。人人皆生而有做人的资格，故而人人皆有人格并且不受侵犯，人格的这种不可侵犯性、不可凌辱性表征着人的尊严或人格尊严（human dignity）。

人格尊严是具有伦理性品格的权利，它要求把人真正当成“人”，承认人作为一个“人”所应有的最起码的社会地位，保证每个人受到社会和他人最起码的尊重。人的尊严是人的生命的内在标记，也是生命外在的旗帜。它包含着一个人是否存在的事实，代表着一个独立的人格，它可以证明你就是你，而不是其他人或者某一类群体。人的尊严是不可被征服的，它排斥权力、金钱、地位和知识，它就是你平等、独立地存在于这个世界上的证明。维护人格尊严既是法律规范也是道德规范，它既要依靠国家的强制力来保证，又要通过社会舆论、风尚、人的良知来倡导。《联合国宪章》以及被称为“国际人权宪章”的《世界人权宣言》等文件，都在最显要的位置突出了维护人的尊严的信念和准则。世界各国大都立法对人格尊严予以切实保护，或明文规定人格尊严不受侵犯。

人格尊严的实现更多地要靠自己的不懈努力，用自己的汗水与成就、用自己的人格魅力去赢得，并且只有这样的尊重才是真正意义上的尊重，才更为持久，更有力量，更具有建设性意义。心理学家布兰登在《自尊的六大支柱》中提到了健康自尊发展的六大因素，即有意识的生活、自我接纳、自我负责、自我维护、有目的的生活和个人诚实，指明了一个人愿意为自己的行动和目标的获得承担责任，愿意对自己的生命和幸福承担责任，尊重自己的需求和价值，并在现实生活中寻找这些需求和价值的适当表达方式，在与人交往的过程中愿意坚持自己的主张，愿意坦然地表达自己的意见，等等，维护自己的尊严的重要意义。

3. 德操与气节

在中国古代，表示人格尊严的词语是“德操”、“气节”和“浩然正气”。朱自清在《论气节》中说：“气是敢作敢为，节是有所不为”，“气是动的，可以变化。我们常说志气，志是心之所向，可以在四方，可以在千里，志和气是配合着的。节却是静的，不变的，所以要‘守节’，要不‘失节’”。讲道德责任感，必须树立和拥有这种道德操守。当意大利国王迫使帕斯卡纳侯爵放弃自己挚爱着的西班牙事业时，侯爵的妻子维多利亚·科伦纳写信给丈夫：“千万不要丧失自己的气节，崇高的气节胜过万贯家财，胜过国王的王冠；气节重于山岳，显赫的名号不过是过眼烟云，夫君，你千万不要为浮名利诱所动。你的凛然气节将是我的最大荣耀，也是你留给后代的最珍贵的财富。”①

中华民族自古以来就是一个崇尚操守气节的民族。历代有识有为之士都自觉地从先辈的高尚气节中汲取精神营养，用以坚定自己的信仰和追求，砥砺自己的情操和品格。“沧海横流，方显出英雄本色”。司马迁身陷囹圄撰写《报任安书》，文天祥面对死亡吟咏《正气歌》，虔诚礼赞、深情缅怀着“时穷节乃见”的前贤哲人。翻开史册，“典刑在夙昔”“古道照颜色”的民族精英比比皆是。卷帙浩繁的二十六史，就是用气节操守与尚荣知辱写成的“富贵不能淫，贫贱不能移，威武不能屈”的节义列传，并将不断地传承、激励着后人效法先贤，养天地之正气，成人类之高节。几千年来，中华民族经过世世代代培育、弘扬、传承的气节和信念，是支撑中华民族生生不息、弱而复强、衰而复兴的民族灵魂和脊梁。

中华民族崇尚气节、德操的思想，起源很早，大约成书于西周初年的《周易》“蛊卦”说：“上九，不事王侯，高尚其事。”《象传》云：“不事王侯，志可则也”，以“不事王侯”为高尚。“不事王侯”即是不屈于王侯，亦即保持人格的独立。这是最古的关于人格尊严的思想。孔子认为，一个真正的君子、仁人，应该具有独立的志节与人格的尊严。他说：“三军可夺帅也，匹夫不可夺志也”②；要具有追求仁德的坚定意志与操守，“君子固穷”，“君子谋道不谋食”，“君子忧道不忧贫”③。无论在怎样艰苦的条件下，都仍然要“志于道”，“乐于道”。他说：“饭疏食饮水，曲肱而枕之，乐亦在其中矣。”④ 又说：“士志于道而耻恶衣恶食者，未足与议也”⑤。孔子赞扬伯夷叔齐说：“不降其志，不辱其身，伯夷叔齐与！”所谓“不降其志，不辱其身”即是保持人格的尊严，不屈服外在的势力。孟子继承了孔子“三军可夺帅也，匹夫不可夺志也”的思想传统，进一步突出了人的独立意志与人格。孟子说：“夫志，气之帅也；气，体之充也。夫志至焉，气次焉。”⑥ 志既然是主体的最高统帅，那么它首先必须是独立而有威信的，体现在人格内涵中，则为独立意志和人格尊严。孟子的独立意志和人格尊严表现为鄙视趋炎附势者，敢于藐视权

---

① ［英］斯迈尔斯. 品格的力量. 宋景堂，等译. 北京：北京图书馆出版社，1999：195.
② 论语：子罕.
③ 论语：卫灵公.
④ 论语：述而.
⑤ 论语：里仁.
⑥ 孟子：公孙丑上.

贵、大人物。孟子提出“立位”观念，认为每人应确定自己在天下的位置，也即肯定自己的人格尊严。这“位”不是官位，而是人格的地位，孟子亦称之为“天爵”。他说：“有天爵者，有人爵者。仁义忠信，乐善不倦，此天爵也。公卿大夫，此人爵也。”① 天爵即是人的道德成就。孟子又引述曾子之言说：“曾子曰：‘晋楚之富，不可及也。彼以其富，我以吾仁；彼以其爵，我以吾义，吾何慊乎哉？……天下有达尊三：爵一，齿一，德一。朝廷莫如爵，乡党莫如齿，辅世长民莫如德。恶得有其一以慢其二哉！’”② 孟子这一观点，其实质是肯定品德高尚者的人格尊严，认为有道德的人决不屈于权势。在此基础上，孟子提出了舍生取义的思想，“生，亦我所欲也；义，亦我所欲也。二者不可得兼，舍生而取义者也。生亦我所欲，所欲有甚于生者，故不为苟得也”③。所谓“所欲有甚于生者”，就是指对人格尊严的维护。“一箪食，一豆羹，得之则生，弗得则死；呼尔而与之，行道之人弗受；蹴尔而与之，乞人不屑也。”④ “呼尔而与之”、“蹴尔而与之”，都是不尊重对方的人格，不把人当作人看待，这是普通人也不能接受的。在受与不受之间，孟子坚持以礼义为原则，即使是君臣之间也应如此。孟子进而指出，人如果以失去自尊为代价，换取不符合“道”的身外之物，是对人格修养的极大伤害。孟子基于对人格尊严的维护，颂扬“乐道忘势”的圣贤之士。他说：“古之贤王好善而忘势，古之贤士何独不然？乐其道而忘人之势。”⑤ 这种乐己之道，忘他人之势的风范，体现了“大丈夫”不卑不亢、刚强不屈的品格。孟子将“道”立于“势”之上，认为人的内在道德价值高于功利价值，实际上是对人的价值和人格尊严的高扬。因为“道”的真正力量对个人和社会而言，都是内在超越的，它属于精神的力量和权威。孟子追求理想人格的超功利性，正是要弘扬那种物质力量无法摧毁的精神力量。社会上的“士”，虽然没有足够的物质力量同物质化了的政治强权相抗衡，但却可以通过“志于道”来维护其独立自尊的人格。《礼记·檀弓》所载“饿者不食嗟来之食”的故事即是孟子所说“乞人不屑”的例证。

节操又称为气节、志节，是守义不移的一种道德恒持心，也是保持高尚人格的精神力量。曾子说“临大节而不可夺也”⑥，何晏《论语注疏》：“大节谓安国家，定社稷。”“夺，谓倾夺也。”即在国家存亡的紧要关头，坚贞不屈，视死如归。此种气节又叫大德。《论语·子张》说：“大德不逾闲，小德出入可也。”即是说大节不可偏离。荀子说：“节者，死生此者也。”⑦ 又说：“士大夫莫不敬节死制。”⑧ 这是强调大节重于生命，应不惜生命去维护。荀子更将这种气节或志节称为“德操”，指出：“权利不能倾也，群众不能移也，天下不能荡也。生乎由是，死乎由是，夫是之谓德操，德操然后能定，能定然后

① 孟子：告子上.
② 孟子：公孙丑下.
③ 同①.
④ 同①.
⑤ 孟子：尽心上.
⑥ 论语：泰伯.
⑦ 荀子：君子.
⑧ 荀子：王霸.

能应。能定能应，夫是之谓成人。天见其明，地见其光，君子贵其全也。”① 《礼记·儒行》提出了“可杀不可辱”的观点：“儒有可亲而不可劫也，可近而不可迫也，可杀而不可辱也。……其刚毅有如此者。……身可危也，而志不可夺也。……同弗与，异弗非也，其特立独行有如此者。”这强调了刚毅精神。“可杀不可辱”即保持人格尊严，宁死不屈。这是中国历史上优秀传统的一个方面，体现出一种崇高的民族气节和人格精神。

孔子的“三军可夺帅也，匹夫不可夺志也”的志节观，孟子的“养浩然之气”的大丈夫理想人格，以及荀子的德操观和“从道不从君”“从义不从父”的正气观，树立了高尚人格的鲜明标准，彰显了理想人格的魅力，对中国历史和中华民族的发展产生了非常巨大的影响。一个人有了坚定的德操与信念，就有了安身立命的精神支柱和精神动力，就有了战胜一切艰难险阻的勇气和力量，就能为捍卫真理和正义而抛头颅洒热血，历经磨难而不衰，屡遭坎坷而不馁；就能无坚而不摧，无往而不胜。历朝历代之所以不断铸就出高风亮节、大义凛然的精英贤哲，关键就在于他们“咬定青山不放松”，执着地追求自己认定的人生信念，“朝闻夕死”、奋斗终生，也无怨无悔。历来成大事、立大业者，不管在朝在野，也不顾处境顺逆，心中都长存一种“浩然正气”，因而不管遭遇何种挫折，都能“不坠青云之志”、坚守人生大节。文天祥临死前在其衣带中写道：“孔曰成仁，孟曰取义，惟其义尽，所以仁至。”其《正气歌》中“天地有正气，杂然赋流形。下则为河岳，上则为日星。于人曰浩然，沛乎塞苍冥”，更是千古之绝唱。“浩然之气”在长期广泛传播中形成了独特的民族文化心态，这种民族文化心态在历史上具有无形的向心力和凝聚力，对加强中华民族团结，激励民族奋发向上、自强不息，促进社会发展进步都起过巨大推动作用。

二、道德理想与理想人格

理想是人们所向往、信仰和追求的奋斗目标。道德理想集中反映了人们在道德上趋赴的目标和价值追求以及人们做人的理想，彰显了人们在道德上不断攀越的心志和使自己不断完善的信念，是道德生活的灯塔和道德行为的动力源泉。

1. 道德理想的内涵与本质

所谓道德理想，就是人们根据一定社会或阶级的道德原则和道德规范，所向往和追求的完善的道德关系或社会道德风尚，以及道德上的完善典型或理想人格。通常包括两方面的含义：一是人们把一定的道德原则和道德规范加以概括和融会，并以此作为自己做人的价值标准；二是人们把体现这种道德原则和道德规范的典型人物当作自己的楷模。

道德理想比较集中地反映了人们在社会生活中所选择的做人标准，反映了激励人们向往、追求并力求实现完美人格的高尚品德。儒家所向往的“大同世界”即是社会道德理想的综合体现。“大道之行也，天下为公，选贤与能，讲信修睦。故人不独亲其亲，不独子其子，使老有所终，壮有所用，幼有所长，矜、寡、孤、独、废、疾者皆有所养，

---

① 荀子：劝学.

男有分，女有归。货恶其弃于地也，不必藏于己；力恶其不出于身也，不必为己。是故谋闭而不兴，盗窃乱贼而不作，故外户而不闭，是谓大同。”① 大同世界是一个天下为公的世界，人人都不独亲其亲、独子其子，能够在讲信修睦的基础上实现人与人之间的平等互助，达到了一种道不拾遗、夜不闭户的理想状态。北宋张载《西铭》揭示和论述了“仁民爱物”“民胞物与”的社会道德理想：“乾称父，坤称母；予兹藐焉，乃混然中处。故天地之塞，吾其体；天地之帅，吾其性。民，吾同胞；物，吾与也。大君者，吾父母宗子；其大臣，宗子之家相也。尊高年，所以长其长；慈孤弱，所以幼其幼；圣，其合德；贤，其秀也。凡天下疲癃、残疾、惸独、鳏寡，皆吾兄弟之颠连而无告者也。于时保之，子之翼也；乐且不忧，纯乎孝者也……”② 乾父坤母，人生其中，则凡天下之人都是天地之子，无论长幼圣愚都是这个世界大家庭的成员。在这个“民吾同胞，物吾与也”的道德世界，人们“尊高年，所以长其长；慈孤弱，所以幼其幼”，对那些疲癃、残疾、惸独、鳏寡的人们，大家都能够将其视为“吾兄弟之颠连而无告者也”，不仅充满深深的同情之心，而且更能够伸出援助之手去加以帮助照顾。近代洪秀全建立的太平天国也描绘了一幅道德生活的理想图谱：“天下多男人，尽是兄弟之辈；天下多女子，尽是姊妹之群。”并主张“有饭同吃，有衣同穿，有钱同使，无处不均匀，无人不饱暖”。在西方，柏拉图的《理想国》描绘了一个统治者、军人、农夫和手工艺人都能各司其职、各尽其责的理想社会画面，柏拉图的正义观是一种和谐秩序观，追求的是个人灵魂内部各部分的和谐统一以及城邦中各阶层的和谐友好。斯多亚学派提出了“四海之内皆兄弟”的思想命题，并从多角度论述了道德理想的重要性及其内在价值。“在斯多葛［亚］伦理学里，古代伦理生活所产生并借此超越自身指向未来的最成熟最高尚的东西获得了自己最好的表达形式。道德人格的内在价值，克服世界体现于人的自我克服，个人服从于宇宙的神圣规律；人的气质表现于理想的精神统一体中，并借此远远拔高于尘世生活。”③ 近代以来，培根有“大西岛”、康帕内拉有《太阳城》的社会道德理想生活描述，揭示了社会道德理想在人们道德生活中的重要作用。

道德理想是引领人不断向善、趋善，以至于超越个人有限存在的状态，达到“至善”“至诚”的动力所在。因此，树立高尚的道德理想对个人、对社会都有重大的意义。道德理想是人类历史发展的产物和现实道德关系的反映。在原始社会里，道德意识中并没有自觉表达的道德理想。从奴隶制时代开始，由于实际的道德状况和应有的道德经常处于矛盾状态，道德理想便作为一种自觉表达的愿望包含在一定社会或阶级的道德意识中。各个时代、各个阶级的道德理想都同当时社会的现实需要或现实矛盾密切相关，它往往既是一定社会或阶级激励人们在道德品质和社会道德关系方面所追求的目标，又是一定社会或阶级反对异己势力和现存不合理现象的手段。它以当时社会或阶级的基本道德要求为其内容。道德理想能不能成为人们热忱向往和执着追求的目标，能不能激励人们改善个人道德品质和现实道德关系，最终要看它是否正确反映了现实社会道德发展的趋势，是否符合伦理文明发展的内在要求。

---

① 礼记：礼运.

② 张载．正蒙：乾称//张载集．北京：中华书局，1978：62.

③ ［德］文德尔班．哲学史教程：上卷．罗达仁，译．北京：商务印书馆，1987：237-238.

2. 理想人格与圣贤气象

理想人格，亦即道德上的完美典型，是一定社会的道德要求和道德理想的最高体现。不同的时代和社会有不同的理想人格。在各种形式的神话、传说、寓言中，也可以看到不同类型的人物塑造，这种人物在某种意义上也可以看作一定时期道德理想的人格化。就著名的《伊索寓言》而言，其中便包含了不少人物形象，他们通过各自的具体言行，展示了多方面的德性。以儒家而言，作为儒家理想人格的圣人，往往通过具体的历史活动或日常行为而显示其完美的德性。在《孟子》一书中，我们便可以看到大量记叙“舜”的言行的篇章，正是以这类具体的言行，孟子多方面地展示了“舜”的人格力量。同样，在道家的系统中，理想的人格与生活世界中的具体形象亦存在着切近的联系，《庄子》中那种无所待而与天地并生、与万物为一的至人、真人，以及形体虽然残缺但又各足自性的诸类人物，都从不同的方面表现了庄子的道德理想。

“圣人”是儒家崇尚的最高道德标准和人格理想。圣，指的是一个人通过格物致知、正心诚意等修身工夫，建立了卓越的主体道德意识，达到了内在修养的极致。孔子自述生平希望成为仁人乃至圣人，但又自谦“若圣与仁，则吾岂敢”①。孔子的理想人格是“仁人君子”，这是他人生理想的人格化产物。“仁人君子”，从理想人格的外在表现看是“礼”，从理想人格的内在实质看是“仁”，因而完美的人格就是“仁”与“礼”的统一。所以，张岱年说：“儒家的理想人格是‘智、仁、勇’三者的统一，孔子说：‘仁者不忧，智者不惑，勇者不惧’，仁是泛爱人类，智是具有渊博的知识，勇是勇敢强毅，兼重仁、智、勇，这是一个全面的人格理想。”②

宋明理学家推崇圣贤气象。所谓圣贤气象，即圣贤风度、圣贤风范，是圣贤在待人接物、处世应对中所表现出来的内在德性和精神品质等的综合体现，是普通人“希贤希圣”的道德楷模和做人的最高境界。“圣贤气象”是个体修养至天理至善和人生之乐后在仪礼举止、视听言动上呈现出来的精神风貌，体现了道德境界与审美境界的完美结合。宋代朱熹和吕祖谦在《近思录》中辑录北宋周敦颐、程颢、程颐、张载四位圣人的著述，首次专门论述了“圣贤气象”。《近思录》对各位圣贤及其气象的论述中，程颢独占最大篇幅，表明朱、吕认为程颢是宋朝最具有圣贤气象的人物。从该卷对程颢的记述中，可把程颢的圣贤气象归纳为五个方面：(1) 求道、充养有道和洞见道体。“先生资禀既异，而充养有道，纯粹如精金，温润如良玉……自十五六时，闻汝南周茂叔论道，遂厌科举之业，慨然有求道之志。”③“博闻强识，躬行力究，察伦明物，极其所止；涣然心释，洞见道体。”④ (2) 明道达理和尽性至命。“明于庶物，察于人伦。知尽性至命，必本于孝弟；穷神知化，由通于礼乐。辨异端似是之非，开百代未明之惑。”⑤ (3) 传教后学各充其量。“先生之门，学者多矣。先生之言，平易易知，贤愚皆获其益，如群饮于河，各

---

① 论语：述而.

② 张岱年. 儒家理想人格与现代化. 书林，1990 (2).

③ 朱熹，吕祖谦. 近思录：卷十四//近思录集释：下. 长沙：岳麓书社，2010：984-985.

④ 同③1004.

⑤ 同③985.

充其量。先生教人，自致知至于知止，诚意至于平天下，洒扫应对至于穷理尽性。”[①]（4）依道为官施政。“先生为政，治恶从宽，处烦而裕。……先生所为纲条法度，人可效而为也。至其道之而从，动之而和，不求物而物应，未施信而民信。”[②]“遇事优为，从容不迫。……宁以一物不被泽为己病，不欲以一时之利为己功。”[③]（5）待人接物，和善有常。先生“宽而有制，和而不流；忠诚贯于金石，孝悌通于神明。视其色，其接物也，如春阳之温；听其言，其入人也，如时雨之润。胸怀洞然，彻视无间。测其蕴，则浩乎若沧溟之无际；极其德，美言盖不足以形容。先生行己，内主于敬，而行之以恕，见善若出诸己，不欲弗施于人。居广居而行大道，言有物而动有常。……先生接物，辨而不间，感而能通。教人而人易从，怒人而人不怨，贤愚善恶咸得其心。狡伪者献其诚，暴慢者致其恭，闻风者诚服，觌德者心醉。虽小人以趋向之异，顾于利害，时见排斥，退而省其私，未有不以先生为君子也”[④]。“接人则浑是一团和气”，如沐春风，“未尝见其忿厉之容”[⑤]。圣贤气象最根本的一条是，求道、明理、遵循规律做人做事。宋人圣贤气象的核心是追求真理，弘扬正义，并将内在德性与外在精神有机地结合起来，主张与天地万物浑然一体，与庶民百姓同气相求，在尽心、知性、知天中建树理想的人生风范和精神气象。

马克思主义理想人格论以全面人性论为理论前提，以全面自由的个性发展为终极关怀，以人与世界关系在社会实践中的全面展开为实现理想人格的唯一途径。马克思主义的人格设计与人类社会发展的美好理想是分不开的，因而把“全面发展的人”作为人格完善的标准。人的全面自由发展是指每个人个性能力的全面自由发展，而不是个人的“全面自我维护”或“个人的全面自我目的性”。当历史使人的全面发展成为目的时，“在这里，人不是在某一种规定性上再生产自己，而是生产出他的全面性；不是力求停留在某种已经变成的东西上，而是处在变易的绝对运动之中”[⑥]。因此，个人的全面发展实质上是指每个人按照自然界和社会发展的客观规律全面地改造自己，丰富自己的需要，提高自己的能力，抛弃过去造成的一切鄙俗的享受趣味，成为面向未来的时代新人。一般来说，人的全面发展主要是指人的一切方面获得发展，包括德、智、体、美、劳、思维方式和行为方式以及性格、能力、兴趣、气质、爱好等各方面的充分发展，即人的素质的全面提高。人的全面发展还表现在人的心理素质通过德育、智育、美育，在道德、智力、情感几个方面得到全面和谐的发展，以及人的身心得到健康全面的发展。人只有在改变社会的能动的实践中才能使自身获得不断地完善和发展，社会实践对理想人格的塑造起决定性作用。追求理想人格的实现与追求共产主义的实现是一致的，即是说，只有在实现了“自由人的联合体”（即实现共产主义社会）条件下个人的真正联合，每个人对自我的关注、肯定、发展，以及对人与自然、人与社会关系的真正把握才能实现。因而

① 朱熹，吕祖谦．近思录：卷十四//近思录集释：下．长沙：岳麓书社，2010：985.

② 同①986.

③ 同①1004-1005.

④ 程颐．明道先生行状//二程集：上．北京：中华书局，2004：637-638.

⑤ 同①1003-1004.

⑥ 马克思．政治经济学批判（1857—1858年草稿）//马克思恩格斯全集：第46卷：上．北京：人民出版社，1979：486.

人只有在追求自己与自然、自己与社会、自己与自己的实践活动中才能实现自我肯定、自我完善和自我实现，才能真正实现理想人格。

三、道德人格的价值与力量

道德人格是道德主体的资格、位格和品格的有机统一，意味着道德主体建构起了自己的道德价值系统、人生信念系统和责任担当系统，是指具有稳定性、确定性的内在价值原则和价值观念主体所具有的，在社会与个人、内与外、知与行相统一的内在精神及其所反映出的外在行为、气质、性格、风度等特征的总和。道德人格具有四个基本特征：标志着道德人格主体成立的意志自主性和自为性特征；保持着道德人格本质方面或基本方面不变的自我同一性和自我价值认同性特征；表现着社会性与个体性、内与外、知与行有机结合的主体道德完整性和自我完善性特征；规定着道德主体对同一价值目标追求的价值定向性和价值坚定性特征。道德人格结构不是个人品德或品格心理结构，即不是由道德认识、道德情感、道德意志、道德信念、道德行为所构成的动力因素和导向因素，而是由道德价值准则、道德责任心、道德持守力等构成的道德自我及其价值确证体系。道德价值原则是构成道德人格的准则因素，道德责任心是道德人格的自控因素，道德持守力是道德人格的意志因素或动力因素。

道德人格是真、善、美的和谐统一及其凝结成的一种成熟和完善的个体道德力量，是个人成为人类的个体在社会中安身立命的前提和基础，是人类在认识和改造客观世界中的积极和肯定的力量，更是人类在认识和改造主观世界中的积极和肯定的力量。道德人格对外可影响社会及他人，对内则具有对主体行为的制约功能，它可以依据内化了的道德标准统一和整合主体的行为动机，并规定主体价值行为的方向和目的，驱动主体为实现既定目标而自觉实现对行为的控制，赋予行为一种动能。它不断地敦勉、激励主体自觉地加强自身的道德修养和道德践履，自觉地以符合人类进步、社会发展的价值原则和崇高的道德责任心约束主体朝着既定的目标发展，使人性中最美好的、最崇高的方面得到最充分的发挥和弘扬。意大利诗人但丁有言，道德可以弥补智慧上的缺陷，但智慧永远弥补不了道德上的缺陷。这就说明了人的道德力量的渗透性和整全性。与道德品质不同的是，道德人格更多地强调了个体道德的社会特质，它既包括道德人格主体依据其对生活的理解而确立的为人处世的原则和根本态度，又内含道德人格中的动力因素和导向力量，即道德目标。其核心是道德理想。道德理想是指人们在尊贵的道德追求中心驰神往的最终方向，是道德人格的最终价值系统。人有了某种道德理想，不仅会产生一系列的行为念头，而且还会使这一念头经由增强内化为人的使命感和庄严感。特定的价值追求系统可以支撑相应的理想人格，提升人的生命质量和精神价值，使人超越世俗庸常的精神层次而走向高尚和伟大。道德理想对人们理想的整个系统起着调节、内驱和导向的作用，从而保证理想结构的协调一致和指向统一，是道德主体维护自己的尊严、保持自己的品格、实现自己所追求的价值的巨大精神力量。

任何一个时代的道德人格，都是那个时代关于人的生活意义和人生价值的表现，都是时代精神的反映。道德人格本身规定的内在超越性，实际是一种不竭创造的人生理念，是对有意义的人生的构建。它诠释着人是什么，引导着人该怎样去做，以丰富人类对自己的目的性、可能性和潜在力的认识，使人的全面发展获得持久的精神动力。道德人格的一个重要特征，就是高度的历史责任感，它激励人们以崇高的道德责任感去履行自己的社会义务和道德义务，指导人们克服世俗偏见，鼓励人们不甘平庸、自强自爱，在各自的工作岗位和生活中建功立业。

推荐阅读书目

徐向东．美德伦理与道德要求．南京：江苏人民出版社，2007.

李建华．道德情感论．长沙：湖南人民出版社，2002.

何建华．道德选择论．杭州：浙江人民出版社，2000.

蔡蓁．美德二十讲．天津：天津人民出版社，2008.

朱义禄．儒家理想人格与中国文化．上海：复旦大学出版社，2006.

［美］华盛顿，杰斐逊，林肯，等．美德沉思录．何吉贤，译．北京：中央编译出版社，2010.

［西］萨瓦特尔．伦理学的邀请：做个好人．于施洋，译，北京：北京大学出版社，2008.

［英］斯密．道德情操论．蒋自强，等译．北京：商务印书馆，1997.

［英］斯迈尔斯．品格的力量．宋景堂，等译．北京：北京图书馆出版社，1999.

思考题

1. 什么是道德心理？如何把握道德智慧与道德知识的关系？
2. 什么是道德行为？道德行为的特征是什么？
3. 什么是道德品质？当代社会最为需要的道德品质有哪些？
4. 什么是理想人格？谈谈你心目中的理想人格。

第九章

社会道德生活

社会道德生活是无数个体道德生活的社会化呈现，以社会视角、社会主体、社会关怀为基本依托，既整合个体道德生活，又引领和规范个体道德生活，是社会成员的道德生活和社会共同体道德生活的有机统一。马克思主义认为，人是名副其实的社会动物，人是注定要过社会生活的存在物，人的本质并不是单个人所固有的抽象物，在其现实性上，它是一切社会关系的总和。即便是从事非常具有个体性的科学或哲学的研究活动，“即从事一种我只在很少情况下才能同别人进行直接联系的活动的时候，我也是社会的，因为我是作为人活动的。不仅我的活动所需的材料——甚至思想家用来进行活动的语言——是作为社会的产品给予我的，而且我本身的存在就是社会的活动；因此，我从自身所做出的东西，是我从自身为社会做出的，并且意识到我自己是社会存在物”①。人的个体道德生活的意义和价值总是要通过社会道德生活来体现并实现的。离开了社会道德生活，人就没有办法使自己真正过上一种人的生活。人的社会道德生活包含了人与人、人与社会以及人与自然的关系及其对待等方面的内容。“只有在社会中，自然界对人来说才是人与人联系的纽带，才是他为别人的存在和别人为他的存在……只有在社会中，人的自然的存在对他来说才是合乎人性的存在，并且自然界对他来说才成为人”，就此而论，“社会是人同自然界的完成了的本质的统一，是自然界的真正复活，是人的实现了的自然主义和自然界的实现了的人道主义”②。社会道德生活与个体道德生活既有密切的不可分割的联系，也有相对个体道德生活来说更为复杂的关系建构、更为丰富的内容建构和更为不易的意义建构。社会道德生活的主体既包含了个体道德生活的任一主体，同时也与社会管理、社会工作者以及作为社会组织机构的领导者有着密切的关系，这就决定了社会道德治理和道德建设本身是一个复杂的系统工程。

---

① 马克思．1844 年经济学哲学手稿//马克思恩格斯文集：第 1 卷．北京：人民出版社，2009：188.

② 同①187.

第一节　道德共识

与传统社会同质性和整全性结构不同，现代社会结构恰恰是以“异质性”和“分化性”为典型特征的。这种“异质性”和“分化性”表现在两个方面：一是个人的“私人生活”从社会的“公共生活”中分离出来，获得了独立自主的存在空间。二是政治、经济和文化等社会生活的基本领域，从原来的以政治领域为绝对核心逐渐转向各领域的相对独立和自主，从而实现了从“领域合一”向“领域分离”的转向。社会结构的变化给人们的道德生活带来了空前的影响，诱发并导致了“道德分化”，即统一性道德的瓦解和道德存在样式及价值观念的多元化。社会生活的诸领域不再束缚于某种统一的、强制性的道德价值，而是逐渐形成了“领域性”的道德。与传统社会“公私不分”的道德生活状况明显不同，现代社会随着“公共生活”与“私人生活”的相对分离，私人生活领域的“道德自由”便作为正式的要求被提出并获得了承认。尊重个人私生活的空间和自由，尊重个人隐私和私生活的合法权利，成为现代社会的基本的伦理价值需求，个人生命意义、人生精神信仰等都属于私人信仰，个人拥有完全的“治权”或决断权，他是自己精神信仰的“决定者”，社会不应该用一种强制性的手段来要求人们确定某种信仰或放弃某种信仰。道德生活及道德价值观念多元化、多样化是现代社会生活的必然产物。

一、道德生活多样化与价值观念多元化

现代道德生活的一个重要特征即是道德生活多样化、价值观念多元化。道德生活从一体化转向多样化，反映了最广大人民群众多方面的精神文化需求，反映了社会发展的大趋势，符合世界潮流。一个社会的道德生活及其道德价值观念由单一变为多样、由简单变为复杂，反映了人们道德生活和个性特点的多样性，体现了社会历史的本来面目与生机活力，是社会进步和道德进步的表现。道德生活及其价值观念多元化、多样化意味着传统社会那种总揽一切、无所不在的强制性道德已失去了对社会生活诸领域的控制力，社会生活的各领域从此就可以摆脱其束缚，走上“自我立法”的自主发展道路。它为培养个体独立的人格提供了极为重要的条件，使个人生活获得了前所未有的自由空间。多元的价值扩展了人们的选择自由，不同的价值选择都获得了被尊重的道德空间，很多人都可按照自己的想法生活而无须背负很大的思想压力。马克思主义认为，道德及精神生活的多样性是人类社会得以进步和发展的重要动力。没有不同思想文化之间的碰撞与交流，就不可能有文化的发展和思想观念的更新。所以，思想文化和人们精神生活的多样化、多元化发展态势，总体来看是历史和社会的进步，而不是历史的倒退或精神生活的滑坡。

道德生活多样化以及价值观念多元化在产生上述积极作用的同时，也导致了诸多负面后果，在这些负面后果中，最重要的就是使普遍道德价值和基本道德准则陷入了认同的困境。个体自我的良知决断成为道德生活价值的确立者，一切道德价值判断都是“个人意志”的产物，完全是取决于“自我”的个人主观“偏好”，一个人接受一种道德价值

信念而拒斥另一种，其最后根据和最高权威完全是他自身。而当主观的“自我”成为道德价值唯一的立法者时，其结果是显然的，那就是任何个人之外的非个人的、具有普遍性和客观性的道德权威都将失去存在的合法性，任何普遍性的道德规范都将被视为与个人自由相敌对而失去存在的空间。与此相关，价值观念多元化必然导致道德生活领域的“诸神之争”。当代道德话语最显著的特征乃是它如此多地被用于表达分歧，各种多样而异质的道德信念、实践与观念无休止的对抗和争斗使现代道德陷入深刻的危机。鲍曼曾这样描述现代社会的道德图景：“存在许多社会力量和多种伦理标准，它们的存在把个体抛入了道德的不确定状态，……我们知道，这是从来没有也是不可能有的纪录。通过将个体的道德责任转换成立法者的道德责任来制定具有普遍约束力的个体道德的尝试失败了，在这个过程中给每一个人以自由的诺言也失败了。现在，我们知道，我们将永远面对没有明确良好的（这是普遍公认的、无需争议的）解决途径的道德困境，并且我们从来就不确定到哪里去找这种解决途径，甚至也不明确找到这种解决途径是不是件好事。”① 个体陷入道德的不确定状态，使得个体在价值多元化和道德生活多样化的时代无所适从，在这种情形下，没有完全令人满意的安全出口。现代人的道德生活摧毁了全部客观普遍的合理性权威，取而代之的是个体主观的、彼此相对的所谓道德原则与决断。现代性从自我中心主义的“唯我论”前提出发，迫使自我与他人在主客二分的特殊模式中处于对立状态，最终所确立的只能是“独白式”的主体理性和道德认知。在这场“诸神之争”中，我们都已极大地（如果不是完全地）丧失了对于道德的把握力。道德碎片散落在现代性的大地上，人们在满目疮痍的废墟上只能捡到残缺不全的道德遗骸，曾经鼎盛一时的完满的伦理体系荡然无存。再也没有一个能够超越社会诸领域的普遍有效的道德原则来贯通全人类的生活，道德原则的分化和伦理规范的碎片化成为现代道德运行轨迹的趋势表征。道德多元论的尘嚣使现代道德判断和评价全然失去原有的统一性，牺牲在诸多价值体系间毫无结果而又无止境的战乱中。道德价值多元化所导致的普遍道德的破碎给现代人的生活带来了严重后果，尤其在今天，“一方面，对某种普遍伦理学的需要，也即对某种能约束整个人类社会的伦理学的需要，从来没有像现在……那么迫切。另一方面，为普遍伦理学奠定合理性基础这一哲学任务，似乎也从未像在我们这个科学时代那样困难重重”②。人们道德生活和精神生活多元化、多样化导致的深刻道德危机确证着重建普遍道德价值共识的必要性和紧迫性，说明我们应当在道德生活及其价值观念多元化、多样化的同时有一元化的价值引导，有在多样化的基础上建构符合整个社会和人们的整体利益与根本利益的主流价值观和精神价值体系的必要。特别是随着中华民族日趋接近伟大复兴目标的当代社会，更需要有在尊重差异中确立主导价值观，在包容多样的基础上建构社会成员共同精神家园的宏大志业。

二、道德共识的内涵与层级

道德共识是在承认现代道德生活多样性和差异性的基础上对多元性道德价值进行整

① ［英］鲍曼．后现代伦理学．张成岗，译．南京：江苏人民出版社，2003：35-36.

② ［德］阿佩尔．哲学的改造．孙周兴，等译．上海：上海译文出版社，1997：257.

合的一种一致性道德认识或相似性道德认识，也是一种在情感、倾向性层面所得出的大体一致的道德感受和评价，是为解决当代社会道德价值冲突与分歧而做出的一种必要价值建构和道德认同。一般来说，道德共识意味着人们在对道德性质标准、道德原则规范和道德功能作用等方面的认识中达成了基本一致的意见，有比较相同或近似的看法，这些意见和看法整体上是和谐与共、可以通约的，而不是相互矛盾或相互冲突的。道德共识是社会成员对一定的道德观念和价值的认知、共鸣并且不断自我更新、自我发展的产物，是对某一确定范围内道德“公度”（common measure）的共同认可，凝结并表现为大家或众多文明相互认可、相互确立的共同价值。人类道德生活的顺利进行是需要共同价值的范导、引领和支撑的。共同价值是蕴涵于绝大多数道德主体心灵深处而又能够使不同主体更好地交往沟通、助推道德生活既丰富多样且能和谐共存的价值理念，亦是各行为主体自觉感知、彼此认同和相互贯通的共同性的价值理念或行为美德。由此可见，道德共识凸显的是多元主体基于共生共存而共同认可、共同信守、共同护卫的价值理念和道德行为准则，确证着不同主体比较一致的共同道德价值。它与一些西方国家宣扬并强力推行的“普世价值”有着本质的区别。“普世价值”不是多元主体共同认可的结果，而是某些西方国家凭借经济和军事实力将自身认可的价值提升为具有“世界普遍性”意义进而谋求实现价值观统一的价值，亦即将自我中心的价值观赋予“世界普遍性”意义而强力同化和控制非西方国家价值理念的价值输出和价值强权，是一种在价值对立的思维逻辑中对自我价值至上论和优越论的预设，根本没有兼顾或尊重世界各国的民族特征、价值理念和价值追求，实质上是以自我认可的价值作为具有普遍性的价值进而控制他国乃至全世界的价值独断论。与西方国家宣扬的“普世价值”有别，人类共同价值则是内含于各民族国家之中并有助于多元价值整合融通的，并且能够为大家所认可及共享共有的价值，是在充分尊重世界各国特殊价值的基础上，通过求同存异来凝聚价值共识的共通性价值。共同价值不同于强力灌输并力求统一的“普世价值”的地方在于，它是不同主体之间自然生成的道德价值的共鸣，是建立在沟通交流、相互尊重和彼此共同认可的基础上的多元一体、和谐共生的价值共识。如果说“普世价值”注重的是以西方价值为基准强行将非西方价值统一于西方价值的一种定于一尊的价值模式或类型，那么道德共识则强调不同文明、不同主体之间的价值整合以及因共同生活、共同交往和共同发展所凝聚的、共同认可的共同价值。

道德共识既包含了程序性的道德共识，也包含了实质性的道德共识。程序性的道德共识关涉到规范与价值之多元性的处置程序，一般来说较容易达成。实质性的道德共识关乎道德生活的内容和价值主张，相对来说较难达成，但是也并不是说无法达成。如果我们舍弃那种以绝对整体主义的道德认同为道德共识的观点，那么就会发现，不同主体之间还是有可能在一些最基本的道德准则、一些具有可公度性的价值理念乃至一些比较高级的价值追求方面达成道德共识的。因此，不能简单地认为，道德共识等同于或类似于对道德底线或底线伦理的一种共同认可。具体而论，道德共识是从底线出发达致中线甚至有可能逼近上线的道德认知和道德认同。

道德共识首先是一种基础性和起码性的共识，是人们对于道德底线或底线伦理的一种共同认识、认同和认可。

人们在长期的道德生活中，受“人同此心，心同此理”之伦理效应的作用与影响，逐渐形成了一些具有普遍认同度和约束力的道德原则规范，形成了一些基本的道德信仰和道德理念，对人与道德的关系有一些相通的道德感受和道德认知。东西方伦理文明都有一些关于道德底线或底线伦理的认同，这是维系人类生存生活最起码和最基础的道德共识。

道德共识同时又是对社会基本道德框架和共同信念的建构与认同。基本道德框架和共同信念或者说基本的道德价值观和行为准则，是人类在漫长生活中逐渐形成和发展起来的、带有某种共通性的伦理价值观和道德行为准则。基本道德框架“是我们赖以使自己的生活在精神上有意义的东西。没有框架就是陷入了精神上无意义的生活”①。建构一种道德框架，能为我们提供什么是好的、有价值的或值得赞赏的道德标准。共同信念是指在肯定公民个人合法利益基础上的“对其政治秩序的基本规范和制度同意的共同信念”以及“作为人在首先不是冲突，而是协调和相互关心的各种社会关系中的自愿、有活力的团结的共同信念”②。基本道德框架和共同信念既源于人们的共同生活需要又维系着人们的共同生活需要，是人类伦理文明中颇具普遍意义的道德价值观念和行为准则。

道德共识也凝聚和表达着人类对终极价值、至上目标的求索与渴望。道德共识大量表现为底线伦理、社会公德和为人处世道德，比如对生命的敬畏、尊重与保护，对人我、群己关系的兼顾与连带性思考，也有相当一部分是对终极价值、终极关怀的求索与意义建构，比如对真善美和人格完善诸价值的追求，对精神家园的渴望或对“诗意栖居”的向往。“人们生活中对意义和实质性的现代渴望，与长期存在的对达到高级存在，达到永恒的渴望有明显的密切关系”。“渴望完美可以表现为把某种东西，如某种类型的优秀行为，或某种意义，构入人的生活；也可以表现为把人的生活与某种更高的实在或传奇联系起来”③。东西方伦理学家都有对“止于至善”的价值建构和道德追求，此即是一种最高层级的道德共识。

三、道德共识的建构与达成

面对道德生活多样化、价值观念多元化的既定事实，如何确立道德标准的合理性基础、获取普遍有效的道德共识成为现代社会的首要研究课题。

1. *道德共识建构的必要性*

道德生活多样化、价值观念多元化总体上在产生进步作用和积极作用的同时，也导致了诸多亟待解决的问题，凸显了形成道德共识、培育道德共识的必要性和紧迫性。

首先，道德生活多样化、价值观念多元化使普遍道德价值和基本道德准则陷入了认同的困境，个体自我的良知决断成为道德生活价值的确立者。一个人接受一种道德价值信念而拒斥另一种道德价值信念，完全取决于“自我”的个人主观“偏好”，其最后根据和最高权威完全是他自身。个体自我成了现代人一切认识活动和道德思维的基本出发点，

---

① ［加］泰勒．自我的根源：现代认同的形成．韩震，译．南京：译林出版社，2001：24．
② 何怀宏．良心论——传统良知的社会转化．上海：上海三联书店，1998：91．
③ 同①63．

以个人或自我为中心的道德价值观开始成为宰制现代人道德意识、道德思维的基本观点和价值标准。这种以自我为核心的价值建构有可能导致人与人之间以及人与社会之间价值联系的断裂或紧张，凸显出形成道德共识以维系人与人之间、人与社会之间价值认同和有序生活的内在必要性。

其次，道德生活多样化、价值观念多元化使人们的道德生活领域出现了“诸神之争”，“仁者见仁，智者见智”的道德争论使道德价值判断很难确有成效地进行。现代道德生活的个体化、主体化和主观化诱发了人们对道德权威的消解、不信任或抵制．伴随而生的是道德标准和道德价值判断的多元化、多样化。现代性道德论证以人的主体理性取代中古时期神性终极权威，使得原先统一的道德标准和普遍的道德原则竞相解体，伦理学领域的“诸神之争”由此发端并且愈演愈烈，诚如韦伯所说：“在这些好战的诸神之间，我们该侍奉哪一位？……我们该侍奉另一个完全不同的神？”① 这种诸神之争使社会道德生活陷入了认同的困境，使得现代人类道德的可公度性面临着严重的挑战，从另一个层面凸显了形成道德共识的必要性和紧迫性。

再次，道德相对主义使道德准则的遵循陷入不同利益的纠葛之中，形成并诱发了道德认同的危机。如同史蒂文·卢克斯（Steven Lukes）指出的，“在面对我们这一时代一些最具分歧性的公共问题时，道德相对主义总是位居要津”②。道德相对主义使人们对道德特别是普遍道德、绝对道德或神圣道德产生了深深的怀疑和价值的解构，同时也日益侵蚀或摧毁着普遍道德建构和社会道德认同的基础。

最后，以往文明的道德世界具有同质性、整全性和普遍主义乃至绝对主义的特征，现代人的道德世界则是以异质性、分化性、个体主义和相对主义为典型特征的。“异质性”不同于“同质性”，意味着现代人的道德世界是由各不相同的主体及其内容所构成的，因此如何使得“异质性”的世界能在丰富多彩的同时保持某种基本的价值共识，也是当代道德生活必须而且应该好好加以解决的大本大源问题。

如何在超越道德权威主义、绝对主义的同时超越道德个体主义、主观主义和道德相对主义的局限，培育并确立社会和时代所需要的道德共识，已成为困扰着整个当代哲学特别是伦理学的核心课题。道德生活多样化、价值观念多元化的既定事实造成原有社会道德约束力普遍下降、道德相对主义和主观主义盛行、道德认同面临困境的事实，促使人们对之进行深刻反思，从而从一定程度上凸显了形成并培育道德共识的必要性、紧迫性和现实性，说明我们应当在道德生活及其价值观念多元化、多样化的同时有一元化的价值引导，有在多样化的基础上建构符合整个社会和人们的整体利益与根本利益的主流价值观和精神价值体系的需要。

2. 道德共识产生的可能性

道德共识的形成根源于共同人性，即人的内在本质性和道德生活的共同价值追求。道德共识不是西方伦理思想史上的二元对峙或理性偏执，而是对二元思想甚或多元思想的辩证吸收和合理采纳，是同马克思主义所言的“每个人的自由发展是一切人的自由发

① ［德］韦伯．以学术为业//学术与政治：韦伯的两篇演说．冯克利，译．北京：三联书店，1998：45.

② STURGEON N L. Relativism//The Routledge Companion to Ethics. London：Routledge：357；FLSHER A. Relativism in Metaethics：An Introduction. Durham：Acumen Publishing，2011：111.

展的条件"等价值观念高度契合与辩证圆融的产物或结晶。人类在道德生活的实践中感受到并不断认识到，必须要有一种能让人们普遍接受的道德观念来规范和约束人们的行为，使人不断地向善、向上，使共同的生活能够得以顺利地进行，充满和谐。

具体来说，道德生活多样化和价值观念多元化时代，道德共识何以可能的根据或根源主要在于：

第一，人类共生共存的深刻需要奠定道德共识的生存论基础。共生共存的需要在现实上是由发展的相关性和"共同利益圈"的形成所导致的，在道德上是由人们对有序的道德生活的渴求所导致的。共生共存的需要为道德共识的达成提供了驱动力。人既是个体性的自然存在，也是社会性的文化存在。因此，每一个人既是独特的、单一的和偶然的存在，有其属于个体存在的独特的生老病死之运命流程，每一步都必须作为个体的自我去担纲、完成或面对，任何人无法也没有足够的能力去替代，人有自己作为个体自我的独特归程和使命。同时，每一个人又是与他人、社会联系在一起的普遍的、多元的和敞开着的存在，有其与他人、社会相关的共同使命和伦理价值。任何个人人性的生成和变易无一不受到他人、社会的深刻影响。即便是非常个体的思维活动，也既以他人、社会既定的思维活动为依凭，又充满着对他人、社会既定的和现有的思维活动的批评、借鉴、超越，难以摆脱也根本无法摆脱他人、社会的影响，与他人共在成为任何个体生存和生活的人生宿命。人的此在本质上是"共在"，离开了他人的存在，个体的存在既无法呈现也无法得到证明。与他人共在或共生共存必然使人具有社会性或共同性，这种共同性确证着人的社会本质，也丰富着人的人性和价值之需求。共生共存的需要为道德共识的达成提供了内在的驱动力和现实基础。

第二，交互主体性（intersubjectivity）挺立道德共识的主体基础。主体间性的生成其实源于人类生存本身。人类生存不是在主客二分的基础上进行的主体构造和客体征服，而是主体间的共生共在与共存，是自我主体与对象主体间的交往、对话以及和谐、圆融等的关系性存在。哈贝马斯指出，"没有人能够独立于他人的鉴定而构造同一性"，个体的自我总是处于被社会的相互主体性所认可、所要求的"我—你—我们类型的关系"①之中的。或者更明确地说，"有了主体间性，个体之间才能自由交往，个体才能通过与自我进行自由交流而找到自己的认同"②。主体间性既包含着社会性，也包含着个体性。一个人所需要的自我确认必须在与他人和社会的关系中达成。因此，主体间性比主体性更为基础，也更为根本。马丁·布伯坚持认为，"我与你"是相互依存、相互作用而又相互成为自身存在的主体的，"你与我相遇，我步入与你的直接关系里"③。

第三，人类个体具有的共性意义或价值追求奠定道德共识的伦理基础。除开共生共在的存在论意义外，人类还有对发展、完善的意义追求，这也是人类的共性或共同之处。人类个体成员在价值追求和人生目的确定上既有其个体性的考虑，也有其共性的意义和共同性的追求。每个人都希望自己能够快乐幸福地生存，能够有良好和谐的人际关系，

① ［德］哈贝马斯．交往与社会进化．张博树，译．重庆：重庆出版社，1989：110，111.

② ［德］哈贝马斯．交往行为理论：第1卷．曹卫东，译．上海：上海人民出版社，2004：375.

③ ［德］布伯．我与你//万俊人．20世纪西方伦理学经典：伦理学限阈．北京：中国人民大学出版社，2004：187.

并且能够受到他人的肯定和欢迎。亦如马斯洛所言的人既有生存的需要、安全的需要，还有爱与归属的需要、尊重的需要和自我实现的需要。在马斯洛看来，自我实现作为高级需要也是每一个人所需要的，这种需要“以哲人的态度接受他的自我、接受人性、接受众多的社会生活、接受自然和客观现实，这自然而然地为他的价值系统提供了坚实基础”①。人的高级需要往往灌注于精神，是从精神生命的发展及其超越以往的局限等层面呈现出来的，人的超越性动机是“遍及全人类”因而是“人人共同的”，它不仅构成人之生命的内在价值，而且也作为目的而被人追求。个体的人有许多共性的意义和价值的追求，比如趋乐避苦、趋善避恶、发展自身、实现自我和完善自我，以及对“好生活”的向往和“好社会”的追求，这些也成为人们形成道德共识的重要理由。

3. 怎样达成道德共识

形成整个社会的伦理价值共识，首要前提就在于保证每一方的平等地位，充分体现出彼此间的相互尊重。当初启蒙道德改革的目标就是把道德规范的普遍有效性之源转向人自身，使人意识到人之为人的无比尊严。可以说，在价值多元论的事实面前，首先需要关注和思考的问题是“怎样共存”或“我们如何生活在一起”，也就是明确在一定区域内的道德原则和伦理秩序，规避某些破坏性的冲突与争端。而想要寻找各种不同立场的思想见解得以达成共识的合理途径，就必须从主体间性的视域原则出发，将与每个主体存在息息相关的各要素纳入考察机制，重新整合散落在各区域的传统伦理学的道德碎片，使区域性共识得以可能并逐渐提高其程度。初步产生的新区域内的道德共识也许仅局限于尊重与聆听，而在一个较为成熟和完善的共同体中，道德共识的程度可能会达到彼此认同并接受。因此，伴随着人们的交往实践和历史进程，获取共识的新方式、新程序、新法则将相继涌现，而道德共识的程度也会在相应区域内无止境地扩大和发展。然而，无法否认的是，它永远也达不到传统形而上学所追求的绝对永恒的普遍主义规定，这也正是现代道德共识自身的限度以及其道德论证的限度。

泰勒借助于“规范”和“价值”的区分来阐述“重叠共识”的观念，不仅认为不同的人们在具有多样价值的同时可以具有同样的规范，而且认为不同的人们各不相同的价值可以成为同样的规范的诸多可选基础。泰勒认为，在所有文化中，我们都可以找到对种族灭绝、暗杀、酷刑和奴隶制的谴责，而这些谴责所表达的就是各民族有共识的行为规范。在这些共同的行为规范背后，则有一些“深层的作为基础的价值”②，它们往往各有所属，互不相容。泰勒强调相互理解（understanding）的重要性：治疗蔑视的唯一处方是理解。在有的情况下，不同出发点之间的相互理解是达成重叠共识之后的更高境界。

道德共识作为一种开放和发展的状态，也可以这样来理解，即不同的人们在承认现在的观念存在着分歧的同时，在未来的目标上却具有共识；或者说，目前持有不同观点和立场的人们努力寻求通过和平共处、平等交往而形成或加深彼此理解，甚至追求“视域融合”。泰勒认为，尽管各种神学观点和形而上学观点之间差别极大，尽管人们常常口

① ［美］马斯洛．动机与人格//20世纪西方伦理学经典——伦理学主题：价值与人生．北京：中国人民大学出版社，2004：466.

② TAYLOR C. Conditions of an Unforced Consensus on Human Rights//East Asian Challenge for Human Rights. London：Cambridge University Press，1999：125.

是心非、言行不一，但对于正义、仁爱的需要以及它们的重要性，人们的意见往往是高度一致的。普遍标准的道德根源非常重要，因为它决定了我们对这些标准是“如何体验”的。我们可以觉得普遍标准是必须履行的义务，若不履行就感到不足和不安，若履行了就感到兴奋或宽慰。但相比之下，“如果触动我们的是觉得人类是突出地值得去帮助或公正对待的强烈感受，是一种关于人们的尊严或价值的感受，就完全是另外一种情况”①。在泰勒看来，“仅仅用未能履行义务的感觉、内疚感，或它的反面即自我满足感来支撑这种要求，是有些道德败坏，甚至危险的”②。泰勒重视重叠共识对于个人（或共同体）尊严的内在意义。

道德生活多样化、价值观念多元化是道德共识形成的前提和基础。道德共识是解决当代社会道德冲突与分歧的一种必要价值建构。道德共识有两个标志，一是结果上的标志，即形成共享性的道德意见与理解，这意味着道德分歧与冲突一定意义的消除；二是程序上的标志，即道德共识的达成要经过论辩—讨价还价—相互妥协让步这样的一个过程。道德共识是人们的共同认识，这说明它对于社会公民具有普适性，它能够被人们普遍地接受和遵守，但这种普适性其实正是来自道德共识的包容性，它在道德底线之上，能够容许个体自由地选择自己的生活方式。道德共识还具有理想性与现实性辩证统一的特征，现代社会的多元化使得道德面临着挑战与困境，而道德共识则是一种人们期望的、能够统一调整生活秩序的理想诉求，但这种理想诉求的出现并不是毫无根据的，而是以现代社会人们的共同认知为条件的。除此之外，道德共识还具有确定性与开放性的特征，确定性主要是在一定的时代与历史条件下，道德的内涵应该具有一定的稳定性，而不是标准多变，而开放性则意味着道德共识的标准不是墨守成规的，而是应该适应文化变迁和社会发展而逐步提高的。

在马克思主义看来，人的本质是一切社会关系的总和，人生活在一定的群体关系之中，而要想保证个人和群体生活的正常运转，就必须要有一种共同的生活准则，才能最大程度上避免人与人之间的各种冲突，使社会生活能够正常运转，而个体也能得到精神和情感的满足。这种共同准则的建立与遵守实际上是各方利益协调和妥协的结果，而道德共识便是这种共同生活准则的一部分，因而也是超越个体零碎化思维的内在需要，是建立在包容多样基础上的一种价值整合和对自由意志进行统合的集体意志。只有道德共识才能够保证人与人在群体之中和谐相处。因此，在多元化的今天，必须达成一定的道德共识才能保证社会秩序的良好运转，避免多元价值取向带来社会的分裂和离散。

第二节　道德认同

社会道德生活需要并深刻地呼唤道德共识的形成与应用，而道德共识又是与道德认同密切地联系在一起的。道德认同特别是对社会道德生活基本价值目标、社会主流道德

---

① TAYLOR C. Sources of the Self：The Making of the Modernity Identity. Cambridge Mass.：Harvard University Press，1987：515.

② 同①516.

原则、核心价值观的认同，无疑是社会道德生活最为重要也最为根本的内容。离开了道德认同，就很难有正常而良善的社会道德生活。

一、当代道德生活出现的道德认同危机

当代道德生活因价值观念多元化产生了深刻的道德认同危机。道德认同危机是社会个体对所处社会的道德要求不再认可，从而在情感和行为上与社会道德要求出现不一致的现象。其实质是主体价值要求与社会道德价值要求出现不一致，主体与社会的道德意义关联发生断裂，在定位自身道德需要、树立道德价值观念、确认自身道德身份和归属、寻求道德同一性过程中出现了迷失、错乱与失语，个人道德图式与社会道德图式发生了错位。人们在道德认知和道德行为上存在的“脱节”现象日趋明显，人们的伦理认知与道德实践差距较大，出现社会所倡导的伦理规范不能指导人们行为的现象。几乎所有的人都痛恨见死不救，但仍有许多人面对求救者的呼喊漠然置之，许多人“知善”但不“行善”，表现出严重的知而不行、行而不知。在道德现状上存在知行脱节和责任意识淡薄，行为上表现出虚伪、自私，较少关心他人和社会。在个体层面，表现为个体道德框架塌陷、道德方向感与归属感丧失、价值迷失、个人意义的消隐，以及道德人格的分裂。在社会层面，表现为社会普遍的道德共识难以达成、社会道德要求难以有效贯彻、道德规范性功能减弱。在当代社会中，人的自我认同危机表现在个人道德方向感的丧失，他们既失去了定向的需要，也忘却了献身的对象。人似乎不仅成了迷途的羔羊，而且甚至忘记了脚下的位置，失去了前行的方向感。现代自我认同危机是人的自我身份感的丧失，是“自我价值感、自我意义感的丧失”①。自我身份感的丧失表现为个人的无意义感，觉得生活没有提供任何有价值的东西，一个人感到无价值的倾向不断增强。现代焦虑既是人的一般生存状况的反映，也是人的心理体验危机的表现。在自我认同危机的状态中，人们与种种问题为伍，而伴随这些问题而来的是烦心的焦虑、极度的苦恼②。从某种意义上说，焦虑打击到我们自己的内在“核心”，它是我们自身的存在受到威胁时所感受到的那种东西③。道德情感是对道德理想目标和道德规范体系的忠诚的情感，道德自我认同感表现为对道德理想目标的追求，对道德规范的忠诚，“我应该具备什么样的道德思想”、“我应该如何去做”。当今时代，人们对原来的道德价值系统的崇敬感没有了，他们感到困惑。由于价值标准多元化，有的人往往不再满腔热情地称颂道德行为，不再仰慕道德人格的高尚，也不再疾恶如仇地去揭露、谴责坏人坏事并与之展开斗争，而是置若罔闻，避而远之。即便自己做了损人利己的事情，也会暗自高兴，这就是道德情感的麻木。

道德认同危机反映了整个社会道德规范的失序，严重妨碍社会道德生活的正常进行。解决道德认同危机必须深入研究道德认同的心理机制和价值导向，并对国家认同、民族认同、文化认同做出深度探讨，落实到核心价值观的认同方面。

---

① ［美］梅．人寻找自己．冯川，陈刚，译．贵阳：贵州人民出版社，1991：45.

② ［美］马斯洛，等．人的潜能和价值．北京：华夏出版社，1987：400.

③ ［加］泰勒．自我的根源：现代认同的形成．韩震，等译．南京：译林出版社，2001：37，38.

二、道德认同的内涵和本质特征

道德认同（Moral Identity）是生活于一定社会历史时期的人们对社会所形成的道德观念、所提倡的道德规范从理性和情感上予以认可并内化的过程，实质是指人与道德同一或统一的过程和状态，是人们从内心深处对社会道德价值、道德观念、道德规范等的接受和认可，其发生的人学基础在于人的生命同一性，现实依据在于人的社会化需要，心理发生机制在于人的同情情感。道德认同类型多样，是一个在精神机制、社会机制和心理机制推动下，内部世界、自我、道德、外部世界等要素和谐运行的有机系统。就主体而言，它可以分为个体道德认同和群体道德认同；就内容而言，它可以分为道德规范认同和道德价值认同；就程度而言，它可以分为全部认同和部分认同。道德认同表现为一个发挥人的道德主体性、不断提升其内化道德接受道德和践行道德及其自觉自为层次的动态过程。人作为一种群居动物，总是归属于某个群体，而在成为群体一员的过程中，他必须认同群体规范，包括其对所属群体价值取向、信仰取向以及行为取向等观点的认同，这也便是社会认同的本质。人只有具有了这种社会认同，才能够在现实生活中获得归属感，行动也才会有所指引。

当代道德自我认同首先表现在人们对主体自身的地位、意义、价值，以及人们的认识和实践活动所产生的意义、价值与关系的信仰和承诺。在这个世界中生存，人必须培养、造就一种社会洞察力和宇宙视野。在深层意义上说，这种社会洞察力和宇宙视野从根本上表现为人的世界观、人生观。而世界观、人生观的外部表现，就是某种道德框架，它为世界观和人生观所支撑。从这个意义上说，建构一种道德框架，能为我们提供什么是好的、有价值的或值得赞赏的标准。道德自我认同是以人的自我为轴心展开的对自我身份的确认，人的社会属性在某种意义上直接体现为人的身份感。道德身份在某种程度上是指人们的道德资格和道德地位，即对自身道德形象的确认与期待。当个体对角色期待是成功的，他作为道德行为者将体会到一种效能感，个体在人际关系中获得自我认同。布雷西（A. Blasi）认为，道德判断与行为之间连接的桥梁是道德自我①。人们在做道德判断时，会思考我想成为什么人、我渴求成为哪一种“我”，这些问题持续影响人的自我感。因此，自我认同能够说明为什么有些人能把道德和自我整合在一起，并忠诚于道德价值的核心。有些人不能按照信仰行事，因为信仰不是他自己的，他律的道德是不能把道德整合进自己的自我认同中去的，道德行为的动机成分来自一个人对道德原则规律本质的承诺。自我认同的确立关系到一个人的健康发展，关系到他能否良好适应社会，能否体验到自身的价值和人生的意义。个体一旦获得积极的自我认同，他就会形成忠诚的美德。忠诚意味着一个人能够按照社会规范去生活，也意味着一个人能在既定的现实生活中找到自己的位置，并在这个位置中能奉献自我，实现自己的价值，在对社会有意义的同时也感受自己生活的意义。

---

① BLASI A. Moral Identity：Its Role in Moral Functioning//Morality，Moral Behavior，and Moral Development. New York：Wiley，1984：129-139.

道德价值认同的关键在于主体是否认同一定文化体所输出的道德价值观念并对此观念有所认识，而引导价值认同的机制、设置价值认同的路径，其最终目的则在于变非认同为认同，变弱认同为强认同。要消解道德认同危机，就必须建立普遍而有效的道德认同，这就既应当尊重个体的道德自由和道德价值选择，又应该予以必要的引导，特别是在建构大家认可的核心价值体系和价值观上下功夫，以核心价值体系来引领社会道德体系的构建与发展。然后致力于“内化于心”和“外化于行”的敦风穆品的工作，使人们感知到核心价值体系的可亲可贵可爱可信，自觉地愿意认同并在认同中贡献出自己的良知和智慧。

三、国家民族认同与核心价值观认同

在当代道德共识重建和道德认同形成的伦理过程中，国家民族认同和核心价值观的建构与践行有着极其重要的意义。国家民族认同是道德认同中最具实质性内容和关键性意义的要素，核心价值观的培育与践行无疑有助于国家民族认同和整个社会道德价值体系的建设。

1. 国家认同、民族认同、文化认同的内涵与价值

树立并培育国家伦理信念和国家伦理精神，建构公民个人与国家之间紧密而合理的伦理价值链和共有的精神家园，是当代道德生活道德重建最为本根也最为关键的价值枢纽，有着整体上提升道德生活品质和价值的独特伦理效用。

国家伦理意识和国家伦理精神，大体上包括两个层面的内容。一是个体关于与国家密不可分的实体意识和归属意识及由此所形成的爱国主义伦理精神。二是国家对自身蕴涵的伦理本性的价值觉悟以及应当具有的伦理合理性的自觉追求和践履。在中国传统伦理思想中，个人与国家伦理关系的理念和信念在伦理范型中往往借助于君臣关系来体现，君臣关系之所以能够作为中国古代人伦关系之首来强调，一定程度上是因为它是个人与国家关系的伦理体现，正是因为如此，人们往往把忠君浑融于爱国主义的伦理谱系中并作为爱国主义的一种基础性论调。“朕即国家”的君主自我价值认定也在某种意义上凸显了君主对万民负责与万民忠诚于君主的伦理意识和精神。

进入现代社会，随着民主制度化及契约精神的确立，人们对国家的价值认同遭遇多层面、多源头的解构与冲击。首先是“市民社会神话”，它将市民社会无条件地当作现代社会的特征，而市民社会的核心是个体之间的契约关系，以及利益博弈所造就的“个人利益的战场”，国家必须在其中退出或淡出，这就意味着国家对市民社会管理的让位和市民社会对国家认同度的日趋降低。其次是“市场经济神话”，相信市场经济在具有重要经济作用的同时能解决政治和社会生活的诸多重大问题，“大市场，小国家”的理念应运而生，政府是“守夜人”的观点大大削弱了国家在人们心目中的地位，解构了个人与国家的精神关联。再次是“全球化飓风”所形成的“地球村神话”，此一神话试图让人们相信，在“地球村”时代，国家伦理已经让位于“全球伦理”。这三大神话从意识、理性的维度解构了国家伦理意识和国家伦理精神。

国家伦理意识和伦理精神遭到解构的后果是：国家的伦理聚合力下降，伦理认同感

日趋缺乏，国家认同中工具意识大大超过伦理意识，致使国家不再是一个值得信赖的伦理价值实体和人们共有的精神家园；诸社会群体的伦理同一性和伦理矛盾的化解缺乏具有某种终极意义、神圣性的精神基础。因此，国家伦理意识、伦理信念和伦理精神的培育，已经成为超越诸社会群体之间的伦理冲突、建构社会的伦理同一性的家园和关键性工程①。

国家认同（State Identity）是一个国家的国民对自己生活于并归属于的国家的认知认可和对国家的构成，如政治、制度、文化、族群等要素的整体肯定以及由此所形成的自豪感、荣誉感和尊严感等的总和，既蕴涵了族群认同、历史认同、文化认同、疆域认同和价值观认同等因素，又是对其整合、统一和升华，集中体现了国民与国家以及国家的管理者对国家整体利益、根本利益、长远利益的体认、维护和坚守，矗立起国家存续、发展、建设与繁荣兴旺的精神长城。国家认同是国民对国家历史文化传统、道德价值观、民族精神、建国方略等的整体认识与把握，是维系国民对国家认知、情感、意志和行为联系的精神纽带。国家的合理性及其发展前途和命运同国民的国家认同有着最为密切的关系。国家认同意味着公民对自己所属的国家及其存在形态、制度建构、法律体系和组织形式等持肯定的态度，公民能够就国家的这些方面产生一种情感上的依附，具体表现为对国家的忠诚、为国家而骄傲和自豪等爱国情怀。国家认同还表现为公民既能在行为层面服从国家管理和统治，亦能积极参与国家基于自身发展和目标所呼唤的公共事务，自觉维护国家的主权、尊严、利益和发展，在必要时能够为保卫国家做出重大贡献甚至不惜牺牲生命。

民族认同（National Identity 或 Ethnical Identity）是指民族成员对本民族的族裔认同、身份认同及对民族传统、民族文化和民族精神等的认同。民族认同的产生有其特定的历史根源和现实依据，主要来自根基性的情感联系，对于民族成员来说，生活在一个特定的民族群体，既定的血缘、语言、习俗等都具有先在性，他从自己民族群体中获得原生的情感联系。民族认同最主要的功能就是提供一个强大的“历史与命运共同体”，从而将人们从个人湮没的深渊拯救出来，并重塑集体信仰②。民族认同确定了一个民族（nation）特定的价值和特征，反映人们的传统习俗和道德观念，加强了国家及其机构的社会基础。民族认同使得个人可以在这个世界上通过集体性的特征把自己清楚地与其他人区分开来，通过一种内部相互共享但与其他人群相比具有独特性的文化，人们能够知道在世界上“我们是什么人”，通过对文化的“再发现”，我们“再发现”我们自身——具有可靠依据的自身。安东尼·史密斯（Anthony Smith）指出：“现代民族既是‘法律—政治’共同体，也是历史文化共同体。”③ 这就不仅要有基于民族本身的历史宗教语言的文化认同，也要有对法律和政治制度的政治认同。

文化认同（Cultural Identity）是指人们对所属文化以及文化群体产生的归属感、依恋感，进而在行为上表现为对这种文化所包含的价值体系、精神传统、语言文字等的认可、拥护与捍卫及发展。文化认同是深植于历史与文明根基之中的基础性认同。文化认同的产生及延续依赖于内在与外在力量的结合。文化认同大体可以区分为文化身份认同、

---

① 樊浩．中国伦理报告．北京：中国社会科学出版社，2014：65-66．
② ［英］史密斯．民族认同．王娟，译．南京：译林出版社，2018：195．
③ ANTHONY S. National Identity. London：University of Nevada Press. 1991：16.

文化符号认同和文化价值认同等环节或要素。文化身份认同是指人们对其所处的文化主体地位、文化创化功能以及文化护卫意识等的认可和认同，意味着人们自觉地将自己置身于文化建设和文化共享的文化发展进程中，愿意将自己作为这一文化建设的重要一员，既为之创造和发展，亦共享其发展成果。文化符号认同是指人们对自己创造的文化符号包括语言、文字、神话、艺术、宗教等的认可和认同，并借助这种认同使其能够更好地表达人自己的精神意愿和想法，拥有一份惬意或理想的生活。文化价值认同是指人们对自己所创造的文化价值包括渗透在文化中的精神、品质、意义、效用等的认可和认同，并从这种认同中挺立自己的文化自信和创新文化的自觉自醒。人能够借助于自己所创造的符号系统更好地表达和建构自己的意义世界，创造出自己所需要的理想生活。

多民族国家内之民族认同与国家认同，既有紧张冲突的一面又有共生一致之处。实现从民族认同到国家认同的转向，对统一国家安全和社会稳定有着重要意义。观乎从民族认同到国家认同的相关理论与实践路径，主要有强制同化、基于文化多元理论的认同整合、由建构“国家民族”认同而至民族国家认同、由“公民身份”而实现两种认同的“统一”等。实际上，关于国家认同的建构与强化，不同国家在不同时期，应依具体社会政治和民族文化情境来展开。在文化认同与民族（族群）认同、国家认同的关系问题上，必须把国家认同放在高于民族认同和文化认同之上。族群的认同不能超越或凌驾于国家认同之上，国家的文化认同必须大于族群的文化认同。就我国而言，应该通过中华民族文化共同的文化基础和文化象征符号的重建，增加民族认同与国家认同的重叠内容，以形成统一的中华民族共同体。同时，在历史的进程之中，必须把国家认同置于文化认同之上，用公民的国家认同促进文化认同①。民族认同是国家认同的重要构成，但是多民族国家的国家认同应力求使各民族的民族认同达致整体民族的认同，需要强化各民族地位平等和互通有无，更需要在国家认同的价值引领下强化民族团结与民族融合。

2. 民族精神与中华民族精神认同

民族精神是一个民族在改造自然与社会的过程中所创造出的一种具有社会主导意义的特殊精神现象，它积淀、升华于漫长的民族发展历程之中，孕育、凝结于丰富的民族文化母体之中，为民族成员广泛认同和接受，维系和推动着民族的生存与发展。民族精神既是民族成员广泛认同的思想品格、道德规范、价值取向等的提炼升华，也是民族成员行为方式、思维方式、情感方式、审美方式等的集中体现。民族精神是一个民族生命力、创造力和凝聚力的集中体现，是民族活力、民族积极的价值取向和社会信念、健康的民族意识、鲜明的民族性格等的有机统一，是一个民族赖以生存、共同生活、共同发展的核心和灵魂。赫尔德在1774年出版的《另一种历史哲学》一书中，从一般的人类精神引申到了“时代精神”和“民族精神”，他同时宣称每一种文明都有自己独特的精神——它的民族精神。黑格尔继承了赫尔德关于民族精神的概念，从其理性统治世界及世界历史的基本理念出发，阐发了“民族精神”及其作用。他认为，“在国家内表现它自己，而且使自己被认识的普遍的原则——包括国家一切的那个形式——就是构成一国文化的那个一般原则。但是取得普遍性的形式，并且存在于那个叫做国家的具体现实里

① 韩震．论国家认同、民族认同及文化认同．北京师范大学学报（社会科学版），2010（1）．

的——那个确定的内容就是民族精神本身。现实的国家在它的一切特殊事务中——它的战争、制度等等中，都被这个民族精神所鼓舞”①。世界精神发展的每一个阶段都和任何其他阶段不同，所以都有它的一定的特殊的原则。在历史当中，这种原则便是“精神”的特性——一种特别的民族精神。在民族精神内，“道德所寄托的那一种感情、一种意识和一种意志，都不是限于个人的人格和利益，而是包罗着全体一般的共同利益”②。黑格尔民族精神思想出自其“伦理实体”概念，具有个体的政治德行与政治制度的合理性的辩证统一的特性。在他看来，民族精神彰显民族的特色和本质，决定着民族历史发展进程，“各个人民都属于它，只要它的国家在发展之中，每个人民都是它的时代的骄子”，所以“一个民族的这种精神乃是一种决定的精神……这种精神便构成了一个民族意识的其他种种形式的基础和内容”③。民族精神使得一个国家具有强大的民族凝聚力和向心力。

民族精神既是民族认同的产物和结晶，又维系着民族认同的基础并保证民族认同的健康发展。民族认同是一个民族的所有成员对本民族最基本、最有意义的事物和价值的认同。一个民族的生存和发展，不能没有自己的“身份认同”、文化认同和价值认同。民族认同其实是一种身份认同，民族精神认同则是一种文化认同和价值认同，民族文化认同和价值认同是凝聚这个民族共同体去克服和战胜艰难险阻的力量源泉，是构建这个民族共同体生命大厦的精神基石。

中华民族精神是中国精神的有机构成。千百年来，中华民族形成了以爱国主义为核心的团结统一、爱好和平、勤劳勇敢、自强不息的伟大民族精神。中华民族之所以能够经受住无数难以想象的风险和考验，始终保持旺盛生命力，生生不息，薪火相传，巍然屹立于世界民族之林，同中华民族深厚持久的民族精神是密不可分的。中华民族精神的形成，从总的民族意识历史演化进程来说，经历了从“自在”向“自为”、从个体意识向群体意识发生的过程和积淀，一旦它成为现实的中华民族精神，便是具有客观存在的中华精神，即成为主体意识客体化了的中华民族精神。这种客体化了的中华精神，按其本性来说，是由中华文化承载，通过主体（中国人、中华民族成员）活动、劳动、实践所发现、创造的，即主体意识客体化了的精神。以爱国主义为核心的民族精神是我们民族安身立命之本，也是中华优秀传统文化的精髓和我们民族在历史的更迭进化中永远立于不败之地的精神原动力。中华民族爱国主义是与爱中华文化紧密联系在一起的。中国是世界文明史上唯一自古及今一脉相承的文明国家，是一个以价值观和民族精神治国化民的文明国家，有学者称之为“文明体国家”。中华民族和中华文明的形成与发展同其“天下为公”“民为邦本”“团结统一”“自强不息”等民族精神传统有着一种相辅相成的关系。民族精神是中华民族凝聚力、融合力和向心力的根基，也是民族凝聚、融合、向心的纽带，离开这个根基，民族凝聚力将成为无根之木，无源之水；离开这个纽带，中华民族的社会秩序将陷入无序状态，民族本身的存在也要受到威胁。因此，弘扬以爱国主义为核心的民族精神，对于维系华夏大地上各民族的团结统一，激励一代又一代中华儿女

① ［德］黑格尔．历史哲学．王造时，译．上海：上海世纪出版集团，2006：46.
② 同①39.
③ 同①48.

为祖国发展繁荣而不懈奋斗，实现中华民族伟大复兴中国梦有着极为重要的意义和价值。

3．核心价值观认同

经济的持续发展需要伦理精神的支撑，大国的崛起呼唤价值观和文化的创造性发展。在全球化背景下，自觉坚守中华民族弥足珍贵的“道德家园”及其精神价值，自觉地与世界不同的文明传统对话，使民族的道德传统更加理性地融入人类文明宝库中，并再次获得新生，既是时代和社会发展的内在要求，也是为了在人类文化即将到来的“第二次轴心时代”共创人类文化辉煌的使命所然。中国经过40多年的改革开放，经济总量已经跃居世界第二，民族的复兴同时也需要价值观的引领，一个没有核心价值体系和核心价值观的大国，是很难真正谈得上真正的复兴的。没有文化的腾飞，我们就不会有持久而日新的德性和创造性，不会有生命的理想和崇高价值的追求，我们的幸福就只会停留在物欲的层面。因此，可以相信，在当代情势下复兴中国文化，重新寻找中国人安身立命的精神家园，构建中华民族共同认可的核心价值体系和核心价值观，必将成为一个普遍的诉求。

核心价值观是一个社会中居统治地位、起支配作用的核心价值理念，是能够体现社会主体成员的根本利益、反映社会主体成员的价值诉求，对社会变革与进步起维系和推动作用的最根本的思想观念、道德标准和价值取向等的集中表现，是一个社会必须长期普遍遵循的基本价值准则和追求的价值共识，具有相对稳定、引领现实和指向未来的特点。人类社会发展的历史表明，对一个民族、一个国家来说，最持久、最深层的力量是全社会共同认可并努力践行的核心价值观。核心价值观承载着一个民族、一个国家的精神追求和价值认同，体现着一个社会评判是非曲直的价值标准，在文化体系和精神家园中有着举足轻重的价值枢纽作用。

中国特色社会主义核心价值观必须而且应该从自己源远流长的传统价值观中汲取养料，并结合社会主义现代化建设的现实以及中华民族迎接伟大复兴的未来诉求加以整合与创造，才能够既有历史的深度，又有现实的广度，更有未来的高度。中华文化和中国传统价值观积淀着中华民族最深沉的精神追求，是中华民族生生不息、发展壮大的丰厚滋养。中华文明独特的价值体系已经成为中华民族的基因，植根在中国人内心，潜移默化影响着中国人的思想方式和行为方式。中国的社会主义是建立在中国的现实土壤和历史传统基础上的，社会主义核心价值观绝不可能离开中华优秀传统文化的思想资源。社会主义核心价值观离开了优秀传统文化这个根，就等于失去汲取营养的活头源水；如不立足于本民族的优秀传统文化，就“等于割断了自己的精神命脉”，更谈不上开创未来。中国社会主义必须具有中国特色，中国社会主义的核心价值观也必须具有鲜明的中国特色。一个有着深厚文化传统的伟大民族在走向现代化、建设现代市场经济中，解决道德悖论的重要资源和优势就是其文化传统和价值观。

核心价值观的建构对于当代中国来说无疑具有至关重要的伦理意义。习近平指出：“对一个民族、一个国家来说，最持久、最深层的力量是全社会共同认可的核心价值观。核心价值观，承载着一个民族、一个国家的精神追求，体现着一个社会评判是非曲直的价值标准。”① “核心价值观，其实就是一种德，既是个人的德，也是一种大德，就是国

---

① 习近平．青年要自觉践行社会主义核心价值观//习近平谈治国理政．北京：外文出版社，2014：168.

家的德，社会的德。国无德不兴，人无德不立。如果一个民族、一个国家没有共同的核心价值观，莫衷一是，行无依归，那这个民族、这个国家就无法前进。”① 社会主义核心价值观把涉及国家、社会、公民的价值要求融为一体，既体现了社会主义本质要求，继承了中华优秀传统文化，也吸收了世界文明有益成果，体现了时代精神。培育并践行社会主义核心价值观，有助于增进国家民族认同和道德认同，也有助于推进整个社会的道德建设和精神文明建设。

第三节　道德治理

在国际国内形势深刻变化、我国经济社会深刻变革的大背景下，面对国内外风险挑战明显增多的复杂局面，必须解决道德领域的突出问题，促进社会治理能力的现代化。在社会主义市场经济探索过程中，由于市场经济规则、政策法规、社会治理能力还不够健全，再加上不良思想文化侵蚀和网络有害信息影响，我国社会道德生活领域仍然存在不少问题，影响到整个社会生活的有序运行和人们正常生活的开展。无论是解决道德领域的问题，还是促进国家治理能力现代化建设，都迫切需要加强道德治理。

一、道德治理的内涵和特征

社会治理最重要的问题就是恢复和张扬社会治理之道，亦即强化道德治理。道德是通过影响和调控人们的行为而发挥自己的作用的。道德本身具有治理、管理和调控机能，既有着自律自控和自我管理的功效，也有着社会管理和社会调控的功能。所谓道德治理，指的是通过道德的方式并借助道德的力量来实现对人自己以及人与人、人与社会关系的调控管理并进而实现道德“扬善”和“抑恶”的社会功能，解决道德生活领域的突出问题，理顺各种道德关系，促进人们行为的向善、向上和社会生活的健康发展。道德治理的实质内涵和关键所在是“治”，贵在遏止和矫正恶行，充分发挥道德“抑恶”的社会作用。它是针对当前我国社会道德领域存在的突出问题而提出的社会道德建设工程。道德治理的任务和目标是，要坚决纠正以权谋私、造假欺诈、见利忘义、损人利己的歪风邪气，引导人们自觉抵制拜金主义、享乐主义、极端个人主义，鞭策人们履行法定义务、社会责任、家庭责任，营造劳动光荣、创造伟大的社会氛围，培育知荣辱、讲正气、做奉献、促和谐的良好风尚。道德治理的对象和领域涉及社会生活的所有方面，凡是存在道德突出问题的部门、行业和公共生活场所，都要而且应当开展积极有效的道德治理。

道德治理在古代中国是以“礼治”或“德治”的话语方式出现的。在中国 3000 多年的历史中，“礼治”或“德治”的理论及其实践对中华民族的文化传承，对国家的稳定和人际关系的和谐发挥了巨大作用。以儒家伦理道德为内核的传统意义上的“德治”，是中

① 习近平．青年要自觉践行社会主义核心价值观//习近平谈治国理政．北京：外文出版社，2014：168.

国传统社会国家治理的重要方式和手段，是把道德与政治融于一体的治理模式，它所强调的是以人为本，以德为先。孔子思想的核心是“礼”与“仁”，在治国的方略上，孔子提倡德政，认为用道德和礼教来治理国家是最高尚的治国之道：“为政以德，譬如北辰，居其所而众星拱之。”① 强调道德对政治生活的引导作用，主张以道德教化作为治国的原则。“政者，正也。子率以正，孰敢不正?”② 他认为道德教化的关键在于统治者要以身作则、为官者要发挥榜样示范作用。孟子主张王道仁政，反对霸道暴政。其仁政思想是对孔子德治思想的继承和发展。此后，德治思想被历代统治者奉为最基本的治国之道。在中国几千年的文明发展历史中，它逐渐形成一个完整且内涵丰富的治国方略和思想体系。

道德治理是国家治理体系的构成性要素，影响着国家治理的各个维度。在价值层面，道德治理制约着国家“治理”理念的形成，凸显出“善治”对国家治理和社会治理的引领与规约功能，强化着国家治理能力现代化发展的目标是形成善治、发展善治和完善善治，进而建设高度的政治文明和伦理文明。在制度层面，道德治理作为一种隐性制度，不仅与其他显性制度共同构成了国家治理的制度基础，还通过制度间互动，影响着显性制度的建构，造就一种刚柔相济、德威并施的制度文明。在行动层面，道德治理为国家治理培育了“向善”的治理主体，创设了“从善”的治理环境，提供了“求善”的治理实践。当代社会的道德治理是中国古代社会“礼治”“德治”优秀成果的继承和发展，具有与法治相结合，与治理能力现代化相契合，与个人、与社会关系和谐互动相一致的基本特征，解决的是一个既有纪律又有个人心情舒畅、既有统一意志又有个人自由的问题，亦即在多样化的时代有比较相通的道德共识，比较理性的道德认同。道德治理现代化主要包括道德治理体系现代化和道德治理能力现代化。道德治理体系现代化包括内容体系、技术保障体系和评价监督体系等的现代化。道德治理能力现代化包括治理主体多元化、治理方式的制度化民主化、治理机制的协同性、道德治理与法律治理的圆融互动等。道德治理是社会基础治理不可缺少的部分。道德治理不仅是对社会道德阴暗面及其负能量进行抑制、克服、消除的活动和过程，同时又是扬善，即挺立和传播先进价值理念，并以这种价值理念凝聚人心，激励和引导人们求真向善，弘扬社会正能量使其不断在社会生活中占主导地位或绝对支配地位的活动和过程。

道德治理内在地要求创建道德制度，并将此融进社会管理的制度体系。道德制度是一种特殊的社会管理制度。它是介于法律规范和道德规范之间的约束与惩戒制度，既保障道德规范得以推行、为人们普遍遵守，又为遵守法律提供广泛的制度支持。现代社会人们崇尚自由，正因如此更要尊重制度。社会规则有两种类型：一是在社会运行中自然演化而成的规则，一是人们进行自觉的制度安排和制度创新而形成的规则。这两类规则共同维系着社会秩序的运行，促进社会的发展和进步。道德治理的方式和手段是正式的制度和规则与非正式的制度和规则二者的有机结合。道德治理的方式和手段是多种多样的，它不仅包括国家的立法、强制性制度和政策的执行，还包括有利于道德问题解决的

① 论语：为政.
② 论语：颜渊.

各种非正式规则，甚至还包括各主体之间的协议。

二、道德治理与法律治理

道德治理与法律治理是社会治理不可或缺的两种调整手段。法律以其强制性从外在对人们的行为进行规范和约束，是构建现代社会治理体系的有力保障。道德以其教育感化的力量从内在对人们的行为做出指引和劝导。在实际工作中，如果法制不力，丑恶横行，社会治理必然困难重重。如果不注重道德治理，人心不稳，社会矛盾和问题必然难以妥善解决。因此，坚持运用道德治理与法律治理两种手段进行综合治理，才有利于提升社会治理水平。

依法治国和以德治国并重，是中华五千年治国理政的有益经验，我们应当也必须予以继承并使其发扬光大。法律是成文的道德，是人们行为的准绳、治国理政的基本方式和手段，任何时候都必须很好地遵循；道德是内心的法律，是人们行为的基石、治国理政的重要抓手和武器，任何时候都不可忽视。在新的历史条件下，我们要把依法治国基本方略、依法执政基本方式落实好，把法制中国建设好，就必须坚持依法治国和以德治国相结合，使法治和德治在国家治理中相互补充、相互促进、相得益彰。法律和道德都具有规范社会行为、调节社会关系、维护社会秩序的作用，在国家治理中都有其独特地位和重要功能。法安天下，德润人心。法律有效实施有赖于道德支持，道德践行也离不开法律约束。法治和德治不可分离、不可偏废，国家治理需要法律和道德协同发力。

道德对法律有重要的引领和支撑作用。德治是"软约束"，是一种内在的"自律"。孔子曰："为政以德"，就是说单纯依靠法律和刑罚，不能从根本上解决问题，一味地靠强制手段来制服，人们无法从心底里产生认同，并不利于维护社会稳定秩序，而应该用道德去感化、去教育，使人心向善，知耻而无奸邪之心。因此，必须重视发挥道德的教化作用，加强社会主义思想道德建设，以道德滋养法制精神，充分发挥社会主义核心价值观的灵魂作用，把社会主义核心价值观贯彻到法制建设的全过程。在道德体系中体现法制要求，发挥道德对法制的滋养作用，努力使道德体系同社会主义法律规范相衔接、相协调、相促进。在道德教育中突出法制内涵，注重培育人们的法律信仰、法制观念、规则意识，引导人们自觉履行法定义务、社会责任、家庭责任，营造全社会都讲法、守法的文化环境。

法律对道德有重要的维护和保障作用。法制是"硬约束"，是一种外在的"他律"。法律是基本道德要求的规范化和制度化，是道德体系的强烈依托和后盾，可以通过强制性规范人们行为、惩罚违法行为来引领道德风尚。因此，我们要重视发挥法律的规范作用，使人们对法律怀有敬畏之心，牢固树立法律红线不能触碰、法律底线不能逾越的观念。这其实是在为道德筑起坚实的基石和底线，并通过法律保障社会道德生活的顺利进行，把道德要求贯彻到法制建设中。法律法规要树立鲜明道德导向，弘扬美德，立法、执法、司法都要体现社会主义道德要求，都要把社会主义核心价值观贯穿其中，使社会主义法制成为良法善治。我们要把实践中得到广泛认同、较为成熟、操作性强的道德要求及时上升为法律规范，引导全社会崇德向善。

三、道德治理与道德调控、道德赏罚、道德评价、道德教育

道德治理涵盖了道德调控、道德赏罚、道德评价、道德教育等因素，或者说完整意义上的道德治理不得不借重和依靠道德调控、道德赏罚、道德评价、道德教育来进行。它们在目的上具有一致性，方法或途径上具有相通性，内容上也具有交叉性和相互贯通性，彼此之间存在着相辅相成、相互转化或相互依赖的关系。

道德调控是指以道德（含社会道德原则、道德规范或行为准则）来调节各种道德关系、疏导或调整社会成员的行为使其向着尊道德、守道德、讲道德的方向运演和发展的行为活动及其过程。道德调控是从个人和社会、个人和个人之间的利益关系的角度，向这一社会或阶级的成员提出行为的价值基础、行为的应该和不应该的标准，并通过人们的内心信念、社会舆论、风俗习惯等形式发挥作用。

道德赏罚是加强道德治理、实现社会道德调控最直接、最有力的武器，也是贯彻社会公正原则、实现社会正义的必然要求。道德赏罚是道德主体为了实现一定的道德目的，依据某种道德标准，通过适当的方式和手段对自己或他人的道德行为与道德品质进行赏善罚恶的行为活动或过程，赏其所当赏、罚其所当罚是道德赏罚最基本也是最重要的标准和依据。赏善罚恶观念能否在一个社会中获得普遍流行或尊重是衡量该社会道德榜样力量大小、道德调控水平高低、道德风俗淳正与否的重要标尺，赏善罚恶的具体措施能否在一个社会有效实施，同生活于该社会中的人们的荣辱观、义利观密切相关。实施道德赏罚必须让德行与明智紧密相连，德行与利益保持一致，私利与公益达于统一，坚持人道原则、公正原则和正当原则。建立道德赏罚机制可以使社会成员在个人利益得失的权衡和计虑中做出合理的行为选择。

道德评价是社会道德活动的重要方式之一，它通过对道德行为的善恶性质的判定和道德责任的划分，通过对善行的赞扬、褒奖和对恶行的谴责、贬斥，激起人们的荣辱感和道德责任心，从而使人自觉地向善避恶、扬善抑恶。在社会生活中，道德评价是一定社会或阶级的道德原则和规范发挥作用的重要杠杆，对于发挥道德的功能和作用、调节人与人之间的关系，对于个人道德品质的形成、社会道德风尚的改善，以至于对道德从实有到应有的转变等都具有重要意义。从“应然”的角度，道德评价主要有三方面的任务：第一，判明各种社会道德现象的善恶是非，形成关于什么是善、什么是恶、什么是道德、什么是不道德的社会舆论和社会心理，在人们心中确立起某种道德标准，这一任务是完成其他任务的前提。第二，确认人们行为的责任，促使人们形成强烈的道德责任感，这种责任感使人对善的行为做出心灵的赞许，对恶的行为及其不良后果产生发自内心的反省，还使人对自己行为的道德后果的关心成为一种深入内心的力量，形成正确评价并选择自己行为的指南和动力。第三，判断人的行为的道德价值。通过对人的行为的道德价值的高低、正负的认定，判断一个人的道德水准和品质，以扬善抑恶，淳化社会风气。道德评价的过程，既是人们推行、宣传、灌输道德原则和规范的过程，也是人们接受一定道德要求的过程。一定社会的道德原则和规范被人们所接受的程度，及其发挥作用的大小，直接取决于人们的道德评价的自觉性和能力，以及道德评价的深度和广度。

没有道德评价，就没有道德作用的有效发挥。

道德教育是主客体相互作用、相互影响的过程，也是社会道德个体化和个体道德社会化的过程。它本质上是一种引导、规劝和督促的养成式教育，渗透于人们心理的知、情、意、行等各要素之中。道德教育是指一定社会或者阶级为了使人们遵循其道德原则和规范、自觉地履行相应的道德义务，而有组织、有计划地对人们施加系统的道德影响的活动，是教育者按一定社会或阶段的思想道德要求，对受教育者进行观念上、心理上的教育和影响，把一定的道德观念、道德要求、行为规范转化为受教育者的认识、观念、思维方式、品格和行为的社会活动。道德教育不同于社会生活的其他领域，它是以对人的精神成长产生影响为目的的，以对人社会生活观念的改变与形成为宗旨的。道德教育一方面要对学习者进行一定社会的道德观念、意识和道德要求的教育，在认识方面进行引导和教育；另一方面对学习者心理活动相关的需要、动机、性格、个性心理等方面进行积极地影响。道德教育的目的就是要培养出既有能力改造自身，又有能力改造环境和社会的新人。这就是说，道德教育既要重视培养个人的道德，同时还要关注社会的变革，以使受教育的人具有促进社会变革的能力。道德教育是社会道德调控中一种最主要的形式，它相对于社会赏罚具有更大的广泛性和正面性，相对于社会道德评价具有更加明确的目的性和系统性。

道德治理与道德调控、道德赏罚、道德评价、道德教育，在内涵上是相互包容渗透、相辅相成、相得益彰的关系。从道德治理角度看，道德调控、道德赏罚、道德评价、道德教育也是一种治理，是为了更好地扬善抑恶，达到社会道德生活的目的并使其顺利进行。

第四节　道德建设

社会道德生活既需要有效的道德治理，又呼唤积极的道德建设。从某种意义上说，道德治理也是一种道德建设，道德建设可谓一种全面的道德治理。道德建设集中体现人类的道德实践精神，是一种主观见之于客观的现实的道德活动。作为人类道德实践精神的集中体现，道德建设的目的是实现特定利益诉求、维护社会秩序和促进社会发展。我国新时代的公民道德建设应当坚持在以社会主义核心价值观为引领的基础上把社会公德、职业道德、家庭美德、个人品德建设作为着力点。家庭美德是每个公民在家庭生活中应该遵循的行为准则，涵盖了夫妻、长幼、邻里之间的关系。职业道德是所有从业人员在职业活动中应该遵循的行为准则，涵盖了从业人员与服务对象、职业与职工、职业与职业之间的关系。社会公德是全体公民在社会交往和公共生活中应该遵循的行为准则，涵盖了人与人、人与社会、人与自然之间的关系。

一、道德建设的内涵与目的

道德建设是人类拥有道德自觉并使现有的道德生活朝向理想道德生活转变的积极主

动的建设过程和行为实践。道德之所以需要建设是因为人们所呼唤和向往的道德还不是真正现实化并被人们普遍认同的道德。为了使自己的生活更美好，必须要有与之相适应并能引领其健康发展的理想的道德。这种道德也许在生活中有一定的体现，但是并没有充盈到完全能够满足人们的道德需要的程度，还没有真正成为人们现实的道德生活。人们总是从道德生活的实际需要出发，在一定的道德意识、道德思想、道德观念和道德信念的引导下，根据一定的道德原则和规范的要求，为培养社会成员的道德品质、提升社会道德水平而进行有意识、有目的、有措施的道德建设活动。道德建设是人类谋求社会生活有序、健康和全面发展的重要环节，对培养个人的道德品质、提高全社会的道德水平、提升整个社会的文明程度具有重要意义。

道德建设的根本目的是实现社会道德生活的和谐，使各种道德关系得到理顺并获得良性发展，促使社会道德向着理想的目标迈进，引领人类社会朝着更好、更善的方向发展。道德建设离不开一定阶段社会的政治、经济、文化状况，离不开社会发展对道德建设的现实需要。

社会主义社会是人民当家做主的崭新社会，道德建设从根本上来说是人民群众所从事的社会主义事业的一个有机组成部分，其目的不再是为少数统治阶级的统治服务，而是为了给人民群众追求和实现幸福生活奠定坚实的道德基础、营造和谐的社会秩序。社会主义社会所要建设的道德不是以牺牲被统治阶级的利益为代价来维护统治阶级利益的旧道德，而是维护和促进全体社会成员共同利益的新道德。人类进行道德建设的目的归根结底是为了通过实现个体利益与社会利益的共同增进来更好地实现全体社会成员的个体利益。

我国新时代公民道德建设，必须坚持马克思主义道德观、社会主义道德观，倡导共产主义道德，始终保持公民道德建设的社会主义方向，建构中国特色社会主义道德文化；坚持以社会主义核心价值观引导人们明大德、守公德、严私德；坚持在继承传统中创新发展、自觉传承中华传统美德，继承和发扬我们党领导人民在长期实践中形成的革命道德和优良传统，充分体现公民道德建设的传承性、时代性和实效性；坚持提升道德认知与推动道德实践相统一，引导人们知行合一；坚持发挥社会主义法制的促进和保障作用，以法律的力量助推人们向善、向上；坚持积极倡导和有效治理并举，加大对突出道德问题的治理，祛除歪风邪气、树立新风正气。

二、家庭美德建设

婚姻家庭道德是调节婚姻家庭中人们之间相互关系的道德规范及人们对这些道德规范内化所形成的道德品质的总和。家庭以婚姻为基础，婚姻以爱情为基础。恋爱、婚姻、家庭三者不仅涉及男女两性之间、家庭各个成员之间的利益关系，而且牵涉到同社会的利益关系。因此在人类社会生活的这一特殊领域，必然产生道德责任、道德义务和道德价值问题。家庭道德是一定社会规范家庭生活、调节家庭关系和鼓励或约束家庭成员行为的道德准则以及由此所形成的家庭美德等的总和。家庭道德反映了家庭生活中人与人之间最一般和最基本的道德关系，也成为评价人们在家庭生活中的行为是非、善恶的标准。家庭道德是维系家庭和谐的重要思想基础，是缓解家庭内部矛盾冲突的有力武器，是调整家庭内部利益关系的有效机制。因此，美满幸福的家庭需要家庭道德来调节，更需要家庭道德来提升、激励和保障。

家庭美德是家庭道德体系中具有促进家庭健康与和谐发展的，经得起岁月汰选、实践检验的良好道德规范和家庭成员形成的优秀道德品质以及优良家风等的总和。当代我国的家庭美德既是传统家庭美德在现代生活中的创造性发展，也是社会主义现代化建设时期先进道德、主流道德在家庭生活中的内化和具体化发展，是社会主义时期家庭成员之间必须而且应当遵守的家庭道德规范的内化或在个体身上的凝结和体现，是社会主义道德规范体系的重要组成部分。家庭美德体现在夫妻道德、父母子女道德、兄弟姐妹道德、邻里道德和持家道德等方面，其主要内容有尊老爱幼、男女平等、夫妻和睦、勤俭持家、邻里团结等。

家庭美德建设的重要性在当代社会日益突出。家庭是人类社会生活的基础组织形式，不仅为人的生存发展提供着最基本的物质条件，为人的全面发展创造着最直接的生活环境，而且是人走向社会化过程中的第一站，是人接受最初级教育和最原始影响的地方，也是人幸福生活的港湾和加油站。不论是伟大英雄人物还是凡夫俗子都无一例外地受到父母和家庭生活的影响。

当代家庭美德建设，要抓好以下几点：

第一，建立良好的家风、家规，协调好家庭内部成员之间的关系。所谓家风，是指家庭生活中的风俗习惯以及所表现的道德传统。所谓家规，就是指在家庭内部所制订的成文或不成文的伦理道德规范。明代姚舜牧写的《药言》论及整肃家风，认为只有整肃家风才能建设“清白之家”，他说：“世称清白之家，匪苟焉而可承者，谓其行己唯事乎布素，教家克尚乎俭约，而交游一本乎道义。凡声色货利、非礼之干，稍有玷于家声者，戒勿趋之。凡孝友廉节，当为之事，大有关于家声者，竞则从之。而长幼尊卑聚会时，又互相规诲，各求无忝于贤者之后，是为真清白耳。”① 一个家庭能够形成良好的家风，对于家庭的健康发展和家庭成员的成长都具有十分重要的伦理价值。要引导家庭成员遵守良好的道德规范，并把这些道德规范转化为行为习惯，形成家庭内部良好的小气候。对家庭成员的错误言行，要劝告、批评和帮助。没有规矩难成方圆，家庭也要学会变松散型的管理为有章可循的管理，这样才能使家庭早日建立起良好的家风。

第二，家庭建设坚持重物质更重精神的价值原则。家庭的美满幸福是物质生活与精神生活的有机统一。物质生活的贫乏，往往使家庭生活拮据或陷入困难；但精神生活的贫乏，更会摧毁家庭美满和谐的根基。因此，家庭建设应当崇尚勤劳与节俭。俗话说“勤是摇钱树，俭是聚宝盆。要想日子过得好，勤俭是个宝”，只有既勤劳又俭朴才能使家庭脱贫致富和守住富裕。家庭生活在精神层面更要崇尚和谐与道义，讲求彼此理解、精诚合作，共同担当、共同创建。我们应该意识到，物质生活的享受和满足不是家庭幸福的唯一内容，更不是家庭幸福的根本标志。幸福的家庭必须以高尚的精神生活为支柱，离开了健康充实的精神生活，任何关于家庭幸福的理解都是庸俗的。我们应该把幸福的

① 吴敏霞，等. 治家格言. 西安：三秦出版社，1998：85.

家庭建立在富裕的物质生活和高尚的精神生活和谐统一的基础之上。

第三，建设新型和谐幸福家庭。俗话说“一家之计在于和”，“家和万事兴”。一个人自呱呱坠地起就生活在家庭环境之中，从小到大，成家立业，首要的人际关系是家庭成员之间的关系。人与人的和谐首要的是家庭成员之间的和谐，家庭和谐是社会和谐的基础。中国人历来重视营造和谐家庭，“成家立业”被视为人生的两件大事。人们把家视作躲避风浪的“港湾”，喻为“后院”。家庭之乐乃天伦之乐，无家可归是悲凉的。温馨和美的家庭是人安身立命之所在。和谐社会建设呼唤和谐家庭建设。和谐家庭是以家庭成员的全面发展为基础，家庭成员之间、家庭与社会之间、家庭与自然之间相互和谐的新型文明家庭模式。家庭成员之间的和谐是家庭和谐的重要基础，只有不断提高家庭成员的思想道德素质、文化素质和身心健康素质，才能在家庭生活中营造和谐的夫妻关系、婆媳关系、亲子关系。家庭与社会的和谐是家庭健康发展的必要环境，只有大力倡导和建设公平正义、诚信友爱的社会风尚，团结互助、融洽相处的邻里关系，整洁舒适、安居乐业的生活环境，才能营造家庭与社会的和谐关系。家庭与自然的和谐是家庭持久发展的保证，积极开展“绿色家庭”和节约型家庭建设，事关人与自然和谐相处的大局，只有强化家庭节约意识、环保意识，使家庭自觉融入资源节约型、环境友好型社会的建设实践，才能营造家庭与自然的和谐关系。

第四，培育并弘扬先国后家的道德观念。在社会主义条件下，家庭利益和国家利益在本质上是一致的，家庭的前途和命运与国家的前途和命运是紧密地联系在一起的。家庭生活的美满幸福，最终取决于整个社会的安定和繁荣。因此，对于每一个人来说，既要爱家，又要爱国。我们只有努力为祖国的繁荣富强多做贡献，才能求得家庭的美满幸福。当国家利益和家庭利益产生矛盾时，要有“先国而后家”“舍小家为大家”的精神，做到个人利益无条件地服从国家的利益。先国后家、爱家更要先爱国，是社会主义家庭道德的重要内容。

在当今亲情观念有所淡化，婚姻关系稳定性下降，邻里关系趋向冷淡和陌生以及人们价值取向日益多元的时代，家庭道德建设任重而道远。推进家庭美德建设的重点是提高家庭成员的思想道德素质，不断提高家庭生活质量。

三、职业道德建设

职业道德是社会道德生活的重要方面。中国古代讲“成家立业”，不仅包含了家庭道德方面的内容，更包含了职业道德方面的内容。一个人要在社会生活中立业，除了专业技能外，最重要的就是职业道德。职业道德是所有从业人员在职业生活中应该遵循的行为准则，涵盖了从业人员与服务对象、职业与职工、职业与职业之间的关系。随着现代社会分工的发展和专业化程度的增强，市场竞争日趋激烈，整个社会对从业人员职业观念、职业态度、职业技能、职业纪律和职业作风的要求越来越高。大力提倡以爱岗敬业、诚实守信、办事公道、服务群众、奉献社会为主要内容的职业道德，鼓励人们在工作中做一个好建设者显得十分重要。加强社会主义职业道德建设，对于各行各业提高经济效益和劳动生产率，对于消除行业不正之风、形成良好的社会风气，对于个人在职业生活中走向卓越、成功都有着十分重要的意义和价值。

职业道德是人们在职业活动中所应遵循的具有自身职业特征的行为规范，以及与之相适应的道德观念、道德情操和道德品质的总和。职业道德通过规定各种职业活动对内对外应尽的义务和责任，维持着各行各业活动的正常进行，保证着各行各业与整个社会的合理联系。

职业道德，一方面指的是从事一定职业的人们在其特定工作或者劳动中的特殊行为规范的总和，即“职业之道”；另一方面指的是从事一定职业的人，经过职业活动实践和职业道德理想、意志、情感培训所达到的表现在职业工作上的道德品质状况，即“职业之德”，是行为标准内化于人所形成的一种较为稳定的行为标准的认识、践履程度和品质。“家有家法，行有行规”，职业道德反映了一定社会（或一定阶级）对从事一定职业的人们的道德要求，是社会道德在职业活动中的具体体现，涵盖了从业人员与服务对象、职业与职工、职业与职业之间的关系。不同职业的人员在特定的职业活动中形成了特殊的职业关系，包括职业主体与职业服务对象之间的关系、职业团体之间的关系、同一职业团体内部人与人之间的关系，以及职业劳动者、职业团体与国家之间的关系，等等。为了协调这些复杂的、特殊的社会关系，除了需要政治的、行政的、法律的、经济的规范和手段之外，还需要一种适应职业生活特点的、调节职业社会关系的规范和手段，由此形成了不同职业人员的道德规范，即职业道德。职业道德是生产发展和社会分工的产物，是人们在职业实践活动中形成的道德规范和职业品质等的总和，是随着职业的出现和人们的职业生活实践形成和发展起来的协调职业内部成员之间以及职业与职业之间的行为规范，也是人们对职业规范内化所形成的职业操守、职业荣誉、职业良心、职业幸福、职业人格和职业品质，本质上是职业之道与职业之德的有机统一。

社会主义职业道德是社会主义社会各行各业的劳动者在职业活动中必须共同遵守的基本行为准则及由此所形成的职业道德品质等的总和。它是判断人们职业行为优劣的具体标准，也是社会主义道德在职业生活中的反映。社会主义职业道德的基本要求，即“爱岗敬业、诚实守信、办事公道、服务群众、奉献社会”，这是社会主义社会各行各业都必须遵循的统一的道德要求。

社会主义职业道德是一种高度社会化的角色道德和主体道德，具有直接面对公众的公共性和示范性；同时，它又是随着职业活动的实践而产生和发展起来的，它把为人民服务确定为职业活动的出发点和归宿，并实现了个人利益、职业集体利益和社会整体利益的根本一致，同时也体现了公民权利与义务相统一的精神和“我为人人，人人为我”的原则，所以是人类历史上一种先进的职业道德类型。

现阶段的职业道德建设要以鼓励人们在工作中或职业生活中做一个好建设者或合格的职业成员为目的，加强职业道德教育，充分发挥职业道德评价的监督作用，重视职业文化建设，把职业道德建设和有关法规的建立密切结合起来，形成强大的职业道德建设的正能量。

加强职业道德建设，目的是让各行各业的从业人员模范地执行职业道德规范。要实现这个目的，使每个从业人员都树立高尚的职业道德，关键是要重视对从业人员进行职业道德教育。一方面，要通过职业道德教育，让本单位的每个从业人员都清楚自己应该怎么做、不应该怎么做，只有在理论上掌握了职业道德规范的内涵和要求，才能使从业人员在自己的职业实践中自觉遵守。另一方面，要通过职业道德教育，让从业人员认识到自己对职业的道德承诺以及在职业活动中对这种承诺的履行程度将直接决定自己的职业前途而认真学习职业道德。从而使职业道德深入人心，大大提高人们执行职业道德的自觉性。

充分发挥职业道德评价的监督作用。职业道德评价是对某行业、某从业人员的职业活动做出肯定或否定评价的道德评判。职业道德评价在职业生活中起着扬善抑恶和教育人做出正确选择或调整自己行为的作用。因此，要使职业道德建设获得整体的广泛的和长远的效应，就必须建立和完善与本行业职业特点相适应的评价机制，建立和健全职业单位监督、社会舆论监督等各种监督形式。与此同时，为了使职业道德评价充分发挥起监督作用，还应该建立相应的奖惩机制，对严格遵守职业道德规范的行为要给予褒奖，发挥榜样的示范作用；对违反职业道德的行为则决不姑息，而应做出相应的处罚。处罚太轻或不加处罚就是对不道德行为的纵容，导致人们职业道德的沦丧。

重视职业文化建设，形成践履职业道德的良好氛围。组织文化是指在组织中形成的一种人们共同信奉的价值观、行为准则、符号以及体现这些价值观的器物形态。组织文化建设有利于形成职业道德建设的文化氛围，改变职业道德建设工作孤军奋战的局面。因为以价值观念和群体意识为核心的组织文化一经形成，必然渗透到组织的生产、经营、管理以及职工的工作生活等各个领域中去，成为规范人们思想和行为的无形力量。有了它，职业道德建设也就有了与之相适应的文化依托和文化氛围，从而使职业道德建设得以加强。组织文化的器物形态则可以为职业道德建设提供物质保障。因为离开了作为组织文化器物形态的文教科技设施、场所及厂区环境等物质条件，职业道德建设便无法进行。

把职业道德建设和有关法规的建立密切结合起来。行业内的职业道德和法规是相互补充、相互作用的。职业道德的建设如果缺乏相应的法律和法规做保障，在一些严重违反道德要求的现象出现时，就显得软弱无力；法规如果缺乏相应的职业道德基础，职业人员就难以产生内在良知的觉醒，难免会做出违法违规的行为，因此，职业道德建设和法规建设这二者都不可偏废。职业道德建设并不是一个自我封闭起来的单项工作，而是由教育、监督、法规等诸多因素结合作用的系统工程，只有从实际出发，统筹考虑，采取多种措施并使之密切配合，才能达到预期的目的，收到较好的效果。

四、社会公德建设

社会公德是社会道德体系的基础层次，是人类在长期公共生活实践中逐渐积累起来的最简单、最起码的道德准则及社会成员的公共道德观念和情感、品质的综合化体现。社会公德水平的高低，可以衡量出一个社会最基本的文明程度和道德程度，折射出社会成员最基本的文明素养。

社会公德不同于一般的国民公德，它是社会公共生活（与家庭生活、职业生活相对应而言）的道德，是一种最基础或最低层次的大众道德。国民公德或公民道德是一定社会、国家对其国民或公民所提出的主要的道德要求，这些道德要求往往以立法的形式加以固定和推行。国民公德带有阶级、国家或社会制度的色彩，它往往与一定政治目标和主流意识形态联系在一起。

社会公德是社会道德体系的基础层次，是人类在长期社会实践中逐渐积累起来的最简单、最起码的公共生活准则和一般道德要求。社会公德涵盖了人与人、人与社会、人与自然之间的关系。大略而言，可以将社会公德区分为公共角色道德、公共场所道德、公共交往道德和公共环境道德。公共角色道德是与职业角色道德和家庭角色道德比较而言的一种公共生活的角色道德，比如，不管是哪个阶层、从事什么职业的人，到了公园就是"游客"，到了商店就是"顾客"，到了图书馆就是"读者"，到了电影院就是"观众"，到了火车、汽车、飞机上就是"旅客"，应当扮演好这些公共角色，遵循角色道德的要求。公共场所道德与公共角色道德密切相关。如果说公共角色道德是主体自觉遵守公共场所道德的要求而形成的人员和身份道德，那么公共场所道德则从客体方面向人们提出了必须遵循的道德要求，人们一旦进入公共场所就必须遵循有关规定，遵守这些公共生活对其对象的要求，如果破坏了这些公共场所的行为准则，就会造成社会生活秩序的混乱。公共交往道德是社会主体自觉协调与自身之间、客体之间、交互主体之间的交往以不断改善彼此关系、促进共同发展的行为准则和规范体系。从主体角度讲，公共交往道德是确保主体人的本质充分实现、个性充分发展的自律性和自为性规范；从社会角度讲，公共交往道德是确保整体共同利益和主体间协调友善的普遍性和社会性规范。公共环境道德是指在处理人与自然关系中所应遵循的以热爱自然、保护环境为主要内容的行为规范和准则体系。

社会公德经历了一个与时俱进的发展过程，到近现代，就形成了社会主义社会公德这种最先进的道德体系。社会主义社会公德是建立在社会主义经济基础之上、继承了历史上社会公德的优秀传统并以共产主义道德理想为前进方向的道德准则和价值导向系统。社会主义社会公德是以文明礼貌、助人为乐、爱护公物、保护环境、遵纪守法为主要内容的观念和行为准则体系，反映着社会主义精神文明和道德文明的内在要求。它既是历史上社会公德传统和遗产的继承与发展，又反映了社会主义社会公德的性质和特点，成为社会主义道德体系的重要组成部分。

社会公德的培植是一个渐进的、长期的、润物细无声的过程，但它又不是自发生成的。它不仅需要社会舆论的积极引导，同时也离不开相关制度的保障。激励起每一个公民心中向善的热情与欲望，应该是一个和谐社会的内在品质。我们应努力培养社会公德意识，树立遵守社会公德的良好形象，争做践行社会公德的模范，以实际行动推动我国社会公德建设。

首先，从小事做起，践行社会公德规范。社会公德所规范的行为包括社会公共生活中最微小的行为细节，这些细节极容易被人们忽略，而它一旦被社会群体中的大多数人所忽视，往往就可能形成不良的社会风气。因此，社会公德意识要在点点滴滴的日常小事中培养，"合抱之木，生于毫末。九层之台，起于累土"①。勿以善小而不为，公德建

① 老子：第六十四章.

设正是应该从一点一滴的小事做起，人们只有遵守了最基本的道德规范，具备了最基本的道德品质，才有可能向更高的道德目标攀登。一个人如果不能达到起码的道德要求，要想让他成为道德上的“圣人”是根本不可能的。可见，社会公德教育必须也只能从小事抓起。

其次，完善社会公德的创建机制，充分发挥典型示范的作用。以“讲文明树新风”为主题的创建文明城市、文明村镇、文明行业活动，各级党政机关开展的争先创优、依法行政、公正执法、做人民满意公务员活动，以及社会各界组织的“希望工程”、“送温暖”、“手拉手”、“幸福工程”、“春蕾计划”和“扶残助残”等公益活动，覆盖面广、参与人数多，对社会公德建设有着深刻的影响。社会公德实践活动源于基层、扎根群众，有着强大的生命力。要因势利导，发挥基层组织和群众团体的骨干作用，发挥广大群众的主体作用，坚持从具体事情做起、从群众最关心的事情抓起，使道德实践活动与各项业务工作紧密结合，贴近基层、贴近群众、贴近生活。这里的关键就是要建立全民动员机制，形成全社会广泛参与的局面。要广泛开展向先进典型学习的活动，善于发现和运用先进典型，树立可亲、可敬、可信、可学的道德楷模，让广大群众学有榜样、赶有目标、见贤思齐，从先进典型的感人事迹和优秀品质中受到鼓舞、汲取力量，使先进典型的高尚情操成为社会的共同财富。

最后，完善社会公共生活的制度建设，控制公共生活中的失范行为。在一个社会、一个国家范围内，人们的思想文化和道德水平的层次性、差别性必然存在。因此，完善公共生活中的制度建设，控制失范行为尤为关键。制度的强制性控制能在维护公共生活正常秩序方面发挥重要作用。制度的控制作用最终服务于公民社会公德意识的提高。用制度来强制规范人们的行为，并不是公德建设的最终目标，以制度为必要的辅助性手段，通过调控人们的行为进而培养公民的公德意识，才是其落脚点。

社会公德建设包含了实践和养成两方面。社会公德建设重在实践，这种实践应以培养公民意识、弘扬公民精神为前提，注重建立健全各种规章制度，努力完善社会公德的教育机制、修养机制和评价机制。社会公德重在养成，重在把遵守社会公德的道德要求逐步转化为广大公民的道德习惯，这就需要广大公民树立自律观念，强化责任意识，形成从我做起、从现在做起、从小事做起的行为习惯。只有既重视行为实践，又重视习惯养成，才能真正推动社会公德建设深入持久地进行并取得理想的效果。

推荐阅读书目

罗国杰．道德建设论．长沙：湖南人民出版社，1997．

田秀云．社会道德与个体道德．北京：人民出版社，2004．

李佑新．走出现代性道德困境．北京：人民出版社，2006．

李仁武．制度伦理研究——探寻公共道德理性的生成路径．北京：人民出版社，2009．

［法］涂尔干．职业伦理与公民道德．渠东，付德根，译．上海：上海人民出版社，2001．

[美] 阿皮亚. 认同伦理学. 张容南，译. 南京：译林出版社，2013.

[加] 泰勒. 自我的根源：现代认同的形成. 韩震，等译. 南京：译林出版社，2001.

思考题

1. 什么是道德共识？如何理解道德共识的性质和层级？
2. 何谓道德认同？为什么说价值观认同是最重要的精神认同？
3. 什么是道德治理？试述道德治理与法律治理的关系。
4. 谈谈你对家庭美德、职业道德、社会公德建设的意义的认识。
5. 请结合现实，试述当代道德生活如何在多元化的情势下建构一元性的价值导向。

第十章

伦理精神的陶融与追求

伦理学作为一门悠久古老而又永远年轻的哲学人文学科，始终以对人自身的生存发展和幸福完善及好生活、好社会的追求与建设作为研究对象，探求人如何使自己生活得更美好、更有价值的内在机理和精神奥秘，并提出种种前瞻性或引领性的思想与理论，故与人类文明和社会历史的发展有着最为密切的关系。人类文明和社会历史的发展既凝结着伦理学的精神品质和道德智慧，也对伦理学的精神品质和道德智慧不断提出新的要求。而伦理学精神品质和道德智慧创化的不易以及向社会历史和文明渗透贯穿的不足乃至不彻底，又常常带来文明本身乃至社会历史的非伦理甚或反伦理的运演及悲剧性的发展，从而使得文明和社会历史的发展与伦理学的精神品质和道德智慧产生某种二律背反或相互对峙、相互斗争的态势，造成了历史发展态势和道德发展态势的分离、分裂乃至此消彼长的状况。但是，如果我们从人类伦理文明和道德文明发展规律及机理上来考察，总是能够感觉或捕捉到这样一种规律性的现象：脱离乃至违背了伦理文明和道德文明的社会历史现象大多给人类社会造成巨大的震动、颠覆并使人们的幸福生活落入灾难的陷阱，从而引发人们发自内心的不满和抵制。从人类政治生活与道德生活的复杂关系上，我们似乎更可以感受到二者结合对文明和人心的正面意义，感受到二者背离对文明和人们正常生活造成的种种伤害和不幸。历史的兴衰成败，社会的发展进化，与伦理道德的运行状况特别是统治阶级的道德价值追求常常呈现出某种高度密合的关系。《尚书》曰："七世之庙，可以观德；万夫之长，可以观政。"① 盛衰是历史呈现的现象，而决定盛衰的除了那些客观外在的原因外，大量地与人们特别是统治阶级的道德状况相关。"以铜为镜，可以正衣冠；以古为镜，可以知兴替；以人为镜，可以明得失。"② 伦理学既有"以古为镜"的反思总结人类既往道德生活经验教训之特质，亦有"以人为镜"的鉴别剖判

---

① 尚书：咸有一德.

② 吴兢. 贞观政要. 北京：团结出版社，1996：42.

人自身诸种弱点以更好地警醒世人之功能效用，还有将这种反思警醒纳入未来之历史建构和理想追求的“藏往知来”之价值呼唤与渴盼，这就决定了伦理学必然担纲人类社会的发展愿景。承载人类社会发展愿景的伦理学也有许多自身的特殊要件或素质要求，并不是每一种伦理学都能理性而善美地设定人类社会的发展愿景，只有那种“尊德性而道问学，致广大而尽精微，极高明而道中庸”的伦理学，亦即那种既扎根历史又正视现实且关注未来并以崇高、神圣和伟大、超迈为至善追求的伦理学，才能有资格和潜质铸造人类社会的发展愿景，也才能敦促人类朝着德性优良、生活高雅和身心健康、人格完善的方向发展，才能将社会本身的改造建设同人自身的改造建设有机地结合起来，抒写人类文明进步的崭新篇章。

第一节　伦理精神与文明创化

一个民族不仅有着共同的文化创作与精神生活，而且在历史持续与世代绵延中，依此构成了他们共同的心理、性格、伦理、道德、风俗以及理想、信仰与信念，构成了他们共同的价值观、欲望、目的、要求及其取向，构成了一种胡塞尔所说的“历史的内在目的论”。历史依文化和道德绵延而持续，文化和道德绵延构成了国家民族历史存在的基础。离开文化的认同与归属，离开德性的依持和伦理的约束，就谈不上国家民族的持久存在与统一，更形不成民族的凝聚力和向心力。由此可见，伦理精神对国家民族、人类社会历史的存续发展具有关键性意义和至上价值。

一、伦理道德与人类文明

伦理学浸润着人们对自我的认识和对人性的改造以及对高尚人格仰慕敬佩的成果，充盈着人们对文化文明和良善秩序的深度关注和精神诉求，也是人从价值、应当、至善等尺度把握世界、洞察社会和历史，进而彰显人的主体性、目的性的内在基质和力量源泉。

伦理学的发展，体现了人如何超越自己局限性的精神品质，既使人生活在现实世界又向人洞开了一个理想和超越的世界，日益使人同动物区别开来。但是，人毕竟又是一个自然的和现实的存在物，有自己无法超越的人性弱点，人性在德性上的不自足和非充盈状态，常常使人不能达致理想的伦理状态，演绎出一幕幕历史乃至文明的悲剧。这一尴尬的局面每每使人产生对伦理学的抵触乃至某种失望。但是，真正的伦理智慧又总是试图探赜人性与文明的矛盾或背反状态，通过洞彻二者之间的内在勾连不断地提出人性教育和修养乃至改造的任务，即便是在现实惰性的驱使下难以见效，也彰显出某种征服人心的特殊品质，这也正是它在受到某些世俗嘲讽的同时又能感召一批对生命做深度思考与追求之士，得到他们青睐与崇敬的原因。置身于多元文化和开放时代的伦理学，虽然面临着工具理性和世俗化的诸多挑战，而增强伦理学知识的技术操作性，更有益于增强道德伦理在公共社会生活中的普遍效力，但是与其他人文社会科学有所不同，伦理学作为人类把握自身生活意义和规范社会秩序的特殊方式，作为一门行为价值与精神理想的人文知识或科学，永远也不可能像法律或政治制度系统那样达到较为充分的实际可操作化水平，对人类内在品格精神和终极价值的关怀向度于伦理学有着一种“机不容吝，情不容止”的内在惯性与学理诉求，它始终担纲民族伦理精神的开掘与提升，对超越性和崇高性的关注与“止于至善”的企求始终是真正的伦理学所趋赴的价值目标。道德永远是一个社会、国家、民族所必须储存的无形资源和精神资本。也许，“自下而上”与“自上而下”的理论进路或方式，都不能单独地承诺伦理学的全部理论使命，如同单纯的目的论或道义论难以表达完整的伦理学知识图像一样。人类文化的内核和精髓集中表现为伦理文化，从根本上讲，人类文化的内在价值判断和发展朝向，最终取决于其伦理设定，包括其伦理理想和道德目标：人类文化的发展或停滞、进步或倒退，最终，一切都会归结到一个伦理的决定上，如何评价我们存在于其中的自然，以及现在越来越突出的那个问题——怎样看待我们作为个体的身份问题，此乃属人动物和社会历史永远无法超拔的终极性问题，亦即伦理学意义上的终极关怀。

德国哲学家康德曾说：“有两样东西，我们愈经常愈持久地加以思索，它们就愈使心灵充满日新月异、有加无已的景仰和敬畏：在我之上的星空和居我心中的道德法则。”这是人类思想史上最气势磅礴的名言之一，它刻在康德的墓碑上，出自康德的《实践理性批判》“结论”部分。我国群经之首的《易经》在阐说伏羲氏作八卦时指出：“古者包牺氏之王天下也，仰则观象于天，俯则观法于地，观鸟兽之文与地之宜，近取诸身，远取诸物，于是始作八卦，以通神明之德，以类万物之情。”“神明之德”指谓天地内蕴的一阴一阳之化生万物的生生之德，人在觉解天地之德的同时即可建构自己的道德价值谱系，“存人道以配天地，保天心以立人极”[①]。人凭借自己所建构的伦理道德可以作用于天地万物，可见道德对人生和事业的重要性。洞观文明与历史，可以使我们惊讶地发现，其实历史的进步与人生的成功莫不有某种道德力量的支撑，而历史的退步与人生的沉沦又常常是从道德上的失守或某种崇高道德品质的堕落开始的。

“道德生活意味着：（1）用理智来指导和控制行动；（2）与我们的同胞——共同体——和睦相处。因此，我们说，凡有利于理智的发展、有利于我们与我们的同胞的合作以及能增进我们对我们的同胞的同情的东西，都正在奠定道德可能建立于其中的基础。”[②] 人们生活在万有相通的现实整体之中，通过意义的建构以形成这个相通的整体，彰显个体生命的意义，构成道德生活的本质规定性。伦理认知就其目的性而言是朝向未来的一种精神建构，具有引领人超越现有局限去达致理想境界的价值感召性和精神召唤性。未来作为人在现实生活的一种“趋势”，而成为人将要进入的“可能世界”。西方现当代的人文主义思潮，如尼采、伽达默尔等人的哲学对传统哲学的颠覆，是因不满足于“在场形而上学”追求抽象、永恒的本体世界，而要求回到具体的、变动不居的世界。但这种思潮也并不主张停留于当前在场的东西之中，它也要求超越当前，追问其根源，只不过不像传统形而上学那样主张通过名相概念把握终极实在，而是去寻找使“不存在者”

---

① 王夫之. 周易外传：卷二//船山全书：第1册. 长沙：岳麓书社，2011：883.

② ［美］杜威，塔夫斯. 伦理学. 方永，译. 北京：商务印书馆，2019：44.

在某种意义上存在的“载体”，有意义地去叩问那些“不存在”的东西[①]。“即使人类未来的某一代人齐心协力，把人类社会变成了一个全是圣人的社会，那歇息也不会成为这种精神成就的一种奖励。甚至在一个圣人社会里，无论集体还是个人，对自我中心意识的胜利，恐怕也是不彻底的，因此还需要不懈的努力。这意味着下一块凸出的岩石将是心灵斗争的场所，其斗争的紧张程度不亚于一块凸石接一块凸石向上面的绝壁攀援的斗争。”[②] 这意味着人们的道德修养、道德学习和道德价值追求永远是在路上，止于至善永远是一个不可能完全达到的攀越过程，任何人只要停息其道德修养、道德学习和道德价值追求过程，就会在道德生活上处于“前功尽弃”的状态，既有的种种成就亦会迅速地转化为负面的精神拖累乃至价值递减。

在中国，自孔子开启“朝闻道，夕死可矣”的生命路径和伦理认知之后，前赴后继的华夏子孙自觉地将个体的自然生命熔铸于闻道、知道、悟道、体道和行道的价值践履之中，使短暂的人生获得一种伦理价值的支撑，书写了“仁宅义路”、“成仁取义”的生命传奇，也使得中华民族获致一种超迈苦难与困厄的伦理精神，进而使中华伦理文明成为世界伦理文明史上连续性文明的典范。数千年来，中华民族历经磨难而绵延不绝，一个重要原因就在于有深厚的伦理文化传统和伟大的民族伦理精神。这种深厚的伦理文化传统和伟大的民族伦理精神砥砺和敦勉着华夏子民上下求索，筚路蓝缕、以启山林，创造出卓尔不群的历史和文化，形成中华民族特有的精神家园和意义世界。“在齐太史简，在晋董狐笔。在秦张良椎，在汉苏武节。为严将军头，为嵇侍中血。为张睢阳齿，为颜常山舌。或为辽东帽，清操厉冰雪。或为出师表，鬼神泣壮烈。或为渡江楫，慷慨吞胡羯。或为击贼笏，逆竖头破裂。是气所磅礴，凛烈万古存。当其贯日月，生死安足论！地维赖以立，天柱赖以尊。三纲实系命，道义为之根。”[③] 文天祥在《正气歌》中从人物、事件、操守、价值诸方面对中华民族伦理精神及其所形成的正气予以开掘论述，展现了一幅民族道德生活威武雄壮、气势磅礴的生动画卷，也震撼或感染着千千万万华夏子孙的道德心灵和精神世界，使他们不断地做“仰高钻坚”般的精神开掘和意义求索。

二、“兴亡周期律”中的道德机理

历史兴亡的周期律总是同人们特别是统治阶级和精英人士的道德精神价值追求有着最为密切的关系，伦理道德及其价值追求渗透于政治生活乃至天下的治理之中，进而影响着百姓的生存状态和整个文明的发展走向。《尚书·召诰》最早提出了“殷鉴”的理论，认为夏代、殷代之所以未能将所承受的天命传之久远，根本原因在于后来的统治者“不敬厥德”，所以“乃早坠厥命”。

孟子曾经总结历史的经验教训，指出：“三代之所以得天下也以仁，其失天下也以不仁。国之所以废兴存亡者亦然。天子不仁，不保四海；诸侯不仁，不保社稷；卿大夫不

① 张文喜. 形而上学的品格：在认知与价值之间. 学术交流，2000 (3).
② ［英］汤因比. 历史研究. 刘北成，等译. 上海：上海世纪出版集团，2005：61.
③ 刘柯. 古典文学大观. 长沙：岳麓书社，1989：170.

仁，不保宗庙；士庶人不仁，不保四体。”[①] 没有仁德是很难将事业、功业、家业做大做强并实现可持续发展的。仁德包含了对他人的关心、热爱与尊重，是儒家所十分看重的伦理精神和品质。只有仁德才能正确处理人与人之间的关系，建构一种良好的人伦关系和社会关系。历史上，一些君主和臣子在刚刚登上政治舞台的时候大多能够以道治世、以德律己，故而能够干出一番事业。但是，也许是阶级和时代的局限，更多地是受人性惰性的影响或修养力度不够，他们总是善始不能善终，在历史的舞台上演绎出一幕幕“其兴也勃”“其亡也忽”的悲剧。

《贞观政要》是一部主要记录贞观年间唐太宗与诸大臣讨论政治得失的政治伦理名著，其中最重要或谈论得最多的莫过于如何善始善终，涉及的主题就是不忘初心、牢记使命、砥砺前行，如何牢记草创之难和守成之难，使君臣“常无懈怠，各保其终”，走出或超越历史的兴亡周期律。其中，《论君道》直接讨论“草创之难”和“守成之难”的关系，唐太宗认为房玄龄论及的“草创之难”和魏徵论及的“守成之难”都有合理性，并指出：“玄龄昔从我定天下，备尝艰苦，出万死而遇一生，所以见草创之难也。魏徵与我安天下，虑生骄逸之端，必践危亡之地，所以见守成之难也。今草创之难既已往矣，守成之难者，当思与公等慎之。”[②] 唐太宗既肯定草创之难，又主张迎战守成之难，表达了一种在顺境中“易以丧德”的忧虑，并主张总结历史的经验教训。《论慎终》更加深化了对不忘初心、牢记使命、砥砺前行的伦理意义。魏徵对唐太宗说：“自古帝王初即位者，皆欲励精为政，比迹于尧舜；及其安乐也，则骄奢放纵，莫能终其善。人臣初见任用者，皆欲匡主济时，追踪于稷契；及其富贵也，则思苟全官爵，莫能尽其忠节。若使君臣常无懈怠，各保其终，则天下无忧不理，自可超迈前古也。”[③] 帝王初即位者多生励精为政之初心，把“比迹于尧舜”当作自己的理想目标。但是等到自己平定天下，天下太平无事，每每又产生骄傲奢侈之心并放纵自己的欲望，从而不能将自己的初心坚持到最后，演绎出一幕幕善始而“莫能终其善”的悲剧。不仅帝王有难保初心之倾向，臣子也逃不出这种善始不能善终的定律。他们在初见任用之时，总是能够怀抱“匡主济时”的初心，把“追踪于稷契”作为自己的理想。但是等到功成名就富贵荣华之时，他们大多就忘记了自己的初心，每每把“苟全官爵”作为自己的目的性追求，所以其行为就“莫能尽其忠节”，演绎出一幕幕善始不能善终的人生悲剧。在魏徵看来，只有君臣常无懈怠、永葆初心、砥砺前行，那就可以使天下没有什么忧患不能解决，自然可以超迈前古。杜牧作《阿房宫赋》，最后一段论及如何总结历史教训的问题，非常清醒地给出了对后来者的伦理精神忠告：“呜呼！灭六国者六国也，非秦也。族秦者秦也，非天下也。嗟夫！使六国各爱其人，则足以拒秦；使秦复爱六国之人，则递三世可至万世而为君，谁得而族灭也？秦人不暇自哀，而后人哀之；后人哀之而不鉴之，亦使后人而复哀后人也。”

江山社稷的持守与君主个人道德的持守有相当密切的关系，个人的败德肯定会败江山。此正如唐朝诗人李山甫《上元怀古》所写：“南朝天子爱风流，尽守江山不到头。总是战争收拾得，却因歌舞破除休。尧行道德终无敌，秦把金汤可自由？试问繁华何处有，

① 孟子：离娄上.

② 吴兢. 贞观政要. 北京：团结出版社，1996：3.

③ 同②418.

雨苔烟草古城秋。"司马光在《资治通鉴》中，从天下兴亡的角度探讨德性的价值，并与才智进行比较，指出："才者，德之资也；德者，才之帅也……才德全尽之谓'圣人'，才德兼亡之谓'愚人'；德胜才之谓'君子'，才胜德之谓'小人'。凡取人之术，苟不得圣人君子而与之，与其得小人，不若得愚人。"① 他不是将德与才等量齐观，而是突出强调德对才的主导作用和优先地位，把德放在首位，并通过大量历史事件来说明"恃德者昌，恃力者亡"的道理。德性是人类为了幸福、繁荣昌盛、生活美好所需要的特性品质。内在德性品质让一个人高尚并使其生存实践完美，是人之为人的内在规定，是人存在的基础也是使人走向伟大的动力源泉。没有德性，也就没有人类的好生活，没有人类的幸福。远离了德性和道德，诞生不出任何伟大的时代和民族。

1945 年 7 月，抗日战争胜利前夕，民主人士黄炎培以国民参政会参政员身份到延安访问。座谈的时候毛泽东问他有什么感想。黄炎培说："我生六十多年，耳闻的不说，所亲眼看到的，真所谓'其兴也浡焉，其亡也忽焉'，一人，一家，一团体，一地方，乃至一国，不少不少单位都没有能跳出这周期率的支配力。大凡初时聚精会神，没有一事不用心，没有一人不卖力，也许那时艰难困苦，只有从万死中觅取一生。既而环境渐渐好转了，精神也就渐渐放下。有的因为历时长久，自然地惰性发作，由少数演为多数，到风气养成，虽有大力，无法扭转，并且无法补救。也有为了区域一步步扩大了，它的扩大，有的出于自然发展，有的为功业欲所驱使，强求发展。到干部人才渐见竭蹶，艰于应付的时候，环境倒越加复杂起来了，控制力不免趋于薄弱了。一部历史，'政怠宦成'的也有，'人亡政息'的也有，'求荣取辱'的也有。总之没有能跳出这周期率。中共诸君从过去到现在，我略略了解的了。就是希望找出一条新路，来跳出这周期率的支配。"毛泽东回答说：我们已经找到新路，我们能跳出这周期率。这条新路，就是民主。只有让人民来监督政府，政府才不敢松懈。只有人人起来负责，才不会人亡政息。黄炎培先生说："这话是对的。只有大政方针决之于公众，个人功业欲才不会发生。只有把每一地方的事，公之于每一地方的人，才能使地地得人，人人得事。把民主来打破这周期率，怕是有效的。"② 毛泽东从制度层面思考了打破兴亡周期律的问题，这无疑是根本的治本之策。但是兴亡周期律关涉到人的德性特别是对崇高德性的坚守与把持。

国家民族的兴衰存亡不仅是一个历史问题和文化问题，更是一个伦理道德和人心向背问题。

古罗马帝国的灭亡引发了诸多思想家和历史学家对其盛衰原因的研究，李维、孟德斯鸠、吉本、房龙均强调伦理道德因素在其盛衰诸原因中的独特作用，并对此做出了颇富历史理性和哲学智慧的论述。孟德斯鸠在《罗马盛衰原因论》中坚持认为，罗马帝国的兴起与强盛是由于罗马产生了许多富有理想和创业精神的杰出人物，罗马军人具有坚韧不拔和英勇顽强的伦理美德，而衰亡则是由统治阶级醉生梦死的生活方式以及各种利益集团弃公为私的贪婪豪夺所导致的。房龙在《宽容》一书中谈到古罗马的兴衰时不无深刻地指出："罗马征服了世界，同时也毁灭了自己。"罗马帝国后期败德盛行，统治者

---

① 司马光. 资治通鉴：周纪一. 长沙：岳麓书社，1990：4.

② 孙琴安，李师贞. 毛泽东与名人：上. 南京：江苏人民出版社，1993：90-91.

过着醉生梦死的生活，“他们已经占有了所有的城乡住房，拥有了他们希望得到的全部游艇和马车。他们拥有了全世界的奴隶。他们尝遍了全世界的美酒，踏遍了绿水青山，玩遍了从巴塞罗那到底比斯的所有女人，世间所有的文字书籍在他们的藏书室里都能找到，他们家的墙上挂满了最美丽的图画。他们吃饭的时候有世界上最卓越的音乐家为他们演奏……结果，所有的美味佳肴都失去了味道，所有的图书都变得乏味，所有的女人都失去了魅力，甚至生存本身也成为一种负担，很多人宁可获取一个体面的机会使自己丧生。剩下的只有一种安慰：对未知和无形世界的遐想”①。一个人，一个民族，一个国家，失去了伦理精神的武装，是没有办法获取意义的支撑和价值的力量的，只会自毁前程、自断慧根。醉心于人生的享乐，享乐也会将人扼杀于其中，最后使其无法享乐，也难以享乐。这就是历史的发展规律留给人们的沉痛教训。

历史的兴衰常常同人性和人的德性相关，在条件不好的情况下讲道德相对是比较容易的，而在环境渐趋好转或者已经富足的情况下讲道德是比较困难的，它挑战着人性，特别是人的道德意志和操守，考验着人的自律能力和精神攀越性。在时下关于“富二代”“富三代”伦理品质的讨论中，主要的忧虑是他们如何能够真正做到“致富思源，富而思进”，永远保持先辈创业维艰的优秀品质。财富、家业乃至江山社稷的持守需要一种精神和道德的力量，没有高尚的道德情操、坚定的道德意志、高远的道德追求是很难真正守住家业和财富的。这就是当代社会许多有识之士如此关注财富伦理和人生、家庭、单位乃至国家可持续发展的深层原因。

一个国家的建设、维持和兴盛必须要有与之相适应的国德。“德之在国，推恩于天下，泽布于四海，志在养民，兴利除害，谓之国德；而其成为风气者，谓之国风；成为品格者，谓之国格。”② 国德是立国之基、护国之本、强国之要。梁启超作《国性篇》，指出“国于天地，必有与立。国之所以与立者何？吾无以名之，名之曰国性。国之有性，如人之有性然。人性不同，乃如其面，虽极相近而终不能以相易也。失其本性，斯失其所以为人矣。惟国亦然，缘性之殊，乃各自为国以立于大地。苟本无国性者，则自始不能以立国；国性未成熟具足，虽立焉而国不固；立国以后而国性流转丧失，则国亡矣”③。梁启超所言的国性本质上就是国之所以为国的国德。一个国家的国德是其立国之坚实根基，也是国家维系之精神根脉，更是其兴旺发达之动力源泉。失去了国德，国家是会衰亡的。所以有国有天下者，必须好好地去确立国德、培育国德、巩固国德。魏徵在给太宗的上疏中写道：“求木之长者，必固其根本；欲流之远者，必浚其泉源；思国之安者，必积其德义……不念居安思危，戒奢以俭，德不处其厚，情不胜其欲，斯亦伐根以求木茂，塞源而欲流长者也。”④ 德义不积而思国之安者，犹如对树伐根以求其木茂，是最不靠谱或者说注定要失败的。国运长久必须建立在国德深厚而高明的基础之上，只有国德深厚且高明才能造就好的国民，成就好的国运，这是人类政治文明、政治伦理留给我们的最可宝贵的道德智慧和精神财富。

---

① ［美］房龙．宽容．迮卫，靳翠微，译．北京：三联书店，1985：56．

② 司马云杰．盛衰论——关于中国历史哲学及其盛衰之理的研究．西安：陕西人民出版社，2003：225－226．

③ 梁启超．国性篇//梁启超文选．上海：上海远东出版社，2011：151．

④ 吴兢．贞观政要．北京：团结出版社，1996：5．

三、伦理精神与历史理性

伦理精神与历史理性有着十分密切的关联。历史理性中蕴涵着伦理精神的要素并每每以伦理精神的启迪与武装表现出来，伦理精神又总是在历史的递嬗更迭中化作理性的律则得以浸润绵延。黑格尔在《历史哲学》《精神现象学》中都对伦理精神与历史理性做出了比较深刻的探讨，坚持认为“人类绝对的和崇高的使命，就在于他知道什么是善和什么是恶，他的使命便是他的鉴别善恶的能力”，因此“人类对于道德要负责的……只有禽兽才是真正天真的”①。又说，“道德所寄托的那一种感情、一种意识和一种意志，都不是限于个人的人格和利益，而是包罗着全体一般的共同利益”②。伦理精神是民族精神和时代精神的价值聚合与集中体现，表征着人们对历史和现实道德生活的道德感受、价值认知、精神体悟，是一种“专事实现自己、满足自己，明白自己”，“从精神上通过思想来理解”③ 自己的自由自觉的理性活动。只有依凭伦理精神，人们才能更好地“在历史上提高并完成他自己，使自己成为一个自己理解的总体”④。历史的本质并不是既往物的存在和经济政治文化活动的简单呈现，也不是“刀光剑影”或“鼓角争鸣”的简单记载，而是人的活动和人对价值的追求之集中呈现，其中起重要作用的是人之伦理精神和主体性精神的挺立与张扬。“会此则天立我立，万化我出，而宇宙在我矣。得此霸柄入手，更有何事？往古来今，四方上下，都一齐穿纽，一齐收拾，随时随处，无不是这个充塞。”⑤ 伦理精神也是人们深研历史活动之目的性追求的重要来源。唯其如此，程颐才说：“凡读史，不徒要记事迹，需要识治乱安危兴废存亡之理”⑥，朱熹有言：“读史当观大伦理、大机会、大治乱得失。”⑦

伦理精神在人类历史活动和发展过程中不仅有着制约历史发展进程的独特作用，而且也在总结历史和借鉴历史中获得自己的新的存在，以其特有的精神禀赋和道德品质参与历史的创造并推动着历史进程的发展。20 世纪英国著名的历史学家汤因比批判地继承了斯宾格勒在其《西方的没落》一书中以文化为单位研究历史的创见，提出以“文明”来研究历史的观点，并认为文明与进步即是应战回答了挑战的结果。“社会的成长包括两个方面。对外，它表现为对于物质挑战的征服。对内，它表现为不断上升的精神‘自决’。衡量实际进步的尺度，是看挑战和应战的行动从物质水平过渡到精神水平的程度。这种从宏观世界到微观世界的行动过程，是一种提醇的过程。征服物质挑战的重要性，只是在于它释放出精力，以供战胜精神上的挑战。这样逐渐积累起来，文明只有它自己在自己的内部战场上向本身提出种种挑战，才能最终赢得决定性的胜利。”⑧ 汤因比的

---

① ［德］黑格尔．历史哲学，王造时，译．上海：上海世纪出版集团，2006：31.
② 同①39.
③ 同①66.
④ 同①73.
⑤ 陈献章．与林郡博//陈献章集：上．北京：中华书局，1987：217.
⑥ 程颢，程颐．河南程氏遗书：卷十八//二程集：上．北京：中华书局，2004：232.
⑦ 黎靖德，编．朱子语类：卷十一．北京：中华书局，1986：196.
⑧ ［美］艾德勒，范多伦．西方思想宝库．长春：吉林人民出版社，1988：1167.

“挑战与应战”理论，包含了对“逆境美德”和“中庸之道”的论述。他认为文明的起源并不是由于生活环境条件特别好，而是相反，所以汤因比把此原则归纳为“逆境美德”。在《历史研究》中，他把环境的逆境分成五类：困难地方的刺激、新地方的刺激、打击的刺激、压力的刺激和遭遇不幸的刺激。许多自然环境与人文环境上的逆境，不仅没有给身临其境的人们带来不利，反而促使其在应战中取得成功。当然，并不能一味地说挑战越大，逆境越强，应战也就越大，其成果也就越多，文明也就越发展，其对应关系是有限度的，超过其限度，其效果反而走向反面。所以他提出了“中庸之道”。“挑战与应战”即是人类在前进途中遭遇某限度之内的困难的挑战，然后应战解决困难，再遇新困难，如此循环推进人类发展。汤因比所研究的文明兴衰，实际上即是人的精力和精神应对环境变化以及精神如何对待自身的结果。这里既涉及人性的优点也涉及人性的弱点，涉及人在道德追求上的坚毅与持久。他还深刻探讨了文明的衰落或沦亡的原因，指出宿命论或决定论的解释是无济于事的，“人类的劣根性之一，就是喜欢把自己的失败归咎于那些完全超出人力控制以及难以为人类行为所及的各种力量了。这种精神伎俩虽使烦人的羞辱感转化为一种自负的新信念，以为宇宙这架庞大的机器处于运动当中就是为了干预人们的事业，但这其实不过是一种最隐蔽的‘哲学安慰’而已”①。他欣赏“人类最大的危险就是人自己”，“人类灾难的根源在于人类自身”等格言，所以他把文明的衰败“归结于精神道德的败坏”，指出：“我们人类似乎在取得伟大成就的次日便有了败坏的倾向，而我们本来并不是一定要屈从于它的。因此我们自己要为此承担责任。”②

世界天天都在发生变化，不同时代的人们必定会有不同的价值追求和人生目标，伦理道德也是不断变化发展的。身处全球化、信息化、城市化和知识经济时代的我们必须与时俱进，在追随道德潮流的同时亦应加入我们的思考与创造，我们不能全盘因袭旧有的道德规范和伦理标准，既要有所继承，也要有所创新。建立“致广大而尽精微，极高明而道中庸”的新的伦理文明。我们所有人都看到科学技术的进步所带来的人类选择范围的扩大等效果，但是对科技进步带来的其他效应却思考得不多。科技进步既可以制造出核武器，使人类面临毁灭的危险，又可以为我们建立一个新的文明创造条件，一切都取决于我们的选择。我们很多人都还没有认识到，我们关于人类发展方向的选择，不只是科技的选择，或政治和经济的选择，更是伦理道德的选择。现实生活中的种种诱惑，人们该怎样对待呢？人摆脱不了现实，但人可以用善的修养来对待现实，以善的力量来克服现实的恶。面对着技术理性至上、人为物役、精神失落的时代，人类又该做如何选择呢？殷海光在《中国文化的展望》一书中谈到道德的意义和价值，提出“道义为之根”的论断，并说：“人类的社会文化的生活非设准道德不可。如果人类的社会文化的生活没有道德，那么势必归于萎废，甚至归于崩解。人类的社会文化生活，小无道德则小乱，大无道德则大乱，全无道德则全乱。”③ 在他看来，人类的道德力既脆弱又容易消失，但是技术的成就则十分强大。我们已经被技术所左右，无法返回到旧石器时代的水准。身处技术如此高超而道德力又极易消失的时代，“人类很容易变成自我毁灭的类族——所以

① ［英］汤因比．历史研究．刘北成，等译．上海：上海世纪出版集团，2005：127.

② 同①125.

③ 殷海光．中国文化的展望．上海：上海三联书店，2002：501.

道德问题的紧急千百倍于往古”①。所以“今日中国社会文化里道德问题的紧急，丝毫不下于空气缺乏。今日中国社会文化之急需重建道德，正像缺乏空气的人之急需吸收空气一样”②。

对道德的追求永远不会过分与多余。无论在道德上多么高尚和完美的圣贤，一旦停止这种追求，就会失却其圣贤的品位和精神实质，也就很难配当圣贤的人格。至善永远是远方的呼唤，人应当追求至善，但是人是很难真正达到至善的。诚如德国伦理学家费希特在《论学者的使命》中所言，“人的最终目标必定是不能达到的，达到最终目标的道路必定是无限的。因此，人的使命并不是要达到这个目标。但是，人能够而且应该日益接近这个目标；因此，无限地接近这个目标，就是他作为人的真正使命……人的生存目的，就在于道德的日益自我完善，就在于把自己周围的一切弄得合乎感性；如果从社会方面来看人，人的生存目的还在于把人周围的一切弄得更合乎道德，从而使人本身日益幸福”③。人需要不断发展和完善，伦理学也是在不断发展和完善中彰显自己的学术意义，以及对人的发展完善之价值引领和精神支撑的。

第二节　至善、不朽与终极关怀

人从其自然或生物意义来说，其实是非常渺小而又十分脆弱的，“一口气，一滴水就足以致他死命了”④。就人生命延续的时间而言，也是很短暂的，历史上活过100岁的人，寥若晨星。希罗多德《历史》载，波斯王薛西斯一世在山顶上指挥部队浩浩荡荡向希腊进攻时对其叔父说：“你看这里的人们，尽管人数是这样多，却没有一个人能够活到一百岁。想到一个人的全部生涯是如此短促，因此我心中起了怜悯之情。”⑤ 他的叔父回答说：人生中比这更可悲的是，无论是在这支大军里或者在别的什么地方，很难找到一个真正幸福得会忘记活着不如死去的人；灾难会降临到我们头上，疾病会时时困扰我们，短暂的生命似乎漫长难挨。他们二人的对话及其所包含的对人生命痛苦与意义虚无的感悟，使哲学家叔本华感慨万千，唏嘘不已。但是就人的精神生命和群体生命而言，人又是十分伟大而又充满无穷力量的。“纵使宇宙毁灭了他，人却仍然要比致他于死命的东西更高贵得多；因为他知道自己要死亡，以及宇宙对他所具有的优势，而宇宙对此却是一无所知。”“因此，我们全部的尊严就在于思想。正是由于它而不是由于我们所无法填充的空间和时间，我们才必须提高自己。因此，我们要努力好好地思想：这就是道德的原则。”⑥ 人的思想是人类精神生命最壮丽的日出，人在思想中展开对生命意义的反思与追寻，对道德价值的希冀与向往，包括对至善、不朽与终极关怀等问题的深入思考，以此

---

① 殷海光. 中国文化的展望. 上海：上海三联书店，2002：529.

② 同①502.

③ ［德］费希特. 论学者的使命　人的使命. 梁志学，沈真，译. 北京：商务印书馆，1984：11-12.

④ ［法］帕斯卡尔. 思想录. 何兆武，译. 北京：商务印书馆，1985：158.

⑤ ［古希腊］希罗多德. 历史：下册. 王以铸，译. 北京：商务印书馆，1959：486-487.

⑥ 同④.

拓展出人生超越性、理想性乃至伟大性的一面，使短暂的人生有了道义和价值的支撑，获得了走向超越和永生的伦理意义。

一、止于至善的价值感召

伦理学对人的本质力量的看待，虽然有性善和性恶的纷争，但其最终目的仍然是要引导人们在现世人生中抑恶扬善，道德地生活并实现美德人生，最终指向人生至善，以达到心灵和精神的不朽与神圣。伦理学作为一种大众文化，并不在于它的世俗生存论，而在它通过对世俗的实然生活境况的反省，为世俗人生开辟出应然生存和必然生活的道路与方法，其指向仍然是再造人性，引导和规训人在现世生活中通过对自我人性的再造，激励人道德地生活并获得美德人生，朝向灵魂永恒和精神不朽的崇高或神圣人生之境。

什么是至善？至善即是最高和最好的善，是不含任何负面因素的理想的善或最好的道德生活画面，是人类道德生活追求和向往的理想目标。“至善就是那由于自身的缘故而被人类普遍追求的东西，它具有绝对的价值”①，“个人和社会生活的保存和发展是至善，是人类的目的”②。对至善的理解可以有多重角度，但从其抽象性来看，一个事物的善在于它特有性质的实现，每一种生物的目的或目标是要实现它那区别于其他生物的特殊本质或使之明显起来。人的特殊本质不单是肉体存在，或带有欲望的感觉，行使植物和动物的职能，而且是带有理性的生活。因此，人的至善是全面和习惯地行使那种使人成为人的职能。现实的人因其心中有了至善的目标去追求，他才感受到人活着的意义，从而才获得其人生价值。人生在世是不能没有至善目标的追求的，否则便无以获得其人生价值，从而就会觉得活着没有意义。“至善”是人类的永恒追求，因而不管是在西方还是中国思想中，它都是一个非常重要的概念。不过，由于社会背景和思维方式等方面的差异，中西至善观在共性之外也形成了比较鲜明的个性。《大学》开宗明义：“大学之道，在明明德，在亲民，在止于至善”。作为我国最早的教育纲领，它提纲挈领、目的鲜明，将教育的目标直指“道德”之“至善”，实则奠定了中国古代教育的道德理想主义的基础。

朱熹通过对《大学》“三纲领”中的“止于至善”一语的诠释来切入对至善问题的思考，认为至善涵盖了性质和数量两方面的意思。就性质而言，“至善”是指“极好”。“凡曰善者，固是好。然方是好事，未是极好处。必到极处，便是道理十分尽头，无一毫不尽，故曰至善。”③ 就数量而言，“至善”是指“最好”。“至善是个最好处。若十件事做得九件是，一件不尽，亦不是至善。”④ 因此，至善具有“最高善”和“最完整的善”的意思。“至善，只是以其极言。不特是理会到极处，亦要做到极处。”⑤ 朱子所理解的至善既是一个总体性概念，此时它是最高善和最完整的善的合一；也是一个分殊性概念，它可以和所有的道德行为联结。一个道德行为做到最好，这种弱意义上的至善可以说是

① ［美］梯利．伦理学概论．何意，译．北京：中国人民大学出版社，1987：185.
② 同①.
③ 黎靖德，编．朱子语类：卷十四．北京：中华书局，1986：267.
④ 同③268.
⑤ 同③270.

"至善"的第一层含义。这种至善固然是朱熹所称道的，但它又是明显不足的，而还需要把一切道德行为都做到最好，这种强意义上的至善可以说是"至善"的第二层含义。"至善"的第三层含义即"内圣外王"。人们应当在"明德"和"亲民"两大领域都促进至善的实现。"明明德"属于"内圣"的个人道德修养层面，而"亲民"则属于"外王"的社会政治层面，这就是儒家的"内圣外王"。一旦把"内圣外王"做到极致，这种境界就是至善。

古希腊不少思想家把实现"至善"作为理想的政治状态，主张城邦政治以伦理道德为基础，将美德和善作为人们公共生活追求的目标，并把"至善"看成是幸福与道德的匹配一致。他们的至善目标之所以会被古希腊人所认同，是因为它无形中契合了人类本性对当下的"实然"世界与理想的"应然"世界的双重渴求。它的创发与确立经历了三个阶段：从苏格拉底的"追求'有知'而'公正'的'至善'境界"，到柏拉图的"创制等级分工的'至善'社会"，再到亚里士多德的"信守中庸的'至善'之道"。在亚里士多德看来，至善即最高善不但是完善的，它还是自足的。至善包括两方面的内容：第一，从性质上来看最值得欲求，其他善事物的地位比它都要低；第二，从数量上来看自身就是无所缺乏的、自足的和完整的，拥有了它就别无所求。

完整意义上的至善论应该包括三个层次：个人、社会和国家。一般意义上的至善论指的就是国家至善论。人的公共生活的最好形式是什么？对于亚里士多德来说，答案只能是城邦。至善的实现离不开共同体，城邦是人的德性得以完全展示的唯一政治形式。伦理学追求个人至善，而政治学则追求国家或群体的至善。或者说，政治学的目的是至善，所以政治就致力于使公民成为有德性的人，能做出高尚行为的人。城邦的属性和个人的属性是相同的。亚里士多德认为，各种生活方式之间可以进行比较，它们之间有一个价值序列。有的生活方式是最好的，一些生活方式是比较好的，还有一些生活方式则是不好的。城邦就是人们通过积极地参与社会团体和政治机构以追求德性、卓越的场所，故而它应当负责协助社会团体和政治机构发展，以便最好地促进公民的良善生活。这就是亚里士多德所揭示的典型的至善论。

德国古典哲学家康德认为，至善既是最高无条件的善，又是绝对完满的东西，因此必须把德性与幸福包含于其中。康德把道德存在的根据、道德律令的产生和执行，以及道德最高理想的实现都归结为人的理性本质的体现。他试图用人的理性、人的精神属性来说明人的最终本质，揭示人生的最高价值目标，试图在道德领域实现自由意志与道德律的同一，以达到至善。至善理念照康德的想法由德性和幸福两部分组成：德性（Tugend）是人们出于对法则的敬重而生的合法意向；幸福（Glückseligkeit）就是人在其整个实存过程中一切都称心如意的状态。这两个构件在至善理念中相互联系在因和果的观点下。康德实践理性哲学体系中的人既通过道德自律臻达"善"与"德"，又受幸福之自然律支配，人性的完善就是实现德性与幸福、理想与现实的统一，最终趋于"至善"。

马克思主义在确认以往的阶级社会只有至善的理论而没有至善的现实的同时，更指出人类的发展就是一部不断渴求至善、探寻至善并在追求至善的过程中不断地发展至善和人自身的历史，从而认同了个体由来已久的对至善的追求。事实上，正因为人类历史上有无数的个体，怀抱着对道德人格的至善追求，憧憬着人生幸福的实现而前赴后继，人类才由此而显得壮美与伟大，人类也才得以在历史长河中不断保持并弘扬作为万物之灵的崇高与荣光。一个人的道德目标越崇高，他的心胸就会越开阔，一个人的道德目标越深远，他的眼界也会越宽广。

二、德性不朽的精神召唤

在转瞬即逝的时间之流中，人总想抓住些永恒的东西。美国现代哲学家詹姆士在《人之不朽》一文中曾这样讲："不朽是人的伟大的精神需要之一。"① 印度诗人泰戈尔在一首诗中写道："当死神来叩你的门时，你将以什么贡献他呢？呵，我要在我客人面前，摆上我的满斟的生命之杯——我决不让他空手回去。我一切的秋日和夏夜的丰美的收获，我匆促的生命中的一切获得和收藏，在我临终，死神来叩我的门的时候，我都要摆在他的面前。"② 人的肉体生命是短暂的、有限的，可是人的精神生命却有一种对无限性的追求和向往。思想家和人们所关注的"不朽"，大体上有灵魂不朽、精神不朽和道德不朽等类型。灵魂不朽是宗教和哲学关注较多的不朽。中国历史上的所谓"三不朽"，则是仁人志士孜孜以求的一种凡世的永恒价值。

西方历史上灵魂不朽的信念源远流长，这种信念认为人是由肉体和灵魂构成的有形复合体，健全的个体是灵魂与肉体的完美组合，灵魂是存在于每个人身上的精神实体，是能感知、能思维、有梦想的精神存在。灵魂是人的本质，也是人的内在尺度。正是灵魂把人与非人、活人与死人区分开来。它掌控人的肉体，赋予人以自我意识。死亡为什么让人恐惧？因为灵魂脱离肉体，不再能够指挥肉身。人依然活着，但是失去了灵魂，那便是"行尸走肉"。由苏格拉底和柏拉图创立的灵魂不朽学说认为，灵魂与身体并不是两个相互对等的部分。灵魂就是生命，是灵魂给了身体以生命。没有灵魂的身体是没有生命的。柏拉图认为人不是别的，只不过是使用肉体的灵魂而已。这种观点后来被基督教哲学所采纳，并影响了一代代的哲学家。奥古斯丁（Augustine，354—430）在承认灵魂与肉体具有不同属性的同时，又把灵魂看成一种寄居于肉体之中的精神实体，走向了一种绝对的灵肉二元论。阿奎那既反对像德尔图良那样，为了强调"肉身复活"的必要性而忽视灵魂的非物质性和实体性，也反对像奥古斯丁那样，为了论证"个人灵魂不朽"的合理性而把灵魂的非物质性和实体性推向二元论的极端，他既批判了阿威罗依和西格尔试图依据亚里士多德的观点来否定个人灵魂不朽的危险，又在一定程度上克服了亚里士多德在论述灵魂与肉体的关系时所表现出的矛盾倾向。在他看来，理性灵魂一旦与肉体相结合，便被其个体化为整个肉体及其每一部分的形式和现实性，因而它所特有的理智功能与它和肉体共同执行的生命功能一样，都"不再是灵魂或肉体的功能，而是由这种结合所形成的人的功能"③。德国哲学家康德虽在纯粹理性领域驱逐出了灵魂不朽的观念，却又在实践理性领域将其请了回来，认为只有设定灵魂不朽的观念，才能保证人们实践理性的真正实现。

---

① ［美］詹姆斯．人之不朽//詹姆斯集．万俊人，译．上海：上海远东出版社，1998：326．

② ［印度］泰戈尔．吉檀迦利；园丁集．长沙：湖南人民出版社，1982：46-47．

③ SELMAN F J．Saint Thomas Aquinas：Teacher of Truth．Edinburgh：T & T Clark，1994：41-42．

中国历史上亦有自己的灵魂不灭学说，这种思想在佛教中有相当的反映。一些反佛人士对佛教所宣扬的“神不灭论”做了尖锐的批评。总体而言，对中国人和中国人的道德生活影响最为深远的是“立德”“立功”“立言”的“三不朽”理论。春秋时鲁国的叔孙豹与晋国的范宣子曾就何为“死而不朽”展开讨论。范宣子认为，他的祖先从虞、夏、商、周以来世代为贵族，家世显赫，香火不绝，这就是“不朽”。叔孙豹则以为不然，他认为这只能叫作“世禄”而非“不朽”。在他看来，真正的不朽乃是对社会和历史的贡献与影响，即为人类社会和未来立德、立功、立言式的人物。“太上有立德，其次有立功，其次有立言，虽久不废，此之谓不朽。”① 孔颖达在《春秋左传正义》中对立德、立功、立言三者分别做出界定，“立德谓创制垂法，博施济众”，“立功谓拯厄除难，功济于时”，“立言谓言得其要，理足可传”。在后人对“三不朽”的解读中，“立德”一般是指道德境界、道德价值和操守，“立功”指福惠苍生的事功业绩，“立言”指把真知灼见形诸语言文字，著书立说，传于后世。当然，无论“立德”“立功”或者“立言”，其实都旨在追求某种“身后之名”“不朽之名”。而对身后不朽之名的追求，正是古圣先贤超越个体生命而追求永生不朽、超越物质欲求而追求精神满足的独特形式。孔子说：“君子疾没世而名不称焉。”② 对死后不朽之名的追求，可以激励个体生命释放出无比巨大的能量，拼搏奋进，建功立业；而置个人身后名誉于不顾的人，则难免流于酒囊饭袋、行尸走肉，甚或沦为恶棍暴徒、独夫民贼。

斯迈尔斯在《品格的力量》一书中论及精神和品格的不朽。他说：“一个伟人的生涯就是一座人类力量的不朽的纪念碑。伟人虽然已经逝去，但是他的思想和行为依然常存，在人类历史上打下了不可磨灭的烙印。因此，他的精神将会永远地延续下去，作为思想和意志的楷模，在将来人们的品格的形成中发挥作用。那些品格最为高尚的人，是人类进步的真正的灯塔。他们就像高山之巅的灯光，在自己的周围营造了一种良好的道德氛围；而且他们的精神之光也继续照耀着一代代后来者的心灵。”又说：“体现在思想和行动之中的品格是永垂不朽的。一个伟大思想家个人的思想会数百年扎根于人类的心灵，并最终在人们的日常生活和实践中发生作用。它会跨越时间的长河，仿佛是一个来自逝者的声音，影响相隔数千年的人们的心灵。”③

三、终极关怀的伦理蕴涵

终极关怀不同于临终关怀（hospicecare）。（hospicecare，香港地区一般译为“善终服务”，台湾地区一般译为“安宁照顾”，但其内涵都同出一辙。）临终关怀是指为临终病人及其家属提供全面的照护，包括医疗、护理、心理、精神等方面，以使临终病人的生命受到尊重，症状得到控制，心理得以安慰，生命质量得到提高，同时也使患者家属的身心健康得到维护。临终关怀是生命伦理学意义上的对临死者的关怀，是关怀者本着人饥己饥、人溺己溺、感同身受的心怀，协助病患者在人生落幕时安顿身心，让人生结束

① 左传：襄公二十四年.

② 论语：卫灵公.

③ ［英］斯迈尔斯. 品格的力量. 宋景堂，等译. 北京：北京图书馆出版社，1999：20.

的刹那能够了无遗憾，安详、和谐、平静地走完应走的过程。临终关怀在医疗上即是指“安宁疗护”。安宁疗护是指针对疾病已无法治愈，死亡已不能避免的病患及其家属，若干专业人员以完整的症状缓和医疗以及爱心的陪伴，提供身、心、灵特别的全人照顾的疗护手段，能够协助病人及家属调适，使病患走完人生的最后一程，让生死两无憾。临终关怀主要表现在两方面：一是对临终者做身、心、灵的照顾与关怀，二是对丧亲者做哀伤辅导及支持。

终极关怀（ultimate concern）是人对人生价值和生命意义的终极性思考与关切，是人类超越有限、追求无限，以达到永恒的一种精神渴望。终极关怀不但指人们的关心和期待，而且有生存性的意义参与其中。蒂利希说，关怀“意味着我们涉足于其中，意味着我们带着心思参与了它们”①。“终极关怀”一词指出了关系的两个方面：被关怀的对象和他的关怀之过程的关系。从被关怀的对象来说，终极是一种存在，一种作为关心和期待的目标的对象性存在。这是关心和期待的前提。没有它，就没有作为过程和关系的关怀的存在。从关怀的过程和关系来看，终极本身指的就是一种无止境性，一种作为无限过程的存在状态。它总是处在奔向目标的过程和关系之中。没有它，也就没有作为对象和目标的关怀存在。关怀的对象和关怀的过程是两个带有无限性质的绝对。终极关怀是人们不能随便超越和选择的，是人们不能不关涉的关心。对于人来说，此关心是无条件的，是人的根源性关心，是其他一切关心行为的出发点和归宿。这样的一种关心，可以称为“终极关怀”②。

人类的终极关怀大体可以区分为三种类型：宗教意义上皈依至上神的终极关怀，哲学形而上学意义上返归本原的终极关怀，伦理学意义上发扬人生之道的终极关怀③。

宗教是宇宙与人生最先和最终的关怀，是以教义为起点，以生命为中心，关键在于敬虔。信仰活动关注终极生死的问题，以获得生命的真知，体会生死的智慧，以便能在精神上超越死亡，彻底解决生死问题，进而追寻具有永恒、绝对、无限、不朽的终极实体或终极世界（如上帝、天国等等）。蒂利希指出：“宗教，就这个词的最广泛和最根本的意义而言，是指一种终极的眷注。”④ 因为宗教指向人类精神生活中终极的、无限的、无条件的一面，它居于人类精神整体中的深层。

哲学形而上学意义上的终极关怀即是返归本原或与道合一的精神眷恋和回归。哲学是宇宙与人生最根本问题的思考，以问题为出发，以思想为中心，关键在于理性。通常哲学的根本问题是终极的问题。从古希腊巴门尼德提出“存在”的哲学命题，到莎士比亚笔下的哈姆雷特说出“生存还是毁灭，这是个问题”的经典名句，“存在”的问题曾经引发多少思想家的睿智思考。“存在”的问题是西方形而上学中最为复杂和最为核心的问题。人不仅对自己为什么存在感到惊异，同时也对自己最终要走向的那个幽暗的“非存在”感到怖骇。这样的人类情结深深地萦绕在人的精神深处。人类所追寻的精神的原乡，就是终极的关怀。

---

① TILLICH P. The New Being. London：SCM Press，1956：153.

② 王珉. 论蒂里希的终极关怀思想. 学术月刊，2000（3）.

③ 张岱年. 中国哲学关于终极关怀的思考. 社会科学战线，1993（1）.

④ ［美］蒂利希. 文化神学. 陈新权，王平，译. 北京：工人出版社，1988：7.

伦理学意义上的终极关怀即是发扬人生之道的终极关怀，这一终极关怀把道德看得比生命更高贵、更重要，追求天人合一、内圣外王乃至为万世开太平成为精神世界的真正依托。人生于世总有各种各样的价值追求，对于每一种价值和意义追求，人们都可以问一个"为什么"，而对于每一个"为什么"还可以继续追问"为什么"。这一连串追问的结果，就追问到了最根底处。这个最根底处，就是人生的终极价值，或者说终极关怀。终极关怀就是人们对人生终极价值的深度思考和关切。为了化解人生的种种无意义，人类必须超越个体的狭隘性和有限性，从类存在中找到存在的意义，建构人生的价值体系，其中包括挺立爱的伦理精神，从生命的终极关怀上凸显对人类整体乃至对天地万物的爱。这其实就是将小我寓于大我之中，通过对大我的关怀确立生命的意义。一个人只有将其与他所从属的群体连接起来并将其视为精神的归属才能真正超越个体的无意义或价值的缺失。爱他人、爱群体、爱人类成为人们终极关怀的丰富内容并支撑着个体的意义大厦。

现代人常常沉溺在物质和欲望的世界里，忽视甚至失去精神和心灵的终极关怀，因而导致了种种精神扭曲、心灵冲突和信仰灾难。社会大众有必要重新关怀"终极"，让人们透过哲学、伦理学的"终极关怀"的实践，使人们的精神生活具有崇高的目标，追寻生命的理想，使"精神""灵魂"恢复其原有的崇高与神圣。终极关怀的实践是人生中一辈子的追寻，需要从哲学、伦理学等方面来努力。终极关怀对于开拓和发展人的精神世界、发挥其本体论承诺的价值目标、提升真善美的人生境界，以及为人类寻求精神家园，都具有显著的现实和理想的作用。

第三节　精神家园的建构和守望

精神是人类伦理生活最壮丽的日出。人类的伦理生活是离不开精神的支撑和引导的。"活的伦理世界就是在其真理性中的精神"，"作为对自在而又自为的存在的直接意识，作为意识与自我意识的统一体，精神就是具有理性的意识……当精神所具有的这个理性最后作为一种理性而为精神所直观时，当它是存在着的理性时，或者说，当它在精神中是一现实并且是精神世界时，精神就达到了它的真理性：它即是精神，它即是现实的、伦理的本质"①。海德格尔考证古希腊文"ήθος"（伦理）一词的原始含义即是"居留、居住之所"，并认为"这个词指示着人居住于其中的那个敞开的区域。人之居留的敞开的东西让那种向人的本质走近并且在到来之际居留于其切近处的东西显现出来。人之居留包含并且保存着人在其本质中所从属的那个东西的到达"②。伦理生活本质上是寻求和建构人自己安身立命的精神家园。精神本身的自在自为之性能可以为人类建构可供其栖息的精神家园，从而使精神可以在此得以栖息，获得其归属、涵养和不断发展的能量。

---

① ［德］黑格尔．精神现象学：下卷．贺麟，王玖兴，译．北京：商务印书馆，1979：5，4.

② ［德］海德格尔．关于人道主义的书信//路标．孙周兴，译．北京：商务印书馆，2000：417-418.

一、安身立命之所的寻求与建构

伦理本质上是人类对精神家园的建构和守望，构筑的是安身立命之所，探寻的是成己成人之道，所以伦理莫不表达出人们崇尚精神家园、建设精神家园、维护精神家园的信念与追求。“安身”之安，蕴涵着使身体处于一种安全、安顿、安放的状态，不特包含了一种物理意义上的容身，也包含了一种心理意义的安顿。“安者，知其不可过而无越思。”① 可见，“安身”是让人的身体处于一种可以容身、可以立身的合理位置或居所。要使人的身体处于一种合理位置或居所，必须依靠心理的价值指令及由此所形成的对身安的价值认识与维护，从某种意义上说“安身”必然要以“安心”“心安”作为一种价值前提和基础。人对自己物质存在的保护、珍惜来源于并依赖于心理的价值认同并形成“安身”的价值观念及其价值支持系统。所以，“安身”的本质、根源和动能其实是心对“身体”或“肉身”的价值体认、价值证成、价值维护。人的身体之所以能够有无可替代的价值在于它“有心”“有魂”，而“心”“魂”能够成其生命之“德”，精神生命、道德生活反过来能够使人的形体获得一种内在的价值和精神的动能，彰显人之形体不同于物之形体的独特价值。“德者，身之职也。乾乾自强，以成其德，以共天职，而归健顺之理气于天地，则生事毕而无累于太虚。”② 德是安身、立身和护身的根本。只有崇尚道德、追求道德、践行道德才能使身体或形体获得一种皈依、修整和活化的功能，从而增加其自我认同、自我发展和自我完善的力量。欲求安身的根本路径不是一般意义上的构筑家园或筑屋，而是构筑可供身心安顿的精神家园。安顿身心的伦理要义在于弘扬人之所以为人的仁义之道，其中孟子有“仁，人之安宅也；义，人之正路也”③ 等命题，直指安身之要旨或枢纽。如果说安身是对此身（由过去而现在）的安顿、安定和安放，那么立命则是基于安身而对此身性命（由现在而未来）价值的确立、建立和挺立，含有为前途、命运而奋斗的自我认同、自我发展和自我完善的意义。立命不是指的立天之所命，而是立人之慧命，亦即立一种把握与超越天命的人命，或者说立一种内在的道德与精神生命。

人们精神的生成和固守同道德的创化与挺立相连。一般地说，道德与精神彼此存在着相互生成和相互证成的关系。我们可以在“立天之道曰阴与阳”，“立人之道曰仁与义”的论断中获得某种道德挺立精神家园的独特启迪。依据马克思的观点，道德是人类实践精神把握世界的独特方式，这种实践精神不同于理论精神在于它不是纯客观性的知识建构，而是一种目的性和价值性的精神建构，是一种有我或我参与其中既认识还实践的精神或理性。包尔生在《伦理学体系》中比较伦理学与医学的关系时认为：“医学立足于对肉体性质的知识，指导我们解决肉体生活的问题，达到使身体可以在它自然的存在中以一种健康的方式来执行其所有的功能的目的；而伦理学则立足于对一般人性（尤其是精神与社会方面）的知识，目的在于解决生活中的所有问题，使生活达到最充分、最美好

① 王夫之．周易内传：卷五上//船山全书：第1册．长沙：岳麓书社，2011：516.

② 王夫之．张子正蒙注：至当篇//船山全书：第12册．长沙：岳麓书社，2011：207.

③ 孟子：离娄上.

和最完善的发展。因而我们可以称伦理学为'普遍的营养学'。"① 伦理学作为普遍的营养学应当也必须给人类贡献美好的精神食粮，满足人类心灵健康和德性完善的需要，使人类精神日趋卓越而崇高，人格日益高尚而臻美，进而使社会生活秩序优良，风俗良善。

二、中国精神建构中国人的精神家园

中国道路、中国模式积淀和内化着中国理念，浸润和彰显着中国精神。如果说中国道路和中国模式是一种治化或型化的制度伦理建构，那么中国精神则是一种文化或德化的伦理品质锻铸与凝聚。中国精神是中国道路、中国模式所包含并需要的精神品质和价值追求的集结或集中表现，是中华民族五千年文明精神与当今时代精神的有机结合，凝聚着中国各民族的价值追求、形象气质和精神操守，体现着社会主义核心价值体系和核心价值观的精神义理，是一种在中华民族伟大复兴中日趋成熟同时又为之提供精神支撑和价值引领的精神体系。中国精神既是中国模式的精神积淀、内化和集中表现，也是中华民族伟大复兴的凝结剂和推进器，从精神品质和价值追求等方面形塑中国模式，助推中华民族伟大复兴，并为其提供着超越自我、走向辉煌的强大精神力量。

理念和精神是思想的核心要素，体现着人们对世界的态度，对事物的认识，对规律的把握和对行动的部署。一个国家和民族的崛起或复兴，必然伴随并带来文化价值观和精神的发展与繁荣。没有理念和精神上的支撑，一个国家和民族是无法真正崛起或复兴的。传统精神是宝贵的，但自近代以来，特别是辛亥革命以来，曾经支撑着一个民族延续和发展的中华民族精神在时代发展面前，特别是在现代精神面前，遇到了严峻挑战。如何在传统精神的基础上实现突破，形成与中华民族伟大复兴相适应的优秀精神理念，这是一个重大的现实命题。优秀而先进的国家精神理念，是人类跨进现代文明、引领世界文明的标志，透露出人类文明进步的光芒。构建并确立中国精神，一定不能切断历史搞民族虚无主义和历史虚无主义，也不能囿于历史搞复古倒退，一定要在继承传统的基础上超越并活化传统，确立立足本国而又面向世界、扎根传统而又面向未来的价值坐标，以引领世界文明的发展方向。

中国精神是以爱国主义为核心的民族精神和以改革创新为核心的时代精神的圆融统一与有机结合。爱国主义始终是把中华民族坚强团结在一起的精神力量，改革创新始终是促进中华民族与时俱进的精神力量。中国精神凝聚着中华民族对世界和生命的历史认知和现实感受，积淀着中华民族最深层的精神追求和行为准则，是中华民族赖以生存和发展的精神支柱，是凝心聚力的兴国之魂和强国之魂。中国精神在五千年绵延不断的历史中沉淀，内化、深入到每个中国人的血液之中，成为陶铸中国人性情、培育中国人品格的母体和本体。五千年绵延不断的中华文化，五千年沧海桑田的悠久历史，始终传承着不屈不挠、奋发进取的民族传统，始终体现着强大的民族凝聚力，始终挺立着压不弯的民族脊梁，这集中表现为以爱国主义为核心的团结统一、爱好和平、勤劳勇敢、自强不息的伟大民族精神。这种伟大民族精神总是在历史进步中不断得到丰富，深深熔铸在

---

① ［德］包尔生．伦理学体系．何怀宏，等译．北京：中国社会科学出版社，1988：8.

民族的生命力、凝聚力和创造力之中。

中国精神渊源于五千年悠久厚重的中华伦理文化，经过在近代救亡图存刺激与逆境中上下求索而获得不断新生的潜质和能量，在中华人民共和国成立以后进入全新的发展阶段，特别是在改革开放和社会主义现代化建设过程中借助自我更新、强本固基、博采广纳，使中国风格、中国气派和中国特色不断呈现于世界舞台，获得了一种日趋成型又不断开放、内核稳定又善于创新的精神魅力和精神特质。

中华民族伟大复兴是一个有着五千年悠久文明传统的古老的东方大国的复兴，中国的历史与现状以及所面临的国际环境决定了中华民族伟大复兴只能走和谐发展、和平复兴的道路，只能走科学发展、生态文明和永续发展的道路。继承了中国传统美德并以马克思主义伦理思想为指导的中国特色社会主义伦理思想主张超越零和博弈与彼此对抗的发展模式，把和谐共赢、互助共生作为基本的发展理念，主张共同建设持久和平、永续发展的和谐世界。中国强调，坚持发展理念和模式的多样性，才能坚持走符合中国实际的发展道路，才能充分理解和尊重别国对自己发展道路的选择。对内建设和谐社会，对外建设和谐世界，是和谐精神的本质要求。中国传统文化和价值观始终是崇尚和谐、追求和平、希望和睦相处和宽容并包的。厚德载物、协和万邦、和而不同是中国文化自古以来就有的基本理念和伦理精神，也是当代中国共产党人不断践行并在实践中推陈出新的优秀理论成果。

和合理念与和谐精神是贯穿五千年中华文明发展史的“风骨”，是中国传统文化的精髓和首要价值。中国传统伦理文化讲究整体和谐，包括人与自然的和谐、人与社会的和谐、人际关系的和谐以及人自我身心内外的和谐四个方面，注重和而不同。它强调世界上任何事物都有自身相对独立的、特殊的生存发展方式，尊重事物之间的差异和多样性，指出“和实生物，同则不继”，提倡宽容与仁爱。认为每个生命体都有存在的理由，强调“兼相爱”，“己所不欲，勿施于人”，推己及人，构建充满和谐温馨的美好世界。中华传统和谐精神作为民族智慧的源泉、文化传承的载体，既是历史发展的内在动力，也是我们建设中国特色社会主义文化的宝贵资源。

中国精神是中国道路、中国模式的价值积淀和品质体现，同时又形塑着中国模式，并在形塑中国模式、助推中国崛起的过程中，拱立着中华文明的基本架构，为中华文明提供不竭的发展动力和价值引领。

三、人类命运共同体与世界伦理精神

伦理学涉及一个民族和国家对世界和生命的伦理认知与价值体悟，本质上具有真理和价值的双重追求或属性，正是因为这样，它就承载着一个民族和国家对历史、对文明、对理性、对情感、对生命的价值追求，积淀着这个民族和国家最深层的精神追求与行为准则。伦理认知既涉及对外在世界的规律性认识与把握，也涉及对内在精神世界特别是价值世界的认识与把握。而对内在精神世界和价值世界的这种认识与把握既有着自我认识的功能性要义，更有着自我发展和自我建构、自我完善的自为性品质，故此使人依靠这种认知来获得道德上的成长以及胸次与性灵的成熟，同时也不断地促使着人成为人，成为真正意义上的人。

“构建人类命运共同体”是以习近平为代表的当代中国领导人提出的，既能满足中国崛起和持续发展的内在需求又能增进世界各国人民共同福祉的核心价值理念，这一核心价值理念所彰显的伦理智慧和文明精义受到国际社会越来越多的认同，已经写入联合国社会发展委员会第55届会议通过的“非洲发展的新伙伴关系的社会层面”决议。那么，构建人类命运共同体的价值理念到底具有什么样的伦理创化意义，能够在如此纷繁复杂、多元多样且价值冲突不断的时代凝聚大多数人的价值共识并成为一种新型伦理文明的理论基石呢？从某种意义上说，构建人类命运共同体无疑是关乎人类整体利益、根本利益和长远利益的大本大源问题，涉及全球伦理的整体架构、当代国际关系伦理的内在要义和人类伦理文明的发展趋势等事关人类生存发展的关键性、枢纽性、决定性问题，也是立于中国伦理文明基础之上为当今世界开出的伦理良方，为结束零和思维、抛弃利益对抗、建构和谐共生的世界伦理文明提供了价值目标和行为指南，具有伦理文化革故鼎新和建纲立极的创化意义。

“构建人类命运共同体”的价值理念和战略方案是对当今世界全球化所带来的系列问题及造成的发展困境的听诊施治、献策支招，更是对全球化发展趋势和未来发展方向的点题指路、精准导航，集高明深远的价值合理性与切实可行的工具合理性于一体，表达了中国愿与世界各国人民共同创造和谐美好家园、增进各国人民共同福祉、维护其根本利益与长远利益的热切期望和价值追求。“构建人类命运共同体”的价值理念和战略方案着眼寻求全球化时代各方利益的最大公约数并以此作为共同的价值目标，体现了既顺应全球化发展趋势又力图使全球化沿着正确方向前进的中国智慧和世界共识。

构建人类命运共同体的价值理念与中国方案有着对非平等、反公正、强权政治等严重失衡的现行国际关系的深刻忧思和对国际关系新秩序的重新思考，它着眼于全球的战略安全和持久和平，主张跳出“以暴易暴”“以邻为壑”“非此即彼”的怪圈，建设以平等、合作、共赢为主要内容的新的国际关系伦理，真正造福世界各国人民。它所理解的国际关系伦理是在对个体价值与社会价值整合基础上形成和发展起来的国与国之间平等相待、和谐共赢的共生主义伦理，主张把一个国家与其他国家，与整个世界的命运有机地统一起来，建设一种平等、合作、共赢的国际关系伦理。各个国家都应当以“命运共同体”的视角审视当今世界大势和国际关系，再不能走零和博弈、赢者通吃的歧路老路，而应当走出一条尊重彼此核心利益和重大关切、平等相待和礼尚往来的发展道路。

构建人类命运共同体的价值理念和战略方案在文明论上拒斥“文明冲突论”，力倡文明和谐论，也必将推动建设包容互鉴、和而不同的伦理文明。文明和谐论认为，人类文明是多种文明竞相绽放的聚合体，各种不同类型的文明装点着人类文明的殿堂。著名文明史专家汤因比在《历史研究》中对西方文明、俄罗斯文明、印度文明、中华文明、东南亚文明、埃及文明、伊斯兰文明、非洲文明、中美洲文明等不同文明做出了深入系统的考察和比较研究，并认为每一种文明范式“都给了我们一把了解迄今为止文明时代的某种人类社会基本结构以及文化形态的钥匙”①。多姿多彩的不同文明构成人类文明史的

① ［英］汤因比．历史研究．刘北成，等译．上海：上海世纪出版集团，2005：48.

丰富画卷，也为人类享受文明成果提供了多样性的范本。“人类文明因多样才有交流互鉴的价值……不论是中华文明，还是世界上存在的其他文明，都是人类文明创造的成果。”① 丰富多彩的人类文明书写了人类历史的辉煌篇章，也为人们之间的相互学习、相互借鉴创造了条件。未来的世界，文明在相互学习借鉴的同时定会发展出新的形态或类型，这既是构建人类命运共同体的内在呼唤，也是维系人类命运共同体发展的深刻要求。

构建人类命运共同体，是中国领导人基于对全球化发展趋势、国际关系建设要求、人类文明发展规律等的准确把握、深度思考而贡献的核心价值理念和“中国方案”，这一核心价值理念和战略方案具有《中庸》所言的“博厚”、“高明”和“悠久”等伦理创化意义，不仅为建构健康、公正、合理的全球伦理奠定了价值基石，为发展平等、合作、共赢的国际关系伦理矗立起了精神大厦，而且为创造包容互鉴、和而不同的人类伦理文明提供了义理支撑，凸显着“为天地立心，为生民立命，为往圣继绝学，为万世开太平”的建纲立极、创业垂统的伦理神韵和价值，它也必将为第二个即将到来的“轴心时代”提供可以通约的伦理精神和核心价值理念，抒写人类文明发展的新篇章。

推荐阅读书目

习近平. 论坚持推动构建人类命运共同体. 北京：中央文献出版社，2018.

郑师渠，史革新，主编. 历史视野下的中华民族精神. 广州：广东人民出版社，2014.

甘绍平. 伦理学的当代建构. 北京：中国发展出版社，2015.

[德] 黑格尔. 历史哲学. 王造时，译. 上海：上海世纪出版集团，2006.

[德] 雅斯贝斯. 论历史的起源与目标. 李雪涛，译. 上海：华东师范大学出版社，2019.

[英] 鲍曼. 后现代伦理学. 张成岗，译. 南京：江苏人民出版社，2003.

思考题

1. 什么是至善？人类道德生活为什么需要至善？
2. 什么是终极关怀？该如何理解伦理学意义上的终极关怀与哲学本体论意义上的终极关怀？
3. 人为什么要有精神家园？请结合你自己的感受谈谈精神家园对人的意义。
4. 谈谈你对兴亡周期律中道德机理及其作用的认识。
5. 谈谈中国精神对构建人类命运共同体的意义和价值。

① 习近平. 文明因交流而多彩，文明因互鉴而丰富//习近平谈治国理政. 北京：外文出版社，2014：258.

主要参考文献

(一)

马克思恩格斯文集：第1—10卷．北京：人民出版社，2009.

马克思恩格斯选集：第1—4卷．北京：人民出版社，2012.

列宁专题文集：第1—5卷．北京：人民出版社，2009.

列宁选集：第1—4卷．北京：人民出版社，1995.

毛泽东文集：第1—8卷．北京：人民出版社，1993—1998.

毛泽东选集：第1—4卷．北京：人民出版社，1991.

邓小平文选：第1—3卷．北京：人民出版社，1993.

江泽民文选：第1—3卷．北京：人民出版社，2006.

胡锦涛文选：第1—3卷．北京：人民出版社，2016.

习近平谈治国理政：第1—3卷．北京：外文出版社，2014—2020.

(二)

罗国杰．马克思主义伦理学．北京：人民出版社，1982.

罗国杰．伦理学．北京：人民出版社，1989.

罗国杰．道德建设论．长沙：湖南人民出版社，1997.

罗国杰．罗国杰文集．保定：河北大学出版社，2000.

唐凯麟．伦理大思路——当代中国道德和伦理学发展的理论审视．长沙：湖南人民出版社，2001.

唐凯麟．伦理学．北京：高等教育出版社，2001.

魏英敏．当代中国伦理与道德．北京：昆仑出版社，2001.

魏英敏．新伦理学教程．北京：北京大学出版社，1993.

万俊人．伦理学新论．北京：中国青年出版社，1994.

万俊人．寻求普世伦理．北京：商务印书馆，2001.

万俊人，等．伦理学．北京：高等教育出版社，2012.
李奇．道德学说．北京：中国社会科学出版社，1989.
周原冰．共产主义道德通论．上海：上海人民出版社，1986.
冯定．共产主义人生观．北京：中国青年出版社，1956.
黄建中．比较伦理学．济南：山东人民出版社，1998.
张培强，陈楚佳．伦理学概论．武汉：武汉大学出版社，1985.
张善城．伦理学基础．哈尔滨：黑龙江人民出版社，1983.
何怀宏．伦理学是什么．北京：北京大学出版社，2002.
何怀宏．良心论．上海：上海三联书店，1994.
王海明．新伦理学．北京：商务印书馆，2001.
周中之．伦理学．北京：人民出版社，2004.
王泽应．伦理学．北京：北京师范大学出版社，2012.
廖申白．伦理学概论．北京：北京师范大学出版社，2009.
郭广银．伦理学原理．南京：南京大学出版社，1998.
江畅．理论伦理学．武汉：湖北人民出版社，2000.
龚群．现代伦理学．北京：中国人民大学出版社，2010.
甘绍平．人权伦理学．北京：中国发展出版社，2009.
甘绍平．应用伦理学前沿问题研究．南昌：江西人民出版社，2002.
甘绍平．伦理学的当代建构．北京：中国发展出版社，2015.
任丑．伦理学基础．重庆：西南师范大学出版社，2011.
张传有．伦理学引论．北京：人民出版社，2006.
倪愫襄．伦理学导论．武汉：武汉大学出版社，2002.
田秀云．伦理学概论．北京：科学出版社，2009.
刘师培．伦理教科书//刘申叔遗书．南京：江苏古籍出版社，1997.
张东荪．道德哲学．上海：中华书局，1931.
张东荪．伦理学纲要．上海：中华书局，1936.
汪少伦．伦理学体系．上海：商务印书馆，1944.
高巩白．伦理学纲要．上海：龙门联合书局，1948.
冯友兰．人生哲学．桂林：广西师范大学出版社，2005.
宋希仁．道德观通论．北京：高等教育出版社，2000.
徐向东．自我、他人与道德——道德哲学导论．北京：商务印书馆，2007.
陈泽环．道德结构与伦理学——当代实践哲学的思考．上海：上海人民出版社，2009.
陈根法．心灵的秩序：道德哲学理论与实践．上海：复旦大学出版社，1998.
陈根法．德性论．上海：上海人民出版社，2004.
赵汀阳．论可能生活——一种关于幸福和公正的理论．北京：中国人民大学出版社，2004.
夏伟东．道德本质论．北京：中国人民大学出版社，1991.

樊浩. 伦理精神的价值生态. 北京：中国社会科学出版社，2001.

葛晨虹. 新中国60年·学界回眸：伦理学与道德建设卷. 北京：北京出版社，2009.

李建华. 道德情感论——当代中国道德建设的一种视角. 长沙：湖南人民出版社，2004.

何建华. 道德选择论. 杭州：浙江人民出版社，2000.

蔡元培. 中国伦理学史. 影印版. 北京：商务印书馆，1987.

朱贻庭. 中国传统伦理思想史. 上海：华东师范大学出版社，1989.

沈善洪，王凤贤. 中国伦理思想史. 北京：人民出版社，2005.

唐凯麟. 中华民族道德生活史. 上海：上海东方出版集团，2014—2015.

唐凯麟，王泽应. 20世纪中国伦理思潮. 北京：高等教育出版社，2001.

章海山. 马克思主义伦理思想发展的历程. 上海：上海人民出版社，1991.

宋希仁. 马克思恩格斯道德哲学研究. 北京：中国社会科学出版社，2012.

安启念. 马克思恩格斯伦理思想研究. 武汉：武汉大学出版社，2010.

王泽应. 20世纪中国马克思主义伦理思想研究. 北京：人民出版社，2008.

王泽应. 马克思主义伦理思想中国化最新成果研究. 北京：中国人民大学出版社，2018.

(三)

周辅成. 西方伦理学名著选辑. 北京：商务印书馆，1964，1986.

万俊人. 20世纪西方伦理学经典. 北京：中国人民大学出版社，2004.

罗国杰，宋希仁. 西方伦理思想史. 北京：中国人民大学出版社，1985，1988.

宋希仁. 当代外国伦理思想. 北京：中国人民大学出版社，2000.

万俊人. 现代西方伦理学史. 北京：中国人民大学出版社，2011.

赫西阿德. 工作与时日；神谱. 张竹明，等译. 北京：商务印书馆，2009.

柏拉图. 理想国. 郭斌和，等译. 北京：商务印书馆，2000.

亚里士多德. 尼各马可伦理学. 廖申白，译. 北京：商务印书馆，2003.

亚里士多德. 亚里士多德选集：伦理学卷. 苗力田，译. 北京：中国人民大学出版社，1999.

西塞罗. 论至善与至恶. 石敏敏，译. 北京：中国社会科学出版社，2005.

西塞罗. 西塞罗三论：老年、友谊、责任. 徐奕春，译. 北京：商务印书馆，1998.

奥勒留. 沉思录. 何怀宏，译. 北京：中国社会科学出版社，1989.

奥古斯丁. 忏悔录. 周士良，译. 北京：商务印书馆，1987.

斯宾诺莎. 伦理学. 贺麟，译. 北京：商务印书馆，1983.

斯密. 道德情操论. 蒋自强，等译. 北京：商务印书馆，1999.

休谟. 道德原则研究. 曾晓平，译. 北京：商务印书馆，2001.

穆勒. 功利主义. 叶建新，译. 北京：九州出版社，2007.

西季威克. 伦理学方法. 廖申白，译. 北京：中国社会科学出版社，1993.

西季威克. 伦理学史纲. 熊敏，译. 南京：江苏人民出版社，2008.

勒基．西洋道德史．陈德荣，译．上海：商务印书馆，1937.

斯迈尔斯．品格的力量．宋景堂，等译．北京：北京图书馆出版社，1998.

摩尔．伦理学原理．长河，译．北京：商务印书馆，1983.

罗素．伦理学和政治学中的人类社会．肖巍，译．北京：中国社会科学出版社，1992.

鲍曼．生活在碎片之中——论后现代道德．郁建兴，等译．上海：学林出版社，2002.

鲍曼．后现代伦理学．张成岗，译．南京：江苏人民出版社，2003.

布莱克本．我们时代的伦理学．梁曼莉，译．南京：译林出版社，2009.

史密斯．有道德的利己．王旋，等译．北京：华夏出版社，2010.

卢梭．论科学与艺术的复兴是否有助于使风俗日趋淳朴．李平沤，译．北京：商务印书馆，2011.

涂尔干．道德教育．陈光金，等译．上海：上海人民出版社，2001.

涂尔干．职业伦理与公民道德．渠东，等译．上海：上海人民出版社，2001.

康德．道德形而上学原理．苗力田，译．上海：上海人民出版社，2001.

康德．道德形而上学探本．唐钺，译．北京：商务印书馆，2012.

康德．实践理性批判．韩水法，译．北京：商务印书馆，1999.

费希特．伦理学体系．梁志学，等译．北京：中国社会科学出版社，1995.

黑格尔．法哲学原理．范扬，等译．北京：商务印书馆，2009.

黑格尔．历史哲学．王造时，译．上海：上海书店出版社，2001.

黑格尔．哲学史讲演录．贺麟，等译．北京：商务印书馆，1959.

叔本华．伦理学的两个基本问题．任立，孟庆时，译．北京：商务印书馆，1996.

尼采．善恶的彼岸．朱泱，译．北京：团结出版社，2001.

石里克．伦理学问题．张国珍，赵又春，译．北京：商务印书馆，1997.

韦伯．新教伦理与资本主义精神．于晓，陈维刚，译．北京：三联书店，1987.

包尔生．伦理学体系．何怀宏，等译．北京：中国社会科学出版社，1988.

朋霍费尔．伦理学．胡其鼎，译．上海：上海人民出版社，2007.

阿多诺．道德哲学的问题．谢地坤，等译．北京：人民出版社，2007.

孔汉思，库舍尔．全球伦理：世界宗教议会宣言．何光沪，译．成都：四川人民出版社，1997.

杜威，塔夫斯．伦理学．方永，译．北京：商务印书馆，2019.

梯利．伦理学概论．何意，译．北京：中国人民大学出版社，1987.

蒂洛．伦理学与生活．程立显，等译．北京：世界图书出版公司，2008.

罗尔斯．正义论．何怀宏，何包钢，廖申白，译．北京：中国社会科学出版社，1988.

罗尔斯．道德哲学史讲义．张国清，译．上海：上海三联书店，2003.

诺齐克．无政府、国家与乌托邦．何怀宏，等译．北京：中国社会科学出版社，1991.

麦金太尔．谁之正义？何种合理性?．万俊人，吴海针，王今一，译．北京：当代中国出版社，1996.

麦金太尔．追寻美德：道德理论研究．宋继杰，译．南京：译林出版社，2003.

麦金太尔．伦理学简史．龚群，译．北京：商务印书馆，2003.

宾克莱．二十世纪伦理学．孙彤，等译．石家庄：河北人民出版社，1988.

宾克莱．理想的冲突——西方社会中变化着的价值观念．马元德，等译．北京：商务印书馆，1983.

斯特巴．实践中的道德．程炼，等译．北京：北京大学出版社，2006.

帕尔玛．为什么做个好人很难？——伦理学导论．黄少婷，译．上海：上海社会科学院出版社，2010.

阿伦特．耶路撒冷的艾希曼：伦理的现代困境．孙传钊，译．长春：吉林人民出版社，2003.

弗姆．道德百科全书．戴杨毅，等译．长沙：湖南人民出版社，1988.

雷切尔斯．道德的理由．杨宗元，译．北京：中国人民大学出版社，2009.

莱肯．造就道德：伦理学理论的实用主义重构．陶秀璇，等译．北京：北京大学出版社，2010.

格沃斯．伦理学要义．戴杨毅，等译．北京：中国社会科学出版社，1991.

弗兰克纳．伦理学．关键，译．北京：三联书店，1987.

拉福莱特．伦理学理论．龚群，译．北京：中国人民大学出版社，2008.

卢坡尔．伦理学导论．陈燕，译．北京：中国人民大学出版社，2008.

萨瓦特尔．伦理学的邀请：做个好人．于施洋，译．北京：北京大学出版社，2008.

汉斯·昆．世界伦理构想．周艺，译．北京：三联书店，2002.

赫斯特豪斯．美德伦理学．李义天，译．南京：译林出版社，2016.

瓦西列夫．情爱论．赵永穆，等译．北京：三联书店，1986.

克鲁泡特金．互助论．李平沤，译．北京：商务印书馆，1984.

季塔连科．马克思主义伦理学．愚生，重耳，译．上海：上海译文出版社，1981.

古谢伊诺夫，伊尔利特茨．西方伦理学简史．刘献洲，等译．北京：中国人民大学出版社，1992.

西田几多郎．善的研究．何倩，译．北京：商务印书馆，1989.

MOORE G E. Principia Ethica. Cambridge，Mass.：Cambridge University Press，1960.

WARNOCK G J. Contemporary Moral Philosophy. New York，1967.

HILL T E. Contemporary Ethical Theories. New York，1950.

BINKEY L. Contemporary Ethical Theories. New York，1961.

SPENCER. The Principles of Ethics. London，1907.

SIDGWICK. Outlines of the History of Ethics. London，1892.

SIDGWICK. The Methods of Ethics. London，1922.

GREEN T H. Prolegomena to Ethics. Oxford，1899.

MACINTYRE A. A Short History of Ethics. London，1967.

HANCOCK R N. Twentieth Century Ethics. Columbia University，1974.

FINNIS J. Fundamentals of Ethics. Oxford University Press, 1983.

SANDEL M. Liberalism and the Limits of Justice. Cambridge University Press, 1982.

RACHELS J. The Elements of Moral Philosophy. New York: McGraw-Hill, 1993.

KATZ J, NOCHLIN P, STOVER R. Writers on Ethics: Classical and Contemporary. Princeton: D. Van Nostrand Company, 1962.

SMART J J C., WILLIAMS B. Utilitarianism: For and Against. Cambridge: Cambridge University Press, 1982.

WILLIAMS B. Ethics and the Limits of Philosophy. Cambridge, Mass.: Harvard University Press, 1985.

SCANLON T M. What We Owe to Others. Cambridge, Mass.: Harvard University Press, 1986.

WOOD A W. Kant's Ethical Thought. Cambridge: Cambridge University Press, 1999.

CRISP R, SLOTE M. Virtue Ethics. New York: Oxford University Press, 1998.

HURSTHOUSE R. On Virtue Ethics. New York: Oxford University Press, 2001.

TAYLOR R. Virtue Ethics: An Introduction. New York: Prometheus Books, 2002.

后　记

本书是在我 2012 年出版的“国家精品课程系列教材”《伦理学》基础上删改扩充而成的。八年来，我在教学过程中对原教材予以多次修改和补充，一个总的原则是希望增加学术界近年来探讨的最新的理论成果，更好地凸显伦理学的精神容量和朝向未来的精神品质。在我撰写《中华民族道德生活史》先秦卷、宋元卷和《中华民族道德生活简史》的过程当中，我深刻地认识到，道德生活及其价值追求应当成为伦理学教材的红线和主旨。探寻当代道德生活面临的种种问题，可以使伦理学的理论研究更加具有自己的针对性和现实性。而且当代道德生活在范围、性质和层面上具有时空的多重叠加和多样化的发展态势，多元化的价值观念与时代和社会的问题交织，迫使人们不得不去加以认识而且必须去加以认识，进而寻找安身立命的精神基础和价值基元。生活在如此日新月异、问题和矛盾如此众多的时代，自然有着对什么样的道德生活才真正值得过的价值渴望，有着对做一个好人的诸多沉思和立志做一个好人的伦理精神的深刻呼唤，而好社会恰恰是由诸多好人所组成的。我们的伦理学教材也应当从变动不居的社会状况中求取其“变而不失其常”的人生智慧。船山所言的“历乎无穷之险阻而皆不丧其所依”“泊然于生死存亡而不失其度”，应当成为我们迎接当代道德生活诸多挑战和考验的精神信念。宋儒程颢有诗，“道通天地有形外，思入风云变态中。富贵不淫贫贱乐，男儿到此自豪雄”，今天读来依然有它内在的精神力量。伦理学既要把握道德生活发展的规律，也要正确定制道德生活发展的目标和方向，并自觉地将二者有机地结合起来，唯其如此，才能既彰显真理的力量亦彰显价值的力量。我在多年的伦理学教学与研究过程中也深刻地感受到，一些亘古如斯的伦理学命题和范畴之所以能够跨越时空，从古代传承到现代，那是因为它们触及道德生活的真谛，捕捉到了道德生活的恒常因素，并以洞穿本真的魅力表现出来，自然引起一代又一代伦理学人仰高钻坚般的精神价值探求。虽然我们可以添加当今时代和个人生活的智慧，但是它们的基本精神和价值义理应当是不变的。诸如至善、不朽和终极关怀，甚至像良心、幸福、荣誉、义务、善恶等，始终是道德认识、道德生活追求的基本德目和范畴。伦理学依靠着这些独具特色而又“变而不失其常”的范畴或概念体系取得了在人类心灵和精神文明建设中的重要地位。

依据这种感受，我紧扣道德生活及其价值追求这一主线，围绕着“人为什么要有道德”、“人究竟应该有什么样的道德”和“怎样追求富有品质的道德生活”展开运思，对原有教材不断进行汰选，基本保留五章的内容，增写了“规范伦理学的基本理论”、“人为什么要有道德”、“道德生活与道德律”、“社会道德生活”和“伦理精神的陶融与追求”，五章，在全书十章的比例中占到了一半份额。在保留下来的五章中，我也尽可能地做出修改，新添了诸多新材料，充实了有关内容，诸如对道德含义的解说，对道德原则和道德规范的某些调整，对个体道德诸要素的新的论说等。因此，该教材既保留了原教材某些比较确当的论述和观点，同时又增加了许多新的章节和内容，可以算是这些年来自己从事伦理学教学与研究的心得体会之汇集。

在教材写作过程中，我参考了国内外众多伦理学教材及研究性著述，大多在引用和参考文献中一一标出。对于某些观点被采纳而未能标出的论著，也许是个人粗心所导致的疏漏，也许是由于查找方面太过繁难，还望论著者海涵。衷心感谢国内外众多的伦理学研究者，正是你们长期以来对伦理学教材体系建设卓有成效的贡献给了我许多伦理学的精神启迪和学术滋养。

“道德哲学在开放之时代尤要。”无论是对精神家园的建构与守望，抑或是成就和实现自我的价值奠基与引领，还是锻造一个国家和民族的国魂与民魂，伦理学无疑是哲学及其他人文学科中最具有精神引领性和价值导向性，进而深刻地影响人自身的发展和进步的学科。我们有理由相信，作为与人性、人的本质、人道、人的价值、人的尊严、人的人格和人的品质有着至为密切联系的伦理之学，一定会在人们的道德生活中获得不断推陈出新的丰厚滋养，会在人们对诸多伦理道德问题和伦理道德现象的不断反思、求索、体悟中获得不断前行的发展动能。人在借助和依凭道德生活的过程中也一定能够创造出既有助于人之生活的好伦理、好道德，也一定能够借助对好伦理、好道德的探寻和建构更好地成就人和发展人自己，创造出一个富含伦理智慧的人性化的道德生活世界和意义世界！

王泽应

2020 年 9 月 8 日于长沙岳麓山下景德楼

图书在版编目（CIP）数据

伦理学原理/王泽应著．--北京：中国人民大学出版社，2021.8

新编21世纪哲学系列教材

ISBN 978-7-300-29765-1

Ⅰ.①伦… Ⅱ.①王… Ⅲ.①伦理学-高等学校-教材 Ⅳ.①B82

中国版本图书馆CIP数据核字（2021）第160898号

国家精品资源共享课程建设项目

新编21世纪哲学系列教材

伦理学原理

王泽应　著

Lunlixue Yuanli

出版发行	中国人民大学出版社		
社　　址	北京中关村大街31号	**邮政编码**	100080
电　　话	010－62511242（总编室）		010－62511770（质管部）
	010－82501766（邮购部）		010－62514148（门市部）
	010－62515195（发行公司）		010－62515275（盗版举报）
网　　址	http://www.crup.com.cn		
经　　销	新华书店		
印　　刷	涿州市星河印刷有限公司		
规　　格	185 mm×260 mm　16开本	**版　　次**	2021年8月第1版
印　　张	19.25 插页1	**印　　次**	2021年8月第1次印刷
字　　数	438 000	**定　　价**	48.00元